本书获国家社科基金项目“新型城镇化与房地产市场协调发展及政策研究（14CJY027）”、北京社科基金项目“京津冀基础设施一体化与金融支持协调发展及政策研究（16YJ053）”、北京市教委社科基金项目“京津冀城市群新型城镇化与金融支持协调发展研究（SM202011232006）”的资助

新型城镇化与房地产市场：发展水平、互动协调及政策建议

杨 慧 著

中国财经出版传媒集团
中国财政经济出版社

图书在版编目（CIP）数据

新型城镇化与房地产市场：发展水平、互动协调及政策建议 / 杨慧著. -- 北京：中国财政经济出版社，2020. 11

ISBN 978 - 7 - 5223 - 0064 - 1

Ⅰ. ①新… Ⅱ. ①杨… Ⅲ. ①城市化－关系－房地产市场－经济发展－研究－中国 Ⅳ. ①F299. 21 ②F299. 233. 5

中国版本图书馆 CIP 数据核字（2020）第 182437 号

责任编辑：胡　博　　　　责任印制：刘春年
封面设计：孙俪铭　　　　责任校对：张　凡

中国财政经济出版社 出版

URL：http：//www. cfeph. cn

E - mail：cfeph@ cfeph. cn

社址：北京市海淀区阜成路甲 28 号　邮政编码：100142

营销中心电话：010 - 88191522

天猫网店：中国财政经济出版社旗舰店

网址：https：//zgczjjcbs. tmall. com

北京财经印刷厂印刷　各地新华书店经销

成品尺寸：170mm × 240mm　16 开　19. 75 印张　318 000 字

2020 年 11 月第 1 版　2020 年 11 月北京第 1 次印刷

定价：78. 00 元

ISBN 978 - 7 - 5223 - 0064 - 1

（图书出现印装问题，本社负责调换，电话：010 - 88190548）

本社质量投诉电话：010 - 88190744

打击盗版举报热线：010 - 88191661　QQ：2242791300

前言 QIANYAN

在对宏观经济发展形势和传统城镇化诸多问题的深思中，新时期政府将推进新型城镇化视为促进经济发展的重要引擎。在传统城镇化不协调及不可持续弊端的前提下提出的新型城镇化，更加注重协调性与可持续性。其强调的协调性不仅只强调新型城镇化内部子系统的协调，也强调新型城镇化与外部系统的协调。在外部系统中，房地产市场与新型城镇化发展具有紧密关联性，两系统之间相互影响相互作用。因此，对新型城镇化与房地产市场协调状况的考察及对未来促进二者进一步协调发展提出对策建议具有重要意义。已有相关研究并不能提供新型城镇化与房地产市场协调发展研究相对一致的标准或范式，难以为政府决策提供有效的指导或参考。这就要求应根据我国实际情况在未来研究中，深入探究我国新型城镇化与房地产市场协调发展的一些特征和规律性。本书基于协调发展视角探究新型城镇化与房地产市场的互动关系，不仅对新型城镇化和房地产市场未来发展具有重要的指导意义和参考价值，还可以为政府推动新型城镇化与房地产市场协调发展提供理论依据和决策思路，因此具有一定的理论前瞻性和研究价值。

本书通过“理论架构—实证分析—政策建议”的系统研究设计，采取定性与定量相结合、规范与实证相结合的方法，系统全面研究了新型城镇化与房地产市场的协调发展关系。研究内容主要分为三部分：首先，通过内涵特征界定、文献梳理述评及相关基础理论构建了本书研究的理论基础架构，理论分析了新型城镇化与房地产市场的互动影响作用。其次，在理论分析基础上通过四部分内容全面实证分析新型城镇化与房地产市场互动协调发展状况：一是定量测度新型城镇化发展水平并实证检验新型城镇化综合试点政策有效性；二是定量测度房地产市场发展水平并实证检验政府房地产宏观调控政策有效性；三是实证检验新型城镇化与房地产市场互动影响作用；四是定量测度新型城镇化与房地产市场协调发展水平。最后，在理论与实证分析基础上，基于协调发展视角提出促进新型城镇化与房地产市场发展的政策建议。

本书研究表明：(1) 新型城镇化是由人口、产业、空间、生活、资源环境和城乡一体六种分类城镇化构成的综合协调系统，房地产市场是由房地产供给、需求、价格、土地和房地产金融构成的综合协调系统。新型城镇化与房地产市场协调发展是在系统内部协调发展基础上的系统间良性循环状态。(2) 新型城镇化综合和分类发展水平均在不断上升，但是都未达到高度发展水平，且各分类城镇化发展不均衡：生活和空间城镇化水平低于城乡一体、资源环境、产业和人口城镇化发展水平；房地产市场综合和分类发展水平均在不断上升，但远未达到高度发展水平。房地产供给水平和土地市场水平严重滞后于房地产需求、房地产金融和房价发展水平。供给侧发展水平滞后是近年来房价快速上涨的重要原因。(3) 新型城镇化和房地产市场政策对于促进协调发展具有重要作用。新型城镇化综合试点显著提高了试点地区的户籍人口城镇化率；房地产宏观调控政策对房价具有显著的负向影响作用，一二线城市房价下降幅度大于三四线城市。(4) 新型城镇化对房地产市场具有显著的正向影响作用，房地产市场对新型城镇化也具有显著的正向影响作用。两系统之间互动影响作用的实证检验，为定量测度两系统之间的协调发展奠定了实证基础。(5) 在新型城镇化内部协调度及房地产市场内部协调度不断上升的支撑作用下，新型城镇化与房地产市场之间的协调发展水平不断提升。但房地产市场发展水平滞后于新型城镇化发展水平，两系统间协调水平离高度协调还有一定差距，影响以人为本新型城镇化住有所居目标的实现。基于理论和实证结果，最后提出促进新型城镇化与房地产市场协调发展应从三方面着手：第一，促进新型城镇化发展水平及其与房地产市场的协调发展；第二，促进房地产市场发展水平及其与新型城镇化的协调发展；第三，强化政府在协调发展中的作用。

本书基于协调视角，通过“理论架构—实证分析—政策建议”的研究设计系统分析了新型城镇化与房地产市场的互动协调关系。本书学术价值体现在：一是界定新型城镇化与房地产市场及其协调发展的内涵特征，丰富了城镇化与房地产协调发展理论概念；二是系统分析了新型城镇化与房地产市场互动协调机制，推动城镇化与房地产市场领域的边际交叉研究；三是采用大量实证分析研究两系统的互动协调性，丰富了新型城镇化与房地产市场研究的实证方法体系；四是针对已有研究缺陷，系统分析新型城镇化与房地产市场之间的互动协调关系，对未来深入研究提供可行的理论分析架构和思路借鉴。该研究的应用价值体现在：一是通过新型城镇化与房地产市场综合指标体系的构建为有效评价两系统综合及分类发展水平提供全新视角和评价标准；二是采用规范实证方法对新型城镇化和房地产宏观调控政策进行了实证检验，为政府相关政策的完善提供实证依据；三是在理论与实证基础上有针对性地提出促进系统内部及系统间协调发展的政策建议，为相关决策部门提供决策思路和政策参考。

目录 MULU

1 导 论

本章为导论部分，通过三节内容对全书做一个基础性的介绍。1.1 节介绍研究背景及意义。本节首先对新型城镇化和房地产市场协调发展的研究背景进行介绍；其次着重从理论意义和现实意义两个视角对新型城镇化与房地产市场协调发展的研究意义进行总结。1.2 节介绍相关概念及特征。本节在对新型城镇化、房地产市场以及协调发展概念进行论述总结的基础上，对新型城镇化与房地产市场协调发展的内涵及特征进行了界定。1.3 节介绍研究内容、方法及创新之处。对全书研究内容和方法进行总结和介绍，重点分析研究的创新之处。

1.1 研究背景及意义

本节介绍新型城镇化与房地产市场协调发展的研究背景和意义。新型城镇化的研究背景是在传统城镇化出现诸多问题的深思中提出的城镇化新模式，1.1.1 小节介绍研究背景。一方面，重点分析传统城镇化的诸多不协调问题，导致传统城镇化具有不可持续性，并且分析了在传统城镇化的深思中新型城镇化道路提出的过程。另一方面，房地产市场内部各子系统不协调问题突出，且传统城镇化与房地产市场之间具有严重的不协调问题，因此新型城镇化背景下房地产市场急需统筹协调发展。1.1.2 小节主要从理论意义和现实意义两个层面论述本书的重要研究意义。

1.1.1 研究背景

1.1.1.1 传统城镇化向新型城镇化的转变

(1) 传统城镇化不协调问题突出。1978 年改革开放以来，随着宏观经济的快速发展，我国城镇化也经历了快速发展的过程。1978—2018 年城镇人口从 1.72 亿上升到 8.31 亿，城镇化率从 17.92% 提高到 59.58%。1978 年以来城镇化大致可以分为两个阶段：第一个阶段是 1978—1995 年的起步发展阶段，城镇化率年均增长 0.64 个百分点；第二个阶段是 1996—2018 年的加速发展阶段，城镇化率年均增长 1.33 个百分点①。快速发展的城镇化虽然促进了经济增长②-⑧，但是走的是传统城镇化发展模式，存在诸多不协调和不可持续问题，主要体现在：

第一，传统城镇化中的常住人口城镇化率与户籍人口城镇化率不协调。2018 年我国常住人口城镇化率和户籍人口城镇化率分别为 59.58% 和 43.37%，二者之间相差 16.21 个百分点。造成户籍人口城镇化率低的直接原因是大量农村转移人口在就业地没有城镇户籍，受到城市落户政策限制享受不到与户籍人口同等的待遇。大量农民工在城市从事低端工作，居住在环境恶劣的城市边缘地区的城中村、简易房或者建筑工棚等，享受不到城市户籍人口同等的社会保障条件。市民化程度低导致大多数农民工无法全家转移到城市居住生活，过着"候鸟型"和"钟摆型"的半城镇化生活。这种半城镇化产生的一系列社会问题反过来会制约城镇化的进一步推进：大多数农民工家庭的老人、儿童和妇女滞留农村，带来了农村留守老人赡养困难、留守儿童教育难度加大和留守妇女婚姻家庭问题；农村外出务工人员以青壮年劳动力为主，农业生产主力变为老人和妇女，农村空心化严重，阻碍农业现代化的发展。

---

① 数据为笔者根据国家统计局公布的城镇人口和城镇化率数据计算整理得到。下文数据如无特别说明，均为笔者根据统计局相关数据计算整理得到。

② 王小鲁．城市化与经济增长［J］．经济社会体制比较，2002（1）：23－32.

③ 李金昌，程开明．中国城市化与经济增长的动态计量分析［J］．财经研究 2006（9）：20－31.

④ 沈凌，田国强．贫富差别、城市化与经济增长：一个基于需求因素的经济学分析［J］．经济研究，2009（1）：17－29.

⑤ 蔺雪芹，王岱，任旺兵．中国城镇化对经济发展的作用机制［J］．地理研究，2013（4）：101－110.

⑥ 王婷．中国城镇化对经济增长的影响及其时空分化［J］．人口研究，2013（5）：55－69.

⑦ 程莉，周宗社．人口城镇化与经济城镇化的协调与互动关系研究［J］．理论月刊，2014（1）：119－122.

⑧ 杨浩昌．中国城镇化对经济增长的影响及其区域差异：基于省级面板数据的分析［J］．城市问题，2016（1）：60－65，93.

第二，传统城镇化中的产业支撑模式不可持续。快速城镇化与经济高速发展相互影响相互作用，经济高速增长是1996年以来快速城镇化的根本原因。长期以来外向型经济和传统制造业是促进我国经济增长的主要动力，成为我国城镇化的产业基础支撑。近年来国际国内宏观经济形势下我国经济进入产业结构调整升级阶段，原有依靠出口和投资拉动经济增长的方式在逐步转变，传统制造业也在向知识技术密集型产业逐步调整升级。原有依靠土地、劳动力要素驱动的经济模式逐步转变为创新驱动模式，国民经济增长从数量扩张转向质量提升。在宏观经济和产业结构转型升级的背景下，传统城镇化的产业支撑模式难以为继，传统城镇化需要在新的产业支撑模式下寻找新的出路。

第三，传统城镇化中的土地城镇化与人口、产业发展不协调。传统城镇化模式依靠粗放外延模式来拓展城市空间，依靠土地要素驱动城镇化发展。随着土地资源的日益紧张，传统依赖土地要素驱动的城镇化模式不可持续。2000—2018年全国城镇人口从4.59亿增长到8.31亿，年均增长率为3.77%；同期城市建成区面积从22439平方公里增加到58456平方公里，年均增长率为4.93%。土地城镇化年均增长率是人口城镇化年均增长率的1.31倍，二者之间的非协调发展给经济社会可持续发展带来诸多问题：①土地集约化程度低，土地资源浪费严重。依靠土地规模扩张推动城镇化快速发展的模式未能与人口和产业协调发展，很多中小城市尤其是小城镇出现空心化问题，造成土地资源的严重浪费。②我国人均城市建设用地面积高于世界平均水平，增大了土地供求缺口。根据《城市用地分类与规划建设用地标准》（GB50137—2011）的规定，人均城市建设用地面积一般为65—115m^2。我国城市城区人均建设用地面积为112.43m^2，接近最上限，超过世界平均水平。土地资源过度浪费造成土地资源的紧张稀缺，全国建设用地供求缺口加大（祝培甜和李树枝，2018①）。③土地财政过度依赖。2018年全国土地出让收入65096亿元，同期地方政府财政收入97905亿元，土地出让收入占地方政府财政收入的比重高达66.48%，存在严重的土地财政依赖。而土地财政依赖受到土地资源增加约束及经济周期波动等因素的影响具有不稳定性和不可

① 祝培甜，李树枝．我国城市人均建设用地和人均居住用地研究［J］．国土资源情报，2018，213（9）：49－52.

持续性，容易造成地方财政风险。

第四，传统城镇化中的生活城镇化与人口城镇化不协调。常住人口城镇化率是传统城镇化的主要衡量标准，而城镇化的核心并不是人口从农村地区到城镇地区的空间转移，而是生活方式和生活标准的城镇化。阿根廷等拉美国家出现的“拉美病”就是人口城镇化和生活城镇化失衡的典型案例，阿根廷等拉美国家75%的人口城镇化率与发达国家相当，但是经济发展水平仅相当于发达国家的1/4，非正规经济人口和失业人口占总劳动力的一半①。我国传统城镇化快速推进的一个重要原因是大量农村转移人口半市民化成本较低，主要体现为工资低以及基础设施和公共服务配套水平低。人口城镇化的快速发展，如果缺乏足够的产业和相关配套基础设施、公共服务水平的同等提升，就会出现生活城镇化与人口城镇化水平的失衡发展，从而影响城镇化的可持续发展。

第五，传统城镇化中的资源浪费及环境污染问题严重。重速度轻质量的传统城镇化发展模式带来了一系列的资源浪费和环境污染问题：一方面，城镇化过程中资源消耗量大，利用效率低。2000—2018年我国城镇人口年均增长3.77%，但是煤炭和能源消费总量年均增长分别为5.76%和6.65%，分别是前者的1.53倍和1.76倍；另一方面，污染物排放量大，生态环境污染严重。传统城镇化模式下高城镇化伴随着高排放和高污染，生产生活产生的大量水体、气体和固体废弃物排放造成生态环境恶化严重。在10个全球污染最严重的城市中，中国有7个。我国500个城市中，只有不到1%的城市达到世界卫生组织的空气质量标准②。环境污染区域范围扩展到全国主要人口和产业聚集的城市和城市群，城镇化的持续发展受到资源和环境承载力的严重制约。

第六，传统城镇化城乡差距严重。随着城镇化的快速推进，大量农村人口主要通过三种方式实现城镇化：升学城镇化、异地城镇化和就地城镇化。这三种方式分别占城镇化总数的30%，其他类型的城镇化仅占10%。升学城镇化和异地城镇化是城镇化的主要模式，这部分农村转移人口主要是农村精

① Chen M, Zhang H, Liu W, et al. The global pattern of urbanization and economic growth: Evidence from the last three decades. Plos one, 2014, 9.

② 张庆丰，罗伯特．克鲁克斯．迈向环境可持续的未来：中华人民共和国国家环境分析［M］．北京：中国财政经济出版社，2013.

英和青壮年劳动力，农村剩下人口主要以老人、儿童和妇女为主，农业生产因此以老人和妇女为主，严重制约了农村经济的可持续发展，加大了城乡之间的差距。2000—2018 年城镇居民人均可支配收入与农村居民人均纯收入比值均值为 2. 95；城乡居民人均消费支出比值均值为 2. 86。此外，城乡之间在基础设施和公共服务方面差距明显。

传统城镇化片面强调常住人口的城镇化，忽视了常住人口城镇化与户籍人口城镇化的协调发展，也忽视了人口、产业、空间和资源环境城镇化的协调发展，还忽视了城乡一体城镇化的协调发展。追求速度、忽视内部子系统之间统筹协调的传统城镇化出现了诸多的经济社会问题，阻碍城镇化的进一步推进。传统城镇化发展模式存在的诸多问题给未来城镇化发展提供了经验教训：未来城镇化发展道路不能只是片面追求速度和单一指标的城镇化，应该是追求质量提升和多个子系统统筹协调发展的城镇化。

（2）新型城镇化道路的提出。我国城镇化经历了 1978 年以来城镇化的起步发展，尤其是 1996 年以来的快速发展，现在已经进入了城镇化的中后期阶段。在经济社会发展形势转变的大背景下，城镇化也面临新的形势和问题。当前中国城镇化理论及实践在不断总结经验教训中得以发展。在理论研究层面，大量研究表明新形势下城镇化是扩大内需的重要途径，在我国经济结构转型升级时期城镇化是推动经济社会发展的主要动力。在城镇化进入中后期阶段后，传统城镇化中存在的矛盾和问题逐步显现，且随着人们生活水平及文明意识提升，人们对城镇化的质量和水平产生了新的需求。在新形势下传统城镇化发展模式难以持续，需要从传统的重视速度忽视质量的外延式扩张转变为重视质量的内涵式发展，向现代多元人本模式进行转变，城市发展理论和城市规划充分体现了这一转变形势和需求。城市领域相关研究开始出现了更多交叉领域的研究，生态学和社会学等学科的方法及理论逐渐融入城市研究，生态城市理论、循环经济理论、宜居城市理论及低碳城市发展模式等研究的出现充分体现了这一趋势。城市研究新理论的出现体现了传统城镇化发展中存在着不可协调不可持续的经济社会发展矛盾问题，需要寻求一种新的城镇化发展模式，以解决传统城镇化发展模式存在的诸多问题。新的城镇化发展模式研究成为新时期突破传统城镇化发展模式的研究重点和热点。

在对传统城镇化诸多问题进行反思及经济社会发展形势需求的作用下，新型城镇化成为一种新的城镇化发展模式被提出。新型城镇化发展模式始于

2002 年“走中国特色的城镇化道路”；2003 年在党的十六届三中全会中第一次正式提出“统筹城乡发展”的思想，统筹城乡发展被放在科学发展观的“五个统筹”之首，强调通过产业融合发展促进城乡一体化的发展。政府开始强调通过缩小城乡差距，实现城乡一体城镇化，保障城镇化的持续健康发展。2007 年温家宝总理进一步明确强调坚持走新型工业化道路的同时，还要走新型城镇化道路；2010 年中央经济工作会议再一次强调要通过提升城镇化发展质量水平来推进城镇化的持续发展，提出解决农村经济发展问题的重要方法是通过统筹城乡发展促进农村经济发展；2012 年的中央经济工作会议提出城镇化是扩大内需的重要途径，是现代化建设的历史任务。城镇化被视为经济社会发展的重要引擎和重点发展领域，公认最早的新型城镇化概念是伴随着党的十六大“新型工业化”战略的提出，强调通过产业发展促进城镇化和城乡一体的发展。新型城镇化被广大人民所熟知是在党的十八大。明确提出新型城镇化道路并进行界定的是 2012 年中央经济工作会议，会议指出要在城镇化发展过程中全面融入生态文明的理念和原则，走集约、智能、绿色、低碳的新型城镇化道路。2013 年中央召开的城镇化工作会议强调了人本城镇化发展理念。2014 年《国家新型城镇化规划（2014—2020 年）》正式出台，标志着我国城镇化指导方针从传统城镇化向新型城镇化的全面转变。2014—2016 年我国分三批公布了新型城镇化综合试点地区，标志着新型城镇化从理论和政策向实践的大力展开。

1.1.1.2 新型城镇化背景下房地产市场急需统筹协调发展

新型城镇化是新时期经济社会发展的重要驱动力，是新时期房地产市场重要的发展机遇。房地产市场是新型城镇化的物质载体，对新型城镇化发展具有重要的推动作用。房地产市场在新时期急需把握住这一机遇，突破市场和宏观调控双重瓶颈，寻找新的发展出路，与新型城镇化统筹协调发展。房地产市场统筹协调发展基于两层背景：第一，房地产市场内部各子系统（房地产供给、需求、价格、土地及房地产金融）之间不统筹不协调发展带来了一系列的问题；第二，房地产市场与城镇化发展的不统筹不协调也带来了诸多的问题。

（1）房地产市场内部子系统不协调问题突出。房地产市场各个子系统之间未能实现统筹协调发展：供求之间的非均衡协调发展导致房价过高且过快上涨，住房市场与土地市场之间的非均衡协调发展导致地价和房价螺旋式上涨，房地产金融支持缺乏长期稳定机制不利于金融支持的稳定。各个子系统之间相互作用相互影响，未来房地产市场的健康发展离不开各个子系统之间的协调发展。

第一，房价过高且过快上涨，居民购房支付能力不足。2000—2018 年全国房价从 1952 元/m^2 上升到 8544 元/m^2，年均增长 8.55 个百分点。同期东部 11 个省份房价从 2217 元/m^2 上升到 15278 元/m^2，年均增长 11.32 个百分点；中部 8 个省份房价从 1173 元/m^2 上升到 6593 元/m^2，年均增长 10.07 个百分点；西部 11 个省份房价从 1211 元/m^2 上升到 6192 元/m^2，年均增长 9.49 个百分点。房价过高且过快上涨，导致居民购房支付能力不足。2000—2018 年全国房价收入比虽然从 9.17 下降到 7.45，呈现出一定的下降趋势，但是仍然高于国际公认的［4，6］合理区间。2018 年东部、中部和西部房价收入比分别是 10.31，7.65 和 6.64，东部居民购房支付能力严重不足；西部虽然相对中东部支付能力稍强，但是也高于合理区间。

第二，住房供给不断增加，但住房供给结构不合理。房地产全面市场化以来房地产供给面积逐年增加，2000—2018 年全国住房竣工面积从 18948 万 m^2 增加到 66016 万 m^2，年均增长 7.18 个百分点。在住房供给不断增加的情况下，全国城镇居民住房条件得以不断改善。2000—2018 年全国城镇居民人均住房建筑面积从 20.25m^2 上升到 39m^2，年均增长 3.71 个百分点。虽然住房供给不断增加，但是当前房价仍然表现出强劲的上涨态势，主要原因在于住房供给结构不合理：保障性住房供应不足是住房供给结构不合理的重要体现。2000—2010 年，经济适用房销售面积占商品住房销售面积比重从 22.7% 下降到 2.9%，以经济适用房为主的保障性住房供应明显不足。经济适用房是 2010 年及之前保障房的主要供给模式，是解决购房支付能力不足的中低收入群体住房的重要渠道。2003 年以来城镇居民购房支付能力不足的一大重要原因是保障性住房供给数量的不足及供给比重的下降。直到 2011 年政府通过保障性住房供应计划和安居工程建设才逐步加大保障性住房供给，但是仍然存在较大供求缺口，大量非户籍农民工群体仍然被排除在保障性供给体系之外。

第三，受市场和政策双重作用，房地产市场需求受到较大冲击。2000—2018 年以商品住房销售面积为代表的房地产需求呈现出明显的两阶段特征：第一阶段是 2000—2009 年的刚性需求集中释放阶段。这一阶段是房地产全面市场化的初期阶段，多年来积累的刚性需求在这一阶段得到集中释放。刚性需求的集中释放促进房地产价格的快速上涨，也带动了投资投机性需求进入市场，刺激了房价的进一步上涨。尽管经历了2008年金融危机，2000—2009年房地产销售面积从15137万m^2上升到85294万m^2，年均增长21.18个百分点，房地产需求非常旺盛。2010年以来，房地产宏观调控不断升级。2017年又开始了新一轮更为严厉的宏观调控政策，多个城市相继出台或者升级了限购政策。从近年来的调控政策中我们可以发现，国家房地产调控基调趋稳，投资投机性预期得到有效遏制。在政府的宏观调控政策下，房地产市场投资投机性需求得到了抑制，但是改善性需求和一部分刚性需求也受到影响，整体需求下降。2010—2018年商品住房销售面积从93052万m^2上升到14929万m^2，年均增长6.31个百分点，住房需求增速较第一个阶段下降14.87个百分点。需求是促进房子产市场多年来持续发展的最重要因素，在前期刚性需求集中释放及当前宏观调控政策趋稳的宏观环境下，房地产市场急需寻找长期发展方向及未来发展的着力点。

第四，土地价格上涨过快，地价与房价呈螺旋式上涨。地价作为房价的重要成本构成，是推动房价不断上涨的重要因素；房价的上涨又反过来推动地价的进一步上涨。近年来房价和地价的螺旋式上升趋势说明了二者之间相互影响相互作用。2003年以来我国房价经历了快速上涨的过程，2003—2018年全国房价从2549元/m^2上升到8544元/m^2，商品房均价年均上涨9.02个百分点；同期土地成交均价从726元/m^2上升到5525元/m^2，年均增长15.60个百分点，土地成交均价增速是房价增速的1.73倍。在土地价格快速上涨的背景下，未考虑容积率的全国土地成交均价占房价比重从2004年的28.49%提高到2018年的64.67%，土地成本占房价的成本比重不断上升。2018年全国出让收入达到6.51万亿元，同比增长25%。2018年地方一般公共预算本级收入9.80万亿元，同比增幅为7%；土地出让收入占地方政府一般公共预算的66.48%，高于2017年的56.9%。2016年底开始的新一轮房地产宏观调控对房价起了较为有效的抑制作用，但是随着土地价格的快速增长及地方政府对土地财政依赖性的增强，土地成本推动房价上涨的压力增大。

第五，房地产金融未能形成长期稳定机制，缺乏有效甄别而误伤刚性需求。2000年以来我国房地产开发资金来源不断增加，2000—2013年从5998亿元增加到122122亿元，保持了年均26.09个百分点的增速。随着宏观调控力度的不断加强，2014年开始房地产开发资金来源增速放缓，2014—2018年年均增速为8个百分点，增速仅为上个阶段的1/3左右。房地产金融支持力度的下降，很大程度上打击了房地产市场的投资投机性需求，影响了购房者和房地产开发商预期，对于房地产过热可能会导致的“泡沫经济”起了有效的防治作用。但要注意房地产金融政策仍然存在一定的问题：①银行贷款是房地产开发资金的主要来源渠道，金融支持体系不完善。多年来银行贷款一直是房地产开发和购房者首付款的主要资金来源，缺少其他金融机构的多元化支撑，资金支持来源单一，对房地产周期波动可能引致的金融风险抵抗力较弱。②缺乏系统的政策制度体系。当前房地产金融政策多为针对市场形势变化出台的短期应急性措施，波动变化较大，对市场主体难以发挥长期稳定预期的作用。当前房地产金融政策的目的主要是配合宏观调控稳定房价和促进房地产市场平稳健康发展，严厉打击投资投机性需求。但是政策对市场主体缺乏有效分类甄别，对确实需要住房的刚性需求和改善性需求造成了误伤。

城镇化是多年来促进国民经济增长和社会进步的重要影响因素，新时期新型城镇化发展则是宏观经济发展的新引擎。1998年以来，在城镇化的推动作用下房地产全面市场化经历了多年的快速发展，在房地产市场自身诸多问题的现实反思中及新型城镇化发展的大背景下，房地产市场发展急需统筹协调发展。

（2）传统城镇化与房地产市场不协调问题突出。城镇化与房地产市场之间互动影响作用强，二者之间的协调发展对经济社会可持续发展具有重要的影响作用。但是在传统城镇化与房地产市场发展模式下，两系统之间不协调的问题突出。

第一，人口城镇化与房地产市场发展不协调。人口城镇化过程中大量人口从农村转移到城镇，城镇人口的大量增加为房地产市场创造了大量的住房需求，推动了房地产市场的发展；农村转移人口在城镇首先要解决的是住房问题，房地产是人口城镇化的物质载体保障。人口城镇化和房地产市场不协调问题主要体现在：①人口城镇化水平不断提高，房地产市场需求急剧增加刺激了房价的快速上涨。2000—2018年全国城镇人口从4.59亿上升到8.31亿，以年均增长2068万的速度总共增加了3.72亿。城镇人口的快速增加加大了房地产市场的需求，成为房地产全面市场化以来房价上涨的重要影响因素。②常住人口城镇化率与户籍人口城镇化率差距大，为未来房地产市场的进一步发展带来挑战。2010—2018年二者之间的差距从10.14%上升到

16.21%，整体呈现出上升趋势。导致二者之间差距增大的原因是大量农村转移人口就业在城镇，但是户籍仍然在农村，这部分人口主要为农民工。国家统计局监测数据显示：2008—2018年全国农民工人数从2.25亿上升到2.88亿。农民工工资水平和居住等社会保障水平低，没有能力在城镇购房，举家外出务工的农民工仅占农民工总数的13%左右，大多数都是“候鸟式”和“钟摆式”的城镇就业和过节回农村的两地生活。随着前期户籍人口刚性需求和改善性需求的集中释放，当前房地产需求增长有限。农民工具有潜在住房需求，但因为没有城镇户籍所附带的社会保障条件，购房支付能力低，从而给未来房地产市场需求的持续增加带来了挑战。

第二，产业城镇化与房地产市场发展不协调。产业是城镇化的支撑，有合理产业基础支撑的城镇化才能持续健康推进。房地产全面市场化以来房价和地价快速上涨刺激大量企业进入房地产行业，2000—2018年房地产开发企业个数从27303家增加到97937家，年均增长7.35%；同期，房地产开发投资从4984亿元上升到120264亿元，年均增长19.35%；2000—2018年房地产投资占城镇固定资产投资比重平均值达19.97%。短时期内社会资本大量集中在房地产领域，促进房地产市场快速发展的同时，也加剧了房地产市场“泡沫化”的可能性。房地产市场的高利润在短期之内吸引了大量原有房地产企业扩大规模以及新企业进入房地产领域，房地产企业数量和规模在短时间内迅速发展，挤占了实体经济资本，造成实体经济投入规模和比重的相对下降，不利于实体产业经济的发展。房地产行业发展短期内对吸引就业和促进城镇经济发展起了较大的促进作用，但是社会资本在房地产行业的快速集聚不利于实体经济的持续发展，对产业转型升级调整带来了挑战。

第三，土地城镇化与房地产市场发展不协调。1996年快速城镇化以来我国城市建设面积大幅增长，土地资源集约化利用程度低、浪费严重。由于房价的不断上涨，居住用地的稀缺性越发凸显，土地价格不断上升。土地城镇化过程中土地供给结构的不合理是导致居住用地价格过快上涨的重要原因。按照国际经验，城市用地结构中较为合理的比例是居住用地占45%，工业用地不超过15%，道路绿地等占8%—15%。自然资源部统计数据显示：2010—2017年全国居住用地供给比重从26.7%下降到14.0%。居住用地比重达不到国际经验合理比重，且呈现出不断下降的趋势。建设用地中居住用地比重偏低导致居住类用地相对稀缺，加大了居住用地供求缺口，引致土地价格上涨；土地价格上涨提高了住房成本，从而推动房价的不断上涨。传统城镇化过程中土地城镇化速度快，但是主要是基础设施和工矿仓储用地的增加，居住用地供给比例较低且处于下降趋势，导致土地价格和房价的过快上涨，土地城镇化与房地产市场不协调问题突出。

第四，生活城镇化与房地产市场发展不协调。生活城镇化是城镇化的核心，人口以农村为主要聚居点向以城镇为主要聚居点转移的主要动力是获得更好的生活。生活城镇化是在城镇更多就业机会和更高收入待遇的吸引力作用下农村人口进入城镇获得更好的生活水平，生活城镇化主要体现在收入水平提升为主要内容的设施（包括住房）和公共服务水平的提升。生活城镇化是决定房地产市场发展速度和质量的关键因素，是房地产市场发展的重要推动力。生活城镇化水平的提升有利于推动房地产市场的发展，房地产市场的发展又会进一步提高居民的生活城镇化水平。当前生活城镇化与房地产市场不协调主要体现在以下几方面：①居民生活城镇化水平偏低，没有为房地产市场发展提供良好基础。居民收入是生活城镇化的核心体现，2000—2018 年我国居民收入占 GDP 比重从 46.91% 下降到 45.40%，比重偏低且呈现出微弱的下降趋势。按照成熟市场经济体经验，一般国家和地区居民收入占 GDP 比重一般在 50% 以上，美国接近 70%。导致我国居民收入比重下降的主要原因是政府和企业在国民收入初次分配中占据的比重偏高，以土地出让金为代表的地方政府制度外收入快速增长是政府收入比重偏高的重要原因，企业利润总额增速高于 GDP 增速是企业收入比重偏高的原因。居民收入在国民收入中比重偏低，严重制约了生活城镇化水平的提高。②房价过高，居民购房支付能力较弱，影响了生活城镇化水平的进一步提升。房价过快上涨导致房价增速超过居民收入增速，房价收入比呈现出不断上升的趋势，尤其是大中城市的房价收入比更是高于国际公认的［4，6］合理区间。居民购房支付能力较差，对居住条件的改善产生了制约。

第五，资源环境城镇化和房地产市场发展不协调。一方面，资源环境城镇化水平低影响房地产价值提升和房地产市场可持续发展，不利于房地产产业转型升级。传统城镇化以牺牲资源环境为代价追求快速的经济增长，带来了诸多的生态环境问题：大气及土地污染问题严重，大多数城市遭受雾霾天气的困扰。房地产周边环境恶化对居民健康产生潜在威胁，对房地产价值具有显著负面影响。另一方面，房地产发展对经济社会发展起了重要推动作用，但房地产也是各类资源消耗量大的产业。随着土地城镇化的蔓延式扩张，房地产也蔓延式扩张。很多中小城市和小城镇缺乏相应的人口和产业支撑，房地产产能严重过剩，造成了资源浪费问题，出现了空城和鬼城现象，造成住房、土地和资本的浪费。随着城镇化过程中环境问题的日益严峻，社会整体环保意识逐步加强，对房地产企业的环保要求也不断提高，传统房地产企业开发管理模式已经不能适应资源环境城镇化的标准和要求。房地产全面市场化以来，刚需的集中释放促进了房地产市场的快速发展。多年积累的房地产市场需求集中释放，房地产市场需求旺盛，价格不断上涨。这期间人们对房地产的主要需求是刚性和改善性需求，因而房地产发展处于规模化扩张阶段。房地产开发商主要通过新修住宅小区来满足人们对住房大空间和新社区的需求。随着刚性需求的集中释放，加上国家密集并持续出台了一系列房地产宏观调控政策，在市场环境改变和国家宏观调控政策从紧的环境中，原来粗放型的规模化扩张盈利模式不具有可持续性，新时期房地产发展面临着人们对智能建筑和绿色建筑的多元化需求。传统城镇化是资源要素投入型的城镇化，资源浪费严重，带来了严重的生态环境问题。随着人们对健康和环境意识的不断增强，以后购房将更多考虑居住环境，环境对房地产价格的影响程度将不断加大。当前城镇化发展水平已经满足不了房地产市场的新需求，需要改变资源浪费和环境状况差的现状，为人们创造更好的居住条件。

第六，城乡一体城镇化和房地产市场发展不协调。城乡一体城镇化是城镇化的最终目标，当前城乡收入较大的差距和城乡二元的土地制度对于城乡一体城镇化产生了极大的阻碍作用，也不利于与房地产市场的统筹协调发展。城乡一体城镇化和房地产市场的不协调主要体现在：①城乡差距扩大促进房价上涨，房价上涨又进一步促进城乡差距扩大。随着农村大量青壮年劳动力向城镇转移，农村剩下大量留守老人、留守儿童和留守妇女，农业生产主要依靠留守老人和妇女承担。农村空心化阻碍了农业现代化进程和农村经济的发展，进一步扩大了城乡差距。以收入差距为主要衡量指标的城乡差距扩大对房价上涨具有促进作用，城乡收入差距扩大致使社会财富更集中于城镇居民，财富向城镇居民的集中促进了城镇房地产价格的上涨；城镇房地产价格的上升提高了城镇居民的资产价值，通过出售和租赁住房的形式获得更高的财产和收入，从而进一步加大城乡收入差距。②城乡二元土地制度阻碍房地产市场进一步发展。我国城乡二元土地制度主要指城市土地属于国家所有，农村和城郊土地属于集体所有。长期以来农村集体土地不能用作非农用途，不能在市场交易流转，农村居民享受不到土地增值带来的收益，城市居民不能在农村购买宅基地进行非农性质的建设活动。随着城镇化的持续推进，大量城镇化人口在城镇因为没有户籍且工资水平较低没有能力在城镇购房，与此同时大量农村住房因为人口的转移出现闲置和空置。农村宅基地不能在市场上合法交易流转，农村转移人口无法通过获取农村宅基地收益提高其在城镇购房的能力，城乡二元土地制度对农村转移人口在城镇居住产生了极大的制约。大量城镇人口对在农村购房的需求也在增加。根据发达国家经验，城镇化达到一定水平之后会出现人口从大城市向小城镇和农村迁移的逆城市化现象，逆城市化对于人口和企业在农村集聚并促进农村经济发展具有重要的促进作用，能通过促进城乡一体化发展进一步促进城镇化的发展。由此可见，城乡二元土地制度对农村转移人口在城镇购房和城镇人口在农村购房均产生了阻碍，城乡一体城镇化和房地产市场不协调问题突出。

传统城镇化内部各要素及与外部要素之间存在着较为严重的不协调与不可持续问题，由此新型城镇化内部各要素（人口、产业、空间、生活、生态和城乡）的协调及其与外部经济社会要素之间的协调具有必要性；在新型城镇化“以人为本”的核心思想作用下，城镇居民实现“住有所居”的目标便成为必然要求。要实现该目标，不仅取决于房地产市场内部各要素（供给、需求、价格、土地和金融）的协调，更取决于房地产市场与新型城镇化之间的协调发展。

1.1.2 研究意义

在宏观经济发展形势作用下并在传统城镇化诸多问题的深思中，新时期政府将推进新型城镇化视为促进经济发展的重要引擎。在传统城镇化不协调及不可持续的前提下提出的新型城镇化，更加注重协调性与可持续性。其强调的协调性不仅仅只强调新型城镇化内部各要素的协调，也强调新型城镇化与其他要素的协调。在社会其他要素中，房地产市场与新型城镇化发展有紧密关联性，两系统之间相互影响相互作用。因此对两系统协调状况的考察及对未来促进二者进一步协调发展提出对策建议具有重要意义。已有的研究框架和结论并不能提供新型城镇化与房地产市场协调发展研究相对一致的标准或范式，不能为政府决策提供有效的指导或参考。这就要求根据我国实际情况在现有研究基础上，深入探究我国新型城镇化与房地产市场协调发展的一些特征和规律。本书基于协调发展视角研究新型城镇化与房地产市场互动协调关系，具有重要的理论意义和现实意义。

1.1.2.1 理论意义

从理论意义来看，本书研究具有一定的理论前瞻性和学术价值。

一是基于协调发展视角定义新型城镇化和房地产市场内涵，并提出新型城镇化与房地产市场协调发展的内涵特征：新型城镇化是由人口、产业、空间、生活、资源环境和城乡一体六种分类城镇化构成的综合协调系统；房地产市场是由房地产供给、需求、价格、土地和房地产金融构成的综合协调系统。新型城镇化与房地产市场协调发展内涵的界定是理论框架的逻辑起点，对丰富城镇化和房地产理论具有一定意义。

二是在界定新型城镇化与房地产市场内涵特征基础上分析了两系统之间的互动协调作用机制，基于协调发展视角对新型城镇化与房地产市场之间的关系进行了系统研究，推动城镇化与房地产市场两个领域的边际交叉研究。

三是丰富新型城镇化与房地产市场研究的实证方法体系。本书采用大量实证分析研究两系统之间的互动协调性：鉴于传统综合指数测度存在的缺陷，创新性提出纵向和横向加权合成标准化数据构建综合指数，对于综合指数测度方法的改进具有重要意义；引入近几年开始采用的合成控制法评价政府政策效应，弥补传统双重差分法内生性和样本选择偏误问题缺陷；引入全新方法——R^2 相对重要性分解方法实证检验新型城镇化与房地产市场之间的互动影响作用；基于纵向和横向加权合成的标准化数据，采用耦合协调度模型评价系统内及系统间协调发展水平。大量规范实证分析方法的采用对于客观分析新型城镇化与房地产市场之间的互动协调关系具有重要意义，弥补了现有研究方法缺陷，丰富了实证研究方法体系。

四是针对当前现有研究缺陷，通过“理论架构—实证分析—政策建议”的研究设计，系统分析了新型城镇化与房地产市场之间的互动协调关系，为后续深入研究我国新型城镇化发展、房地产市场发展及二者之间的协调发展提供一个可行的理论分析架构和思路借鉴，为政府根据新型城镇化发展状况实施针对性的住房调控政策提供理论依据和决策思路，从而丰富政府宏观调控理论体系，拓宽政府理论视野。

1.1.2.2 实践意义

从实践意义来看，本书具有重要的实践和现实意义。

一是为有效评价新型城镇化和房地产市场发展水平提供全新视角和评价标准。新型城镇化是新时期推动国民经济发展的重要引擎，以人为本是新型城镇化的核心，传统农村转移人口的半市民化向新型城镇化的户籍人口和市民化转变，新型城镇化相较于传统城镇化具有更丰富的内涵。传统城镇化采用常住人口城镇化率单一指标评价城镇化发展水平的评价标准显然已经不能适应新型城镇化发展需求，需要设计一套新的城镇化评价指标体系和测度方法，对新型城镇化发展水平进行全面客观的测度。本书根据人口、产业、空间、生活、资源环境和城乡一体六种分类城镇化协调发展的新型城镇化内涵构建了涵盖 22 个三级指标的综合指标体系，同时创新性地提出纵向和横向加权合成标准化数据的综合指数方法来构建新型城镇化综合指数模型和分类指数模型，为新型城镇化的有效评价提供了全新视角和评价标准。2010 年以来政府宏观调控房地产市场的主基调基本明朗，房价稳定和房地产市场健康发展成为新时期政策主要导向。1998 年房地产全面市场化以来至 2010 年以前，在刚性需求集中释放的促进作用下，房价持续上涨（2008 年经济危机出现微弱下降）。房价成为社会各界最关注的房地产市场指标。2010 年以来，随着政府政策导向的逐渐明朗，房地产需求集中释放进入平缓期，促进房地产市场供求均衡和健康发展越发受到关注。在此形势下，构建房地产市场综合指标衡量房地产市场发展水平和健康程度，改变以往大众通过房价评价房地产市场发展水平的传统观点，成为必然要求。本书依据房地产供给、需求、价格、土地和房地产金融五个子系统协调发展的房地产市场内涵，构建了涵盖 10 个指标的房地产市场综合指标体系，采用纵向和横向加权合成标准化数据构建房地产市场综合指数和分类指数，为房地产市场的有效评价提供了全新视角和评价标准。

二是为政府新型城镇化与房地产市场的相关政策完善提供实证依据。本书采用规范实证方法对新型城镇化综合试点和房地产宏观调控政策的政策效果进行了实证检验。实证结果显示，新型城镇化政策和房地产宏观调控政策对新型城镇化和房地产市场健康发展具有显著的促进作用，从而为试点政策的推广及房地产宏观调控政策的出台提供实证依据。本书对 30 个省份新型城镇化与房地产市场发展水平及协调发展水平进行了测度。定量分析结果显示虽然协调发展水平在不断提升，但是仍然存在综合发展水平不高及分类发展水平不均衡等问题，从而为后续政府及相关决策部门针对性出台政策提供实证依据。

三是为新型城镇化和房地产市场协调发展提供决策思路和政策参考。在理论和实证分析基础上，本书提出了促进新型城镇化与房地产市场协调发展的政策建议：促进人口、产业、空间、生活、资源环境和城乡一体城镇化与房地产市场协调发展的政策建议，促进房地产供给、需求、价格、土地和房地产金融与新型城镇化协调发展的政策建议，以及强化政府在促进协调发展中的作用。在理论和实证分析基础上提出的系统全面促进两系统协调发展的政策建议，具有针对性和客观依据，为相关决策部门提供有实证依据支撑的系统性对策建议。因此，本书的研究具有非常重要的现实意义。

1.2 相关概念及特征

新型城镇化、房地产市场、新型城镇化与房地产市场协调发展的概念界定是研究的理论起点，对构建新型城镇化与房地产市场协调发展理论具有重要的理论意义。本节主要从三方面对相关概念及特征进行总结概述。

1.2.1 城镇化及新型城镇化

对新型城镇化概念的界定是本书分析研究其与房地产市场发展状况的重要研究基础。新型城镇化与传统城镇化具有紧密联系性，前者从传统城镇化发展而来，是对传统城镇化的不断完善。因此在界定新型城镇化概念之前，有必要对城镇化的概念进行界定。

1.2.1.1 城镇化内涵及特征

（1）城镇化内涵。国际上与我国城镇化相同的概念是城市化，主要有两重含义：一是人口从农村向城市转移；二是原有农村地区受到城市文明和先进生活方式影响，城市地区物质资源及生活方式等要素向农村地区传播，农村原有相对落后的生活方式向城市先进生活方式转变。不同的是，我国除了城市，还包括建制镇，农村人口不仅向城市转移，还向小城镇转移，因此我国更多采用城镇化的表述方式。城镇化主要指的是农村人口向城镇的迁转，但是由于不同学科侧重的考察点不同，对城镇化的定义也有所差别：从人口学角度来看，城镇化主要指城镇人口比例增加的过程，指的是通过农村人口向城镇地区进行迁转以及原有城镇人口的自然增长，城镇人口比重占总人口比重不断增加；从城市经济角度来看，城镇化主要指非农产业人口及产值不断增加的过程，指的是在经济发展过程中第二产业和第三产业占国民经济比重不断上升，同时带动的相关就业人口比重也不断上升的过程；从城市地理角度来看，指的是城镇景观空间比重增加的过程，即具有城镇景观的空间不断扩张，占国土面积比重不断提升的过程。由此可见，以上不同角度主要涉及人口城镇化、产业城镇化、空间城镇化和生活城镇化。

人口城镇化指的是通过农村人口向城镇人口迁转过程，农村人口占总人口比重不断下降，而城镇人口占总人口比重不断上升。人口城镇化率（城镇人口占总人口比重）是反映城镇化发展水平的重要指标，能有效反映人口和空间城镇化水平，但不能反映出生活城镇化水平。随着传统城镇化向新型城镇化转变，以人为本的生活城镇化水平成为城镇化的核心，重要的是通过提高城镇化水平促进居民生活水平和生活质量的提高，不仅仅是单纯关注城镇人口比重的上升。因此，以人为本的城镇化应该是在城镇人口比重提高的同时，更加关注人们生活质量的提升和生活方式文明程度的提高。从人口城镇化的实现形式来看，人口城镇化水平的提高主要通过三种形式来实现，分别是原有城镇人口自然增长、农村人口向城镇人口迁转及异地城镇化、原有农村地区通过经济社会发展就地转变为城市人口的就地城镇化。就地城镇化实现形式较多，主要通过新城镇建设和城镇空间扩张两种形式实现。可以用常住人口城镇化率和户籍人口城镇化率进行衡量。从生活城镇化的实现形式来看，生活城镇化主要通过城镇居民收入和消费水平的提升、基础设施及公共服务水平的提升以及生活环境的改善来实现。可以用城镇居民人均可支配收入、医疗教育机构数量、高等教育普及程度、固定资产投资额等具体指标进行衡量。城镇居民是城镇发展的主要动力和元素，以人为本是城镇化发展的核心体现。城镇化发展要改变以往单纯追求城镇人口比重的提高和人口城镇化率的提升，更多关注城镇居民生活水平、基础设施和公共服务水平的提升，真正体现人口向城镇迁转的意义。

产业城镇化指的是非农产业产值比重以及相关从业人口比重的上升。产业是城镇发展的重要支撑和基础，在经济社会发展规律的作用下，经济总量中非农产业（第二产业和第三产业）产值比重将不断增加，农业产值将不断下降。与此同时非农产业就业人口比重也会不断增加，农业就业人口比重不断下降，这是经济社会发展的必然规律。城镇化发展的过程伴随着第一产业向第二、三产业升级调整的过程，是经济社会效益最大化的体现。人口和空间城镇化与产业城镇化紧密相关，在第一产业比重下降及第二、三产业比重上升的过程中，必然伴随着大量农业人口向城镇聚集，城镇人口比重也会逐步上升。城镇人口比重上升又会带动城镇空间扩展，空间城镇化水平也会逐步上升。因此，城镇化中三种不同形式的定义并非是独立的，而是紧密相关的，产业城镇化水平与人口、空间城镇化水平呈现出显著的正相关关系。

空间城镇化指的是地域空间从以农业为主导的地域空间向以非农为主导的地域空间转变的过程，是农村景观向城镇景观转变的过程。随着农业经济向非农经济的转变、农业人口向非农业人口的转变，作为城镇化空间载体的空间城镇化水平不断提升，是人口和产业城镇化水平提升的空间形态反映。随着空间城镇化水平的不断提升，原有城镇规模不断扩大，新的城镇不断涌现，城镇地域空间和城镇景观占国土面积的比重不断提升。从空间城镇化的表现形式来看，空间城镇化主要通过农村自然生态系统景观向城镇人工生态景观转变，城镇人工生态景观体现为人工通过住房及交通等基础设施对原始自然生态系统的改变，呈现出现代文明的空间形态。衡量空间城镇化发展水平的重要指标是城市建成区面积占国土面积的比重。需要注意的是，城镇空间可以分为处于城市核心地区的中心区域和处于城市外围区域的郊区。城镇中心区和郊区互动影响作用明显，郊区起支撑城区发展的作用，城区则对郊区起辐射和带动作用。根据郊区距离城区远近不同，郊区的空间形式、经济形式以及生活方式呈现出不同的圈层空间结构特征。随着人口和产业城镇化的发展，空间城镇化呈现出从城区向郊区不断扩展的过程。

城镇化是一个复杂的系统，人口、产业和空间城镇化分别从人口地理位置迁转、产业发展升级及城镇土地空间的不同角度诠释了城镇化的重要内容，生活城镇化则是在经济社会不断发展的背景下更高要求的城镇化内涵，是城镇化发展的核心体现。生活城镇化指的是随着人口从农村地区向城市地区的迁转，生活方式和生活水平从低层次向高层次转变的过程。城镇居民与农村居民受到地域景观、产业基础及收入水平等各方面因素的影响，产生了不同的生活方式、消费习惯以及社会意识。生活方式和生活习惯的不同特征是生活城镇化的具体表现形式。城镇化发展促进了人口从农村向城镇迁转，促进了产业基础从低层次的农业向高层次的二、三产业转变。伴随着人口和产业的变迁，城镇基础设施、公共服务以及科教文卫水平均得到了全面的发展，有效提高了城镇居民的收入水平和社会保障水平。生活城镇化是反映地区经济发展水平的重要衡量标准，也是城镇化发展水平的核心体现，是人口、产业和空间城镇化发展的核心意义所在。

以上分别从人口、产业、空间和生活四个不同视角对城镇化的内涵进行了界定。从城镇化不同视角内涵可知城镇化是一个具有丰富内涵的复杂系统，仅从一个学科角度难以界定城镇化的深刻内涵。国际、国内城镇化发展过程均体现了人口、产业、空间和生活各个视角的城镇化发展过程，四种类型的城镇化相互影响相互作用。人口城镇化是城镇化的具体表现形式和典型衡量指标，产业城镇化是城镇化的基础和支撑，空间城镇化是城镇化的物质载体和空间形式，生活城镇化是城镇化的核心和要义。城镇化水平高低一般情况下主要由城镇人口占总人口比例来测度，城镇化发展动力来自传统农业向第二、三产业为主的非农产业持续转型，人口和产业发展需要由城镇地域空间和城镇景观的扩展来承载，人口、产业和空间城镇化发展的核心是提高居民的生活水平，真正实现生活方式和生活质量的提升。因此，人口、产业、空间和生活城镇化共同构成了城镇化的具体内容，共同促进城镇化的发展。

（2）城镇化特征。

第一，城镇化的一般特征。前文从人口、产业、空间和生活四个方面对城镇化进行了内涵界定，可知城镇化具有明显的物质特征和非物质特征。城镇化的物质特征体现在：城镇化过程中人口从农村地区向城镇地区不断聚集，农业向非农产业进行转变，地域空间和景观形态从自然形态向人工形态的转变，这些都体现了城镇化的物质特征。城镇化的非物质特征体现在：在人口、产业和地域景观转变的过程中，城镇居民生活方式、社会认知和文化水平也在不断提升。人口从农村迁转到城市的过程中，受城市生活形态和生活方式扩散的影响，社会认知和意识形态也随之改变。从城镇化的物质和非物质特征可以看出，物质特征是城镇化的基本体现，而非物质特征则是城镇化过程中居民向高层次发展的核心体现。

第二，我国城镇化的国别特征。我国城镇化除了具有物质和非物质的一般特征外，还具有非均衡不可持续的国别特征。在我国宏观经济社会大背景下进行的城镇化，城镇化的非均衡不可持续特征主要体现在以下几个方面：第一，人口、产业、空间和生活城镇化的非均衡发展。长期以来，我国存在土地空间城镇化水平高于产业城镇化水平，产业城镇化水平高于人口城镇化水平，三者又都高于生活城镇化水平的矛盾和问题。这与以往经济发展重速度轻质量的发展模式相关，对于真正意义上的通过人口迁转实现生活方式和生活水平转变的生活城镇化缺乏足够的重视。第二，城乡及东中西部发展不均衡。城乡差距大即城乡一体化水平低是我国城镇化的重要特征，这一特征短期之内给农村人口向城镇进行转移带来了动力，促进了人口城镇化水平的提升。随着城镇化向中后期发展，城乡差距对城镇化的持续发展产生了阻力。同时，东中西部不同区域之间较大的发展差距，对城镇化特别是就地城镇化产生了极大的阻碍作用。当前农村转移人口主要通过异地城镇化的方式向东部发达城市进行转移，就地城镇化率偏低，促进东部经济发展的同时，进一步扩大了东中西部地区差距。第三，资源浪费及环境污染严重。改革开放以来的快速城镇化促进了经济社会快速发展，也带来了一系列的经济社会问题。城镇化过程的重速度轻质量、重经济指标轻资源环境指标，导致资源浪费严重，环境污染问题突出。从我国城镇化的国别特征可以看出，传统城镇化发展模式是一种不均衡不协调的城镇化道路，具有不可持续性。

1.2.1.2 新型城镇化内涵及特征

(1) 新型城镇化内涵。新型城镇化与传统城镇化是相互联系的两个概念，“新”就是与传统城镇化相比的不同发展模式的城镇化，是通过对传统城镇化发展问题的反思，提出新的城镇化发展模式，是对原有城镇化模式内涵的扩展。随着新型城镇化道路的提出，新型城镇化逐渐为人们所熟知，虽然学术界展开了对其内涵的积极探讨，但是由于不同学者研究视角和研究领域的不同，对新型城镇化的界定也不同。很多学者延续了传统城镇化内涵的思想，认为新型城镇化虽然体现新式的城镇化，但是其关注点仍然是人口的城镇化，核心仍然是实现农村人口向城镇地区的迁转；大多学者认为新型城镇化是关注区域协调发展的城镇化，认为应该通过发展新型工业和现代服务业，采用现代化技术手段，逐渐缩小城乡和大中小城市之间的差距，实现城乡一体化和大中小城市协调发展；少数学者开始拓展区域协调基础上的更广泛协调发展理念，认为新型城镇化是追求人口、经济、社会、资源环境等多系统协调发展的可持续城镇化模式。

从诸多学者城镇化和新型城镇化内涵的探讨可知，人口、产业和空间城镇化是传统城镇化的主要内容和衡量标准，特别是人口城镇化一直以来都是作为传统城镇化的主要衡量指标和判断标准。生活城镇化、资源节约环境优化和城乡一体城镇化则是新型城镇化优化和拓展的新内容。除了拓展内容，新型城镇化更注重强调通过各分类城镇化之间的协调发展实现城镇化的可持续发展，其强调的协调发展不仅包括人口、产业和空间三类传统城镇化之间的协调发展，更强调人口、产业、空间三类传统城镇化与生活、资源环境和城乡一体城镇化的协调发展，特别是要在传统城镇化持续发展的基础上，促进生活、资源环境和城乡一体城镇化的发展。生活城镇化指的是通过提高居民收入、完善城镇基础设施和提升公共服务水平以提高居民生活水平，生活城镇化是以人为本城镇化的核心和意义所在。资源环境城镇化是指城镇化发展中促进资源的集约利用和环境的优化。资源集约利用指的是在城市发展中能源资源的集约和高效使用，资源利用效率得到提高。环境优化指的是在城市发展过程中要为城镇居民生产生活创造良好的生态环境，城镇发展不能只关注效益，要同时关注生态环境保护。资源环境城镇化是促进城镇化和经济社会可持续发展的保障。城乡一体及城乡统筹的城镇化，强调在城镇化发展过程中不能只关注城镇发展，要在城镇发展的基础上强调城镇经济对农村经济的反哺，逐渐缩小城乡差距。农村经济发展和农业现代化的实现能够持续释放更多的劳动人口，推进城镇化的持续发展。

基于以上分析，本书将新型城镇化定义为：新型城镇化是在“以人为本”核心思想的指导下，以人口城镇化为形式和主要衡量标准，以产业城镇化为基础和支撑，以空间城镇化为载体和空间形式，以生活城镇化为核心和要义，以资源环境城镇化为保障，以城乡一体城镇化为目标的新型城镇化。新型城镇化是全面综合协调型的可持续城镇化，是新时期经济结构转型升级大背景下在传统城镇化的反思中探索的城镇化持续发展新模式。

（2）新型城镇化特征。

第一，新型城镇化以“以人为本”为核心指导思想。传统城镇化发展重速度轻质量，通过大量农村人口半市民化的转移方式推动了城镇化的快速发展。大量农村转移人口成为城市流动人口，就业、居住和生活保障得不到城镇居民同等待遇，生活城镇化水平非常低。新型城镇化发展强调人的城镇化，以人为本是新型城镇化的核心指导思想，是在传统城镇化中强调人口、产业和空间城镇化的基础上更多重视转移人口的生活需求和全面发展需求，是从传统城镇化物质性特征向新型城镇化非物质性特征的转变，是城镇化中后期阶段的核心意义所在。发展以人为本的新型城镇化，就要充分发挥政府在城镇化发展过程中的积极引导作用，改变现有政策制度，通过政策制度保障促进转移人口的就业、住房以及基础设施和公共服务等方面的生活需求问题，缩小转移人口与城镇户籍人口各方面生活差距，提高转移人口的城镇物质性和非物质性归属感。

第二，新型城镇化是走协调发展道路的可持续发展型城镇化。新型城镇化的重点是促进各分类城镇化之间的协调发展，通过促进新型城镇化六个子系统（人口、产业、空间、生活、资源环境和城乡一体城镇化）的协调发展，推动城镇化和经济社会的可持续发展。新型城镇化的协调发展体现在以下两方面：一是传统城镇化中人口、产业和空间城镇化的协调发展。人口、产业和空间城镇化是传统城镇化的重要内容，人口城镇化是传统城镇化的重要衡量指标。传统城镇化发展具有人口城镇化水平低于产业城镇化水平，产业城镇化水平低于土地空间城镇化水平的特征，三系统之间的非均衡发展带来了诸多的经济社会问题。鉴于传统城镇化非协调发展的诸多问题，新型城镇化强调人口城镇化、产业城镇化和空间城镇化的协调发展。二是传统城镇化中人口、产业、空间城镇化与新型城镇化拓展的生活、资源环境和城乡一体城镇化的协调发展。新型城镇化是综合全面协调型的城镇化，除了传统城镇化三个子系统之间的协调发展，还要在传统城镇化三个子系统协调发展的基础上促进生活、资源环境和城乡一体城镇化之间的均衡和谐发展。因此新型城镇化需要通过注重城镇规划的指导作用，推动新型城镇化下属的六个子系统之间的协调发展，提升城镇化的可持续发展能力。

第三，各分类城镇化在协调发展中均具有重要作用。新型城镇化是人口、产业 、空间、生活、资源环境和城乡一体协调发展的城镇化，六种分类城镇化在协调发展中虽然作用方式不同，但是均具有非常强的重要性。人口城镇化是新型城镇化的重要体现。人口城镇化是传统城镇化的重要衡量指标，在新型城镇化中人口城镇化仍然是衡量城镇化发展水平的重要指标。新型城镇化强调转移人口从半市民化向市民化的转变，因此新型城镇化中的人口城镇化在持续关注常住人口城镇化发展的基础上，开始更多关注户籍人口城镇化率的提升，人口城镇化的衡量指标综合考虑常住人口城镇化率和户籍人口城镇化率。产业城镇化是新型城镇化的重要支撑。产业是传统城镇化的基础和支撑，同样也是新型城镇化的基础和支撑。新型城镇化强调产业发展，要更多关注非农产业产值比重与非农产业就业人口比重的协调发展，以此促进产业城镇化与人口城镇化的协调发展。空间城镇化是新型城镇化的物质载体。传统城镇化采取的是粗放蔓延式的空间城镇化模式，新型城镇化强调空间与产业、人口的均衡协调发展，强调空间的集约利用。新型城镇化的空间城镇化更多关注建设用地增速与城镇人口增速、非农产业产值增速的匹配协调。生活城镇化是新型城镇化的核心。生活城镇化强调城镇居民收入水平的提升、基础设施的完善以及公共服务水平的提升。新型城镇化中的生活城镇化是从传统城镇化的物质性向新型城镇化开始注重非物质性转变的重要环节。资源环境城镇化是新型城镇化的保障。新型城镇化是综合协调的可持续发展城镇化，只有资源集约环境优化才能保障城镇化的持续发展。城乡一体城镇化是新型城镇化的目标。我国快速城镇化过程伴随着城乡差距的扩大，步入城镇化中后期阶段，农村经济发展的滞后最终会阻碍城市经济和城镇化的进一步推进。因此，城乡一体城镇化是促进城镇化可持续推进的重要内容。以人为本的城镇化也强调通过城乡差距的缩小实现城乡居民的全面发展。

1.2.2 房地产市场

对房地产市场概念的界定是本书分析研究其与新型城镇化发展状况的重要研究基础。下面主要从四个方面对房地产市场相关的概念及特征进行概述总结。

1.2.2.1 房地产市场概念

理解房地产市场的概念需要先了解市场的概念。市场的概念一般从狭义概念和广义概念来进行界定。市场狭义的概念指的是商品交换的场所；市场广义的概念指的是商品交换关系的总和。根据市场的这两种划分，房地产市场的概念也可以从狭义概念和广义概念来进行界定。房地产市场的狭义概念指的是房地产商品交换的特定场所，该场所用于房地产商品的买卖以及租赁等。房地产市场的广义概念指的是房地产商品交换关系的总和，包括房地产市场的主体、客体、价格、资金、运行机制等因素，它是房地产经济运行的基础，是房地产经济纳入市场经济轨道的必然产物。

房地产市场与一般市场相同，也是由房地产市场主体、房地产市场客体、房地产市场交易需求以及中介结构等诸多要素组成，房地产市场运行中的诸多现象通过房地产市场要素体现。本书研究的房地产市场主要指的是以商品住房为交易对象的各种要素的组合。房地产市场主体包括房地产企业、购房者和政府等，房地产市场客体包括商品住房以及保障性住房，通常包括房地产市场供给、房地产市场需求、土地市场以及房地产金融等诸多要素。房地产存在市场失灵问题，房地产产品具有普通商品和投资品双重性质，需要政府进行干预，调控投资投机性需求，稳定市场预期，因此房地产宏观调控也是房地产市场的重要研究内容。由于我国房地产市场主要集中在城镇，因此本书主要研究城镇房地产市场。与一般研究房地产市场主要关注房价不同，本书强调房地产市场是由房地产供给、需求、价格、土地和房地产金融构成的有机统一体，各子系统之间相互作用，相互影响。

1.2.2.2 房地产市场类型

房地产市场类型可以根据以下标准分为不同的种类。

(1) 按照功能用途划分。房地产市场按照功能用途，可以分为住房市场、商业用房市场和工业用房市场。住房市场是以住宅为交易对象的整个社会交易关系的总和；商业用房市场是以商场、商铺和写字楼等商业用房为交易对象的整个社会交易关系的总和；工业用房市场是以工业制造厂房、工业研发楼宇及仓储设施等工业用房为交易对象的整个社会交易关系的总和。当前我国住房市场在房地产市场中占主导地位，商业用房市场和工业用房市场也在逐步发展。

(2) 按照市场层次划分。房地产市场按照市场层次可以划分为一级市场、二级市场和三级市场。一级市场即土地出让市场，交易对象为城镇国有土地或征用的农村集体土地，出让主体为国家指定的政府部门；二级市场为增量房市场，交易对象为新建和初次使用的房屋，出售主体为房地产开发商；三级市场为存量房市场，交易对象是已经被购买且再次进入市场进行出售或租赁的房屋，出售或租赁主体为具有该房地产所有权的单位或个人。

(3) 按照组成要素划分。按照组成要素进行划分，房地产市场可以分为房产市场、土地市场、房地产金融市场以及房地产技术信息市场和劳务市场等。房产市场指的是房产商品交换关系的总和，包括一手房和二手房的买卖、租赁和抵押等交易关系的总和；土地市场是以土地使用权为交易对象的整个社会交易关系的总和；房地产资金市场是指通过银行等金融机构，向房地产市场主体提供资金支持的整个社会交易关系的总和，主要包括抵押贷款、股票、债券及信贷等；房地产劳务市场指的是以为房地产市场提供劳务活动为交易对象的整个社会交易关系的总和，主要包括物业管理、房屋装修装饰等；房地产技术信息市场是以为房地产市场提供技术信息支持为交易对象的整个社会交易关系的总和。

1.2.2.3 房地产市场主体

政府、房地产企业、购房者以及房地产中介部门构成了房地产市场主要的主体，市场是以上这些主体的交易关系总和。市场交易主体对房地产市场正常运行具有重要影响作用，交易关系也是各大市场主体之间的交易。政府在房地产市场中的作用主要体现在以下几个方面：制定房地产市场规章制度，对房地产市场进行监督管理；在市场失灵的时候通过房地产市场调控弥补市场机制的不足，促进房地产市场健康平稳发展，调节价格水平和供求关系，保障房地产市场平稳发展；政府是土地所有权垄断者，通过招拍挂出让土地使用权。

消费者是房地产市场的需求者；房地产开发商是房地产增量房市场的供给者，购置新房后再出售的个人是房地产存量房市场的供给者。除了个人拥有房地产所有权之外，还有部分机关事业单位拥有国有产权或集体产权的房屋及建筑物。

除了政府和供求者之外，中介机构同样是房地产市场重要的主体。房地产中介结构包括房地产金融机构、从事房地产销售租赁的中间商、公证机构、保险机构及各种资讯机构者。中介机构的作用是为其他房地产主体提供房地产相关的各种形式的服务。

1.2.2.4 房地产市场特征

（1）明显的区域性特征。房地产的不可移动性及异质性特征决定了房地产市场区域性特征明显。区域性特征明显主要体现在以下方面：房地产位置固定，各区域之间缺乏流动性；各区域之间政治、经济、社会、文化及气候自然条件差异悬殊，各区域房地产供求状况各不相同，各区域房地产市场具有自身特征，各个城市不能完全照搬其他城市的房地产发展模式；

消费者因为工作地点、交通便利程度、基础设施配套及个人偏好等一系列因素的共同作用，倾向于某一特定的房地产，其他房地产对特定房地产的替代性不强。

（2）不完全竞争的特征。房地产的不可移动性和异质性，决定了房地产市场不像农产品及一般工业品那样接近完全竞争市场。房地产市场属于不完全竞争市场，具有不完全竞争市场的主要特征：房地产之间不完全同质，具有差异性；土地及房地产开发资质等壁垒的制约，客观上形成了房地产市场的进入壁垒；房地产市场为有限开发市场，在市场失灵时政府出台宏观调控政策对房地产市场进行调控；房地产市场信息不完全，房地产供给者和需求者之间信息不对称，供给者掌握了信息主导权。

（3）投资投机性较强。土地稀缺性、不动产特性及保值增值功能等特点，使得房地产具有吸纳通货膨胀的功能，在经济发展、居民收入不断提高、投资渠道狭窄等因素共同作用下，房地产市场成为居民保值增值、投资的重要渠道。在房价过快上涨，社会过多资金进入房地产市场时，房价非理性上涨，房地产市场容易出现虚假繁荣，为房地产泡沫埋下伏笔；同时还会导致对社会资金的过度吸纳，挤压其他产业资金，影响国家产业结构优化，影响经济社会稳定可持续发展。

1.2.3 新型城镇化与房地产市场协调发展

要理解新型城镇化与房地产市场协调发展的概念，需要首先了解协调发展的概念和特征。本部分首先总结概述协调发展的概念和特征，在此基础上对新型城镇化与房地产市场协调发展的概念和特征进行总结归纳。

1.2.3.1 协调发展概念及特征

（1）协调发展概念。首先需要清楚协调与发展的概念。笔者在界定协调发展内涵之前先界定协调与发展各自的内涵。从语义方面来看，“协”和“调”都含有统筹、协调和均衡的含义。协调指的是不同系统之间达到的一种理想的均衡和谐状态，也指的是系统之间实现这种和谐状态的过程。由此可见，协调主要指的是不同的系统之间或者同一系统内部子系统之间达到的一种互动影响和谐一致的关系状态，是对系统间良好互动和谐关系的描述。从经济学角度对协调进行界定，指的是不同经济系统之间或者同一经济系统内部子系统之间在各种经济社会因素的作用下达到的一种互动均衡现象，是反映经济系统之间良好互动关系的状态。

发展一般指的是系统变化过程，是描述系统运动变化的概念。系统从低级到高级、从小到大、从简单到复杂的动态变化过程就是发展，特定系统的发展可能是与其他系统共同发展，也可能是以其他系统的破坏或者倒退为代价。从经济学角度对发展进行界定，指是经济系统从较低水平向较高水平的动态变化过程。具体体现为：国民经济从较低水平向较高水平的动态变化过程，城镇化从较低水平向较高水平的动态变化过程，以及房地产市场从较低水平向较高水平的动态变化过程。以上都是从不同视角对经济学领域的系统发展内涵进行界定。

协调发展指的是不同系统之间或者同一系统内部子系统之间由低级到高级、由小到大、由简单到复杂的过程中实现的一种和谐均衡的状态。我国经济学领域的协调发展最早开始于20世纪70年代末80年代初，十七届全国人大四次会议提出协调发展的概念为按比例发展，党的十六大提出科学发展、重视五个统筹，强调在经济发展中统筹和协调发展的重要作用。协调发展强调多个系统或者同一系统内部多个子系统之间的互动发展过程。在协调发展动态变化过程中，发展是系统从低级向高级变动的方向，协调则是朝着这个方向变动过程中系统间的良好互动关系。从经济学角度来看，协调发展指的是经济系统发展过程中不同的经济系统之间或者同一个经济系统内部子系统之间从低级向高级发展所达到的一种互动协调关系的状态。

（2）协调发展特征。

第一，整体性。协调发展强调系统之间或者系统内部子系统之间从低级向高级发展的互动均衡状态。因此一个系统应该与其他系统互动均衡发展，而不是以牺牲其他系统的发展为代价，系统之间的发展体现出整体发展的特征。在特定经济社会发展阶段，可以允许某个特定系统适度优先发展，利用优先发展获得的优势带动滞后系统的发展，最终实现均衡和谐发展。但是如果过度超前发展，同时缺乏对其他系统的有效带动作用，系统之间发展差距进一步扩大的恶性循环导致系统间发展失调。

第二，自组织性和自适应性。客观世界的系统在内部和外部因素的共同影响作用下可以分为两种类型：第一种类型的系统在外部环境作用下自组织性与自适应性逐渐降低，从而出现混乱和无序，最终系统瓦解；第二种类型的系统在外部环境作用下通过自身的自我组织和适应能力，逐渐从低级到高级、从简单到复杂动态演变，通过自组织性和自适应性实现了系统间良好互动关系的发展。

第三，复杂性。协调发展是多个系统之间或者同一个系统内部多个子系统之间的互动均衡演变过程，涉及的系统至少为 2 个。涉及的元素众多，体现了协调发展的复杂性。从系统之间的相互关系来看，协调发展不仅体现发展，还要体现系统之间互动均衡的发展特征。系统之间的相互影响过程和互动作用过程很复杂，因此从互动关系来看协调发展也具有复杂性。

第四，开放性与动态性。协调发展是系统之间的互动和谐过程，在协调发展过程中这些系统并不是封闭和孤立的，在内部外部经济社会环境的作用下系统与外部环境相互作用，需要从外部系统吸取能量和物质，增强其协调发展过程中的无序状态而产生新的有序状态，实现从低级向高级、从简单到复杂的演变。这充分体现了协调发展是开放性的，而不是封闭性的。此外，协调发展过程是系统间从低级向高级演变的动态变化过程，某个特定阶段的协调发展水平高低并不是固定的，通过不同阶段的对比会体现出不同的协调发展水平。

1.2.3.2 新型城镇化与房地产市场协调发展的内涵及特征

（1）内涵。根据协调发展的内涵及特征，笔者将新型城镇化与房地产市场协调发展定义为：新型城镇化发展与房地产市场发展相匹配、协调，通过新型城镇化、房地产市场内部各子系统及其与外部系统的相互作用、相互配合和相互促进而形成的新型城镇化与房地产市场的良性循环态势。新型城镇化与房地产市场协调发展的内容主要包括：第一，新型城镇化内部子系统的协调发展和房地产市场内部子系统的协调发展。新型城镇化内部的人口城镇化、产业城镇化、空间城镇化、生活城镇化、资源环境城镇化及城乡一体城镇化六个子系统之间的协调发展，房地产市场内部的房地产市场供给、需求、价格、土地和房地产金融之间的协调发展。第二，新型城镇化与房地产市场必须形成一种相互依存、相互促进以及共同发展的状态及机制。房地产市场的发展满足城镇化过程中城镇人口商品住房和保障性住房需求，房地产业发展和购房者财产增值、出租房屋收入等促进了产业城镇化和生活城镇化水平的提高。新型城镇化通过人口增长、产业升级、空间优化、生活水平提高、环境优化和城乡一体化增加房地产市场需求，是房地产市场持续发展的动力和源泉。两系统之间在系统内部协调发展基础上相互影响共同发展。两系统均是复杂的综合系统，系统之间通过内部诸多的子系统产生关联和互动影响，通过内在的互动关联发展推动系统之间的协调发展。第三，新型城镇化与房地产市场之间的协调是一种动态性的协调。二者发展进程中因为两系统各自发展速度的超前或滞后、两系统内部及外部环境的变动冲击导致两系统协调程度降低或者暂时出现不协调的状态；但是在整体趋势里这种不协调不具有主导性和支配性，不会对未来系统间的协调状况产生根本性的影响，反而会对系统的进一步协调发展起推动作用。两系统的动态协调性还体现在某个阶段的协调发展水平是动态变化的，例如本书考察的是2000—2018年，该考察期内两系统之间的协调性不断增强，2018年相对于其他年份协调发展水平最高。但是当考察期变化，比如考察期变为2000—2020年，在协调发展水平持续上升的背景下2020年协调发展水平将最高，2018年随着考察期的变化协调发展水平发生了变化。因此动态协调性与考察期有紧密关联性。

（2）特征。新型城镇化与房地产市场协调发展的特征主要有：第一，新型城镇化与房地产市场协调发展具有整体性。协调发展的内在要求是整体发展，即新型城镇化与房地产市场的整体发展，且要求两系统间及系统内部子系统间和谐统一以达到最佳整体效应。新型城镇化与房地产市场发展和谐统一，系统的发展不应以牺牲另一系统的发展为代价。第二，新型城镇化与房地产市场协调发展系统具有自组织性和自适应性。市场经济前提下，新型城镇化与房地产市场主要是在市场这只看不见的手的作用下得以发展，新型城镇化发展的同时房地产市场也在不断发展，二者相互促进相互作用。在内外部环境的共同作用下系统不断发展演化。第三，新型城镇化与房地产市场协调发展系统具有复杂性。房地产市场不仅包括房地产供给、房地产需求、房地产价格，而且包括土地市场和房地产金融。新型城镇化不仅包括传统的人口城镇化、产业城镇化和空间城镇化，还包括新型城镇化拓展的生活城镇化、资源环境城镇化和城乡一体城镇化。新型城镇化与房地产市场包括的子系统众多，且这些子系统之间相互作用的形式复杂多样，这些共同决定了系统的复杂性。第四，新型城镇化与房地产市场协调发展系统具有开放性与动态性。该系统不是一个孤立与封闭的系统，其与社会经济、政治和文化等息息相关。系统内部不断与外部因素进行着信息与物质等各方面的作用与交流，从而维持系统的稳定与发展。

1.3 研究内容、方法及创新

1.3.1 研究内容

本书研究的内容有八个方面（见图1－1）

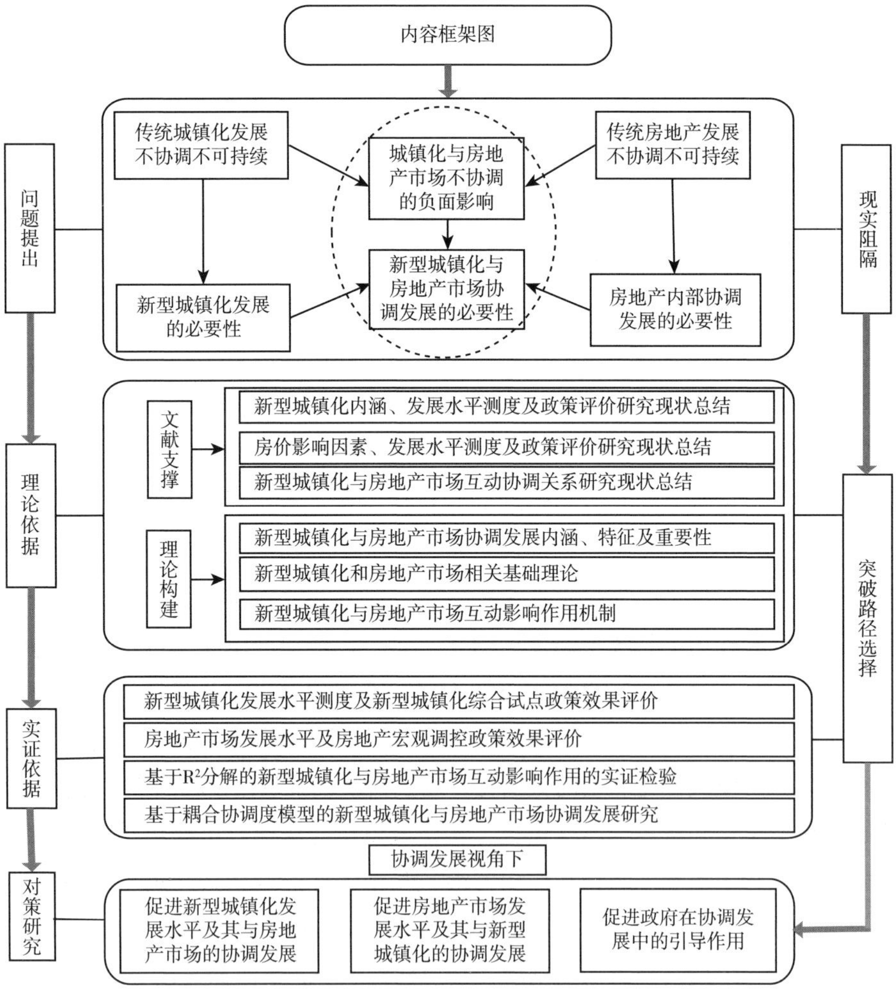

图1－1　内容框架图

第一部分：导论。首先，介绍研究背景和研究意义。在传统城镇化发展中诸多不协调不可持续问题的反思中，政府提出了城镇化发展新路径——新型城镇化，强调城镇化应该走协调可持续发展的道路；新型城镇化的协调发展不仅强调新型城镇化内部人口、产业、空间、生活、资源环境和城乡一体城镇化的六个子系统的协调，也包括新城城镇化与外部经济社会重要系统之间的协调。房地产市场和新型城镇化之间相互作用相互影响，二者之间的协调发展对于经济社会发展具有重要作用。当前房地产市场内部（供给、需求、价格、土地和金融）五个子系统之间不协调问题突出，新型城镇化与房地产市场两大系统之间也存在一系列不协调问题，对宏观经济和社会稳定发展带来了挑战。因此，有必要对新型城镇化内部子系统、房地产市场内部子系统及两大系统之间的协调发展问题进行研究，促进经济社会持续稳定发展。其次，探讨新型城镇化与房地产市场协调发展的概念及特征。从新型城镇化与房地产市场各自内涵及特征出发，根据新型城镇化与房地产市场协调发展的具体特征与表现形式，界定新型城镇化与房地产市场内部各要素及两系统之间协调发展的内涵及特征。最后，介绍研究内容、方法与创新之处。

第二部分：新型城镇化与房地产市场协调发展的国内外研究现状与述评。首先，新型城镇化国内外相关研究现状，包括新型城镇化的概念及内涵、新型城镇化发展水平的测度，以及新型城镇化政策效果评价的相关文献研究现状；其次，房地产市场国内外相关研究现状，包括房价影响因素、房地产市场发展水平的测度，以及房地产宏观调控政策的评价；再次，新型城镇化与房地产市场互动协调关系的国内外研究现状，包括新型城镇化对房地产的影响、房地产对新型城镇化的影响，以及两系统之间互动协调关系的相关研究现状。最后，对国内外相关研究现状取得的成绩及不足之处进行述评，并提出本研究拟拓展的内容。

第三部分：构建新型城镇化与房地产市场协调发展的理论分析框架。首先，概述新型城镇化理论基础，包括城镇区位理论，城乡结构转换理论、非均衡发展理论和协调发展理论，为新型城镇化内涵特征的界定及实证研究奠定理论基础。其次，概述房地产市场基础理论，包括供给决定房价理论、需求决定房价理论，以及供求均衡决定房价理论，为本书房地产市场子系统选择及评价指标选取提供理论依据。最后，概述新型城镇化与房地产市场互动影响作用机制。根据城镇化对房地产市场影响作用机制及房地产市场对城镇化的影响作用机制，阐释新型城镇化与房地产互动影响的实现路径，并探讨二者协调发展不同实现路径的作用机制，构建出一个可行的新型城镇化与房地产市场内部各子系统及两系统之间协调发展的理论分析框架。

第四部分：新型城镇化发展水平测度及政策效果评价的实证检验。首先，在新型城镇化内涵界定、文献和理论梳理总结的基础上，构建新型城镇化指标体系和综合指数模型。其次，在构建指标体系和综合指数模型的基础上，对新型城镇化综合发展水平和分类城镇化发展水平进行评价。最后，采用合成控制法对国家新型城镇化综合试点政策效果进行评价，考察政府新型城镇化政策的有效性，为政府政策的有效性提供有效的实证检验依据。

第五部分：房地产市场发展水平测度及政策效果评价的实证检验。首先，在房地产市场内涵界定、文献和理论梳理总结的基础上，构建房地产市场指标体系和综合指数模型。其次，在构建指标体系和综合指数模型的基础上，对房地产市场综合指数和分类指数进行评价。最后，采用合成控制法对房地产宏观调控政策效果进行评价，考察房地产宏观调控政策的有效性，为政府政策的有效性提供有效的实证检验依据。

第六部分：新型城镇化与房地产市场相互影响作用机制的实证检验。首先，引入一种全新的评价方法——R^2 分解，实证检验新型城镇化与房地产市场的相互影响作用机制。其次，基于 R^2 分解方法实证检验新型城镇化对房地产市场的影响作用机制。最后，基于 R^2 分解方法实证检验房地产市场对新型城镇化的影响作用机制。

第七部分：新型城镇化与房地产市场协调发展状况的实证检验。首先，构建实证分析两系统协调性的耦合协调度模型及评价协调发展等级的评价标准。其次，采用耦合协调度模型对新型城镇化内部人口、产业、空间、生活、资源环境和城乡一体六种分类城镇化的协调发展状况进行检验。再次，采用耦合协调度模型对房地产市场内部（供给、需求、价格、土地和金融）五个子系统的协调发展状况进行检验。最后，采用耦合协调度模型对新型城镇化和房地产市场之间的协调发展状况进行检验。

第八部分：结论和政策建议。首先，提出促进新型城镇化发展及其与房地产市场协调发展的政策建议。其次，提出促进房地产市场发展及其与新型城镇化协调发展的政策建议。最后，指出应该强化政府在促进协调发展中的作用。

1.3.2 研究方法

1.3.2.1 文献研究与调查研究相结合

阅读大量国内外学者已有研究成果，对当前研究现状进行总结梳理，对已有研究取得的成果及存在的问题进行述评，探讨进一步拓展的空间。对国内典型区域新型城镇化与房地产市场发展状况进行实地调查研究，获取与本研究相关的一手数据资料。

1.3.2.2 定性分析与定量分析相结合

对新型城镇化与房地产市场协调发展互动协调发展状况进行定性分析，运用归纳和演绎、分析与综合以及抽象概括等方法，深入分析新型城镇化和房地产市场概念、内涵和特征，新型城镇化与房地产市场协调发展内涵及特征，两系统互动影响作用机制；使用计量经济相关研究方法对两系统协调发展状况进行考察，深入探讨存在的问题及原因。在定量分析中，运用微观计量模型、时间序列模型及面板数据模型等对新型城镇化与房地产市场协调发展发展状况进行严谨规范的计量经济模型的构建与检验。

1.3.2.3 实证分析与规范分析相结合

本书拟从理论上探讨新型城镇化与房地产市场协调发展的内涵及特征，从经济学、地理学和社会学等视角论述新型城镇化与房地产市场协调发展的重要影响因素，阐释二者协调发展的作用机制和实现路径；同时，构建新型城镇化与房地产市场综合指数模型，对发展水平现状进行实证检验；构建合成控制模型对新型城镇化综合试点政策效果和房地产宏观调控效果进行实证检验；采用 R^2 相对重要性分解的方法对新型城镇化与房地产市场相互影响作用机制进行实证检验；构建耦合协调度模型，对新型城镇化内部协调性、房地产市场内部协调性、新型城镇化与房地产市场之间的协调发展状况进行实证考察。

1.3.3 创新之处

1.3.3.1 构建综合全面的新型城镇化和房地产市场评价指标体系

本书基于理论和文献进行梳理总结：①将新型城镇化定义为在“以人为

本”核心思想的指导下，以人口城镇化为形式和衡量标准，以产业城镇化为基础和支撑，以空间城镇化为物质载体和空间形式，以生活城镇化为核心和要义，以资源环境城镇化为保障，以城乡一体城镇化为目标的综合协调可持续发展的城镇化。新型城镇化是全面综合协调型的城镇化，并非只关注单个指标的城镇化。通过将新型城镇化具体划分为六种不同类型的分类城镇化，尽可能囊括了国家新型城镇化规划的重点强调内容和核心内涵，六个子系统构成的新型城镇化综合系统是新时期城镇化发展的方向和必然选择。②构建涵盖房地产供给、需求、价格、土地和房地产金融五个子系统的房地产综合指标体系。房地产市场评价要改变以往采用房价作为单一指标的评价标准，在充分考虑多种要素的基础上构建的房地产市场指标对房地产市场发展状况的评价将更为综合客观。

1.3.3.2 构建纵向和横向加权合成的新型城镇化与房地产市场指数模型

本书选取2000—2018年全国30个省份（港澳台和西藏除外）新型城镇化22个指标与房地产市场10个指标相关数据，采用熵值赋权法对各指标进行加权合成，采用离差方法对原始数据进行标准化。以北京和新疆2000—2018年常住人口城镇化率为例，由于该期间两省份常住人口城镇化率呈现出不断上升的趋势，两地2000年和2018年常住人口的城镇化率均为0和1，这样的标准化方法仅考虑到地区2000—2018年年度纵向的比较，没有考虑到省份之间的差别。因此，在纵向标准化基础上，本书考虑了省份之间的横向对比，北京2000年纵向标准化数据为0，假设比其他29个省份常住人口城镇化率都高，2000年横向标准化数据就为1。在对纵向和横向标准化数据采取平均赋权的基础上，北京2000年常住人口城镇化率的标准化指数＝纵向标准化数据×50%＋横向标准化数据×50%＝0×50%＋1×50%＝0.5。这样的标准化指数可以综合考察省份内部的纵向比较，也可以有效考察省份之间的城乡对比，是本书评价两系统综合发展水平指数模型构建的一个重要创新之处。

1.3.3.3 采用合成控制模型实证检验新型城镇化和房地产市场的政策效应

以往评价政策有效性的实证检验方法多为DID双重差分法和断点回归等较为传统的政策研究方法，这些方法会存在较为严重的内生性偏差与样本选择偏误问题，从而使得政策效果评价的可靠性降低。本书针对当前政策效果评价方法的缺陷，引入一种新的政策评价方法——合成控制法。通过在诸多未实施政策的样本中选取合成控制对象的方式来构建控制组，从而解决以往政策评价方法中可能出现的样本选择偏误和政策内生性问题，有效客观地评价政策实施效果。在构建合成控制模型的基础上，采用合成控制模型对新型城镇化综合试点政策的有效性进行了评价；对2016—2017年陆续出台的房地产宏观调控政策的有效性进行了评价，同时对不同类型城市（一二线城市和三四线城市）的不同政策效果进行了比较。

1.3.3.4 基于 R^2 相对重要性分解实证检验新型城镇化与房地产市场的互动影响作用

新型城镇化与房地产市场相互影响相互作用，以往文献主要通过回归方式考察城镇化对房地产市场的影响作用，但是少有文献就城镇化相对于其他因素对房地产市场的影响程度大小进行有效的实证检验。本书引用一种全新的方法——R^2 分解方法，就各因素对房地产市场影响程度大小进行排序，精确考察新型城镇化对房地产市场的影响；以往文献多采用定性分析方法阐述房地产对城镇化具有重要影响，少有文献实证考察房地产对城镇化的影响。本书考虑到这方面实证研究的缺乏，同样采用 R^2 分解的方法就房地产市场对城镇化的影响作用及影响程度大小进行了实证检验。

1.3.3.5 基于耦合协调度模型考察新型城镇化内部、房地产市场内部、新型城镇化与房地产市场之间协调发展状况

在纵向和横向加权合成标准化数据的基础上，本书通过耦合协调度模型考察新型城镇化内部人口、产业、空间、生活、资源和城乡一体城镇化六个子系统的协调发展状况，同时对不同区域的发展状况水平进行了对比分析；通过耦合协调度模型分析了房地产市场内部房地产供给、需求、价格、土地和房地产金融五个子系统的协调发展状况，对不同区域的房地产市场发展水平进行了比较分析；通过耦合协调度模型重点考察了新型城镇化与房地产市场之间的协调发展状况，并对东部、中部和西部两系统之间的协调发展状况进行了对比。

1.3.3.6 基于协调发展视角提出新型城镇化与房地产市场发展的政策建议

在理论构建和实证检验的基础上，本书基于协调发展视角提出了政策建议。本书认为两系统之间的协调发展基础首先是新型城镇化内部子系统的协

调发展和房地产市场内部子系统的协调发展。基于这样的思路，本书提出了基于人口、产业、空间、生活、资源环境和城乡一体城镇化水平全面提高的新型城镇化内部协调发展政策建议，基于房地产供给、需求、价格、土地和房地产金融健康发展的房地产市场内部协调发展政策建议。在两系统内部子系统协调发展建议的基础上，提出新型城镇化与房地产市场两系统之间协调发展的政策建议。

2 文献综述

新型城镇化与房地产市场相关文献是本书研究的基础和继续拓展的前提。对新型城镇化与房地产市场领域已有研究进行系统阐述和总结，才能对已有文献的研究背景、主要研究问题、研究视角及方法有深入的了解和认识，从而掌握现有城镇化与房地产市场相关研究的不足之处。根据这些不足寻找新的突破口和立足点，发掘新的研究视角和方法，找出新的研究问题。鉴于新型城镇化与房地产市场文献梳理总结的重要性，本章在相关文献系统梳理的基础上对现有研究进行述评，肯定现有研究成果的同时找到还需进一步研究的空间。

2.1 新型城镇化文献回顾

在传统城镇化诸多问题的反思中，国内外学者开始综合全面地阐述新的城镇化道路内涵特征。虽然没有明确提出新型城镇化概念，但是内涵界定也更强调综合全面协调的城镇化，与我国近年来新型城镇化的内涵界定非常接近。本节将对国内外学者对新的城镇化内涵的界定进行梳理，为本书新型城镇化内涵特征的界定奠定理论研究基础；随着新型城镇化上升为国家战略，国内学者加强了新型城镇化发展水平的定量测度，笔者也将对已有测度新型城镇化发展水平的文献进行梳理；2014 年 12 月、2015 年 11 月和 2016 年 12 月国家先后宣布了三批新型城镇化试点区域，2018 年 5 月国家发改委总结了第一批新型城镇化试点经验，国家新型城镇化试点效果显著。国内学者也加大了对试点政策效果的评价。在这一背景下，本节对学者试点效果评价的文献进行了梳理总结。

2.1.1 新型城镇化内涵

国外“urbanization”主要指农村人口向城市的转移，一般指的是城市化；中国有建制镇的设置，主要指农村人口向城镇的转移，“urbanization”多指的是城镇化。城市化虽然主要通过城市人口占总人口的比重这一指标来进行衡量测度，但是其涉及多方面的经济社会发展演进过程，因此国外对城市化的定义在不同的学科领域具有不同的定义。人口学对城市化的定义强调城市人口占总人口比重的不断上升，注重农村人口向城市迁转①。经济学注重强调经济形态的转变和发展，人口城市化是从农村经济形态为主向城市经济形态为主的转变②。社会学对城市化的定义则强调社会生活方式、行动方式和意识文化的转变和发展，认为城市化是农村生活方式和意识形态向城市生活方式和意识形态的转变③。地理学对城市化的定义则强调空间形态和地域景观的转变，认为城市化是人口和产业等由乡村空间形态向城市空间形态的转变过程④。随着城市化的不断发展成熟，国外学者认识到城市化不应该只关注单视角单方面，而应该强调综合全面发展。国外学者将城市化划分为两种不同类型：第一种城市化类型是人口和产业向城市迁转的过程，以及城市地域景观的推进过程；第二种城市化类型是城市生活方式及文化意识形态的演进过程⑤。第一种城市化强调人口、产业和空间的城市化，第二种城市化强调生活城镇化。虽然国外学者没有明确提出新型城镇化的定义，但是两种类型城市化的划分已经非常接近我国新型城镇化强调的综合、全面及持续发展的城镇化内涵。

随着传统城镇化问题的出现，国内越来越多的学者开始关注新型城镇化模式及新型城镇化内涵特征。仇保兴（2003）指出传统城镇化存在诸多方面的问题：仅注重城市经济的单方面发展，忽视农村经济的发展；以高资源能源消耗为代价造成了严重的环境污染问题；过于关注城镇化发展速

---

① 赫茨勒．世界人口的危机［M］．何新译．北京：商务印书馆，1963.

② 沃纳．赫希．城市经济学［M］．刘世庆等译．北京：中国社会科学出版社，1990.

③ Louis W. Urbanism as a Way of Life［J］. American Journal of Sociology，1938，44（1）：1－24.

④ 山鹿城次．城市地理学［M］．武汉：湖北教育出版社，1986.

⑤ Friedmann J. China's urban transition［M］. Minneapolis：University of Minnesota Press，2005.

度，忽视了城镇化发展的质量；居民之间贫富差距较大，生活水平差距大。基于传统城镇化存在的诸多问题，新型城镇化要注重缩小城乡差距，实现城乡一体化发展；要通过资源能源的集约利用，尽量减小对环境的冲击，实现低能耗式发展；要缩小居民之间的贫富差距，促进社会和谐发展。从他对城镇化内涵特征的界定中，可以看出其对新型城镇化定义的界定强调城乡一体城镇化、资源环境城镇化和生活城镇化①。张占斌（2013）将新型城镇化的内涵特征总结为以下四方面：首先是实现“四化”协调互动，通过城镇化与工业化、信息化、农业现代化的协调发展进一步推动城镇化的发展。其次是促进人口城镇化与经济和资源环境的协调发展。再次是通过合理城市格局的构建促进城镇化的发展，城市格局要注重城市发展与产业经济发展的协调。最后是要注重对人的重视，实现人的全面发展。他强调城镇化是人口与产业、空间、资源环境和生活协调发展的城镇化②。倪鹏飞（2013）认为新型城镇化模式的基本内涵是坚持“全面、协调、可持续推进”的原则，认为新型城镇化要在人口城镇化发展基础上，通过新型工业化、农业现代化和信息化为新型城镇化发展提供动力，转变粗放式增长方式为内涵式增长方式，最终实现城乡一体的城镇化。他强调的是人口、产业、资源环境和城乡一体城镇化的协调持续发展③。杨慧和倪鹏飞（2015）指出新型城镇化涵盖人口、产业、空间、生活、资源环境和城乡一体六种分类城镇化，从协调发展视角提出新型城镇化应该是六种分类城镇化协调发展的城镇化④。

2.1.2 新型城镇化发展水平测度

新型城镇化是我国在传统城镇化发展出现诸多问题的反思中探索的城镇化新道路，因此主要是国内学者在对新型城镇化进行研究。在国内外学者对城镇化概念和内涵逐步深入研究的基础上，大量学者开始定量分析新

---

① 仇保兴．新型城镇化：从概念到行动［J］．理论参考，2013（5）：13－15，26.

② 张占斌．新型城镇化的战略意义和改革难题［J］．国家行政学院学报，2013（1）：50－56.

③ 倪鹏飞．新型城镇化的基本模式、具体路径与推进对策［J］．江海学刊，2013（1）：88－95.

④ 杨慧，倪鹏飞．金融支持新型城镇化研究：基于协调发展的视角［J］．山西财经大学学报，2015，37（1）：1－12.

型城镇化发展水平，取得了较为显著的研究成果。大多数学者均是以某个具体的省域为研究对象，测度该省新型城镇化发展水平。刘静玉、刘玉振和邵宁宁（2012）构建了由经济、社会和环境三个子系统构成的新型城镇化综合指标体系，对河南省 2001 年、2005 年和 2010 年的新型城镇化水平进行了测度。研究显示：河南省新型城镇化水平在这 3 个年份空间变化明显，不平衡性加剧，新型城镇化高水平向中部区域集中①。张引、杨庆媛和李闯（2015）② 基于重庆市 1996—2014 年数据，构建了涵盖城镇化发展水平和效率两个子系统的新型城镇化综合指标体系。研究显示：重庆市新型城镇化水平在不断提升，但是与东部中心城市相比还有较大的差距。王新越、宋飏和宋斐红（2016）基于山东省 17 个地级城市数据，构建了涵盖 8 个子系统的新型城镇化综合评价指标体系，评价的 8 个二级子系统分别是人口、经济、空间、社会、生活方式、创新与研发、生态环境和城乡一体化，在此基础上对 17 个地级市新型城镇化发展水平进行了测度。研究认为：山东省传统城镇化模式较为突出，要加强生活、环境、城乡一体及创新研发建设。新型城镇化高水平的地级市是济南、青岛、威海、淄博，中等水平为烟台、莱芜，较低水平为泰安、滨州、日照、潍坊和枣庄，低水平为济宁、临沂、德州、聊城、滨州、菏泽③。刘翔（2019）构建了由社会、经济、人口和生态四个子系统构成的新型城镇化指标体系，测算了河南省新型城镇化发展水平，采用耦合协调度模型定量分析了新型城镇化与美丽乡村建设的协调发展情况。结果显示河南省新型城镇化和美丽乡村建设的协调发展水平还处于初级阶段，指出必须通过促进新型城镇化和美丽乡村建设的协调发展，才能实现农村的可持续发展④。

随着城市群的逐步发展，部分学者扩大了研究范围，开始研究某一具体区域新型城镇化发展水平。曾志伟、汤放华和易纯等（2012）基于 2009 年

① 刘静玉，刘玉振，邵宁宁．河南省新型城镇化的空间格局演变研究［J］．地域研究与开发，2012，31（5）：143－147.

② 张引，杨庆媛，李闯．重庆市新型城镇化发展质量评价与比较分析［J］．经济地理，2015（7）：81－88.

③ 王新越，宋飏，宋斐红．山东省新型城镇化的测度与空间分异研究［J］．地理科学，2016，34（9）：1069－1076.

④ 刘翔．河南省新型城镇化与美丽乡村建设耦合研究［J］．中国农业资源与区划，2019，40（1）：79－83.

环长株潭城市群截面数据，采用多目标线性加权函数法，从环境、经济、社会三个层面对长株潭城市群新型城镇化新型度进行了定量分析。结果显示：长沙、湘潭和株洲总体新型度较好，长沙经济和社会新型度水平最高[①]。杨剩富、胡守庚和叶菁等（2014）构建了土地、人口、社会和经济城镇化综合构成的新型城镇化综合指标体系，测度了中部地区的新型城镇化发展水平。研究显示：各分类城镇化之间发展差距较大，土地城镇化 > 人口城镇化 > 社会城镇化 > 经济城镇化；各省域城镇化水平也呈现出较大的差距，湖北省 > 安徽省 > 河南省 > 山西省 > 江西省 > 湖南省[②]。

2.1.3 新型城镇化政策效果评价

2015 年 2 月、2015 年 11 月和 2016 年 12 月，国家发改委先后三次公布了新型城镇化综合试点地区名单，标志着新型城镇化从理论概念转变为现实实践。国内学者开始关注新型城镇化试点效果的评价。

当前新型城镇化政策效果评价文献中，大多数学者都是通过总结某一具体试点地区的新型城镇化发展现状来评价政策效果。陈文胜、陆福兴和王文强（2016）指出湖南省资兴市是湖南省唯一的国家新型城镇化试点县市，该市在户籍制度、农村产权制度和生态资源权置换三大方面进行了改革并取得了积极成效；但是仍然存在试点政策不到位、管理体制缺陷及公共服务保障乏力等一系列问题[③]。黄静晗和郑传芳（2015）基于福建省首批五个新型城镇化综合试点县（市）数据，测算了新型城镇化过程中子女义务教育、社会保障与就业、保障性住房、城镇基础设施和城镇管理费用等五个方面的公共成本[④]。薛选登和张一方（2017）选取河南省洛阳、新郑和禹州 3 个国家新型城镇化综合试点市县的 317 家农户，对城镇化过程中的农民城镇化意愿不

---

① 曾志伟，汤放华，易纯，等．新型城镇化新型度评价研究：以环长株潭城市群为例［J］．城市发展研究，2012（3）：131－134.

② 杨剩富，胡守庚，叶菁，等．中部地区新型城镇化发展协调度时空变化及形成机制［J］．经济地理，2014，34（11）：23－29.

③ 陈文胜，陆福兴，王文强．以体制机制改革创新推进新型城镇化：关于“国家新型城镇化综合试点县市”湖南省资兴市的调研报告［J］．经济论坛，2016，30（1）：109－111.

④ 黄静晗，郑传芳．新生中小城市农业转移人口市民化公共成本测算：基于福建省首批新型城镇化综合试点的实证［J］．福建论坛（人文社会科学版），2015（12）：168－174.

强的表现及原因进行调研，提出应该通过“台阶式”“差异化”“中心辐射带动”和“以人为核心”等四种城镇化发展模式来加快我国新型城镇化建设①。谢传会和程业炳（2018）对安徽省新型城镇化政策试点效果进行了总结，指出安徽省城镇化进程不断加快，户籍制度改革不断深入推进，城镇化布局逐步优化，城镇化建设水平稳步提升，民生保障水平不断提高②。这些文献虽然关注到了新型城镇化综合试点的问题，但是仅仅是分析总结这些试点区域的新型城镇化发展现状，缺乏与非试点区域的比较，因此也就无从判断现在取得的成效是否是新型城镇化综合试点的政策效果。

随着新型城镇化综合试点的持续推进，少数学者开始从更规范的实证角度来研究综合试点的政策效果。谭博文、宋伟和陈百明等（2018）选取国家新型城镇化试点区域天津市蓟州区作为研究对象，采用 1980 年、2000 年和 2015 年三期数据，基于指数分析方法研究该地区农村居民点的演变过程及特征。结果显示：1980—2000 年蓟州区农村居民点规模整体变化较小，2000—2015 年农村居民点规模整体有较大发展。虽然选取的数据阶段涵盖了政策前后两个时期，但是 2015 年才开始实施国家新型城镇化综合试点，政策实施点之后的时间段不够长，且没有对照区域，新型城镇化政策效果评价不够科学③。郭晨和张卫东（2018）基于全国 2012—2016 年市级面板数据，将新型城镇化试点的地区设置成实验组，将非试点地区设置成控制组，采用 PSM – DID 方法对新型城镇化的政策效果进行了评价，结果显示新型城镇化综合试点能提升区域经济发展质量和提高公共设施水平。DID 方法对控制组的选择存在偏误，容易高估政策带来的影响。PSM – DID 方法弥补了一部分传统 DID 方法缺陷，但是在处理具体的协方差时会因为地区和时间的交错导致匹配误差④。

① 薛选登，张一方．新型城镇化进程中“逆城镇化”的新态势与路径探讨［J］．经济纵横，2017（1）：42 –45.

② 谢传会，程业炳．安徽省新型城镇化发展进程中的问题与对策研究［J］．呼伦贝尔学院学报，2018，26（6）：88 –92，97.

③ 谭博文，宋伟，陈百明，等．基于空间核密度的新型城镇化实验区农村居民点变化研究：以天津市蓟州区为例［J］．中国农业资源与区划，2018，39（5）：188 –197.

④ 郭晨，张卫东．产业结构升级背景下新型城镇化建设对区域经济发展质量的影响：基于 PSM – DID 经验证据［J］．产业经济研究，2018，96（5）：82 –92.

2.2 房地产市场文献回顾

1998年全面市场化以来，我国房地产市场经历了刚性需求集中释放的房地产市场快速发展过程。在房地产市场快速发展的过程中，学界加大了房地产市场相关问题的研究。房价是房地产市场受到社会各界最为关注的问题，推动房价上涨的影响因素研究一直以来是学界集中探讨的问题；虽然房价是房地产市场重要的指标，但是衡量房地产市场的指标应该是综合全面的指标，学界从指标选取的综合性视角采取综合指数方法对房地产市场发展水平进行了测度；房地产全面市场化意味着市场是决定房地产发展的重要影响因素，但是在市场失灵情况下政府会加强宏观政策对市场失灵问题的调控，因此房地产宏观调控政策有效性成为学界广泛探讨的问题。针对学术界关注的房地产市场领域研究的重点问题及与本研究的相关性，本节将主要从房价影响因素、房地产市场发展水平测度及房地产宏观调控政策有效性三个方面对相关文献进行梳理总结。

2.2.1 房价影响因素

本部分结合国内外现有研究对房价影响因素进行梳理总结，将文献中重点研究的房价影响因素总结为四类：供给、需求、土地和宏观环境。这四类因素涵盖了房价的主要影响因素，可以全面综合地反映影响房价的解释变量指标体系。

2.2.1.1 供给因素

供给作为供求基本面的重要方面，对房价具有重要的决定作用。外文文献主要研究住房供给量和供给弹性对房价的影响作用。De和Boelhouwer（2005）主要考察了荷兰主城区住房供给和住房价格发展之间的关系，指出根据古典经济理论，如果住房市场正常运转，那么供给将很快对需求冲击做出反应，从而恢复房价的稳定。实证结果表明在荷兰主要城市，住房供给量增加会导致价格下跌①。Glaeser，Gyourko和Saiz（2008）通过研究泡沫期的住房供给

① De Vries P，Boelhouwer P. Local house price developments and housing supply [J]. Property Management，2005，23（2）：80-96.

与房价之间的关系，发现住房供给弹性越大，泡沫越少且泡沫期越短，房价上涨越少[①]。Grimes 和 Aitken（2010）关注到新西兰 1981 年以后房价大幅上涨，但区域房价出现了差异。通过考察房价与住房供给之间的关系，发现需求增加后的快速供给调整将导致额外的需求得到满足。如果供给调整缓慢，需求增长则主要反映在房价上涨上。文章解释了房价长期发展的决定因素和房屋供给响应的决定因素。作者估计，区域住房供给（相对于人口）增加 10% 会导致该地区房价下降约 8%[②]。

中文文献在供给量和供给弹性对房价的影响方面也进行了大量的研究。况伟大和马一鸣（2010）通过 1996—2008 年全国 33 个大中城市住房市场数据，考察了供给、需求和物业税对房价的影响作用，结果显示这 3 个指标中供给对房价的影响程度最大[③]。丁杰和李仲飞（2014）利用住房存量部分调整模型，研究了住房供给对需求的反应速度与房价之间的关系，结果表明供给不能及时面对需求冲击做出快速的反应从而导致房价上涨，并且针对这一结果给出了相关建议[④]。刘学良（2014）基于 35 个大中城市数据实证检验了住房供给弹性与房价之间的关系，研究认为这些城市住房供给弹性对房价增长率具有较强的解释作用，据此提出要增加住房供给抑制房价增长的对策建议[⑤]。

2.2.1.2 需求因素

从外文文献研究来看，住房需求主要从需求和购房者房价预期两方面来进行研究。房地产市场中的住房需求，文献多是通过消费者收入进行衡量。Seko（2003）根据日本 46 个县 1980—2001 年的相关数据实证分析居民收入对房价的重要影响，认为房价预期对房价的影响也是非常关键的。Fortura 和 Kushner（1986）利用加拿大数据实证检验了家庭收入对房价的影响，研究显

---

① Glaeser E L, Gyourko J, Saiz A. Housing supply and housing bubbles [J]. Journal of Urban Economics, 2008, 64 (2): 198 - 217.

② Grimes A, Aitken A. Housing Supply, Land Costs and Price Adjustment [J]. Real Estate Economics, 2010, 38 (2): 325 - 353.

③ 况伟大，马一鸣 . 物业税、供求弹性与房价 [J]. 中国软科学，2010，25（12）：27 - 35.

④ 丁杰，李仲飞 . 开发商行为、土地管制与住房供给的动态调整 [J]. 当代财经，2014，35（9）：18 - 27.

⑤ 刘学良 . 中国城市的住房供给弹性、影响因素和房价表现 [J]. 财贸经济，2014，35（4）：125 - 136.

示：收入对房价具有显著的正向影响，家庭收入上升 1%，将导致房价上涨 1.11%[①]。Barot 和 Yang（2002）采用瑞典和英国 1970—1998 年的样本数据，对收入与房价之间的关系进行了实证检验，结果表明：在这两个地区，收入均是房价的 Granger 原因[②]。Chow 和 Niu（2015）采用 1987—2012 年的年度数据探讨了收入对房价的影响，研究显示收入对房价的影响程度远远大于建造成本对房价的影响程度。另外一些外文文献主要从购房者房价预期角度进行研究[③]。Case 和 Shiller（1987）通过调查 1970—1986 年的房价预期数据，发现购房者对房价增长的预期率为 12%—16%，这种过高的房价预期可能对房价上涨有一定的影响[④]。Clayton（1996）考察了房价与房价预期之间的相互关系，研究认为预期是影响房价的重要因素[⑤]。Taltavull 和 Mcgreal（2009）认为房价预期与收入、利率和通胀等主要影响因素比较起来，是非常重要的影响房价的非基本性影响因素，并提出了一种准确衡量房价预期的方法，有效地将住房异质性引起的部分价格与总体价格趋势分开[⑥]。

中文文献对需求与房价之间的关系也进行了大量的研究。邹至庄和牛霖琳（2010）基于 1987—2006 年全国城镇房价与主要指标相关数据，分析了这些指标对房价的影响，结论认为城镇住房价格的快速上涨主要由人均收入和建筑成本变化的作用来进行解释[⑦]。张所地和范新英（2015）利用我国 35 个大中城市数据，采用面板分位数回归方法，实证检验了收入对房价的影响作用。结果显示收入是影响房价上涨的主要因素。通过分位数回归，作者还发

① Fortura P, Kushner J. Canadian Inter - City House Price Differentials [J]. Real Estate Economics, 1986, 14 (4): 525 - 536.

② Barot B, Yang Z. House Prices and Housing Investment in Sweden and the United Kingdom: Econometric Analysis for the Period 1970 - 1998 [J]. Review of Urban & Regional Development Studies, 2002, 14 (2): 189 - 216.

③ Chow G C, Niu L. Housing Prices in Urban China as Determined by Demand and Supply [J]. Pacific Economic Review, 2015, 20 (1): 1 - 16.

④ Case K E, Shiller R J. Prices of Single Family Homes Since 1970: New Indexes for Four Cities [J]. Cowles oundation Discussion Papers, 1987, 5 (9): 45 - 56.

⑤ Clayton, J. Rational Expectations, Market Fundamentals and Housing Price Volatility [J]. Real Estate Economics, 1996, 24 (4): 441 - 470.

⑥ Taltavull P, Mcgreal S. Measuring price expectations [J]. Journal of European Real Estate Research, 2009, 2 (2): 186 - 209.

⑦ 邹至庄，牛霖琳. 中国城镇居民住房的需求与供给 [J]. 金融研究，2010, 53 (1): 1 - 11.

现，房价水平越高的城市，房价受收入的影响作用越大①。鞠方、雷雨亮和周建军（2017）利用2002—2013年全国31个省级面板数据就收入水平对住房消费的影响作用进行了实证分析，研究表明人均可支配收入对我国人均住房消费起着非常重要的支撑作用②。大量中文文献也从购房者房价预期角度对房价影响因素进行了研究。任荣荣、郑思齐和龙奋杰（2008）基于全国35个大中城市1999—2005年的数据，采用存量—流量理论实证分析了预期对房价的影响，认为房价预期导致住房需求上升，进一步导致房价上涨，预期对房价具有显著的正向影响作用③。况伟大（2010）在住房存量调整模型基础上考察了预期和投机对房价的影响。通过对全国35个大中城市1996—2007年的数据进行实证分析，认为预期和投机对我国城市房价波动具有较强的解释力④。孙伟增和郑思齐（2016）对2012—2013年7个重点城市房价预期对房价影响的研究发现，房价预期会显著影响购房者需求，从而影响未来房价的变化。居民对房价预期每提高1个百分点，下一期房价增长率提高1.04%⑤。

2.2.1.3 土地因素

外文文献在土地因素对房价影响方面的研究很多，主要集中在土地价格对房价的影响研究上。Zhang，Wu和Kong（2008）在Granger因果关系检验的基础上研究了不同房地产发展阶段地价与房价的相互关系。研究认为房地产发展阶段对地价和房价的互动关系具有重要的影响作用：在房地产市场成熟稳定的美国，地价决定房价。在日本房地产市场异常的地方，房价决定地价。在中国房地产市场未发展成熟的地方，地价决定房价⑥。Grimes和Aitken（2010）研究了房价与住房供应和土地成本之间的关系，研究发现土地价格上涨遏制了住房供应弹性对住房价格飙升的控制作用，随着土地价格的上

① 张所地，范新英．基于面板分位数回归模型的收入、利率对房价的影响关系研究［J］．数理统计与管理，2015，34（6）：1057－1065.

② 鞠方，雷雨亮，周建军．房价波动、收入水平对住房消费的影响：基于SYS－GMM估计方法的区域差异分析［J］．管理科学学报，2017，20（2）：32－41.

③ 任荣荣，郑思齐，龙奋杰．预期对房价的作用机制：对35个大中城市的实证研究［J］．经济问题探索，2008，28（1）：145－148.

④ 况伟大．预期、投机与中国城市房价波动［J］．经济研究，2010，55（9）：67－78.

⑤ 孙伟增，郑思齐．居民对房价的预期如何影响房价变动［J］．统计研究，2016，33（5）：51－59.

⑥ Zhang H，Wu J，Kong P. Granger causality test－based on inter－relationship between housing price and land price［J］. Tongji Daxue Xuebao/Journal of Tongji University，2008，36（8）：1148－1152.

升，供应相应减弱，房价上升加剧①。Du，Ma 和 An（2011）回顾了中国近20 年土地政策的演变，并考察了住房市场和土地市场之间的关系，研究发现土地价格是住房价格的 granger 原因，而反过来则不成立②。

中文文献在地价对房价的影响方面也进行了大量的研究。刘琳和刘洪玉（2003）较早探讨了地价与房价关系，从因果关系和数学关系两个视角探讨了二者之间的关系，研究认为地价与房价呈现出正相关关系③。宋勃和高波（2007）利用我国 1998—2006 年的房价和地价季度数据建立误差修正模型，使用 Granger 因果检验方法对二者之间的关系进行实证检验，结果显示房价对地价没有影响，而地价是房价的 Granger 原因④。王岳龙（2011）利用2009 年国土资源部对外公布的全国 30 个省的相关数据，实证研究了地价与房价之间的相互作用关系，认为地价每上涨 1%，将导致房价上涨 0. 355%，地价对房价的正向影响作用显著⑤。

2. 2. 1. 4 宏观环境因素

宏观环境因素是住房市场运行的基本面支撑因素，其对住房市场的影响作用很重要。外文文献在这一方面做了很多的研究，主要集中在宏观环境因素中的利率和股票价格等因素对房价的影响研究上。Geoff（1999）就抵押贷款利率对房价的影响进行了实证研究，结果表明抵押贷款利率对房价有反向影响⑥。Gerlach 和 Peng（2005）采用香港 1980—2001 年的数据，实证分析了房价与银行贷款之间的相互作用关系，认为银行贷款对房价没有影响⑦。Goodhart 和 Huffmann（2008）分析了近 30 年发达国家的样本，结果显示房

---

① Grimes A, Aitken A. Housing Supply, Land Costs and Price Adjustment [J]. Real Estate Economics, 2010, 38 (2): 325 -353.

② Du H, Ma Y, An Y. The impact of land policy on the relation between housing and land prices: Evidence from China [J]. Quarterly Review of Economics & Finance, 2011, 51 (1): 19 -27.

③ 刘琳，刘洪玉. 地价与房价关系的经济学分析 [J]. 数量经济技术经济研究，2003，19 (7): 27 -30.

④ 宋勃，高波. 房价与地价关系的因果检验: 1998—2006 [J]. 当代经济科学，2007，29 (1): 72 -77.

⑤ 王岳龙. 地价对房价影响程度区域差异的实证分析: 来自国土资源部楼盘调查数据的证据 [J]. 南方经济，2011，29 (3): 29 -42.

⑥ Geoff K. Modelling the demand and supply sides of the housing market: evidence from Ireland [J]. 1999, 16 (3): 389 -409.

⑦ Gerlach S, Peng W. Bank lending and property prices in Hong Kong [J]. Journal of Banking & Finance, 2005, 29 (2): 461 -481.

价、货币和宏观经济之间存在多种显著的直接影响关系①。Ian 和 Burundian（2009）对发达国家的样本进行了分析，结果发现无论是从长期还是短期而言，这些国家的房价周期和一般贷款利率周期之间都有非常强的关系②。Assenmacherwesche 和 Gerlach（2010）利用 PVER 模型，就 17 个欧盟国家信贷政策对房价的影响进行了分析，结果发现利率对房价有反向影响③。Adam，Kuang 和 Marcet（2011）对比美国和日本等国家在 2001—2008 年期间的房价上升情况，发现降息能够保持房价稳定上升④。Lean 和 Smyth（2014）采用协整和 Granger 因果关系检验方法，研究了马来西亚房价指数、利率和股票价格之间的动态关系。研究发现在吉隆坡等地区，股票价格上涨导致房价上涨，在吉隆坡等住房价格昂贵和收入高的地区，房地产被富有的马来西亚人和利用股票市场的外国人更多地用作投资工具⑤。

中文文献也在宏观环境因素方面进行了很多研究，宏观环境方面选取的指标主要包括利率，股票价格和通货膨胀等。梁云芳和高铁梅（2006）通过对不同地区住宅价格波动影响因素的研究，发现利率变动对住宅价格有较大的影响⑥。胡宗义、刘亦文和戴钰（2009）采用我国 2003—2007 年住房价格与股票价格数据，对二者之间的互动关系进行了实证分析，研究显示：二者之间存在较高的正相关性，并且二者都具有很强的政策导向性，随着利率等经济杠杆的作用会产生相应变动⑦。余元全和康庄（2009）采用重庆市房价与股价指数研究了二者之间的互动关系，研究表明股价高涨推动了重庆房价的上升⑧。

---

① Goodhart C，Hofmann B. House prices，money，credit，and the macroeconomy ［R］. Oxford Review of Economic Policy，2008，24（1）：180－205.

② Ian D，Burundian A. Three Cycles：Housing，Credit，and Real Activity ［R］. IMF Working Paper，2009.

③ Assenmacherwesche K，Gerlach S. Monetary policy，asset prices and macroeconomic conditions：a panel－VAR study ［R］. Working Paper Research，2010.

④ Adam K，Kuang P，Marcet A. House Price Booms and the Current Account ［R］. NBER Macroeconomics Annual，2011，26（1）：77－122.

⑤ Lean H H，Smyth R. Dynamic interaction between house prices and stock prices in Malaysia ［J］. International Journal of Strategic Property Management，2014，18（2）：163－177.

⑥ 梁云芳，高铁梅. 我国商品住宅销售价格波动成因的实证分析 ［J］. 管理世界，2006，35（8）：76－82.

⑦ 胡宗义，刘亦文，戴钰. 基于 MTV 模型的中国房价与股价动态关系研究 ［J］. 统计与信息论坛，2009，24（6）：77－82.

⑧ 余元全，康庄. 房价与股价的互动关系研究：基于重庆市的实证分析 ［J］. 价格理论与实践，2009，29（7）：66－67.

郭祎达和张洪（2009）采用35个大中城市数据研究了城市房价与股价之间的关系，研究显示不同类别城市股价对房价均具有正向影响作用①。叶欣和王婕（2013）通过构建SAVR模型，对我国一般贷款利率与房价的相互作用进行了实证分析，结果显示一般贷款利率对房价有抑制作用②。孟庆斌和荣晨（2014）对利率与房价的关系进行分析，结果显示长期内（1年以上）利率上升对房价有反向作用，短期内（1年以下）利率上升对房价有正向作用③。张红、李林峻和李维娜（2017）采用脉冲响应分析方法研究了一、二、三线城市房价与利率和通货膨胀之间的关系，结果显示利率对房价的影响作用显著为负，从一线到三线影响程度逐步减小。通货膨胀对房价的影响初期为正，后转为负向④。

2.2.2 房地产市场发展水平测度

1998年全面市场化以来我国房地产市场快速发展，大量学者开始关注房地产市场发展水平的测度和区域差异的空间分布特征。彭本红和郭小群（2008）基于2006年全国省级截面数据，构建了涵盖房地产总量、投资、开发、房地产市场和房地产开发企业状况五个子系统11个指标的房地产综合指标体系，采用主成分分析模型研究了房地产发展水平，用聚类分析模型对房地产发展水平进行了分类。结果发现：东部地区房地产发展水平领先，中西部相对滞后⑤。王雪青、陈媛和刘炳胜（2014）基于2000—2009年省级面板数据，构建了涵盖房地产开发投资、房地产销售和房地产开发企业三个子系统的房地产综合指标体系，对房地产发展水平的空间分布特征进行了探讨。研究显示房地产发展水平从东到西依次递减，区域之间的差异系数正在逐渐

① 郭祎达，张洪．我国股票市场与房地产市场相关性研究［J］．东北财经大学学报，2009，11（2）：8－12.

② 叶欣，王婕．宏观经济环境下我国银行贷款和房价动态影响关系：基于SVAR模型的实证分析［J］．管理评论，2013，25（9）：62－71.

③ 孟庆斌，荣晨．宏观经济因素对房地产价格的长短期影响［J］．统计研究，2014，31（6）：25－32.

④ 张红，李林峻，李维娜．房价与宏观经济关系的实证检验［J］．统计与决策，2017，33（22）：155－158.

⑤ 彭本红，郭小群．我国房地产业发展水平差异分析及政策建议［J］．华东经济管理，2008，22（10）：65－67.

缩小，房地产发展水平正在逐步趋同[①]。程前昌（2014）构建了包含房地产产值规模、产业人口规模、开发企业数量、利润总额和净资产的综合指标体系，基于省级面板数据测度了各省的房地产综合发展水平。结果显示：各省房地产发展水平差异悬殊，东部极化效应明显，从东到西呈现出依次递减的趋势[②]。苏艳艳、史新宇和梁朋朋等（2015）基于河南省18个城市数据，选取了涵盖城市经济、房地产开发企业、房地产销售和房地产投资4个子系统的房地产综合指标体系，采用主成分分析和聚类分析方法对18市的房地产发展水平进行了测度。结论认为：郑州房地产发展水平最高，其次是洛阳、新乡市、漯河市、安阳市、鹤壁市、商丘市、周口市、驻马店市、平顶山市、开封市等10个城市，最后是信阳市、济源市、焦作市、濮阳市、许昌市、南阳市、三门峡市等7个城市[③]。

2.2.3 房地产宏观调控政策效果评价

Du和Lin（2015）采用反事实分析方法，对房地产限购和房产税试点的政策效果进行了政策效果评价。结果发现：限购令使北京房价年增长率下降了7.69%；重庆房产税试点使房价年增长率下降了2.52%；上海房产税试点对房价没有显著影响[④]。Jia，Wang和Fan（2017）基于广州市2008年1月至2011年12月的二手房交易的微观数据为基础，探讨限购令的影响。回归结果显示：虽然中央政府的通知对房价有负面影响，但地方性的限购措施对广州房价有正面影响，与政策制定者的预期相差甚远；与无电梯（或小户型）相比，政策对高层建筑（或大户型）住房的影响更为明显[⑤]。Sun，Zheng和David等（2017）基于北京市数据，采用断点回归方法对住房限购的政策效

① 王雪青，陈媛，刘炳胜．中国区域房地产经济发展水平空间统计分析：全局Moran's I、Moran散点图与LISA集聚图的组合研究［J］．数理统计与管理，2014，33（1）：59－71.

② 程前昌．中国房地产业发展水平的区域差异分解［J］．地理与地理信息科学，2014，30（4）：63－67.

③ 苏艳艳，史新宇，梁朋朋，等．河南省房地产经济发展水平空间格局研究［J］．资源开发与市场，2015，31（3）：279－282.

④ Du Z，Lin Z. Home－purchase restriction，property tax and housing price in China：A counterfactual analysis［J］．Journal of Econometrics，2015，188（2）：558－568.

⑤ Jia S，Wang Y，Fan G Z. Home－Purchase Limits and Housing Prices：Evidence from China［J］．The Journal of Real Estate Finance and Economics，2017.

果进行了评价。研究发现：北京房价限购政策导致二手房价格下降了17%—24%，房价租金比下降了1/4，住房市场交易量下降了1/2—3/4，但是对租房市场的影响不显著[①]。Cao，Huang 和 Lai（2018）指出中国住房限购政策引发了外生需求对楼市的冲击。作者采用两步差分法，发现政策对房地产交易量有显著的负面影响，但对房价的影响较小。财政收入严重依赖土地出让金的城市，在实施高回报政策后，房地产投资增幅明显较高[②]。

贾生华和孟桢超（2012）采用北京市数据，利用VAR模型和脉冲响应分析限购政策对房地产市场的持续性影响。结果显示：限购政策对住房交易量和交易价格均有较为显著的影响，但是随着时间的推移，政策效果呈现出逐渐衰减的趋势[③]。张建同、方陈承和何芳（2015）基于上海市2015年1—2月的房价指数和财政收入数据，采用断点回归方法对限购政策进行了评价。结果表明限购政策对房价具有显著的负面作用，但是对财政收入的影响不显著[④]。郑世林、韩高峰和石光（2016）采用DID分析方法考察了限购政策对上市公司违约风险的影响。结果显示限购政策使得上市公司违约风险下降了25.5%。限购主要降低了一、二线城市的违约风险，限购越严格的城市，公司违约风险下降幅度越大[⑤]。刘树德和李贞（2017）通过DID分析方法考察了新一轮房地产限购政策对房价的影响作用，结论认为：新一轮限购效果较第一轮更为显著，一线城市的调控效果高于二线城市，二手房的调控效果高于新房[⑥]。方兴（2018）基于2010—2017年全国70个大中城市房价数据，采用DID方法对限购政策效果进行了评价。结果显示：房地产限购政策略微降低了新房价格，但是对二手房价格影响并不显著。文章认为限购令并非是

① Sun W, Zheng S, David M, Wang R. The Housing Market Effects Of Local Home Purchase Restrictions: Evidence From Beijing [J]. The Journal of Real Estate Finance and Economics, 2017.

② Cao X, Huang B, Lai R N. The Impact of Exogenous Demand Shock on the Housing Market: Evidence from the Home Purchase Restriction Policy in the People's Republic of China [J]. Adbi Working Papers, 2018.

③ 贾生华，孟桢超．房地产限购政策的效果及其可持续性：基于北京商品住宅市场量价波动关系的实证研究［J］．中国经济问题，2012（5）：83－89.

④ 张建同，方陈承，何芳．上海市房地产限购限贷政策评估：基于断点回归设计的研究［J］．科学决策，2015（7）：6－28.

⑤ 郑世林，韩高峰，石光．房地产限购对公司违约风险的影响［J］．世界经济，2016（10）：150－173.

⑥ 刘树德，李贞．新一轮房地产限购政策效果研究［J］．金融与经济，2017（8）：35－41.

有效控制房价的长久之计，并为房地产健康发展提出了政策建议①。黄昕、董兴和平新乔（2018）基于2008—2017年热点城市房地产数据，采用政策实施前后相关指标数据对比及多元回归分析方法，对房地产调控政策效果进行了测度。结果显示：贷款利率、首付比例、限售强度和限购强度对房价均具有显著负面影响作用，而人均供地增加对房价的抑制作用滞后性较强，效果不够显著②。

2.3 新型城镇化与房地产市场互动协调关系文献回顾

城镇化与房地产市场是经济社会发展的两个重要系统，二者之间相互影响相互作用。当前学界对二者之间互动关系的研究主要集中在城镇化对房地产市场的影响研究上；较少文献关注房地产市场对城镇化的影响；在新型城镇化与房地产市场互动协调关系方面，多数文献从两系统之间的互动影响关系方面讨论影响的显著性，少数文献采用协调度模型定量分析两系统之间的协调发展水平。

2.3.1 新型城镇化对房地产市场的影响

在第1章对新型城镇化内涵定义的基础上，本部分将从人口、产业、空间、生活、资源环境和城乡一体六种分类城镇化对房地产的影响作用进行文献梳理总结，六种维度的城镇化充分体现了新型城镇化强调的综合全面协调发展城镇化的内涵，可以系统全面地反映新型城镇化对房地产的影响作用。

2.3.1.1 人口城镇化对房地产的影响

大量农村人口向城镇迁移，最直接的表现就是常住人口城镇化率的提高，房地产市场需求在人口城镇化率不断提高的推动下呈现出不断上升的趋势。

---

① 方兴．中国房地产限购政策能够有效抑制房价上涨吗：基于70个大中城市的实证研究［J］．财经科学，2018（1）：41－53.

② 黄昕，董兴，平新乔．地方政府房地产限购限贷限售政策的效应评估［J］．改革，2018，291（5）：109－120.

国内外大量学者的研究均表明人口城镇化率提升将有效带动房价上涨。陈石清和黄蔚（2007）基于1991—2005年我国房价与城市化水平数据，采用协整分析方法与误差修正模型实证检验了二者之间的关系，认为城镇化发展对房价具有显著的正向影响作用①。谢福泉和黄俊晖（2013）采用31个省份2005—2011年数据实证分析了人口城镇化水平与房地产供需之间的关系，认为人口城镇化水平与房地产需求、供给都存在显著的正向相关关系，同时也带动房价上升②。张延和张静（2016）使用全国30个省份面板数据进行IV－2SLS回归，结果显示人口城镇化率与房价具有显著的正相关关系③。Wang和Hui（2017）利用2005年和2010年人口普查数据实证研究了人口城镇化对房价的影响，结果显示人口城市化水平提高1%，将带动房价上涨0.343%④。Garriga和Tang等（2017）基于多部门动态一般均衡模型对城镇化和房价之间的关系进行了实证检验，认为城市化进程中农村人口向城市的迁移、受管制的土地供应以及开发商进入限制等因素都是促进房价上涨的重要影响因素⑤。王鹤和周少君（2017）基于中国2000—2012年地级市面板数据建立房地产价格动态空间杜宾模型，测度城镇化的直接效应和间接效应，并探讨空间效应的差异性。结论认为房价上涨的一大重要原因是城镇化的快速发展⑥。刘志强和白雪飞等（2018）采用固定效应模型基于2002—2017年全国地区面板数据实证检验了人口城镇化水平对房价的作用，结论认为人口城镇化率的提升对房价上涨具有显著的正向影响作用⑦。

2.3.1.2 产业城镇化对房地产的影响

随着城镇化的快速推进，农业比重不断下降，非农产业比重不断上升。

① 陈石清，黄蔚．中国房地产价格与城市化水平实证分析［J］．财经理论与实践，2007，28（2）：109－112.

② 谢福泉，黄俊晖．城镇化与房地产市场供需：基于中国数据的检验［J］．上海经济研究，2013（8）：115－123.

③ 张延，张静．城镇化对房价的影响：理论与实证分析［J］．财政研究，2016（6）：95－102.

④ Wang X R，Hui C M，Sun J X．Population migration，urbanization and housing prices：Evidence from the cities in China［J］．Habitat International，2017（66）：49－56.

⑤ Garriga C，Tang Y，Wang P．Rural－Urban Migration，Structural Transformation，and Housing Markets in China［J］．Working Papers，2017（No. 2014－028）.

⑥ 王鹤，周少君．城镇化影响房地产价格的“直接效应”与“间接效应”分析：基于我国地级市动态空间杜宾模型［J］．南开经济研究，2017（2）：5－24.

⑦ 刘志强，白雪飞，卢崇煜．法律制度环境、城镇化水平对房价的影响研究［J］．当代经济科学，2018（5）：62－69.

非农产业比重上升主要通过需求和供给两种途径促进房价上升：一方面，通过需求侧促进房价上涨。非农产业比重上升吸纳大量农村人口向城市迁转，非农产业就业人口获得更高的工资收入，能够有效促进房价上涨。另一方面，通过供给侧促进房价上涨。随着产业结构优化和城市经济发展，土地、劳动力和资本价值不断提高，住房成本也在不断提高，房地产开发商提供的住房价格不断提高。国内外大量文献研究证实了产业城镇化发展对房价会起到正向推动作用。刘嘉毅和陶婷芳等（2014）从产业结构合理化和高级化视角分析了产业结构变化对房价的影响，结果发现产业结构合理化和高级化对住房价格均具有显著正向影响作用①。田申（2017）基于2001—2015年中国31个省份的面板数据，运用空间面板模型实证分析了产业城镇化对房价的作用，结果表明产业城镇化率对房地产价格水平产生了显著的正向影响②。Zhang和Wang（2018）基于空间面板模型实证检验了产业合理化和升级对房价的影响，实证表明产业结构调整对房价的影响具有统计学意义。文章据此提出政府应注重住房与产业协调发展，并密切关注产业结构调整力度加大导致的房价变化③。范新英和张所地（2018）在对全国35个大中城市产业结构合理化和高度化测度的基础上，构建空间Durbin面板数据模型进行实证分析，结果表明产业结构合理化和高度化会对城市房价产生正向影响作用④。

2.3.1.3　空间城镇化对房地产的影响

空间城镇化是城镇地理空间的扩大，一直以来我国土地城镇化与人口、产业城镇化的非均衡发展导致城镇空间粗放蔓延式扩张，导致土地资源浪费严重，部分小城市特别是小城镇由于缺乏相应的产业和人口支撑，空城和鬼城问题突出。随着粗放型传统城镇化向集约高效新型城镇化的转变，空间优化即缩小人口、产业城镇化与土地城镇化发展差距成为新型城镇化的必然选

① 刘嘉毅，陶婷芳，夏鑫．产业结构变迁与住房价格关系实证研究：来自中国内地的经验分析［J］．财经研究，2014（3）：74－85.

② 田申．城镇化与房价变动的空间计量：基于省级面板数据分析［J］．地域研究与开发，2017（2）：12－16.

③ Zhang H, Wang X. The impact of structural adjustment on housing prices in China［J］. Asian－Pacific Economic Literature, 2018, 32（5）：108－119.

④ 范新英，张所地．产业结构对城市房价影响的空间溢出效应研究［J］．软科学，2018（4）：44－48.

择。新型城镇化所强调的土地与人口、产业的均衡协调发展，必然要求防止城镇土地空间“摊大饼”式增长，在存在过度空间扩张的背景下促进城市人口密度的增加。促进土地城镇化与人口城镇化的协同发展能够有效防止“空城”及“鬼城”现象，从根本上促进不重人、不重质量及不重效益的传统城镇化向以人为本、重质量及重效益的新型城镇化转变。大量学者研究表明空间结构优化对房价具有显著的正向影作用。Wang 和 Tu（2013）在两部门城市经济模型的基础上基于 2003—2010 年城市面板数据，实证研究了空间城镇化结构对房价的影响，研究显示非居住用地比例提高会导致城市房价上涨①。范剑勇、莫家伟和张吉鹏（2015）对地方政府土地供给方式和房价的相互关系进行了讨论，认为地方政府土地供给具有工业用地比重偏高、居住用地比重偏低的特点，从地方政府土地供给角度分析了土地城镇化特别是工业用地扩张推动了城市房价的增长②。吴士炜和汪小勤（2017）基于中国 2004—2013 年 289 个地级市面板数据，从空间经济学视角研究了房价与空间城镇化优化之间的关系。实证检验结果表明：289 个地级市人口城镇化与土地城镇化大部分处于不协调状态，人口城镇化与土地城镇化之间的协调指数能够反映空间城镇化优化状态，空间城镇化优化对房价具有显著的正向影响作用③。朱高立和王雪琪等（2018）对土地城镇化与人口城镇化的协调度进行了测度，研究表明全国省会城市土地城镇化与人口城镇化的协调度不断上升，且协调水平东部地区 > 中部地区 > 西部地区，空间城镇化优化与房价具有明显的正相关关系④。

2.3.1.4 生活城镇化对房地产的影响

新型城镇化中生活水平的提升，最基本的体现就是城镇居民人均可支配收入的提升。可支配收入增加会带动住房市场消费需求的增加，收入水平越高的地区其房价水平一般越高。国内外大量文献对居民收入与房价之间的关

---

① Wang Y R, Tu Y. Urban Land Supply Policy, Urban Growth and Housing Prices in China [C]. The 48th American Real Estate and Urban Economics Association (AREUEA) Annual Conference, San Diego, California, US. January, 2013.

② 范剑勇，莫家伟，张吉鹏. 居住模式与中国城镇化——基于土地供给视角的经验研究 [J]. 中国社会科学，2015 (4)：44-63.

③ 吴士炜，汪小勤. 房价、土地财政与城镇化协调发展关系——基于空间经济学视角 [J]. 经济理论与经济管理，2017 (8)：27-35.

④ 朱高立，王雪琪，李发志，等. 房地产经济对人口城镇化与土地城镇化协调发展的作用机理：基于中国 30 个省会城市面板数据的经验分析 [J]. 经济地理，2018，38 (5)：68-77，116.

系进行了研究，论证了二者之间的正相关关系。Barot 和 Yang（2002）采用瑞典和英国 1970—1998 年的样本数据，对收入与房价之间的关系进行了实证检验，结果表明收入是房价的 Granger 原因①。邹至庄和牛霖琳（2010）基于 1987—2006 年全国城镇总体水平的分析，发现城镇住房价格的快速上涨主要由人均收入和建筑成本变化的作用来进行解释②。Kholodilin 和 Menz（2010）注意到 1975—2005 年期间加拿大和德国实际房价增长率低，研究表明房价主要由人均可支配收入等因素决定，样本国家相对较低的可支配收入增长率是房价长期低迷的主要原因③。张所地和范新英（2015）基于全国 35 个大中城市数据，采用面板分位数回归方法实证检验了收入是影响房价上涨的主要因素④。鞠方、雷雨亮和周建军（2017）利用 2002—2013 年全国 31 个省级面板数据，就收入水平对住房消费的影响作用进行了实证分析，研究表明人均可支配收入对人均住房消费起着非常重要的支撑作用。Wang 等（2017）基于 2014 年全国县级截面数据，采用空间回归方法实证分析了城镇工资水平等因素对房价的影响，结果显示城镇工资水平对房价具有显著的正向影响作用⑤。

2.3.1.5 资源环境城镇化对房地产的影响

中国经历了多年快速城镇化的过程，带动了经济社会的迅速发展，但同时也产生了资源紧张及环境污染等一系列问题。在传统城镇化向新型城镇化转型的背景下，资源环境城镇化成为“集约、智能、绿色、低碳”新型城镇化道路的重要内容。随着宏观经济和生活水平的提升，人们对资源集约和环境优化的要求也在不断提高，资源环境水平对房价的影响日益显著。早期学者主要从定性角度分析资源环境对房价的影响，指出环境优化可以增加住房的绿色附加值，不同生态环境及不同区位地段极差地租的差异是构成房价成

① Barot B, Yang Z. House Prices and Housing Investment in Sweden and the United Kingdom: Econometric Analysis for the Period 1970 - 1998 [J]. Review of Urban & Regional Development Studies, 2002, 14 (2): 189 - 216.

② 邹至庄，牛霖琳．中国城镇居民住房的需求与供给［J］．金融研究，2010，53（1）：1 - 11.

③ Kholodilin K A, Menz J O, Siliverstovs B. What Drives Housing Prices Down? Evidence from an International Panel [J]. Jahrbücher für National? konomie und Statistik, 2010, 230 (1): 59.

④ 张所地，范新英．基于面板分位数回归模型的收入、利率对房价的影响关系研究［J］．数理统计与管理，2015，34（6）：1057 - 1065.

⑤ Wang Y, Wang S, Li G, et al. Identifying the determinants of housing prices in China using spatial regression and the geographical detector technique [J]. Applied Geography, 2017, 79 (2): 26 - 36.

本的主体（谭燕，1998①）。现在学者更多采用实证研究方法检验环境对房价的显著正向影响作用。温海珍和李旭宁等（2012）指出优美的城市环境给人们带来愉悦和舒适感，能够增加房价的隐性价值。文章实证检验了优质环境质量对房价的正向影响作用，表明房价与公园面积呈现正相关关系，与住房到优美自然景观的距离呈现负相关关系②。Huang 和 Yin（2015）认为由于快速城镇化人们越来越渴望良好的环境资源。文章采用特征价格模型对武汉城市绿地等环境要素对房价的影响进行了实证研究，结果表明在住房所有的特征中环境可持续因素对房价影响最大，自然资源与文化、旅游及商业等资源整合而成的自然休憩区域对房价的正向影响最为显著③。王艳聪（2017）基于全国283个地级市以上城市数据，采用双向固定效应模型实证分析了环境质量对城市房价的影响，研究发现城市工业废水排放量对房价具有显著负向影响。文章提出政府应该加强环境治理和企业转型升级，提高城市居住吸引力以促进城市经济可持续发展④。

2.3.1.6 城乡一体城镇化对房地产的影响

城乡一体化是新型城镇化的重要内容，作为衡量城乡一体化的重要指标城乡收入差距对房价具有重要影响作用。城乡收入差距对房价的影响主要通过两种传导机制：一方面，通过房地产市场需求提高房价。城乡收入差距加大导致财富更加向城市居民集中，城市居民相对具有更多的财富购房，住房需求不断增加。另一方面，通过城市房地产市场供给提高房价。随着城乡收入差距加大，城镇居民具有更多的收入进行消费投资。作为房地产市场供给侧的房地产开发商基于利润最大化原则，会加大高端品质住房及配套设施供给，住房供给不断升级是房价不断上升的另一重要原因。国外不少文献实证考察了收入差距对房价的影响，认为收入差距不断扩大是房价上涨的重要原因（Flaherty，1995⑤；

① 谭燕. 环境在成都商品住房销售中的作用［J］. 四川师范大学学报：自然科学版，1998（5）：587－592.

② 温海珍，李旭宁，张凌. 城市景观对住房价格的影响：以杭州市为例［J］. 地理研究，2012，31（10）：1806－1814.

③ Huang H, Yin L. Creating sustainable urban built environments: An application of hedonic house price models in Wuhan, China［J］. Journal of Housing and the Built Environment, 2015, 30（2）：219－235.

④ 王艳聪. 环境污染与城市房价［J］. 现代管理科学，2017（12）：50－52.

⑤ Flaherty B. An Economic Theory of Homelessness and Housing［J］. Journal of Housing Economics, 1995, 4（1）：13－49.

Quigley，2002①；Moretti，2013②；Favara 和 Song，2014③；Zhang，2014④）。随着城镇化的推进，国内学者也开始关注收入差距对房价的重要影响作用。胡晓（2010）发现经济和房地产基本面不能完全解释房价的不断上涨，收入差距与房价具有显著的正相关关系，我国当前房价上涨的重要影响因素是收入差距的不断扩大⑤。李勇刚、余永虎和何宾宾（2013）基于1999—2010年全国31省面板数据实证检验了收入差距与房价之间的相互关系，认为收入差距与房价具有显著的正相关关系，城乡收入差距扩大是房价上涨的重要原因。文章对城市化率相对较高的东部地区和相对较低的中西部地区进行了对比分析，发现东部地区收入差距对房价的影响作用明显大于中西部地区⑥。徐舒和陈珣（2016）的研究表明收入差距扩大会直接引起住房价格上升。收入不平等每上升一个标准差，相对房价上升0.07—0.09个标准差，绝对房价上升34—47元。结论认为收入分配改革不仅能促进社会公平，还能抑制房价⑦。谢鹏和孙群力（2018）基于2005—2013年全国277个地级市面板数据，测度了城乡居民收入差距泰尔指数，采用空间面板联立方程模型实证考察了城乡收入差距对房价的影响，研究表明城乡收入差距泰尔指数每提高0.01，房价上涨2.9%⑧。

2.3.2 房地产市场对新型城镇化的影响

部分学者从定量角度分析了房地产对新型城镇化发展的重要影响作用。

① Quigley J M, Raphael S, Smolensky E. Homeless in America, Homeless in California [J]. Berkeley Program on Housing & Urban Policy Working Paper, 2002, 83 (1): 37-51.

② Moretti E. Real Wage Inequality [J]. American Economic Journal Applied Economics, 2013, 5 (1): 65-103.

③ Favara G, Song Z. House price dynamics with dispersed information [J]. Journal of Economic Theory, 2014, 149: 350-382.

④ Zhang C. The Endogeneity and Interactive Relationship between Housing Price and Income Distribution [J]. Statistical Research, 2014, 31 (1): 63-69.

⑤ 胡晓. 收入差距与中国房地产价格：理论与实证：兼论当前房地产调控的有效性 [J]. 财经科学, 2010 (12): 83-90.

⑥ 李勇刚，余永虎，何宾宾. 城市化、收入差距与房价波动：基于动态面板模型的研究 [J]. 南京审计大学学报, 2013, 10 (4): 9-17.

⑦ 徐舒，陈珣. 收入差距会推高住房价格吗？[J]. 经济学：季刊, 2016, 15 (2): 549-570.

⑧ 谢鹏，孙群力. 房价与城乡收入差距的交互影响及空间溢出效应：基于277个城市面板数据的经验分析 [J]. 湘潭大学学报（哲学社会科学版）, 2018, 42 (4): 89-93.

李传健和邓良（2015）指出房地产对新型城镇化的推动作用主要体现在三方面：第一，房地产发展为人们在城镇安居乐业创造良好的物质载体；第二，房地产发展对城镇整体功能和形象的提升具有良好的促进作用；第三，房地产具有产业链长及产业关联度大的特征，因此其发展为新型城镇化奠定了坚实的产业基础①。越来越多的学者从定量角度实证考察了房地产对新型城镇化的重要影响作用。Bo - sin 和 Chung（2010）基于香港地区数据，指出房地产的发展存在一个“理想程度”，房地产市场健康发展对城市规划及城镇化建设起良好的推动作用，从而促进房地产和城镇化的良好互动发展②。庄海燕（2017）基于“十二五”时期五指山市新型城镇化与房地产相关数据，在采用改进的熵权 TOPSIS 方法测度该市新型城镇化发展水平的基础上，采用通径分析方法研究了房地产对新型城镇化的影响作用。研究显示：2009—2014 年五指山市新型城镇化水平不断上升，房地产主要指标（房价、投资和经济适用房投资）对新型城镇化都具有正向促进作用，且作用程度大小依次递减③。朱高立、王雪琪和邹伟等（2019）基于长江经济带 2000—2015 年 12 个省份的面板数据，采用动态修正协调度模型测算了各省份人口与土地城镇化的协调度，并采用空间动态计量模型实证分析了房价对城镇化协调度的影响。结果表明：长江经济带城镇化协调度呈现出阶段性特征，住房价格上涨促进了人口与土地城镇化协调度的上升④。李艳琴（2016）基于全国 31 个省份 1998—2016 年面板数据，采用空间相互制约模型实证分析了房价对人口流动的影响。结果表明：考察期间房价对人口迁出的影响并不显著，但对人口迁入具有显著的正向影响作用。东部地区房价高收入也高，成为吸引人口流入的地区。中部地区成为吸引人口流入的一股逐渐成长的力量⑤。谷卿德、石薇和王洪卫（2015）基于全国 257 个城市 2000—2012 年的面板数据，采用

① 李传健，邓良．新型城镇化与中国房地产业可持续发展［J］．经济问题，2015（1）：119 - 123.

② Bo - sin Tang，Chung Yim Yiu. Space and scale：A study of development intensity and housing price in Hong Kong［J］. Landscape and Urban Planning，2010（96）：172 - 182.

③ 庄海燕．基于熵权 TOPSIS 法的房地产业对新型城镇化通径分析：以海南省五指山市为例［J］．地域研究与开发，2017（4）：78 - 82，104.

④ 朱高立，王雪琪，邹伟，李发志．不同类型房价上涨对长江经济带城镇化协调度影响的实证分析［J］．统计与决策，2019，35（16）：129 - 134.

⑤ 李艳琴．房地产价格对人口迁移的影响［D］．南昌大学，2016.

动态面板数据模型实证检验了房价对城镇化产业结构升级的影响。研究发现房价和产业结构水平呈现出U型的关系：当房价处于较低水平时，房价上涨有助于产业结构合理化和产业结构升级；当房价持续上涨处于较高水平时，其对产业结构合理化和产业结构升级产生负面影响①。

2.3.3 新型城镇化与房地产市场的互动协调关系

2.3.3.1 新型城镇化与房地产互动影响关系

国外学者对城镇化过程中的资源要素流动、收入等因素与房地产市场的关系进行了深入研究。Harvey（1985）指出经济社会发展过程中大量资源流向城市，资源城镇化必然导致城市病等诸多问题②。Kuznets（1963）和Myrdal（1957）研究认为城镇化和工业发展导致发展中国家收入差距不断扩大，这种收入差距不断扩大的趋势要到收入增长到非常高的水平时才能够通过再分配得以好转。由此可见以上这些研究均是城镇化对收入及收入分配的影响进一步作用于房地产市场，从而对房地产市场产生了间接影响③④。部分学者（Stuart和Joe等，1999）认为住房价格变动与城市化进程中的城市结构和人口迁移等因素关联性很强，并通过对旧金山和洛杉矶两大城市的数据实证检验了以上结论⑤。还有学者（Judith，2002）通过家庭收入与住房自有率的关联性，实证分析了收入极化效应对人口城市间流动的影响，认为收入极化效应大的地区住房价格上升较快，从而导致低收入人群向非热点地区转移⑥。Chien（2010）则对不同城市及其国际化程度与房地产市场的关系进行了论

① 谷卿德，石薇，王洪卫．房地产价格上涨对产业结构升级的影响探析：基于中国257个城市的实证研究［J］．现代管理科学，2015（2）：27-29.

② Harvey D. The Urbanization of Capital：Studies in the History and Theory of Capitalist Urbanization［M］. Baltimore：The John Hopkins University Press，1985.

③ Kuanets S. Quantitative Aspects of the Economic Growth of Nations，Economic Development and Cultural Change［J］，1963，11（2）：1-80.

④ Myrdal G. Economic Theory and Under-Developed Regions［M］. London：Duckworth，1957.

⑤ Stuart A. G.，Joe P. M.，and William L. Waseher. House Price Differentials and Dynamics：Evidence from the Los Angeles and San Francisco Metropolitan Areas［J］. FRBSF Eeonomic Review，1999，1：3-22.

⑥ Judith Y. Housing implications of social，special and structural change［J］. Housing Studies，2002，17（4）：581-618.

证，通过对台北和台湾其他城市房地产市场的对比研究发现，受国际化影响程度大的台湾房地产市场发展程度显然高于其他城市①。

国内相关研究可分为定性研究与定量研究两方面。其一，定性研究方面。郝姝婕（2008）研究认为在城市化进程中，房地产建设的无序、规模偏大及房价过高等与城市化发展存在一定的不协调，从而制约着社会经济的发展。因此，应通过各种调控手段并结合区位理论制定科学理性的规划，促进房地产建设与城市化协调发展②。郭晓男（2010）认为在经济发展中城镇化和房地产业均有其自身演变规律，而二者的演变具有较强的同步性，因此应使二者协调发展③。其二，定量研究方面。刘颖春（2004）研究认为城镇化是我国实现经济增长的重要推动力，城镇化过程伴随着的城镇人口增长趋势对房地产需求总量和结构产生重要影响，为房地产市场带来机遇和挑战④。赵朋（2006）通过建立一般均衡模型，论证了房地产投资与城市化之间存在正相关关系，并在此基础上通过 Granger 因果检验证实了两者因果关系的存在⑤。陈石清和朱玉林（2008）运用协整分析方法与误差修正模型，实证检验了我国房价与城镇化水平之间的关系，认为二者之间存在一种长期稳定的正向互动关系⑥。郑钦龙（2010）以城镇化相关理论和房地产特征为基础，采用面板和分位数回归分析，论证了城镇化和房地产之间的互动关系⑦。陈淑云和付振奇（2012）以湖北省为例，运用 Granger 因果性检验等方法检验分析了城市化、房地产投资与经济增长之间的关系，结果表明城市化对房地产投资具有显著的正向影响作用，但房地产投资对城市化的正向影响作用并不显著⑧。谢福泉和黄俊晖（2013）采用面板和固定效应模型，基于全国省域

① Chien M. S. Structural Breaks and the Convergence of Regional House Prices. Journal of Real Estate Financial Economics [J]. The Journal of Real Estate Finance and Economics, 2010, 40 (1): 77 -88.

② 郝姝婕. 房地产建设与城市化发展的协调性分析 [J]. 经济与管理, 2008 (7): 92 -96.

③ 郭晓男. 我国城市化与房地产业的协调发展研究 [J]. 学习与探索, 2010 (7): 169 -170.

④ 刘颖春. 城市化过程中人口变动趋势对我国房地产开发的影响 [J]. 人口学刊, 2004 (6): 45 -48.

⑤ 赵朋. 房地产投资波动与城市化关联性研究 [J]. 华东经济管理, 2006 (10): 37 -40.

⑥ 陈石清, 朱玉林. 中国城市化水平与房地产价格的实证分析 [J]. 经济问题, 2008 (1): 57 -49.

⑦ 郑钦龙. 城市化与房地产之间关系的实证分析: 以浙江省为例 [D]. 浙江工商大学, 2010.

⑧ 陈淑云, 付振奇. 城市化、房地产投资与经济增长的关系分析: 以湖北省 1990—2009 年时间序列数据为例 [J]. 经济体制改革, 2012 (3): 30 -35.

2005—2011 年的面板数据，实证分析了城镇化与房地产之间的相关关系。研究发现城镇化水平与房地产需求、供给都存在显著的正向相关关系，提出新型城镇化背景下房地产要通过市场行为主体良性互动、生产要素优化配置和住房供需均衡三个路径推动健康发展①。任木荣和刘波（2009）基于省际面板数据，采用动态经济模型实证分析了城镇化与房价之间的互动影响关系。结论认为：各省城市化水平上升是房价上涨的重要原因，房价上升也对城市化具有正向影响作用，二者之间具有正相关关系，因此应注重房地产与城镇化的互动影响发展②。汤腊梅和孙倩（2015）基于湖南省新型城镇化和房价数据，采用协整分析、granger 因果分析方法对新型城镇化和房价之间的互动影响关系进行了实证分析。结果表明：新型城镇化水平和房价之间存在正向的长期均衡关系，滞后 1 期的情况下，房地产价格不是新型城镇化水平的 Granger 原因，但新型城镇化水平是房地产价格的 Granger 原因；滞后 2 期的情况下，新型城镇化水平和房地产价格互为 Granger 原因③。

2.3.3.2 新型城镇化与房地产协调发展关系

蔡雪雄和林南艳（2016）基于福建省 2000—2014 年数据，在构建新型城镇化与房地产市场综合指标体系的基础上，采用耦合协调度模型对福建省两系统间的耦合协调度进行了测度。实证结果表明，福建省新型城镇化与房地产业耦合协调度逐年提高，但一直处于失调阶段；2014 年福建省各市域之间协调程度地区差异大④。袁帅、马明和孙媛（2017）基于天津市 1999—2014 年数据，在构建型城镇化与房地产业发展指标体系的基础上利用耦合协调模型进行定量分析。结果显示：天津市城镇化与房地产之间的协调度整体呈现上升趋势，城镇化与房地产业发展水平耦合关系较好⑤。罗福周和李娜（2018）

---

① 谢福泉，黄俊晖．城镇化与房地产市场供需：基于中国数据的检验［J］．上海经济研究，2013（8）：115－123.

② 任木荣，刘波．房价与城市化的关系：基于省际面板数据的实证分析［J］．南方经济，2009（2）：41－49.

③ 汤腊梅，孙倩．湖南新型城镇化水平与房地产价格互动的实证分析［J］．城市学刊，2015，36（1）：6－11.

④ 蔡雪雄，林南艳．新型城镇化与房地产业耦合协调分析：以福建省为例［J］．经济问题，2016（9）：116－119.

⑤ 袁帅，马明，孙媛．新型城镇化与房地产业耦合协调发展研究：以天津市为例［J］．中国房地产，2017（3）：10－17.

基于西北5省数据，采用综合指数及耦合协调度方法定量分析了西北地区新型城镇化与房地产之间的协调发展关系。结果认为：西北5省耦合协调度处于中度耦合协同状态并存在向中高度耦合协调发展的趋势，且两系统之间进入耦合协同阶段的时间越晚则出现协同发展的潜力越大①。

2.4 文献述评

结合国内外已有研究成果及本书将要开展的研究，本节将对新型城镇化发展水平测度及政策效果评价、房地产市场发展水平测度及政策效果评价、新型城镇化与房地产市场的互动影响关系、新型城镇化与房地产市场协调发展四个方面进行文献述评，包括现有研究取得的成果及笔者的改进与创新之处。

2.4.1 新型城镇化发展水平测度及政策效果研究述评

2.4.1.1 新型城镇化发展水平测度研究述评

已有文献在新型城镇化发展水平测度方面取得了较为显著的成果，但是存在以下几点不足：其一，在新型城镇化指标体系构建方面，新型城镇化综合指标体系不够综合全面。很多学者意识到了新型城镇化是综合全面的城镇化，不能采用传统城镇化单一的常住人口城镇化率作为衡量指标，所以构建了多指标的综合指标体系。但是从现有研究来看，由于缺乏对新型城镇化核心内涵及特征的正确理解，新型城镇化指标体系的构建大多数仍然只涵盖了人口、产业和空间城镇化等传统的城镇化领域，对于生活城镇化、资源环境城镇化和城乡一体城镇化缺乏有效的衡量指标。其二，在研究对象方面，现有研究缺乏对全国30个省份新型城镇化水平的考察。现有测度新型城镇化发展水平的文献大多数是测度某一个特定省份的新型城镇化发展水平，少数关注城市群区域新型城镇化发展水平，缺乏对全国各省份进行新型城镇化水平

① 罗福周，李娜．西北地区房地产业与新型城镇化发展关系的动态计量研究［J］．西安建筑科技大学学报（自然科学版），2018，50（6）：906－912.

测度并进行比较的文献。其三，在定量方法方面，某一区域某个指标的标准化数据值仅考虑该区域年份之间的纵向对比，没有与全国其他区域进行横向对比。因此，原始指标标准化数据一般情况下均会呈现出不断增大的趋势，即使该区域相对于其他区域出现相对下降的现象。

针对现有研究不足之处，本书拟在以下三方面作出拓展：第一，在新型城镇化内涵特征科学界定的基础上，综合全面地构建新型城镇化指标体系。《国家新型城镇化规划（2014—2020年）》强调新型城镇化应走以人为本、四化同步、优化布局、生态文明、文化传承的中国特色新型城镇化道路。新型城镇化在传统城镇化诸多问题的反思中，更注重综合性、协调性与可持续性。本书从六个维度（人口、产业、空间、生活、资源环境和城乡一体城镇化）选取代表性指标，综合构建新型城镇化指标体系。第二，研究对象为全国所有省份（港澳台和西藏除外）的新型城镇化发展水平。针对当前文献缺乏对全国所有省份新型城镇化进行系统全面测度的情况，本书对全国30个省份的新型城镇化发展水平均进行了全面评价，有利于对全国及各省的新型城镇化发展情况做出综合全面的评价和比较。第三，在综合指数测度上，采用年份之间纵向标准化数据与省份之间横向标准化数据加权合成的方法，弥补现有研究缺乏考察省份之间对比的缺陷。针对现有文献对特定区域指标数据标准化过程中，仅考虑本区域年份之间的纵向对比，因而出现指标标准化数据值缺乏横向比较的问题，本书对各省各指标的新型城镇化数据均通过年份之间的纵向标准化数据及省份之间的横向标准化数据进行加权合成。

2.4.1.2 新型城镇化政策效果研究述评

虽然当前学术界对新型城镇化政策试点效果研究已经取得了一定的进展，但是理论和实践方面都还存在一定的缺陷。其一，在研究方法上，虽然近两年文献采用的政策评价方法较前期有较大的改进，但是仍然存在较为严重的内生性偏差与样本选择偏误问题，从而使得新型城镇化政策效果评价的可靠性降低。其二，在新型城镇化的衡量指标上，现有文献对新型城镇化政策效果的评价多数是选取宏观经济指标来评价政策效果，但是宏观经济影响因素众多，在实证方法缺乏足够科学性的情况下很难从宏观经济指标数据的变动判断是否是新型城镇化带来的效果。其三，在数据搜集上，现有文献主要对政策前后的两期数据进行对比，考察政策实施效果，缺乏政策效果的动态考察。

针对现有研究的不足，本书力求在以下两方面进行创新和突破：其一，在研究方法上，本书通过一种非实验评估方法——合成控制法，对新型城镇化综合试点区域进行政策的科学实证评价，通过在诸多的非试点样本中加权合成控制对象的方式来构建控制组，从而解决以往政策评价方法中可能出现的样本选择偏误和政策内生性问题，进而更为客观地评价新型城镇化政策试点效果。其二，在新型城镇化政策效果指标选择上，传统城镇化衡量指标是常住人口城镇化率，新型城镇化强调“以人为本”，户籍人口城镇化率是新型城镇化最为直接和核心的体现，通过户籍人口城镇化率考察新型城镇化综合试点带来的效果。其三，在数据的搜集上，本书选取新型城镇化政策试点前后 2010 年第 1 季度到 2018 年第 4 季度的季度数据来考察城镇化指标的动态变化情况，从而在保障时间足够长的基础上，科学判断政策实施后新型城镇化指标的动态变化情况，更科学地判断出政策效果。

2.4.2 房地产市场发展水平测度及政策效果研究述评

2.4.2.1 房地产市场发展水平测度研究述评

已有文献在房地产市场发展水平测度方面取得了较为显著的成果，但是存在以下几点不足：一方面，在房地产市场指标体系构建方面，房地产市场指标体系不够综合全面。很多学者对房地产市场发展水平的测度采用的是综合指数法，构建了多指标的综合指标体系。但是从现有研究来看，由于缺乏对房地产市场核心指标（房价）影响因素的正确判断和理解，房地产市场指标体系的构建大多数仍然只涵盖了房地产投资、销售和房地产企业指标，对于影响房价的土地市场和房地产金融缺乏有效的衡量指标。另一方面，在定量方法方面，某一区域房地产某个指标的标准化数据值仅考虑该区域年份之间的纵向对比，没有与全国其他区域房地产指标进行横向对比。因此，原始指标标准化数据一般情况下会呈现出不断增大的趋势，即使该区域相对于其他区域出现相对下降的现象。

针对现有研究不足之处，本书拟在以下两方面作出拓展：一方面，在对房地产市场核心指标（房价）影响因素国内外文献全面梳理及房地产市场基础理论总结的基础上，综合全面构建房地产市场指标体系。房地产价格是房地产市场核心指标，需要筛选出房地产领域与房价最为密切相关且重要的指标构建房地产市场指标体系。在文献梳理及基础理论总结的基础上，本书从五个维度（房地产供给、需求、价格、土地及房地产金融）选取代表性指标，综合构建房地产市场指标体系。另一方面，在综合指数测度方法上，采用房地产指标年份之间纵向标准化数据与省份之间横向标准化数据加权合成的方法弥补现有研究缺乏考察省份之间对比的缺陷。针对现有文献对特定区域指标数据标准化过程中，仅考虑本区域年份之间的纵向对比，因而出现指标标准化数据值横向比较缺乏的问题，本研究对各省各指标的房地产市场数据均通过年份之间的纵向标准化数据及省份之间的横向标准化数据进行加权合成。

2.4.2.2 房地产市场政策效果研究述评

虽然当前学术界对房地产市场政策试点效果的研究已经取得了一定的进展，但是在理论和实践方面都还存在一定的缺陷。其一，在研究方法上，虽然近两年文献采用的政策评价方法较前期有较大的改进，但是仍然存在较为严重的内生性偏差与样本选择偏误问题，从而使得房地产宏观调控政策效果评价的可靠性降低。其二，在研究对象上，现有采用规范实证的文献大多数是选取北京或者广州这样的一线城市，探讨宏观调控政策对这些城市的影响作用，缺乏对各种不同类型城市的全面考察。其三，在数据搜集上，现有文献主要通过 DID 方法对政策前后的两期数据进行对比，考察政策实施效果，缺乏政策效果的动态考察。

针对现有研究的不足，笔者力求在以下两方面进行创新和突破：其一，在研究方法上，本书通过一种非实验评估方法——合成控制法，对房地产宏观调控区域进行政策的科学实证评价，通过在诸多的非试点样本中加权合成控制对象的方式来构建控制组，从而解决以往政策评价方法中可能出现的样本选择偏误和政策内生性问题，从而更为客观地评价房地产市场政策试点效果。其二，在研究对象上，选取一二线城市和三四线城市作为考察对象，一二线城市中选取新一线城市的典型城市成都，三四线城市中选取海口和唐山作为代表城市，考察宏观调控政策对成都、海口和唐山的影响作用。这样能够全面比较出宏观调控对不同类型城市的不同影响作用。其三，在数据的搜集上，笔者选取房地产市场政策试点前后 2015 年 1 月到 2019 年 4 月的月度数据来考察房价的动态变化情况，从而在保障时间足够长的基础上，科学判断政策实施后房价的变动情况，更科学地判断出房地产宏观调控政策效果。

2.4.3 新型城镇化与房地产市场互动影响研究述评

2.4.3.1 新型城镇化对房地产市场影响研究述评

已有文献在城镇化对房价影响分析方面主要存在三点不足：其一，大多采用传统城镇化中的常住人口城镇化率指标分析城镇化对房价的影响作用，指标选取单一而不能全面系统考察新型城镇化对房价的影响作用，由于遗漏其他维度的新型城镇化指标容易低估新型城镇化对房价的影响；其二，已有研究主要实证检验新型城镇化是否对房价具有影响作用，但没有采用科学计量方法对其影响程度的大小进行测度；其三，城镇化、住房供给、住房需求和宏观环境均是影响房价的重要影响因素，现有研究没有将城镇化与其他重要影响因素结合起来进行比较。

针对现有研究不足之处本文拟在以下三方面作出拓展：第一，从新型城镇化视角综合全面衡量城镇化对房价的影响。常住人口城镇化率是衡量传统城镇化的重要指标，多年来我国一直将常住人口城镇化率的提高作为评价城镇化水平的重要指标。本书从六个维度（人口、产业、空间、生活、资源环境和城乡一体城镇化）选取代表性指标数据，综合全面考察新型城镇化对房价的影响。第二，我们试图通过 R^2 分解方法就新型城镇化对房价的影响程度进行相对重要性 Relative Importance（RI）分解，对六种分类城镇化的重要性进行排序，以精确估计新型城镇化对房价影响程度的大小。其意义是：为了房地产市场稳定健康发展，我们必须考虑新型城镇化是否是支撑房价上涨的重要影响因素。作为综合全面衡量城镇化发展状况的新型城镇化对房价是否具有重要影响，是否对房价上涨具有重要支撑影响作用，本书的实证研究结果会为此提供一些思路。第三，在综合全面考察新型城镇化下属的六种分类城镇化的基础上，将住房供给、住房需求、土地及宏观环境因素作为控制变量引入模型以防止遗漏变量偏误，同时采用相对重要性分解方法实证比较新型城镇化与重要控制变量对房价的影响程度。通过准确判断影响房价上涨的多种因素影响程度大小，为政府宏观判断房地产市场发展趋势及宏观调控房地产市场稳定健康发展提供理论和实证依据。

2.4.3.2 房地产市场对新型城镇化影响研究述评

已有文献在房地产对城镇化的影响研究方面主要存在三点不足：其一，

缺乏房地产市场对城镇化影响的规范实证研究。当前大多数文献在研究两系统的互动影响作用时，通过 Granger 因果检验探讨二者的相互影响关系，专门研究房地产市场对城镇化的文献并不多，尤其缺少规范的实证研究。其二，已有研究主要分析房地产是否对城镇化具有影响作用，但没有采用科学计量方法对其影响程度进行测度。其三，房地产市场可以从多个维度进行衡量，包括房价、供给和需求等。现有研究缺乏对房地产市场的多维考察，未能有效检验不同维度的房地产指标对城镇化的影响作用。

针对现有研究不足之处，本文拟在以下三方面作出拓展：第一，选取常住人口城镇化率作为被解释变量、房价作为核心解释变量，实证检验考察房价对城镇化的影响作用。同时将新型城镇化六种分类城镇化的重要指标（户籍人口城镇化率、产业城镇化、空间城镇化、生活城镇化、资源环境城镇化和城乡一体城镇化）引入模型，考察新型城镇化下属的六种分类城镇化对常住人口城镇化率的影响作用。第二，通过 R^2 分解方法就房地产对城镇化的影响程度进行相对重要性 Relative Importance（RI）分解，同时将房地产及其他分类城镇化的重要性进行排序，以精确估计新型城镇化分类指标和房地产对城镇化影响程度的大小。其意义是：为了新型城镇化的持续发展推进，我们必须考虑城镇化率的重要影响因素。作为促进城镇化快速发展的房地产对城镇化是否具有重要影响，是否对城镇化率的上升具有重要支撑影响作用，本书的实证研究结果会为此提供一些思路。采用相对重要性分解方法实证比较房地产与分类城镇化，对常住人口城镇化率的影响。通过准确判断影响城镇化率的多种因素影响程度大小，为政府制定新型城镇化与房地产宏观政策提供一定的理论和实证依据。第三，在考察房价对城镇化影响的基础上，将住房需求和供给作为替换变量引入模型，对估计结果进行稳健性检验。房价作为房地产市场的核心指标，在考察房地产市场对城镇化的影响作用方面具有很强的说服力。但是房地产市场发展水平需要多方面多维度来进行衡量，本书选取房地产销售额作为房地产需求指标，选取房地产竣工面积作为房地产供给指标，替换房价进行稳健性检验，考察房地产市场对城镇化影响程度的稳健性。

2.4.4 新型城镇化与房地产市场协调发展研究述评

从以上文献可以看出，国内学者已对城镇化与房地产市场相互作用关系进行了大量探讨并取得了较好的研究成果，对本书的研究有着重要的借鉴作用。但是存在以下几点不足：其一，大多数研究都重点探讨城镇化对房价的影响作用，少数文献实证分析两系统互动影响关系，分析房地产对城镇化的影响。对两系统的协调发展状况进行定量测度的文献很少。其二，在研究对象方面，非常少的几篇新型城镇化与房地产市场协调发展的文献，研究对象是某个具体的区域，缺乏对全国各地区两系统协调发展水平的考察。其三，在定量方法方面，耦合协调度模型是评价系统间协调发展程度的经典模型，现有采用耦合协调度模型的文献仅考虑区域年份之间的纵向对比，没有与全国其他区域进行横向对比。

针对现有研究不足之处，本文拟在以下三方面作出拓展：第一，基于协调发展视角探讨新型城镇化与房地产市场协调发展状况。基于第一章对新型城镇化与房地产市场协调发展内涵及特征进行界定的基础上，对新型城镇化与房地产市场协调发展从三方面进行考察：新型城镇化内部各子系统（人口、产业、空间、生活、资源环境和城乡一体城镇化）之间的协调发展；房地产市场内部各子系统（供给、需求、价格、土地和金融）之间的协调发展；新型城镇化与房地产市场系统间的协调发展。第二，研究对象为全国 30 个省份（港澳台和西藏除外）的新型城镇化发展水平。针对当前文献缺乏对全国所有省份新型城镇化与房地产市场协调发展的系统全面测度的情况，本书对全国 30 个省份的新型城镇化与房地产市场协调发展水平均进行了全面评价。第三，在综合指数测度方法上，采用年份之间纵向标准化数据与省份之间横向标准化数据加权合成的方法弥补现有研究缺乏省份之间对比的缺陷。在纵向标准化数据和横向标准化数据的基础上采用耦合协调度模型，不仅考察了某个具体省份自身纵向发展的协调发展情况，同样考虑到与其他省份横向比较的协调发展变动情况，能更全面综合地考察出协调发展的动态变化情况。

3 理论基础

本章着重对城镇化与房地产相关理论基础进行介绍。其中，第3.1节主要对城镇化基础理论进行系统总结，包括城镇区位理论、城乡结构转换理论、非均衡发展理论及协调发展理论。3.2节主要对房地产基础理论进行系统总结，包括供给决定房价理论、需求决定房价理论、供求均衡决定房价理论。在全面总结城镇化和房地产理论的基础上，最后重点对城镇化与房地产互动影响作用机制进行了系统分析，包括城镇化对房地产的影响作用机制、房地产对城镇化的影响作用机制。

3.1 城镇化基础理论

作为区域经济学和发展经济学重要研究内容的城镇化，城镇化内涵特征界定、城镇化基础理论、城镇化发展动因及城镇化规律是城镇化理论涉及的重点内容，城镇化理论最重要的是城镇化基础理论，基础理论是城镇化理论研究的核心内容。在城镇化基础理论中，城镇区位理论、城乡结构转换理论、非均衡发展理论以及协调发展理论是重要的四大基础理论，本节将重点对四个基础理论进行介绍。

3.1.1 城镇区位理论

城镇区位理论主要研究企业最优区位选择原则及决定因素。经济学家杜能（J－H. Thunen）为该理论奠定了基础，韦伯（A. Weber）在杜能的基础上系统研究了该理论，克里斯泰勒（W. Christaller）和廖什（A. Losch）等学者进一步发展完善了该理论。经过多位学者的持续研究，该理论于20世纪上半期形成了较为完整的理论体系。城镇区位理论主要包含四个重要的区位理论，分别是杜能的农业圈层理论、韦伯的工业区位理论、克里斯泰勒的中心地理论以及廖什的市场区位理论。

3.1.1.1 农业圈层理论

农业圈层理论由杜能提出，其于1826年出版《孤立国同农业和国民经济的关系》，标志着农业区位理论的形成。杜能提出农业圈层理论的背景是德国（普鲁士）农业制度改革出现了农业劳动者和农业企业家构成的农业企业经营模式，代表企业型农业时代的建立，在此背景下探索农业生产方式的区位配置原则成为社会发展的需求。该理论根据消费市场距离城市的远近程度，以城市为中心对农业生产方式进行了六个农业圈层的划分。以城市为中心，从内到外的六个圈层分别是自由农业区、林业区、轮作式农业区、谷草式农业区、三圃式农业区和畜牧业。该理论第一次系统研究了农业经济活动的空间区位分布，不仅可以解释农业经济活动的土地利用规律，还可以解释其他类型的土地利用一般规律，奠定了城镇区位理论的基础。

3.1.1.2 工业区位理论

工业区位理论由韦伯提出，其于1909年发表《论工业区位》，标志着工业区位理论的形成。作者首次提出了集聚概念的规则，主要探讨资本主义国家工业区位和人口的集聚动因和特征。该理论认为企业受生产费用的约束，企业对生产场所的选择受制于区位因子。工业区位的分布受运输费用的影响，作者并构建了由运输距离和运输重量决定的运费函数，认为最好的工业区位是运输距离最短和运输重量最低的地方。该理论是区域经济学的基本理论，是对区位理论的重要发展。

3.1.1.3 中心地理论

中心地理论由克里斯泰勒提出，其于1933年出版《德国南部的中心地》，标志着中心地理论的形成，该著作成为城市区位理论的代表性作品。该理论产生的背景是20世纪以来城市化加速发展中城市在社会经济中的地位日益凸显，产业和人口都开始向城市聚集，对城市数量、规模及空间分布的研究成为社会发展的需求。克里斯泰勒基于德国南部大量城市和农村调研资料数据，论述了特定地区范围内中心居民点和城市数量、规模和空间分布的规律特征，并对城镇规模和等级之间的关系采用六边形图形进行了概括。该理论促进了系统区位理论的形成，将农业区位论、工业区位论进一步拓展到城市区位论，为后续市场区位理论的发展奠定了基础。

3.1.1.4 市场区位理论

市场区位理论由廖什提出，其于1940年出版《经济空间秩序》，标志着市场区位理论的形成。该理论认为市场区域的利润最大化是工业区位选择的决定性因素，市场区位选择的目标就是实现理论最大化的区位地点。该理论第一次把需求引入空间变量，认为最优市场区位是收入减去费用的利润最大化点，而不是仅考虑收入最大化的市场区位或者费用最小化的市场区位。市场区位理论仍然是工业区位理论，不同点是从需求出发对企业市场区位选择的原则进行了拓展。

由农业圈层理论、工业区位理论、中心地理论以及市场区位理论构成的城镇区位基础理论，虽然不是专门针对城镇聚集的城镇化发展基础理论，但是区位基础研究的农业企业、工业企业、城镇分布以及企业利润最大化市场区位的选择过程及结果与城镇集聚过程并没有本质的区别，因而也是城镇集聚和城镇化研究的基础理论。

3.1.2 城乡结构转换理论

城乡结构转换理论是研究城乡二元经济结构融合发展的理论，主要分析城镇化的发展规律特征、农村人口转移的规律。城乡结构转换理论中最重要的基础理论包括“刘易斯—费景汉—拉尼斯”二元经济结构理论、乔根森理论和托达罗理论。

3.1.2.1 二元经济结构理论

二元经济结构理论由刘易斯（A. Lewis）提出，其于1954年在《劳动无限供给条件下的经济发展》一文中首次提出了二元经济结构理论，此后费景汉、拉尼斯（H. Fei & G. Ranis）进一步完善了该理论。刘易斯注意到发展中国家存在着两种不同的生产方式，一种是以农业为主传统生产方式，一种是以制造业为主的现代生产方式。由于农业生产方式生产效率低，技术突破有限，生产产量达到一定程度之后增加劳动力投入所能带来的产量增值几乎为零，因此农业生产存在边际生产力趋于零的问题。而城市现代生产方式带来不断扩大的生产规模和不断提高的生产效率，可以吸收更多的人口，因此会导致农业剩余劳动力向城市的转移。随着大量农村劳动力向城市转移，二元经济结构也会逐步消除。在刘易斯的基础上，费景汉和拉尼斯考虑到了农业和工业两个部门的平衡增长问题，进一步完善了刘易斯的二元经济结构理论。二元经济结构理论是区域经济学的重要基础理论，对于城镇化过程中城市经济和农村经济的协调发展具有重要的指导意义。

3.1.2.2 乔根森理论

美国经济学家戴尔·乔根森（D. W. Jogenson）提出了该理论，其于1967年发表《过剩农业劳动力和两重经济发展》一文，标志着该理论的形成。该理论认为农业剩余劳动力的转移是决定现代工业部门发展和农村劳动力释放的重要因素。乔根森指出农村劳动力能否有效转移取决于农业是否剩余：当农业剩余等于零的时候农村劳动力不会产生转移，在农业剩余大于零即产生了农业剩余的前提下农村劳动力才会产生转移。基于这一前提条件，该理论提出了农业总产出与人口增长相符合的重要假设。根据以上假设，农业剩余规模随着农业技术的不断进步在不断增加，因此更多农村劳动力能够从农村释放出来，促进了城市劳动力人口的增加和在城市现代工业部门就业，促进了工业和城市经济的发展。

3.1.2.3 托达罗理论

1970年美国发展经济学家托达罗（Michael P. Todaro）在其发表的《农村劳动力向城市迁移决策和就业概率》一文中提出著名的劳动力流动行为模型。该理论认为农村人口迁转的主要决定因素是城乡收入预期的差异，城乡之间预期收入差异越大，农村转移到城市的人口越多。在任何阶段，现代工业部门创造的就业机会与农村转移人口进入城市找到工作的概率都呈现正相关关系，而与城市失业人口数量呈现负相关关系。该理论有效解释了农村人口转移的主要动因和规律特征。通过该理论可知，较高的收入和较多的就业机会是城市吸纳农村劳动力的基础和保障。在新型城镇化发展中要充分重视产业城镇化和生活城镇化水平的提高，才能促进城镇化的持续发展。

3.1.3 非均衡发展理论

区域经济差距是各国经济发展中普遍面临的现实问题，一直是区域经济学的重要研究内容。非均衡发展理论成为发展中国家促进经济发展的重要理论选择。基于发展中国家区域经济发展差距，区域均衡发展理论认为应该先发展具有带动性的部门，通过少数部门的优先发展带动其他部门的发展。非均衡发展理论根据不同的发展阶段，可分为以下几种主要的基础理论：循环累积因果理论、不平衡增长理论、增长极理论和中心—外围理论。

3.1.3.1 循环累积因果理论

循环累积因果理论由缪尔达尔于1957年提出，该理论认为经济发展过程往往不是在所有地区均匀扩散和同时产生，而是从条件相对好的地区先开始。条件相对较好的地区通过优先发展，获得比其他地区更多的优先发展优势。这种优势不断累积，促进这些地区的不断发展。优先发展地区不断累积的发展优势通过两种不同的效应与落后地区产生作用：一是扩散效应，二是回流效应。扩散效应指的是生产要素从优先发展区域向落后地区扩散，通过优先发展地区对落后地区的带动作用促进落后地区发展，不断缩小优先发展地区与落后地区的发展差距；回流效应指的是优先发展地区持续不断地吸取落后地区的生产要素，落后地区得不到优先发展地区经济的带动，优势生产要素不断流失，从而与优先发展地区的经济社会差距不断扩大。综上可知，地区之间差距的扩大与缩小取决于扩散效应和回流效应作用程度的大小：在扩散效应大于回流效应的情况下，地区之间发展差距呈现出不断缩小的趋势，二元经济结构问题会得到有效解决；而在回流效应大于扩散效应的情况下，地区之间发展差距呈现出不断扩大的趋势，二元经济结构问题加剧。在经济社会发展初期，回流效应一般大于扩散效应，政府决策部门应基于回流效应理论制定相关政策，促进条件优势地区优先发展；当经济社会发展到一定阶段之后，优先发展地区与落后地区发展差距不断扩大，这时候应该基于扩散效应理论制定相应政策，促进优先发展地区对落后地区的带动作用，促进落后地区的经济社会发展。

3.1.3.2 不平衡增长理论

不平衡增长理论由赫希曼提出，其于1958年出版《经济发展战略》，标志着不平衡增长理论的形成。不平衡增长理论的核心思想是在发展中国家的发展过程中，经济增长会集中于初始的增长地区，而不是出现在各个地方，因而会产生增长极。经济增长必然伴随增长极的出现，增长极也可以有效促进经济增长。前文中已经指出，循环累积因果理论认为经济社会发展到一定阶段后优先发展地区与落后地区差距的缩小与扩大取决于扩散效应和回流效应的作用程度大小。与循环累积效应类似，不平衡增长理论认为：经济发展初期，极化效应大于涓滴效应，地区之间的差距呈现出不断扩大的趋势；在经济发展中后期，涓滴效应大于极化效应，地区之间的差距呈现出不断缩小的趋势。

3.1.3.3 增长极理论

增长极理论由法国经济学家佩鲁于1950年提出，该理论认为平衡增长是国家经济社会发展的目标，但是需要通过不平衡发展的方式才能实现，因为在国家经济发展过程中平衡增长是不现实的，往往需要通过少数地区的优先发展成为增长极，之后通过增长极对其他地区或者经济部门的传导，带动其他地区或者经济部门的增长。增长极理论对于城镇化发展具有重要的指导意义，城镇化发展过程中，城市经济相对于农村经济就是增长极。在城镇化初期，要促进城市经济发展；城镇化中后期，要促进城市经济对农村经济的带动作用，缩小城乡差距，促进城乡一体城镇化的发展。

3.1.3.4 中心—外围理论

中心—外围理论由弗里德曼于1966年提出，该理论在地区间非均衡增长的趋势基础上，将区域空间划分为中心和外围两大地区，中心和外围地区组成二元空间结构。具备优越发展条件的中心地区具备较高的经济效益，在二元空间结构中起支配的作用；发展条件相对较差的外围地区经济效益相对较低，在二元空间结构中处于被支配的地位。中心地区与外围地区的经济社会发展差距吸引大量的资本和劳动力等生产要素从落后地区流入中心地区，中心地区与外围地区发展差距进一步扩大。随着经济进入不同的发展期，中心地区与外围地区的发展差距呈现出动态变化的特征。经济发展初期，二元结构表现出单核结构的特征，二元结构在经济发展初期的表现最为突出；经济起飞阶段，二元结构表现出多核结构的特征，原先的单核与新发展的新核之间的发展差距呈现出缩小的趋势；随着经济的持续增长，全国地区在多核地区的带动作用下实现经济发展的一体化，政府政策的调控进一步促进了中心地区与外围地区发展差距的消减。各个地区根据自身优势获得发展，最终实现均衡协调发展。

3.1.4 协调发展理论

协调发展理论强调从可持续发展及人与自然和谐发展的角度研究城镇化发展规律。协调发展理论的基础理论包括田园城市理论、卫星城市理论以及有机疏散理论。

3.1.4.1 田园城市理论

田园城市理论由霍华德提出，其于19世纪末出版的《明日的田园城市》提出了田园城市的理论。该理论认为理想城市应该是集合城市和乡村优点的城市，是一种城市和乡村的有机结合体。随着城市的不断发展，大量人口在城市聚集导致了环境污染等一系列问题，为此需要通过控制人口的进一步集聚防止城市的蔓延式扩张。该理论基于城市人口集聚产生的弊端，提出了通过发展田园城市解决现有城市发展存在的问题。田园城市要充分考虑城市和农村各自的优缺点，发展一种综合城市和农村优点、规避城市和农村缺点的城乡结合城市发展模式。田园城市理论对于我国新型城镇化发展具有重要的理论指导意义和参考价值。传统城镇化注重人口的转移速度，人口迅速在城镇集聚，造成了严重的资源环境问题和城乡差距问题。在未来的发展中要注重资源集约环境优化，逐步缩小城乡差距，促进城乡一体化的发展。

3.1.4.2 卫星城市理论

卫星城市理论由英国建筑师昂温于1924年提出。昂温在1924年的国际城市会议上明确提出了卫星城市的概念，认为城市持续发展导致城市规模过大，带来了交通和环境等诸多问题，应该通过卫星城市的发展规避城市规模过大的问题。在卫星城市理论发展的基础上，各国开始发展卫星城镇。卫星城镇的发展对于大城市人口过度聚集起到了较好的疏散作用，缓解了大城市的人口承载压力，对于城市均衡发展起了重要的作用。在我国传统城镇化发展的过程中，卫星城镇理论应用于大城市的发展实践中，对于大城市的发展起了重要的辅助作用。但是发展中存在着产业支撑不足的问题，导致大量卫星城镇出现“睡城”的现象，也对城市交通造成了重大的压力。在新型城镇化发展模式下，要充分吸取传统城镇化卫星城镇发展的经验教训，促进卫星城镇产业发展，同时防止卫星城镇的盲目扩张，促进卫星城镇人口、产业和空间城镇化的协调发展。可以考虑将卫星城镇作为城市与农村的中间地带，充分发挥其在促进城乡一体化中的作用。

3.1.4.3 有机疏散理论

有机疏散理论由沙里宁于1942年提出，该理论主要研究城市发展过程中的空间结构布局问题，目的是解决城市过度集聚导致的诸多城市病问题。有机疏散理论认为应该依据城市自身特征及城市功能等重要因素有机疏解城市功能，将不同的城市功能疏散于城市不同的区域，从而适应城市有机体增长，促进城市发展的灵活性。该理论与前两个理论观点一致，不主张城市的过度集聚，而是通过城市功能的有机疏散促进城市的适度有机集中。有机疏散理论在各国城镇化过程中不断发展，以防止城市过度集聚导致的大城市病问题。各国注重将城市的不同功能分布于城市的不同区域，防止城市过度集聚的同时促进不同区域的适度集中。有机疏散理论对于促进城市不同区域之间的协调发展具有重要的理论指导意义，同时在新型城镇化发展时期，该理论还可以实践于不同城市之间的不同职能分工，促进大中小城市及不同区域城市之间的均衡发展。同时，对于不同产业和不同类型城市的产业定位问题、产业均衡发展问题也有一定的指导意义。

3.2 房地产基础理论

房地产价格是房地产市场研究的重点，也是社会各界关注的重要内容。在对房地产市场研究过程中，房地产价格也是本书关注的重点。在房地产市场发展现状测度及房地产宏观调控政策评价中，均围绕房地产价格这一核心内容展开，研究房地产价格及其主要影响要素。

3.2.1 供给决定房价相关理论及应用

供给决定价格的理论主要有生产费用价值论和劳动价值论，这里简要地对这两个理论进行梳理，重点探讨供给决定价格理论在城市房地产领域的应用。

3.2.1.1 供给决定价格理论

（1）生产费用价值论。生产费用价值论可以追溯到英国古典经济学家亚当·斯密劳动价值论中的庸俗成分。斯密认为，工资、利润和地租三种收入决定商品价值，同时这三种收入也是商品的生产费用，从而成为生产费用价值论的渊源。之后，资产阶级庸俗经济学家萨伊和马尔萨斯等人提出商品价值本身是由劳动、资本和土地共同产生的，劳动、资本和土地决定了工资、利息和地租收入，商品的生产费用由工资、利息和地租共同决定，商品的价值由劳动、资本和土地共同决定。商品的价值决定价格，价格与价值基本保持一致。

（2）劳动价值论。凝结在商品中的无差别的人类劳动决定了商品的价值。马克思以劳动价值论为基础，认为商品价值 = C + V + M 构成，C 表示不变资本，V 表示可变资本，M 表示剩余价值。因此，从微观来看，企业商品的价值包括不变资本、可变资本和剩余价值三个部分；从中观来看，一个产业的价值也包括以上三个部分；从宏观来看，社会总产品的价值同样包括这三大部分。商品的价格以价值为基础，围绕价值变动。

3.2.1.2 供给决定价格理论在房地产领域的应用

由供给决定价格理论可知，无论是成本决定价值理论还是劳动决定价值理论，均认为商品的价格与价值成正比，而价值由生产商品的成本所决定。商品住宅价格是房产价格和地产价格的综合统一，从而是住房商品价格和地租资本化的综合货币价格。由此，我们从供给决定价格理论可以列出住房价格 = 土地价格 + 房屋建筑物价格 =（生地价 + 土地开发成本）+（房屋建安成本 + 房屋销售成本）。土地成本是住房成本的主要组成部分，包括生地价和土地开发成本，在达到三通一平或七通一平之前的费用都计算为土地成本。需要说明的是，生地土地成本包括土地出让金、拆迁或者征地费用、三通一平或者七通一平费用；熟地成本就是土地成交价，但是也包括以上三项费用。

建安成本即建筑安装成本，主要指的是房屋的建筑成本和设施设备的安装成本，包括材料费、机械使用费、施工费、人工费及施工企业管理费及利润等。其中，前两项费用（材料费和机械使用费）在建安成本中占 70% 左右，建安成本占房价的比重一般为 10%—30%。相对于其他成本而言，建安成本是房价中相对稳定的部分，但是随着经济发展和物价上涨，建安成本也随之上升。值得一提的是，近年来随着人们对住房的需求从刚性需求向改善性需求转变，户外基础设施建设、教育医疗设施建设及环境绿化等户外配套设施越来越成为消费者重点考虑的购房因素，而这些户外配套设施大多数具有非营利性公共产品性质，不能通过盈利产生的经营收入弥补成本投入，因此这些开支往往也计入建安成本，构成近年来住房建安成本的重要组成部分。

此外，房地产开发商所承担的税费和利润也是房地产价格的重要构成要素。房地产开发商税费主要有增值税、城市维护建设税和教育费附加、土地增值税、房产税、城镇土地使用税、印花税、契税及企业所得税等。税费在房地产成本中所占比重同样较高，因此对房地产供给影响较大，因此也成为政府调控房地产市场的重要手段。此外，房地产供给成本还包括房地产开发商的利润，这也是房地产开发商劳动、资本、土地投入的价值所在。

土地成本、房屋建筑物成本和房地产商利润共同构成了房地产价格的基础，因而也是分析房地产价格的基础。

3.2.2 需求决定房价相关理论及应用

供给决定价格理论是从供给角度考察商品供给成本决定的商品价值和价格，应用到商品住房价格领域，就是从房地产开发商供给的商品住房成本角度，分析商品住房价格，有一定的合理性。但是供给决定的住房价格，忽视了需求的重要影响作用。因此有必要从需求角度对商品住房价格进行考察，对需求决定的价格理论及其在房地产领域的应用进行研究。

3.2.2.1 需求决定价格理论

（1）一般效用论。需求决定价格理论典型的是效用价值论，效用价值论指的是商品满足人们的欲望的能力或者人们对商品的主观心理评价决定商品的价值，它是与供给决定价格的劳动价值论和生产费用价值论截然不同的理论。效用价值论分为一般效用论和边际效用论。一般效用论指的是商品效用决定商品价值，没有效用的物品没有价值和价格；物品效用在于满足人们的需求。

（2）边际效用论。边际效用理论是边际效用决定商品价值的理论，指的是商品的价值取决于商品满足人们最小欲望或者最后欲望的那一单位商品的效用。边际效用论从需求和消费者主观角度来说明商品价格的形成，认为所有物品价值均来源于人们对物品的主观心理评价，所有物品的价值均取决于人们的主观效用。主观效用决定商品价值，商品价值又决定了商品价格，从而商品边际效用决定了商品价格。在货币效用保持不变的前提下，商品边际效用与价值之间呈现正相关关系。商品边际效用越大，价值越高，价格也相应越高。边际效用论认为商品价格是商品边际效用和货币边际效用之比。

3.2.2.2 需求决定价格理论在房地产领域的应用

无论是一般效用论还是边际效用论，都强调消费者主观感知对商品价值和价格的决定作用。房地产除了一般商品特征之外，还具有投资投机性作用，主观感知对价格的决定作用更能得以体现，主要体现为偏好和预期对房地产价格的重要影响。

一方面，偏好对房地产价格影响较大。消费者受社会经济条件、工作地点及其对房地产地理位置和户型面积等具体特征的偏好的影响，对不同房地产愿意支付的价格具有差异性。如一线城市及热点二线城市集中了全国最优质的教育、医疗及政治文化资源优势，大量人口集中于这些城市，对这些城市的房地产产生了巨大需求；在城市内部，不同区域地理位置、教育医疗条件又具有较大差异，消费者对城市内部的热门区域更具有偏好。消费者对这些优势资源的偏好，导致不同区域房价差别巨大。

另一方面，预期同样影响甚至主导着房地产价格。房地产市场是投资和投机性较强的市场，因此预期对房地产价格影响很大。作为房地产市场需求者的消费者，房地产效用及房地产投资的效用取决于心理预期。消费者购置房地产时的复杂心理对未来房地产价格具有重要影响。由于未来的不确定性，为了降低行为风险，消费者往往根据房地产市场现状及经济社会现状对未来进行预期。而房地产市场消费者更是如此，因为房地产为耐用品，价值高且波动性较大，购房者购房行为更容易受到预期的影响。当购房者预期未来房价上升，房地产需求和价格将会上升；当购房者预期未来房价下降，房地产需求和价格将会下降。房地产预期往往容易受到当前房地产市场形势的影响，这就是房地产市场“买涨不买跌”状况形成的原因。由此可见，房地产需求和价格受预期的影响非常大。

3.2.3 供求均衡决定房价相关理论及应用

供给决定价格理论从房地产成本费用角度，分析房地产价格；而需求决定价格理论，从消费者效用角度分析房地产价格。二者对房地产价格的形成均有较强的说服力，但是也都有较大的缺陷。这是因为二者都是片面的，供给决定价格理论忽视了需求的重要作用，而需求决定价格理论忽视了供给的重要作用。越来越多的理论认为房地产价格并不是只受一方面的影响，而是受供求两方面的共同影响。

3.2.3.1 供求均衡理论

著名经济学家马歇尔在1890年的《经济学原理》中指出，商品的价值由供求状况决定，供求均衡点的价格则是商品价格，这便是马歇尔提出的价格均衡论。供求均衡论指的是通过供给和需求的共同作用，市场交易达到一种相对均衡的状态，供给和需求的交点为均衡点，均衡点对应的价格为均衡价格，均衡点对应的产量为均衡产量。马歇尔对前期生产费用论和边际效用论进行了修正，其理论也是在前两个理论的基础上发展起来的。生产费用论有效解释了供给变动，边际效用有效解释了需求变动。边际生产费用递减规律引起了供给量变动，边际效用递减规律引起了需求量变动。供给量和需求量变动达到均衡的状况，即是供求价格均衡。

3.2.3.2 供求均衡理论在房地产领域的应用

在市场经济作用下，供求均衡理论可以用在几乎所有的商品市场中，房地产市场也不例外。一般情况下，在其他因素不变的条件下，房地产需求量与价格成反比，供给量与价格成正比，即价格下降引起需求量的上升和供给量的下降。因此，在消费者预期及偏好不变、家庭收入等其他各种因素不变的前提下，房地产市场需求曲线向右下方倾斜，供给曲线向右上方倾斜。但是，房地产市场不仅具有一般商品市场的特征，而且具有投资性和投机性特征，所以在投资投机性需求旺盛的时候，往往又会出现需求随着价格上升而不断上升的情况，这时候用一般供求均衡理论无法解释短期房地产市场的均衡价格情况，此时投资投机性较为严重的房地产市场无法采用一般均衡理论进行解释。但是从长期来看，房价上升之后居民的需求还是会下降，同时房地产市场供给会增加，供求共同作用会导致均衡价格下降，因而在长期，供求均衡理论同样适用。

3.3 城镇化与房地产互动影响作用机制

城镇化和房地产发展相互影响相互作用，城镇化对房地产具有重要推动作用，房地产对城镇化也具有重要的促进作用。城镇化对房地产市场的重要推动作用体现在：城镇化发展推动房地产需求增长，城镇化发展推动房地产产业结构调整，城镇化发展推动房地产空间结构优化。房地产对城镇化的重要促进作用体现在：房地产发展为城镇化奠定产业和宏观经济基础，房地产发展为城镇化提供物质载体，房地产发展提升城镇化质量和水平。

3.3.1 城镇化对房地产的影响作用机制

3.3.1.1 城镇化发展推动房地产需求增长

城镇化最典型的衡量指标就是随着大量农村人口向城市迁转集聚，城镇人口比重逐步上升。城镇化过程中的人口聚集机制主要通过以下几种路径促进房地产市场需求的增长：其一，城镇化过程中农村人口向城市迁转，新迁移农村人口在城镇安家立业首先要解决的就是住房需求，从而带动了房地产刚性需求急剧扩大。1996 年我国城镇化开始快速发展，1996—2018 年城镇人口从 3.73 亿提高到 8.31 亿，年均增加 2085.35 万；城镇化率从 30.48 上升到 59.58，年均提高 1.33 个百分点。城镇化率和城镇人口的快速提高，带动了城镇住房需求的快速增长。旧城改造和拆迁促进了城镇化建设对房地产市场需求的增加，旧城改造过程中大量城镇原有居民需要重新安置住房，从而成为房地产市场消费性需求的重要来源。其二，在城镇化促进房地产需求不断增加的背景下，房地产价格不断提高，房价的快速上涨凸显了房地产的投资产品属性特征，促进了投资性需求的增加。房产具有居住和投资的双重属性，基本属性是居住，但是当房价持续增长，投资者会将房产视为一种高回报的投资品，通过购置房产进行再次出售或者出租，以获取买卖产生的差价收益或者租金收入，从而获得收益。房地产具有的居住耐用消费品和投资品多重属性，决定了房价上涨带来的投资品价值的上升。城镇化加速伴随的土地稀缺性，房地产成为重要的投资渠道。房地产投资性需求的产生是城镇化快速发展导致住房需求急剧增加的必然结果。当宏观经济形势稳定，消费者保持房价持续上涨的预期时，投资性需求必然增长。其三，随着住房需求的增加，土地市场需求及与住房相配套的商业地产也得到大力发展。非住宅类房地产流动性消费需求在城镇化的推动作用下也逐渐增加。非住宅类房地产如度假性公共设施（酒店、度假村、休闲会所）等消费需求的增加，带动了房地产需求的全面增加。

3.3.1.2 城镇化发展推动房地产产业结构调整

城镇化快速发展有效促进了城镇第三产业比重的快速上升，对房地产产品的需求也随之增加。城镇化发展带动了土地需求的迅速增加，土地价格快速上涨。在地租地价规律的作用下，租金支付能力低的工业等产业逐渐搬至郊区，商务办公、居住及娱乐休闲逐渐取代原有工业成为城市中心的主要产业，城市产业结构的变化有效带动了房地产业的发展。一方面，城镇化第三产业比重的上升带动了住宅产业的发展。城镇化进程中第三产业比重的不断上升促进了住宅房地产的发展。第三产业的发展增加了第三产业就业人口，城市需要增加住宅、配套商业以及商务办公等类型供地面积，满足城市产业结构调整需求。城镇化进程中第三产业比重的上升伴随着第二产业比重的下降，原有处于城市中心地区的第二产业部门逐渐迁往郊区，为第三产业在城市中心的发展提供了更多空间，进而为房地产在城市的发展提供了更好的发展机会。另一方面，城镇化第三产业的发展促进了房地产产业结构升级调整。随着城镇化的持续推进，人们生活城镇化水平的提高，旅游、休闲以及文化等房地产产品需求不断增加，房地产业由传统的住宅地产和工业地产向商业地产、产业地产以及文化地产等新型房地产发展。城市产业结构调整升级的过程中房地产产业结构也在不断调整升级。

3.3.1.3 城镇化发展推动房地产空间结构优化

城镇化在人口聚集机制和产业聚集机制的共同作用下，带动了城镇人口和产业的空间集聚，因而伴随城镇化快速发展的是对城镇空间和房地产空间需求的迅速增加。城镇化对房地产空间的优化主要通过两个方面来实现：一是房地产空间平面化的优化。房地产需求随着城镇化的推进不断上升，城镇中心原有的工业等租金支付能力低的产业逐渐向城镇郊区转移，住宅地产、商业地产、生活娱乐及金融等产业逐渐成为城镇中心的主要产业，房地产等第三产业对原有工业的空间替代是城镇化的必然结果。同时原有城镇规模的扩张、房地产需求增加导致城镇住宅和商业用地比例的提高，也是房地产平面空间扩大的重要体现。二是随着城镇化的推进，资本和技术水平不断提升，房地产空间立体化发展优化了房地产空间结构。城镇化过程中资金金融支持水平的提高为房地产空间立体化提供了资金支持，技术水平的提高则使房地产立体空间优化成为可能。高层与地下建筑和基础设施成为房地产空间优化的重要体现，全国各大城市高层和地下建筑的快速发展很大程度上缓解了城镇化带来的土地及资源紧张状况，促进了城镇化与房地产的互动协调发展。

3.3.2 房地产对城镇化的影响作用机制

3.3.2.1 房地产发展为城镇化奠定产业基础

房地产业具有产业链长和关联度大的特征，是国民经济的基础性和先导性产业。据统计，有 60 多个产业与房地产有直接或者间接的关系。房地产业通过乘数效应作用于前向关联、后向关联和环向关联产业的发展，为城镇化持续发展提供产业基础条件。其一，房地产业促进家电业和装修业等前向关联产业的发展，房地产对这些产业的发展主要产生供给推动作用。其二，房地产发展促进建材业和机械制造业等后向关联产业的发展，后向关联产业在房地产发展的作用下需求不断提高。其三，房地产发展促进建筑业等环向关联产业的发展，房地产对环状关联产业主要产生推动和拉动双向作用。总之，房地产发展促进了家电业、装修业、建材业、机械制造业以及建筑业传统关联产业的发展，同时也促进了新的服务产业的发展，包括房地产买卖与租售、房地产中介、房地产金融及房地产评估行业的发展。房地产及其关联产业的快速发展，为城镇化的快速发展提供了产业基础，对国民经济发展起了重要的推动作用。此外，房地产发展为城镇化发展奠定了宏观经济增长的基础。房地产经济是推动国民经济上涨的重要力量，为城镇化的深入发展提供了良好的经济宏观环境。房地产发展提供了大量的就业岗位，房地产投资通过乘数效应带动了国民经济增长，房地产消费促进了消费结构的优化和升级，全方位带动了宏观经济的稳定增长，为城镇化的持续发展提供了宏观经济基础和动力。

3.3.2.2 房地产发展为城镇化提供物质载体

房地产发展为城镇化的发展供给了大量的住房及相关配套的非住房类房地产，是城镇化顺利进行的物质载体。一方面，城镇化发展过程中农村迁转人口的居住问题需要房地产发展提供居住空间载体。房地产发展为农村迁转人口创造了前提条件，改善了农村迁移人口的居住条件和生活环境。城镇化发展过程中大量农村人口进入城镇，需要新建大量住宅小区，同时改造城镇原有住宅小区。随着城镇化的持续推进及城镇人口的持续增加，城镇规模不断扩大，与之相适应的城镇设施需要不断完善，这就要求房地产发展为其提供物质载体保障。另一方面，房地产业发展保障了城镇化过程中基础设施建设发展的增长需求，为城镇化发展奠定了物质配套基础，促进了城镇经济增长并促进宏观经济的持续增长。房地产的快速发展促进了城市能源、交通、邮政通信和环保等基础设施建设的全方位发展，并进一步促进了城市公共服务水平的发展，为城镇化发展提供了物质载体。

3.3.2.3 房地产发展提升城镇化质量和水平

房地产发展提高了城市化质量和水平，主要体现在：一方面，提升了城镇的整体功能和形象。城镇化过程中房地产相关的基础设施建设和旧城改造优化了城镇空间结构，促进了城镇内在结构和空间功能水平的提升，为居民提供了更便利的生活，对城镇形象和整体功能的提升起了有效的促进作用，城镇的投资环境也得到改善，城镇综合竞争力得以提升。另一方面，提升了城镇居民消费结构，促进了城镇消费结构优化。消费结构升级优化对经济社会发展具有非常重要的作用，消费是推动经济社会发展和增长的重要动力，而消费结构升级优化则是增长的来源所在。消费结构优化升级的重要指标是恩格尔系数，随着1996年以来城镇化的加速发展，城镇居民恩格尔系数从1996年的48.80%下降到2018年的27.70%，逐渐由温饱型消费转向小康型消费，消费结构优化升级效果明显。其中很重要的原因是房地产的发展有效带动了消费结构的优化升级，居民平均住房支出的增加对恩格尔系数的下降起了重要的推动作用。

4 新型城镇化发展水平测度及政策效果评价

在第 1 章内涵界定、第 2 章文献梳理总结及第 3 章基础理论对本书进行理论支撑架构基础上，第 4—7 章定量分析新型城镇化和房地产市场发展状况。本章主要通过三节内容对新型城镇化发展水平及政策效果进行评价。其中，第 4. 1 节为新型城镇化指标体系及指数模型构建；4. 2 节为新型城镇化发展水平评价，包括新型城镇化综合发展水平和分类发展水平；4. 3 节为新型城镇化综合试点政策效果评价，主要通过合成控制法对新型城镇化综合试点的政策效果进行实证检验。

4. 1 新型城镇化指标体系及指数模型

在文献梳理及理论总结的基础上，本书将新型城镇化定义为综合全面协调发展的城镇化，综合全面体现在不再是关注单一指标，而是关注更为全面协调的发展，包括人口城镇化、产业城镇化、空间城镇化、生活城镇化、资源环境城镇化和城乡一体城镇化六种分类城镇化的协调发展。在内涵界定的基础上，本书构建了涵盖六种分类城镇化下属 22 个具体指标的综合指标体系；此外，本节还对以往研究中常用的综合指数模型进行了改进，构建了适用于本书研究的新型城镇化单指标指数模型、分类指数模型和综合指数模型。

4. 1. 1 新型城镇化指标体系

新型城镇化是涵盖六种分类城镇化的综合复杂系统，由多个二级指标和三级指标构成。基于新型城镇化内涵，根据选取指标需要遵循的全面性、重要性及数据可获得性的原则，本书选取六个子系统为二级指标，二级指标下属共计22个三级指标，三级指标的权重之和为1（见表4-1）。

表4-1 新型城镇化指标体系及权重

综合指标	二级指标	三级指标	指标解释	指标属性
新型城镇化综合指数X	人口城镇化X_1	x_1常住人口城镇化率	（年底总人口数：城镇）/年底总人口数	正指标
		x_2户籍人口城镇化率	（户籍人口：非农业人口）/户籍人口	正指标
	产业城镇化X_2	x_3三产比重	第三产业产值占GDP比重	正指标
		x_4非农比重	第二、三产业产值占GDP比重	正指标
		x_5三产就业	第三产业从业人员占就业总人数比重	正指标
		x_6非农就业	第二、三产业从业人员占就业总人数比重	正指标
	空间城镇化X_3	x_7人口密度	城市人口密度	正指标
		x_8地均GDP	国内生产总值/建成区面积	正指标
		x_9土地人口偏差	土地与人口城镇化偏差系数＝|（土地城镇化年均增长率/人口城镇化年均增长率）-1|	逆指标
		x_{10}土地产业偏差	土地与产业城镇化偏差系数＝|（土地城镇化年均增长率/产业城镇化年均增长率）-1|	逆指标
	生活城镇化X_4	x_{11}收入	人均GDP	正指标
		x_{12}设施	人均全社会固定资产投资	正指标
		x_{13}教育	每万人大学生数	正指标
		x_{14}医疗	每万人医生数	正指标
		x_{15}交通	每万人公共交通车辆	正指标
	资源环境城镇化X_5	x_{16}绿化	每万人公园绿地面积	正指标
		x_{17}市容	每万人市容环卫车辆数	正指标
		x_{18}排污	排水管道密度：城市排水管道/建成区面积	正指标
		x_{19}能耗	单位GDP能耗	逆指标
	城乡一体城镇化X_6	x_{20}收入一体化	城乡居民收入比	逆指标
		x_{21}消费一体化	城乡居民人均消费支出比	逆指标
		x_{22}富裕一体化	城乡恩格尔系数的差异程度	逆指标

4.1.2 指标解释及数据来源

本书新型城镇化指标选取2000—2018年全国30个省份6个二级指标和22个三级指标，数据均来源于相关年份中国和各地区统计年鉴及统计局网站。

4.1.2.1 人口城镇化指标（2个）

人口城镇化指标是衡量传统城镇化水平的重要指标，同样也是衡量新型城镇化水平的重要指标。与传统城镇化不同的是，新型城镇化中的人口城镇化强调常住人口城镇化与户籍人口城镇化的协调发展，因此人口城镇化指标要综合考虑常住人口城镇化率和户籍人口城镇化率。本书选取的人口城镇化下属指标有2个：常住人口城镇化率是反映城镇化水平的传统和常用指标，指的是城镇常住人口占总人口的比重，包括在城镇居住期限超过6个月的农民工等流动人口群体；随着传统城镇化转型为新型城镇化，户籍人口城镇化率将得到更多的重视，户籍人口城镇化率与常住人口城镇化率差距的缩小成为新时期城镇化发展的重要目标，本书将户籍人口城镇化率作为衡量新型城镇化中人口城镇化发展水平的第二个重要指标。以上2个指标有效反映了城镇常住人口和户籍人口的比重情况，能全面综合地反映我国人口城镇化状况。

4.1.2.2 产业城镇化指标（4个）

产业城镇化是城镇化发展的基础和支撑，非农产业产值占国民经济的比重代表一个国家或地区由传统农业向现代非农产业转型的程度，是吸纳人口转移的支撑，也是保障城镇空间扩展的基础。新型城镇化中的产业城镇化，不仅要考量非农产业产值占国民经济的比重，还要考量非农产业对人口的吸纳能力。本书选取的下属指标有4个，其中，第三产业产值比重和第三产业就业人口比重反映了非农产业中第三产业发展水平，是城镇化发展中后期推动经济社会发展的重要产业和吸纳农村人口转移的重要产业；在新型城镇化时期，随着低端制造业向高端制造业发展，以制造业为主的第二产业仍然是国民经济的重要支柱，其对产业发展的支撑和对农村转移人口的吸纳作用在新型城镇化发展过程中依旧至关重要。因此，衡量新型城镇化中的产业城镇化发展水平，除了考察第三产业外，还要考察第二产业。非农产业产值比重和非农产业就业人口比重反映了非农产业中第二、三产业的发展水平，是新型城镇化中推动经济社会发展最重要的产业。

4.1.2.3 空间城镇化指标（4 个）

空间城镇化伴随着人口向城镇集聚城镇空间的扩展，是城镇数量和规模不断扩大的过程。传统城镇化模式中衡量空间城镇化的指标是城市建成区面积增速或者城市建成区面积占国土面积的比重，这两种指标虽然反映了土地城镇化的扩张程度，但是不能反映新型城镇化所要求的空间集约利用。笔者选取的空间城镇化下属指标有 4 个。在新型城镇化要求下，空间城镇化不能再用传统城镇化中的土地空间扩张作为空间城镇化发展水平的标准，应该注重通过空间集约利用实现空间优化发展。为此，本书选取了地均国内生产总值和城镇人口密度 2 个指标来衡量新型城镇化中空间集约优化的程度。两个指标中尤其是地均国内生产总值反映了单位面积城镇空间所具有的产能，空间城镇化不能单纯用城镇空间面积的扩大为标准，而应该用单位面积的城镇空间所能创造的产值来表示。此外，我国传统城镇化中存在空间过度扩张的情况，为了对空间扩张程度进行有效的衡量，本书分别采用土地城镇化年均增速与人口城镇化年均增速差异系数、土地城镇化年均增速与产业城镇化年均增速差异系数来反映空间城镇化发展是否与人口城镇化及产业城镇化发展相协调，体现新型城镇化对空间城镇化的新要求与新标准。

4.1.2.4 生活城镇化指标（5 个）

新型城镇化强调“以人为本”和人的全面发展，生活水平的提高是实现人全面发展的重要条件和标准，是传统城镇化转型为新型城镇化的具体体现。本书选取的生活城镇化下属指标有 5 个：人均 GDP 是生活城镇化的关键指标，反映了新型城镇化背景下居民收入水平的上升，是推动新型城镇化的根本目的，也是衡量新型城镇化成果最为重要的指标；城镇基础设施和公共服务发展水平则通过人均社会固定资产投资额、城市万人均大学生数、万人均城市医生数及万人均公共交通车辆共 4 个指标反映。以上 5 个指标全面反映生活城镇化的核心内容，即新型城镇化应该是“以人为本”、让城镇人口真得到全面发展的城镇化，是全面提升收入水平、基础设施及教育医疗等公共服务的城镇化。

4.1.2.5 资源环境城镇化指标（4 个）

资源集约环境优化是城镇化可持续发展的重要保障，是在传统城镇化发展导致资源浪费环境污染严重的经验教训反思中开始注重资源集约环境优化的城镇化。资源环境城镇化下属的三级指标有 4 个：人均绿地面积反映城市生态环境发展状况；万人均市容环卫车辆数反映城市市容状况；城市排水管道密度反映城市排污净化能力水平；单位 GDP 能耗体现资源集约利用状况。值得注意的是单位 GDP 能耗为逆指标，单位 GDP 能耗越小越好。资源集约环境优化通过上述 4 个指标得以全面体现。

4.1.2.6 城乡一体城镇化指标（3 个）

城乡一体城镇化是新时期城镇化的目标，在极化效应和非均衡发展效应的作用下城市和农村之间的经济差距逐渐加大。随着经济社会和城镇化的持续发展，城市会更多发挥扩散效应，带动农村经济发展，缩小城乡差距，实现城乡一体化发展。本书选取的城乡一体城镇化下属指标有 3 个。城乡居民收入比是反映城乡差距的重要指标，城乡一体城镇化最重要的体现就是城乡居民收入差距的不断缩小。除了城乡居民收入差距，城乡居民消费支出差距也是城乡差距的重要体现。城乡居民家庭购买商品和享受文化生活服务方面的生活消费支出反映其在生活方式和生活质量上的差距，是反映生活水平差距的重要指标。恩格尔系数是国际公认的衡量居民富裕水平的典型指标，家庭消费总支出中食物支出占比越小说明居民生活质量和富裕程度越高，食物支出占比越大则说民居民生活质量和富裕程度越低。在考察城乡居民收入差距和消费差距的基础上，通过富裕程度对比进一步考察城乡差距。以上 3 个指标分别从收入、支出和富裕程度三个方面对城乡居民之间的差距进行了多视角多维度的比较，能够综合全面反映城乡之间的差距。

4.1.3 新型城镇化指数模型

传统综合指数一般采用多个指标进行加权合成，由于不同指标之间具有不同的量纲，因此需要对各个指标进行标准化处理。标准化处理一般采用离差标准化方法将各个指标原始数据标准化到［0，1］区间。这种方法适合对某一个地区纵向变化情况的考察，对于多个地区之间的横向比较意义不大，因为如果各个地区在考察期均呈现出上升趋势的话，那么综合指数无法进行地区之间的横向对比。本书需要对不同地区之间的新型城镇化水平进行横向对比，同时还要对同一地区不同年份之间的综合指数进行纵向对比。鉴于当前综合指数模型构建的缺陷，本书对传统综合指数模型进行了改进，构建了适合本书的新型城镇化单指标指数模型、分类城镇化指数模型和综合城镇化指数模型。

4.1.3.1 传统综合指数及标准化数据缺陷

假设x_{it}^{j}为j省第i个指标第t年的数据，j_{1-30}分别是1北京（bj）、2天津（tj）、3上海（sh）、4重庆（cq）、5河北（hb）、6山西（sx1）、7内蒙古（nm）、8辽宁（ln）、9吉林（jl）、10黑龙江（hlj）、11江苏（js）、12浙江（zj）、13安徽（ah）、14福建（fj）、15江西（jx）、16山东（sd）、17河南（hn）、18湖北（hb）、19湖南（hn2）、20山东（sd）、21广西（gx）、22海南（hn3）、23四川（sc）、24贵州（gz）、25云南（yn）、26陕西（sx3）、27甘肃（gs）、28青海（qh）、29宁夏（nx）和30新疆（xj）共计30个省份。i为新型城镇化下属的22个三级指标，具体见表4－1。t为考察期2000—2018年，分别用t_1，t_2，…，t_{19}表示。

本书采用综合指数法对不同指标进行加权合成，新型城镇化综合指数X_t^j计算公式为：

$$X_t^j = a_1 x_{1t}^{j'} + a_2 x_{2t}^{j'} + \cdots + a_m x_{mt}^{j'} \tag{4-1}$$

式中，j＝1，2，…，30，m＝1，2，…，22，t＝1，2，…，19。X_t^j为第j个省份第t年新型城镇化综合指数。由于综合指数涉及不同量纲指标数据之间的合成，因此需要对不同指标的原始数据进行标准化处理：$x_{1t}^{j'}$，…，$x_{mt}^{j'}$分别为第j个省份各个指标标准化值，a_1，a_2，…，a_m分别为新型城镇化下属具体指标被赋予的权重，m为新型城镇化下属指标数量，共计22个指标。j为考察的省份数量，共计30个省份。t为考察的时间段，2000—2018年共计19年。本书采用离差标准化方法对原始数据进行标准化：

$$x_{it}^{j'} = \frac{x_{it}^{j} - \min(x_{it}^{j})}{\max(x_{it}^{j}) - \min(x_{it}^{j})}，当x_i为正指标 \tag{4-2}$$

$$x_{it}^{j'} = \frac{\max(x_{it}^{j}) - x_{it}^{j}}{\max(x_{it}^{j}) - \min(x_{it}^{j})}，当x_i为逆指标 \tag{4-3}$$

$x_{it}^{j'} \in [0,\ 1]$，当原始数据最小时标准化数值取0，原始数据越大标准化数值越接近1，当原始数据最大时标准化数值取1。以往文献在对第i个指标原始数据标准化的过程中，$x_{it}^{j'}$往往仅考察该省该指标在考察期间的变动情况。

以北京2000年和2018年常住人口城镇化率这个指标来看，其标准化的公式如下：

$$x_{i_1t_1}^{j_1'} = \frac{x_{i_1t_1}^{j_1} - \min(x_{i_1t_{1-19}}^{j_1})}{\max(x_{i_1t_{1-19}}^{j_1}) - \min(x_{i_1t_{1-19}}^{j_1})} \tag{4-4}$$

$$x_{i_1t_{19}}^{j_1'} = \frac{x_{i_1t_{19}}^{j_1} - \min(x_{i_1t_{1-19}}^{j_1})}{\max(x_{i_1t_{1-19}}^{j_1}) - \min(x_{i_1t_{1-19}}^{j_1})} \tag{4-5}$$

上式中，$x_{i_1t_1}^{j_1'}$和$x_{i_1t_{19}}^{j_1'}$表示北京2000年和2018年常住人口城镇化率标准化值，$x_{i_1t_1}^{j_1}$和$x_{i_1t_{19}}^{j_1}$表示2000年和2018年常住人口城镇化率原始数据。$\max(x_{i_1t_{1-19}}^{j_1})$表示北京常住人口城镇化率2000—2018年的最大值，$\min(x_{i_1t_{1-19}}^{j_1})$表示北京常住人口城镇化率2000—2018年的最小值。由于2000—2018年北京常住人口城镇化率从77.92%上升到86.50%，处于持续上升趋势，所以$x_{i_1t_1}^{j_1}=0$，$x_{i_1t_{19}}^{j_1'}=1$。

以新疆2000年和2018年常住人口城镇化率这个指标来看，其标准化的公式如下：

$$x_{i_1t_1}^{j_{30}'} = \frac{x_{i_1t_1}^{j_{30}} - \min(x_{i_1t_{1-19}}^{j_{30}})}{\max(x_{i_1t_{1-19}}^{j_1}) - \min(x_{i_1t_{1-19}}^{j_1})} \tag{4-6}$$

$$x_{i_1t_{19}}^{j_{30}'} = \frac{x_{i_1t_{19}}^{j_{30}} - \min(x_{i_1t_{1-19}}^{j_{30}})}{\max(x_{i_1t_{1-19}}^{j_1}) - \min(x_{i_1t_{1-19}}^{j_1})} \tag{4-7}$$

由于2000—2018年北京常住人口城镇化率从33.76%上升到50.91%，同样处于持续上升趋势，所以$x_{i_1t_1}^{j_{30}}=0$，$x_{i_1t_{19}}^{j_{30}'}=1$。

从北京和新疆标准化数值我们可以发现，以往文献中标准化原始数据方法较好地反映了指标数据自身时间上的纵向对比关系，北京和新疆都在2018年达到了最大化标准值。但是最大的缺陷是没能反映出该省份在全国30个省份之间的横向对比关系，北京2018年城镇化率高于新疆35.59个百分点，但是标准化数据都取1，不能有效反映出横向对比关系。

4.1.3.2 新型城镇化指数模型构建

（1）新型城镇化指数模型改进。针对以往文献标准化数据的缺陷，本书将综合考察纵向对比和横向对比，计算公式如下：

$$x_{it_{vertical}}^{j'} = \frac{x_{it}^{j} - \min(x_{it_{1-19}}^{j})}{\max(x_{it_{1-19}}^{j}) - \min(x_{it_{1-19}}^{j})}\text{，纵向标准化} \tag{4-8}$$

$$x_{it}^{j'_{level}} = \frac{x_{it}^{j} - \min(x_{it}^{j_{1-30}})}{\max(x_{it}^{j_{1-30}}) - \min(x_{it}^{j_{1-30}})}，横向标准化 \tag{4-9}$$

上式中，$x_{it_{vertical}}^{j'}$为 j 区域 i 指标第 t 年的纵向标准化数据；x_{it}^{j}为 j 区域 i 指标第 t 年的原始数据；$\min(x_{it_{1-19}}^{j})$ 和 $\max(x_{it_{1-19}}^{j})$ 为 j 区域 i 指标 2000—2018 年的最小值和最大值，是 j 区域 i 指标第 t 年数据通过与该区域考察期自身变化比较的标准化数据；$x_{it}^{j'_{level}}$为 j 区域 i 指标第 t 年的横向标准化数据；x_{it}^{j}为 j 区域 i 指标第 t 年的原始数据；$\min(x_{it}^{j_{1-30}})$ 和 $\max(x_{it}^{j_{1-30}})$ 为 i 指标第 t 年区域 1—30 中的最小值和最大值，是 i 指标第 t 年数据通过与全国所有省份比较的标准化数据。

在综合考察纵向标准化和城乡标准化之后，此时 i 指标的纵横标准化单指标指数公式如下：

$$\begin{aligned} x_{it_{vertical}}^{j'_{level}} &= \frac{1}{2}x_{it_{vertical}}^{j'} + \frac{1}{2}x_{it}^{j'_{level}} \\ &= \frac{1}{2}\frac{x_{it}^{j} - \min(x_{it_{1-19}}^{j})}{\max(x_{it_{1-19}}^{j}) - \min(x_{it_{1-19}}^{j})} + \frac{1}{2}\frac{x_{it}^{j} - \min(x_{it}^{j_{1-30}})}{\max(x_{it}^{j_{1-30}}) - \min(x_{it}^{j_{1-30}})} \end{aligned} \tag{4-10}$$

在考察新型城镇化单指标指数基础上，我们还需考察人口、产业、空间、生活、资源环境和城乡一体六种分类城镇化指数：

$$X_{i_{m-n}t_{vertical}}^{j_{level}} = a_m x_{mt_{vertical}}^{j'_{level}} + \cdots + a_n x_{nt_{vertical}}^{j'_{level}} \tag{4-11}$$

上式中，j = 1，2，…，30，m − n 为各分类城镇化下属指标，t = 1，2，…，19。$X_{i_{m-n}t_{vertical}}^{j_{level}}$为纵向和横向合成的新型城镇化分类指数，$x_{mt_{vertical}}^{j'_{level}}$，…，$x_{nt_{vertical}}^{j'_{level}}$分别为指标 m，…，n 的纵向和横向标准化合成指数。a_m，…，a_n为各个指标在新型城镇化分类指数中的权重，$a_m + \cdots + a_n = 1$。其中，人口城镇化指数下属 2 个指标，指标 m—n 为第 1—2 个指标；产业城镇化下属 4 个指标，指标 m—n 为第 3—6 个指标；空间城镇化下属 4 个指标，指标 m—n 为第 7—10 个指标；生活城镇化下属 5 个指标，指标 m—n 为第 11—15 个指标；资源环境城镇化下属 4 个指标，指标 m—n 为第 16—19 个指标；城乡一体城镇化下属 3 个指标，指标 m—n 为第 20—22 个指标。

在单指标指数和分类指数模型构建基础上，通过对所有指标加权计算得到新型城镇化综合指数：

$$X_{t_{vertical}}^{j_{level}} = a_1 x_{1t_{vertical}}^{j'_{level}} + a_2 x_{2t_{vertical}}^{j'_{level}} + \cdots + a_{22} x_{22t_{vertical}}^{j'_{level}} \tag{4-12}$$

上式中，j = 1，2，…，30，m = 1，2，…，22，t = 1，2，…，19。

$X_{t_{vertical}}^{j_{level}}$为纵向和横向合成的新型城镇化综合指数。$x_{1t_{vertical}}^{j'_{level}}$，$x_{2t_{vertical}}^{j'_{level}}$，…，$x_{22t_{vertical}}^{j'_{level}}$分别为指标 1，指标 2，…，指标 22 的纵向和横向标准化合成指数。a_1，a_2，…，a_{22}为各个指标在新型城镇化合成指数中的权重，权重之和为 1。

（2）熵值赋权法赋权。新型城镇化下属人口、产业、空间、生活、资源环境和城乡一体六种分类城镇化，共计 22 个三级指标。采用综合指数对新型城镇化发展水平进行评价，各指标权重的赋予及其重要，客观科学地进行权重的赋予关系评价结果的真实可靠。主观赋权法和客观赋权法是权重赋予的两种基本方法。主观赋权法是基于专家学者经验及专业知识的定性分析方法，主观性较强。客观赋权法根据原始数据采用一定的计量方法对各指标进行权重的赋予，不掺杂评价者的主观因素。客观赋权法中一种较为重要且常用的方法是熵值赋权法，熵值赋权法通过分析各指标横向与纵向信息量及各指标之间的关联性对指标进行赋权，消除了主观赋权法对多指标进行赋权时的主观性。本书选取客观评价法中的熵值赋权法对指标进行权重的赋予。

根据熵值法的计算方法，计算得出新型城镇化指数的权重，综合指数下属 22 个指标，每个指标 2000—2018 年权重如表 4 -2 所示，22 个指标各年的权重之和为 1。

新型城镇化综合指数包括六个分类一体化指数，其中人口城镇化指数下属 x_1—x_2共计 2 个指标，2 个指标的权重之和为 1。同理，产业城镇化指数下属 x_3—x_6共计 4 个指标，空间城镇化指数下属 x_7—x_{10}共计 4 个指标，生活城镇化指数下属 x_{11}—x_{15}共计 5 个指标，资源环境城镇化指数下属 x_{16}—x_{19}共计 4 个指标，城乡一体城镇化指数下属 x_{20}—x_{22}共计 3 个指标。各分类一体化指数下属各个指标的权重之和均为 1（见表 4 -3）。

（3）新型城镇化指数类型及取值范围。假定 I 为新型城镇化指数，新型城镇化指数分为综合指数、分类指数和单指标指数，将指数取值范围划分为 6 个不同的等级（见表 4 -4）：当 $0.8 \leq I \leq 1$ 时，新型城镇化为高度发展水平，发展等级为第Ⅵ级；当 $0.6 \leq I < 0.8$ 时，新型城镇化发展水平较高，发展等级为第Ⅴ级；当 $0.5 \leq I < 0.6$ 时，新型城镇化发展水平中高，发展等级为第Ⅳ级；当 $0.4 \leq I < 0.5$ 时，新型城镇化发展水平中低，发展等级为第Ⅲ级；当 $0.2 \leq I < 0.4$ 时，新型城镇化发展水平较低，发展等级为第Ⅱ级，当 $0 \leq I < 0.2$ 时，新型城镇化为低度发展水平，发展等级为第Ⅰ级。

表 4 - 2　综合一体化指数各指标权重

年份	x_1	x_2	x_3	x_4	x_5	x_6	x_7	x_8	x_9	x_{10}	x_{11}	x_{12}	x_{13}	x_{14}	x_{15}	x_{16}	x_{17}	x_{18}	x_{19}	x_{20}	x_{21}	x_{22}
2000	0. 06	0. 07	0. 04	0. 03	0. 04	0. 05	0. 04	0. 04	0. 02	0. 02	0. 06	0. 07	0. 08	0. 06	0. 03	0. 02	0. 05	0. 08	0. 02	0. 03	0. 03	0. 06
2001	0. 06	0. 07	0. 04	0. 03	0. 04	0. 05	0. 04	0. 04	0. 02	0. 02	0. 06	0. 08	0. 08	0. 06	0. 03	0. 02	0. 06	0. 07	0. 02	0. 03	0. 03	0. 04
2002	0. 05	0. 06	0. 03	0. 03	0. 04	0. 05	0. 03	0. 04	0. 02	0. 02	0. 06	0. 08	0. 08	0. 06	0. 05	0. 03	0. 06	0. 09	0. 02	0. 03	0. 03	0. 05
2003	0. 05	0. 06	0. 04	0. 03	0. 04	0. 04	0. 03	0. 03	0. 02	0. 02	0. 06	0. 08	0. 08	0. 06	0. 05	0. 03	0. 06	0. 08	0. 02	0. 03	0. 02	0. 05
2004	0. 05	0. 06	0. 04	0. 03	0. 04	0. 04	0. 04	0. 03	0. 02	0. 02	0. 07	0. 07	0. 08	0. 06	0. 04	0. 03	0. 07	0. 08	0. 02	0. 03	0. 03	0. 05
2005	0. 06	0. 06	0. 03	0. 03	0. 04	0. 04	0. 04	0. 03	0. 02	0. 02	0. 07	0. 06	0. 07	0. 06	0. 04	0. 04	0. 05	0. 09	0. 03	0. 03	0. 03	0. 05
2006	0. 06	0. 06	0. 04	0. 03	0. 04	0. 04	0. 03	0. 03	0. 02	0. 02	0. 07	0. 06	0. 07	0. 06	0. 06	0. 02	0. 06	0. 09	0. 03	0. 04	0. 02	0. 04
2007	0. 06	0. 06	0. 04	0. 03	0. 04	0. 04	0. 04	0. 03	0. 02	0. 02	0. 07	0. 06	0. 07	0. 06	0. 05	0. 02	0. 06	0. 08	0. 03	0. 04	0. 02	0. 03
2008	0. 06	0. 06	0. 04	0. 03	0. 04	0. 04	0. 04	0. 03	0. 03	0. 02	0. 07	0. 06	0. 06	0. 06	0. 05	0. 02	0. 06	0. 09	0. 03	0. 04	0. 02	0. 03
2009	0. 06	0. 06	0. 04	0. 03	0. 04	0. 04	0. 04	0. 04	0. 03	0. 03	0. 07	0. 06	0. 06	0. 05	0. 06	0. 02	0. 05	0. 09	0. 03	0. 04	0. 02	0. 03
2010	0. 06	0. 06	0. 04	0. 04	0. 05	0. 05	0. 04	0. 04	0. 03	0. 03	0. 07	0. 07	0. 06	0. 06	0. 05	0. 02	0. 05	0. 08	0. 03	0. 04	0. 02	0. 03
2011	0. 06	0. 05	0. 05	0. 03	0. 05	0. 04	0. 03	0. 04	0. 03	0. 03	0. 07	0. 07	0. 05	0. 06	0. 05	0. 03	0. 05	0. 08	0. 03	0. 04	0. 03	0. 04
2012	0. 06	0. 05	0. 05	0. 03	0. 05	0. 05	0. 04	0. 04	0. 03	0. 03	0. 07	0. 07	0. 05	0. 05	0. 05	0. 02	0. 05	0. 07	0. 03	0. 04	0. 04	0. 03
2013	0. 06	0. 05	0. 05	0. 04	0. 04	0. 04	0. 04	0. 04	0. 03	0. 02	0. 07	0. 07	0. 05	0. 06	0. 06	0. 02	0. 04	0. 07	0. 03	0. 04	0. 04	0. 04
2014	0. 06	0. 05	0. 05	0. 03	0. 05	0. 04	0. 04	0. 04	0. 03	0. 02	0. 07	0. 07	0. 05	0. 04	0. 06	0. 02	0. 04	0. 06	0. 03	0. 04	0. 04	0. 06
2015	0. 06	0. 05	0. 06	0. 04	0. 05	0. 05	0. 05	0. 04	0. 03	0. 03	0. 07	0. 07	0. 05	0. 04	0. 05	0. 02	0. 05	0. 06	0. 03	0. 04	0. 04	0. 04
2016	0. 07	0. 05	0. 06	0. 04	0. 05	0. 05	0. 04	0. 04	0. 03	0. 03	0. 07	0. 05	0. 05	0. 04	0. 05	0. 02	0. 05	0. 06	0. 03	0. 04	0. 04	0. 03
2017	0. 07	0. 05	0. 06	0. 04	0. 05	0. 05	0. 04	0. 04	0. 03	0. 03	0. 07	0. 04	0. 05	0. 04	0. 06	0. 03	0. 05	0. 05	0. 03	0. 04	0. 04	0. 04
2018	0. 07	0. 05	0. 06	0. 04	0. 05	0. 05	0. 04	0. 04	0. 03	0. 03	0. 07	0. 04	0. 05	0. 04	0. 06	0. 04	0. 05	0. 05	0. 03	0. 04	0. 03	0. 03

表 4-3　　分类指数各指标权重

年份	x_1	x_2	x_3	x_4	x_5	x_6	x_7	x_8	x_9	x_{10}	x_{11}	x_{12}	x_{13}	x_{14}	x_{15}	x_{16}	x_{17}	x_{18}	x_{19}	x_{20}	x_{21}	x_{22}
2000	0.48	0.52	0.23	0.20	0.27	0.30	0.35	0.32	0.16	0.17	0.20	0.24	0.26	0.19	0.11	0.14	0.28	0.46	0.12	0.25	0.24	0.51
2001	0.47	0.53	0.23	0.21	0.27	0.30	0.36	0.32	0.14	0.18	0.20	0.25	0.26	0.19	0.11	0.13	0.35	0.40	0.12	0.31	0.27	0.42
2002	0.47	0.53	0.23	0.20	0.28	0.30	0.31	0.34	0.16	0.19	0.19	0.24	0.24	0.19	0.14	0.15	0.30	0.44	0.11	0.30	0.25	0.45
2003	0.46	0.54	0.25	0.20	0.27	0.28	0.32	0.32	0.16	0.20	0.20	0.23	0.23	0.18	0.16	0.15	0.30	0.42	0.13	0.31	0.22	0.47
2004	0.45	0.55	0.24	0.21	0.27	0.28	0.34	0.28	0.17	0.21	0.21	0.22	0.24	0.19	0.14	0.16	0.33	0.39	0.12	0.30	0.26	0.44
2005	0.51	0.49	0.23	0.21	0.28	0.28	0.33	0.29	0.20	0.19	0.22	0.20	0.24	0.20	0.14	0.18	0.26	0.43	0.12	0.32	0.24	0.44
2006	0.51	0.49	0.25	0.22	0.25	0.27	0.29	0.31	0.21	0.19	0.21	0.18	0.22	0.20	0.20	0.12	0.28	0.47	0.13	0.35	0.24	0.41
2007	0.50	0.50	0.25	0.22	0.25	0.27	0.31	0.28	0.21	0.20	0.23	0.19	0.22	0.20	0.17	0.10	0.32	0.43	0.14	0.40	0.23	0.37
2008	0.50	0.50	0.24	0.22	0.26	0.27	0.31	0.28	0.21	0.19	0.23	0.20	0.21	0.19	0.17	0.12	0.29	0.44	0.15	0.43	0.21	0.37
2009	0.52	0.48	0.24	0.22	0.27	0.27	0.30	0.28	0.21	0.21	0.23	0.20	0.20	0.17	0.19	0.11	0.26	0.48	0.15	0.45	0.22	0.33
2010	0.53	0.47	0.26	0.21	0.27	0.27	0.30	0.29	0.20	0.20	0.23	0.22	0.19	0.18	0.17	0.13	0.26	0.44	0.17	0.44	0.22	0.34
2011	0.53	0.47	0.29	0.19	0.26	0.26	0.27	0.32	0.21	0.21	0.23	0.24	0.18	0.19	0.16	0.15	0.27	0.43	0.15	0.37	0.28	0.36
2012	0.53	0.47	0.29	0.20	0.26	0.26	0.29	0.31	0.20	0.20	0.24	0.24	0.18	0.18	0.17	0.15	0.28	0.41	0.17	0.37	0.32	0.30
2013	0.54	0.46	0.30	0.20	0.25	0.25	0.29	0.33	0.20	0.18	0.23	0.22	0.16	0.19	0.20	0.15	0.24	0.43	0.18	0.33	0.31	0.36
2014	0.55	0.45	0.30	0.19	0.25	0.25	0.33	0.30	0.19	0.18	0.26	0.25	0.17	0.13	0.20	0.12	0.29	0.41	0.18	0.26	0.30	0.44
2015	0.58	0.42	0.32	0.19	0.25	0.24	0.33	0.28	0.18	0.20	0.26	0.25	0.18	0.14	0.18	0.13	0.30	0.38	0.19	0.33	0.34	0.33
2016	0.58	0.42	0.30	0.18	0.26	0.26	0.31	0.30	0.18	0.21	0.28	0.18	0.19	0.14	0.21	0.13	0.33	0.35	0.19	0.35	0.37	0.28
2017	0.59	0.41	0.31	0.18	0.25	0.25	0.28	0.29	0.19	0.23	0.27	0.17	0.20	0.15	0.22	0.19	0.31	0.33	0.18	0.36	0.32	0.32
2018	0.59	0.41	0.28	0.19	0.26	0.27	0.27	0.29	0.20	0.24	0.26	0.17	0.20	0.16	0.22	0.25	0.27	0.31	0.17	0.39	0.29	0.33

表 4-4　　新型城镇化指数（I）评价标准

指数取值范围	发展水平	发展等级
0.8≤I≤1	高度	Ⅵ
0.6≤I<0.8	较高	Ⅴ
0.5≤I<0.6	中高	Ⅳ
0.4≤I<0.5	中低	Ⅲ
0.2≤I<0.4	较低	Ⅱ
0≤I<0.2	低度	Ⅰ

4.2　新型城镇化发展水平评价

新型城镇化涵盖多个指标，新型城镇化综合指标体系包含人口、产业、空间、生活、资源环境和城乡一体六种分类城镇化。本节对新型城镇化发展水平的考察包括综合发展水平和六种分类城镇化发展水平。本书按照东部、中部和西部省份划分依据，将 30 个省份全样本划分为东部、中部和西部三组分样本，在考察全国整体新型城镇化水平的基础上，考察各个区域新型城镇化发展现状。东部包括北京、天津、上海、河北、辽宁、江苏、浙江、福建、山东、广东和海南共计 11 个省份；中部包括山西、吉林、黑龙江、安徽、江西、河南、湖北和湖南共计 8 个省份；西部包括重庆、内蒙古、广西、四川、贵州、云南、陕西、甘肃、青海、宁夏和新疆共计 11 个省份。

4.2.1　新型城镇化综合发展水平

4.2.1.1　全国新型城镇化综合发展水平

2000 年全国新型城镇化综合发展水平较低（见图 4-1 左），大多数省份新型城镇化综合指数在 0—0.4 的很低和较低发展水平状态。其中，北京和上海综合指数分别为 0.57 和 0.56，两市处于中高发展水平；天津新型城镇化综合指数为 0.40，处于中低发展水平；其次是江苏、辽宁、广东、福建和浙江，综合指数介于 0.3 和 0.4 之间，吉林、海南、湖北、黑龙江、内蒙古、河北、宁夏、山东、陕西、重庆、江西、山西、新疆、青海和安徽综合指数介于0.2和0.3之间，以上20个省份新型城镇化综合发展水平较低；甘肃、河南、湖南、广西、云南、贵州和四川7个省份新型城镇化综合发展水平最低，综合指数介于0和0.2之间。经过多年的发展，全国新型城镇化综合发展水平得到全面提升，2018年全国大多数省份新型城镇化综合发展指数提升到0.6以上的很高和较高发展水平（见图4-1右）。其中，天津综合指数为0.81，达到高度发展水平，发展等级达到最高的第Ⅵ级；北京、上海、江苏、广东、浙江和山东6个省份综合指数分别为0.78，0.75，0.72，0.714，0.707，0.70，福建、重庆、海南、河南、湖北、安徽、四川、陕西、江西、河北、黑龙江、湖南、吉林、宁夏、内蒙古、云南、青海和广西18个省份综合指数在0.6和0.7之间，以上24个省份新型城镇化均为较高发展水平，发展等级达到第Ⅴ级。

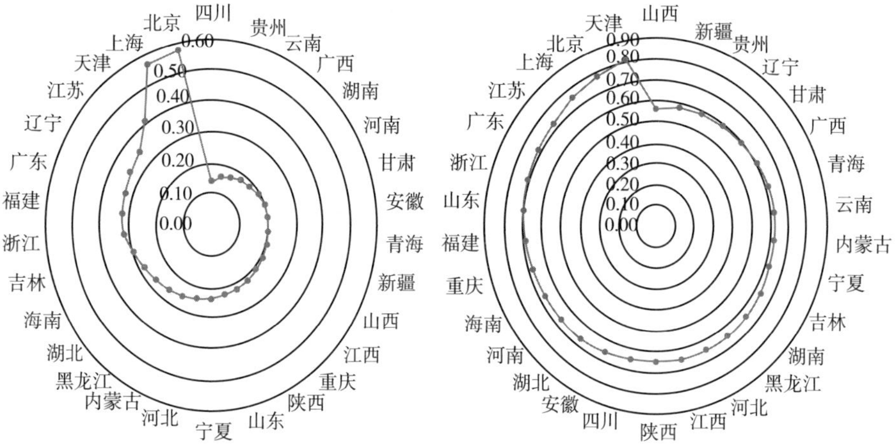

图4-1　全国2000年（左）和2018年（右）新型城镇化综合指数分布图

注：考察范围为30个省份（直辖市），不包括港澳台和西藏，下同。

从2000—2018年全国新型城镇化综合指数来看（见图4-2左），全国新型城镇化综合指数从0.26上升到0.65，从较低发展水平等级提高到较高发展水平等级。考察期增加值为0.40，提升幅度较大。考察期均值为0.42，全国新型城镇化综合发展水平平均处于中低发展水平。从2000—2018年东中西部新型城镇化综合指数来看（见图4-2右），东部新型城镇化综合发展水平远高于中西部，中部略高于西部。其中，东部综合指数从0.35上升到0.71，从较低发展水平等级提升到较高发展等级。考察期增加值为0.35，提升幅度在三区域中相对最小。考察期均值为0.50，综合发展水平平均处于中高发展水平，高于中部和西部平均发展水平。中部综合指数从0.23上升到0.64，从较低发展水平等级提升到较高发展等级。考察期增加值为0.41，提升幅度在三区域中最低。考察期均值为0.40，低于东部指数均值，高于西部指数均值。西部综合指数从0.20上升到0.62，从较低发展水平等级提升到较高发展等级。考察期增加值为0.42，高于东部和中部增加值，综合发展水平提升程度最大。考察期均值为0.37，低于东部和中部指数均值，综合发展水平在考察期的平均发展水平最低。

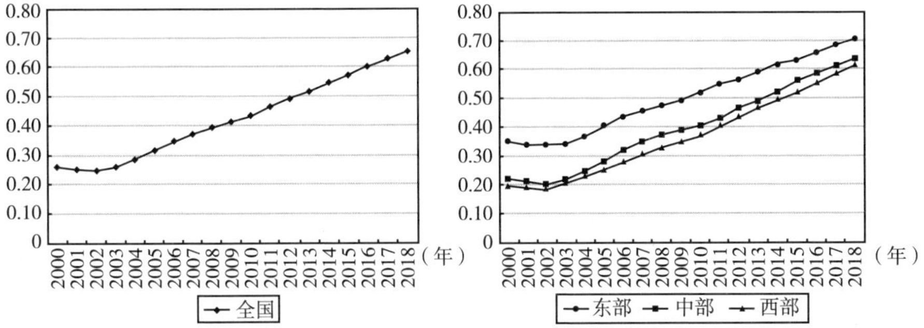

图4－2 2000—2018年全国（左）和东中西部（右）新型城镇化综合指数趋势图

4.2.1.2 东部新型城镇化综合发展水平

从东部整体来看，2000—2018年东部新型城镇化综合指数呈现出不断上升的趋势，综合指数均值从0.35提升到0.71，综合指数增加0.35，综合发展水平从较低发展水平提高到较高发展水平（见表4－5）。考察期综合指数均值为0.50，平均达到中高发展水平。从东部各省份情况来看，2018年综合指数处于最高水平的是天津，综合指数为0.81。其次是北京、上海、江苏、广东、浙江和山东，综合指数均在0.70及以上，福建、海南和河北综合指数介于0.6和0.7之间，这些省份综合发展水平达到较高状态。从各省份增长速度来看，综合城镇化水平增长最快的是山东和天津，综合指数分别增加了0.47和0.41。增长最缓慢的是辽宁，考察期只增加了0.19。从考察期新型城镇化平均发展水平来看，北京、上海和天津考察期均值分别为0.68，0.64和0.60，平均达到了较高发展水平。其他省份均值介于0.4和0.5之间，处于中低发展水平。

表4－5　东部新型城镇化综合指数

年份	北京	天津	上海	河北	辽宁	江苏	浙江	福建	山东	广东	海南	东部
2000	0.57	0.40	0.56	0.24	0.33	0.34	0.31	0.31	0.23	0.32	0.27	0.35
2001	0.58	0.37	0.54	0.23	0.31	0.31	0.30	0.30	0.24	0.31	0.28	0.34
2002	0.54	0.41	0.54	0.23	0.27	0.30	0.33	0.30	0.23	0.31	0.28	0.34
2003	0.56	0.40	0.57	0.25	0.28	0.30	0.35	0.30	0.24	0.30	0.23	0.34
2004	0.59	0.43	0.56	0.28	0.28	0.33	0.36	0.31	0.27	0.29	0.35	0.37
2005	0.57	0.51	0.60	0.30	0.40	0.35	0.37	0.33	0.34	0.32	0.37	0.41
2006	0.64	0.53	0.61	0.35	0.44	0.39	0.39	0.33	0.41	0.35	0.37	0.44
2007	0.68	0.54	0.65	0.37	0.44	0.43	0.44	0.34	0.42	0.37	0.35	0.46
2008	0.69	0.55	0.66	0.38	0.46	0.45	0.47	0.36	0.43	0.41	0.38	0.48
2009	0.72	0.58	0.68	0.40	0.49	0.48	0.45	0.39	0.44	0.40	0.42	0.50
2010	0.71	0.60	0.66	0.45	0.49	0.51	0.52	0.41	0.45	0.45	0.48	0.52
2011	0.74	0.67	0.67	0.49	0.53	0.55	0.52	0.44	0.50	0.49	0.49	0.55
2012	0.75	0.68	0.65	0.51	0.56	0.57	0.54	0.46	0.53	0.49	0.48	0.57
2013	0.76	0.73	0.68	0.54	0.59	0.59	0.57	0.48	0.56	0.53	0.51	0.60
2014	0.78	0.76	0.69	0.53	0.59	0.60	0.58	0.54	0.58	0.57	0.54	0.62
2015	0.73	0.78	0.67	0.56	0.58	0.62	0.64	0.60	0.61	0.60	0.57	0.63
2016	0.75	0.79	0.72	0.59	0.53	0.66	0.65	0.63	0.64	0.64	0.63	0.66
2017	0.77	0.80	0.73	0.62	0.57	0.70	0.68	0.67	0.67	0.68	0.66	0.69
2018	0.78	0.81	0.75	0.64	0.59	0.72	0.71	0.69	0.70	0.71	0.67	0.71
增量	0.21	0.41	0.19	0.40	0.26	0.38	0.40	0.38	0.47	0.40	0.40	0.35
均值	0.68	0.60	0.64	0.42	0.46	0.48	0.48	0.43	0.45	0.45	0.44	0.50

4.2.1.3　中部新型城镇化综合发展水平

从中部整体来看，2000—2018年新型城镇化综合指数呈现出不断上升的趋势，综合指数均值从0.23提升到0.64，综合指数增加0.41，高于东部增长速度，综合发展水平从较低发展水平提高到较高发展水平（见表4－6）。中部考察期综合指数均值为0.40，考察期平均为中低发展水平，低于东部的中高发展水平。从2018年的综合指数来看，处于较高水平的是河南、湖北、安徽、江西、黑龙江、湖南和吉林，综合指数均介于0.6和0.7之间的较高发展水平。只有山西综合指数介于0.5和0.6之间，处于中高发展水平。从2000—2018年的提升速度来看，新型城镇化综合水平增长最快的是河南、安徽和湖北，综合指数增加了0.48，0.46和0.46。增长最缓慢的是山西，考察期只增加了0.34。从2000—2018年的指数均值来看，黑龙江、山西、湖北、吉林、江西考察期均值超过0.4，考察期平均为中低发展水平。河南、安徽和湖南考察期均值介于0.3和0.4之间，处于较低发展水平。

表4-6 中部新型城镇化综合指数

年份	山西	吉林	黑龙江	安徽	江西	河南	湖北	湖南	中部
2000	0.21	0.29	0.26	0.20	0.21	0.19	0.26	0.18	0.23
2001	0.18	0.27	0.24	0.18	0.24	0.15	0.25	0.20	0.21
2002	0.22	0.25	0.23	0.18	0.24	0.14	0.18	0.21	0.21
2003	0.27	0.24	0.23	0.21	0.25	0.17	0.20	0.21	0.22
2004	0.27	0.28	0.26	0.23	0.28	0.22	0.23	0.25	0.25
2005	0.29	0.27	0.31	0.26	0.32	0.25	0.28	0.30	0.28
2006	0.34	0.32	0.35	0.30	0.33	0.27	0.34	0.33	0.32
2007	0.39	0.33	0.39	0.31	0.35	0.32	0.37	0.35	0.35
2008	0.41	0.35	0.45	0.33	0.39	0.33	0.37	0.37	0.38
2009	0.43	0.37	0.47	0.36	0.40	0.36	0.38	0.38	0.40
2010	0.46	0.38	0.51	0.38	0.40	0.36	0.38	0.40	0.41
2011	0.47	0.43	0.52	0.40	0.43	0.39	0.42	0.42	0.44
2012	0.52	0.46	0.55	0.44	0.46	0.43	0.45	0.45	0.47
2013	0.52	0.49	0.57	0.45	0.46	0.44	0.50	0.49	0.49
2014	0.56	0.51	0.57	0.50	0.49	0.46	0.57	0.53	0.53
2015	0.57	0.56	0.60	0.55	0.51	0.54	0.61	0.57	0.56
2016	0.58	0.59	0.62	0.58	0.54	0.58	0.62	0.60	0.59
2017	0.56	0.62	0.63	0.61	0.58	0.62	0.65	0.62	0.61
2018	0.55	0.64	0.64	0.66	0.65	0.67	0.67	0.64	0.64
均值	0.41	0.40	0.44	0.38	0.40	0.36	0.41	0.39	0.40
增量	0.34	0.35	0.38	0.46	0.43	0.48	0.40	0.46	0.41

4.2.1.4 西部新型城镇化综合发展水平

从西部整体来看，2000—2018年西部新型城镇化综合指数呈现出不断上升的趋势，综合指数均值从0.20提升到0.62，综合指数增加0.42，高于东部和中部增长速度，综合发展水平从较低发展水平提高到较高发展水平（见

表4－7）。西部考察期综合指数均值为0.37，处于较低发展水平，低于东部和中部平均发展水平。从2018年的综合指数来看，处于较高水平的是重庆、四川、陕西、内蒙古、云南、青海、宁夏、广西和甘肃，综合指数均高于0.60。贵州和新疆综合指数介于0.5和0.6之间，处于中高发展水平。从考察期指数均值来看，内蒙古、陕西和甘肃考察期均值超过0.4，为中低发展水平。其他8个省份指数均值介于0.3和0.4之间，处于较低发展水平。从提升速度来看，综合水平增长最快的是四川，增加值为0.51。增长最缓慢的是新疆，考察期只增加了0.36。

表4－7　西部新型城镇化综合指数

年份	重庆	内蒙古	广西	四川	贵州	云南	陕西	甘肃	青海	宁夏	新疆	西部
2000	0.22	0.25	0.18	0.14	0.16	0.16	0.23	0.20	0.20	0.24	0.21	0.20
2001	0.21	0.24	0.18	0.16	0.17	0.20	0.22	0.18	0.19	0.20	0.21	0.20
2002	0.19	0.23	0.18	0.18	0.17	0.17	0.23	0.14	0.24	0.19	0.20	0.19
2003	0.21	0.21	0.20	0.21	0.16	0.17	0.24	0.21	0.28	0.23	0.23	0.21
2004	0.22	0.24	0.21	0.24	0.21	0.17	0.24	0.24	0.26	0.26	0.27	0.23
2005	0.25	0.27	0.24	0.27	0.21	0.21	0.27	0.24	0.29	0.25	0.32	0.26
2006	0.27	0.29	0.30	0.32	0.18	0.25	0.31	0.22	0.33	0.28	0.38	0.28
2007	0.29	0.32	0.27	0.34	0.23	0.30	0.36	0.25	0.34	0.30	0.40	0.31
2008	0.32	0.36	0.27	0.38	0.27	0.28	0.38	0.28	0.36	0.35	0.38	0.33
2009	0.35	0.39	0.27	0.42	0.30	0.29	0.43	0.31	0.39	0.37	0.37	0.35
2010	0.38	0.41	0.27	0.41	0.33	0.31	0.46	0.32	0.45	0.39	0.40	0.38
2011	0.42	0.46	0.31	0.45	0.36	0.32	0.50	0.35	0.47	0.42	0.45	0.41
2012	0.47	0.48	0.34	0.48	0.39	0.36	0.49	0.39	0.51	0.44	0.47	0.44
2013	0.51	0.53	0.35	0.51	0.41	0.40	0.52	0.44	0.54	0.49	0.50	0.47
2014	0.53	0.61	0.42	0.53	0.44	0.43	0.54	0.45	0.54	0.50	0.51	0.50
2015	0.56	0.61	0.49	0.56	0.47	0.47	0.56	0.48	0.55	0.53	0.51	0.53
2016	0.61	0.63	0.54	0.60	0.51	0.51	0.59	0.51	0.57	0.55	0.51	0.56
2017	0.64	0.62	0.57	0.63	0.54	0.57	0.62	0.55	0.59	0.60	0.55	0.59
2018	0.68	0.62	0.61	0.65	0.58	0.62	0.65	0.60	0.62	0.62	0.57	0.62
均值	0.39	0.41	0.33	0.39	0.32	0.33	0.41	0.34	0.41	0.38	0.39	0.37
增量	0.46	0.37	0.43	0.51	0.42	0.45	0.42	0.40	0.42	0.39	0.36	0.42

4.2.2　分类城镇化发展水平

4.2.2.1　人口城镇化发展水平

（1）全国人口城镇化发展水平。2000 年全国人口城镇化发展水平较低（见图4－3 左），大多数省份人口城镇化指数在0 和0.2 之间的很低发展水平状态。其中，上海人口城镇化指数为0.63，为较高发展水平。北京人口指数为0.46，处于中低发展水平。天津、吉林、黑龙江、辽宁和广东人口指数均介于0.2 和0.4 之间，处于较低发展水平。其他省份均处于0 和0.2 之间的最低发展水平。经过多年的发展，全国人口城镇化水平得到全面提升，2018 年全国大多数省份人口城镇化指数提升到0.6 以上的较高和高度发展水平（见图4－3 右）。其中，上海、北京和天津人口城镇化指数分别为0.98，0.97 和0.91，江苏也达到0.82，达到高度发展水平，发展等级达到最高的第Ⅵ级；广东、辽宁、重庆、福建、浙江、青海和山东人口城镇化指数介于0.7 和0.8 之间，黑龙江、内蒙古、吉林、宁夏、海南、山西、陕西、新疆、河北和安徽综合指数在0.6 和0.7 之间，以上17 个省份新型城镇化均为较高发展水平，发展等级达到第Ⅴ级；四川、广西、河南、云南、甘肃、湖北和江西人口指数介于0.5 和0.6 之间，处于中高发展水平；湖南和贵州人口指数低于0.5，分别为0.48 和0.47，处于中低发展水平。

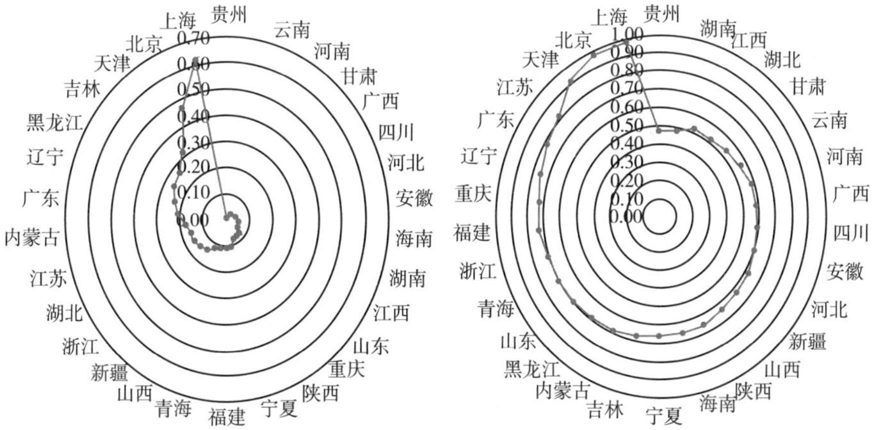

图4－3　全国2000 年（左）和2018 年（右）人口城镇化指数分布图

从2000—2018年全国人口城镇化指数来看（见图4－4左），全国人口城镇化指数从0.14上升到0.66，从最低发展水平等级提高到较高发展水平等级。考察期增加值为0.52，提升幅度较大。考察期均值为0.42，平均处于中低发展水平。从2000—2018年从各区域人口城镇化指数来看（见图4－4右），东部指数从0.22上升到0.78，从较低发展水平提升到较高发展水平。考察期增加值为0.56，高于中部和西部指数增加值，提升幅度在三大区域中最大。考察期均值为0.55，远远高于全国指数均值。中部指数从0.12上升到0.59，从最低发展水平提升到中高发展水平。考察期增加值为0.46，提升幅度在三大区域最小。考察期均值为0.37，低于东部，高于西部，平均发展水平在三大区域中居中。西部指数从0.07上升到0.62，从最低发展水平等级提升到较高发展等级。考察期增加值为0.55，高于中部增加值，但是低于东部增加值。考察期均值为0.33，低于东部和中部指数均值，在三大区域中平均发展水平最低。

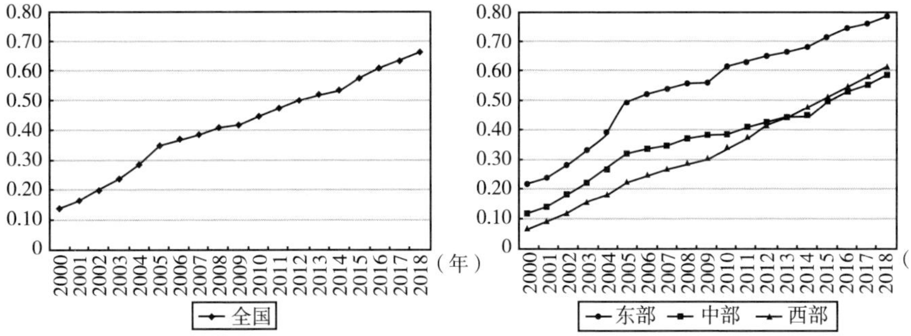

图4－4　2000—2018年全国（左）和东中西部（右）人口城镇化指数趋势图

（2）东部人口城镇化发展水平。从东部整体来看，2000—2018年东部人口城镇化指数呈现出不断上升的趋势，从0.22提升到0.78，人口城镇化指数增加了0.56，从较低发展水平提高到较高发展水平（见表4－8）。考察期东部人口城镇化指数均值为0.55，达到中高发展水平。从东部各省份2018年人口城镇化指数来看，处于最高水平的是上海、北京、天津和江苏，综合指数超过0.8，达到最高发展水平。河北和海南人口城镇化发展水平相对较低，人口指数分别只有0.62和0.65，为较高发展水平。从发展速度来看，人口城镇化水平增加值最大的是江苏，考察期内增加了0.66。受到起点较高增幅有限影响的上海增加值最小，仅增加了0.35。从指数均值来看，上海、北京和天津考察期均值分别为0.86，0.78 和0.60，达到了最高和较高发展水平。其他省份均值介于0.4 和0.6 之间，处于中高和中低发展水平。

表4－8　　东部人口城镇化指数

年份	北京	天津	上海	河北	辽宁	江苏	浙江	福建	山东	广东	海南	东部
2000	0.46	0.32	0.63	0.04	0.23	0.16	0.15	0.11	0.07	0.21	0.06	0.22
2001	0.50	0.33	0.60	0.10	0.25	0.19	0.21	0.12	0.10	0.23	0.07	0.24
2002	0.54	0.34	0.59	0.14	0.28	0.22	0.25	0.31	0.12	0.30	0.08	0.29
2003	0.58	0.35	0.57	0.27	0.30	0.30	0.30	0.26	0.17	0.49	0.09	0.33
2004	0.60	0.34	0.58	0.29	0.32	0.33	0.34	0.28	0.19	0.52	0.54	0.39
2005	0.71	0.57	0.89	0.31	0.50	0.35	0.36	0.29	0.35	0.57	0.54	0.49
2006	0.75	0.58	0.91	0.39	0.52	0.38	0.38	0.31	0.37	0.61	0.55	0.52
2007	0.78	0.59	0.92	0.42	0.53	0.40	0.41	0.32	0.40	0.62	0.56	0.54
2008	0.80	0.60	0.93	0.43	0.57	0.43	0.43	0.34	0.42	0.62	0.57	0.56
2009	0.82	0.62	0.94	0.44	0.59	0.46	0.43	0.36	0.41	0.55	0.57	0.56
2010	0.86	0.64	0.96	0.47	0.64	0.53	0.52	0.44	0.46	0.67	0.57	0.61
2011	0.88	0.66	0.97	0.48	0.67	0.58	0.54	0.46	0.48	0.67	0.56	0.63
2012	0.89	0.68	0.98	0.49	0.71	0.61	0.56	0.48	0.51	0.69	0.57	0.65
2013	0.91	0.70	0.99	0.51	0.73	0.63	0.58	0.49	0.53	0.71	0.57	0.67
2014	0.92	0.72	0.99	0.52	0.73	0.67	0.60	0.50	0.55	0.72	0.57	0.68
2015	0.96	0.74	0.96	0.55	0.74	0.71	0.63	0.63	0.62	0.74	0.57	0.72
2016	0.97	0.87	0.97	0.58	0.74	0.75	0.66	0.65	0.65	0.75	0.62	0.75
2017	0.96	0.86	0.97	0.60	0.74	0.78	0.69	0.69	0.68	0.76	0.63	0.76
2018	0.97	0.92	0.98	0.62	0.75	0.82	0.71	0.73	0.70	0.78	0.65	0.78
增量	0.51	0.60	0.35	0.58	0.52	0.66	0.56	0.62	0.63	0.57	0.60	0.56
均值	0.78	0.60	0.86	0.40	0.55	0.49	0.46	0.41	0.41	0.59	0.47	0.55

（3）中部人口城镇化发展水平。从中部整体来看，2000—2018 年中部人口城镇化指数从0.12 提升到0.56，呈现出不断上升的趋势，人口指数增加0.46，低于东部增加值，人口城镇化从最低发展水平提高到中高发展水平（见表4－9）。中部考察期内人口城镇化指数均值为0.37，考察期均值为较低发展水平。从中部各省2018 年人口城镇化指数来看，处于较高水平的是黑龙江、吉林、山西和安徽，综合指数超过0.6，处于较高发展水平。湖南人口城镇化指数为0.48，2018 年在8 个省份中发展水平最低，处于中低发展水平

状态。从中部各省份2000—2018年的增加值来看，人口城镇化水平增加值最大的是安徽和河南，考察期内增加了0.60。湖北增加值最小，仅增加了0.37。从中部各省2000—2018年指数均值来看，黑龙江、山西、吉林和江西均值在0.4和0.5之间，处于中低发展水平。其他省份均值介于0.2和0.4之间，处于较低发展水平。

表4-9　中部人口城镇化指数

年份	山西	吉林	黑龙江	安徽	江西	河南	湖北	湖南	中部
2000	0.12	0.27	0.26	0.05	0.06	0.02	0.16	0.06	0.12
2001	0.13	0.25	0.29	0.07	0.13	0.05	0.13	0.10	0.14
2002	0.20	0.32	0.31	0.09	0.20	0.07	0.15	0.15	0.19
2003	0.24	0.36	0.35	0.11	0.27	0.10	0.17	0.20	0.22
2004	0.26	0.38	0.42	0.13	0.35	0.14	0.28	0.22	0.27
2005	0.32	0.36	0.42	0.15	0.36	0.16	0.43	0.39	0.33
2006	0.36	0.37	0.42	0.19	0.39	0.18	0.41	0.39	0.34
2007	0.39	0.38	0.43	0.21	0.42	0.21	0.42	0.34	0.35
2008	0.41	0.38	0.48	0.24	0.47	0.23	0.43	0.37	0.38
2009	0.43	0.37	0.47	0.25	0.48	0.24	0.49	0.37	0.39
2010	0.47	0.37	0.48	0.27	0.47	0.24	0.42	0.37	0.39
2011	0.50	0.46	0.51	0.29	0.47	0.27	0.42	0.39	0.41
2012	0.53	0.44	0.54	0.31	0.49	0.29	0.44	0.40	0.43
2013	0.55	0.45	0.56	0.32	0.50	0.31	0.46	0.41	0.45
2014	0.57	0.46	0.59	0.33	0.47	0.32	0.47	0.42	0.45
2015	0.59	0.54	0.63	0.45	0.49	0.42	0.48	0.43	0.50
2016	0.60	0.59	0.64	0.50	0.50	0.48	0.50	0.45	0.53
2017	0.62	0.61	0.66	0.55	0.51	0.53	0.51	0.47	0.56
2018	0.63	0.67	0.69	0.60	0.52	0.58	0.52	0.48	0.59
增量	0.51	0.40	0.43	0.56	0.46	0.56	0.37	0.42	0.46
均值	0.42	0.42	0.48	0.27	0.40	0.25	0.38	0.34	0.37

（4）西部人口城镇化发展水平。从西部整体来看，2000—2018年西部人口城镇化指数呈现出不断上升的趋势，11个省份指数均值从0.07提升到0.62，人口指数增加0.55，低于东部增加值，高于中部增加值，人口城镇化从最低发展水平提高到较高发展水平（见表4-10）。西部人口城镇化指数考

察期均值为0.33，考察期平均为较低发展水平。从西部各省2018年综合指数来看，处于较高水平的是重庆、青海、内蒙古、宁夏、陕西和新疆，人口指数超过0.6，处于较高发展水平。贵州人口城镇化指数为0.47，在11个省份中最低，处于中低发展水平。从西部各省份2000—2018年的增加值来看，人口城镇化水平增加值最大的是重庆，考察期内增加值均超过0.6。贵州和新疆增加值最小，分别增加0.46和0.48。从西部各省份2000—2018年指数均值来看，四川、宁夏和重庆均值在0.4和0.5之间，处于中低发展水平。其他省份均值介于0.2和0.4之间，处于较低发展水平。

表4-10　西部人口城镇化指数

年份	重庆	内蒙古	广西	四川	贵州	云南	陕西	甘肃	青海	宁夏	新疆	西部
2000	0.07	0.17	0.03	0.04	0.01	0.01	0.08	0.03	0.11	0.11	0.14	0.07
2001	0.10	0.22	0.06	0.06	0.06	0.03	0.10	0.05	0.14	0.12	0.14	0.10
2002	0.13	0.25	0.06	0.08	0.11	0.05	0.12	0.10	0.16	0.14	0.15	0.12
2003	0.16	0.28	0.07	0.11	0.15	0.06	0.14	0.16	0.17	0.29	0.17	0.16
2004	0.17	0.34	0.11	0.14	0.19	0.07	0.15	0.18	0.17	0.36	0.17	0.19
2005	0.25	0.41	0.13	0.19	0.19	0.09	0.16	0.22	0.17	0.38	0.32	0.23
2006	0.27	0.44	0.16	0.21	0.22	0.11	0.22	0.24	0.17	0.40	0.34	0.25
2007	0.29	0.48	0.16	0.24	0.24	0.12	0.24	0.27	0.18	0.41	0.36	0.27
2008	0.32	0.50	0.19	0.27	0.26	0.14	0.27	0.29	0.19	0.43	0.36	0.29
2009	0.34	0.52	0.19	0.29	0.29	0.14	0.32	0.31	0.20	0.44	0.35	0.31
2010	0.41	0.57	0.21	0.31	0.31	0.15	0.41	0.35	0.24	0.47	0.39	0.35
2011	0.49	0.58	0.23	0.35	0.33	0.17	0.45	0.37	0.29	0.52	0.40	0.38
2012	0.52	0.61	0.25	0.38	0.39	0.29	0.51	0.42	0.33	0.54	0.40	0.42
2013	0.54	0.63	0.27	0.41	0.38	0.37	0.54	0.44	0.40	0.56	0.40	0.45
2014	0.55	0.64	0.38	0.43	0.40	0.40	0.56	0.46	0.46	0.58	0.41	0.48
2015	0.58	0.65	0.43	0.46	0.41	0.44	0.59	0.48	0.51	0.61	0.46	0.51
2016	0.66	0.66	0.49	0.51	0.43	0.48	0.61	0.50	0.57	0.62	0.51	0.55
2017	0.68	0.68	0.54	0.55	0.45	0.53	0.63	0.52	0.64	0.64	0.56	0.58
2018	0.73	0.68	0.58	0.59	0.47	0.56	0.65	0.54	0.71	0.66	0.62	0.62
增量	0.66	0.51	0.55	0.56	0.46	0.55	0.57	0.51	0.59	0.55	0.48	0.55
均值	0.40	0.49	0.24	0.29	0.28	0.22	0.35	0.31	0.31	0.44	0.35	0.33

4.2.2.2 产业城镇化发展水平

（1）全国产业城镇化发展水平。2000 年全国产业城镇化发展水平较低（见图4－5 左），大多数省份产业城镇化指数在0.2 和0.4 之间的较低发展水平。其中，北京产业城镇化指数为0.50，为中高发展水平。上海产业指数为0.44，处于中低发展水平。云南、河南、贵州、湖南、海南、河北、山东、安徽、四川和广西产业城镇化指数介于0 和0.2 之间，处于最低发展水平。其他省份产业指数均介于0.2 和0.4 之间，处于较低发展水平。经过多年的发展，全国产业城镇化水平得到全面提升，2018 年全国大多数省份人口城镇化指数提升到0.6 以上的很高和较高发展水平（见图4－5 右）。其中，北京、上海和天津产业城镇化指数分别为1.00，0.92 和0.86，三地均达到高度发展水平，发展等级达到最高的第Ⅵ级；浙江、江苏、广东和重庆产业城镇化指数介于0.7 和0.8 之间，福建、吉林、山东、陕西、江西、湖北、湖南、安徽、宁夏、四川、青海、海南、河北、新疆、河南和山西综合指数在0.6 和0.7 之间，以上24 个省份新型城镇化均为较高发展水平，发展等级达到第Ⅴ级；甘肃、辽宁、内蒙古、云南、广西、黑龙江和贵州产业指数介于0.5 和0.6 之间，处于中高发展水平。

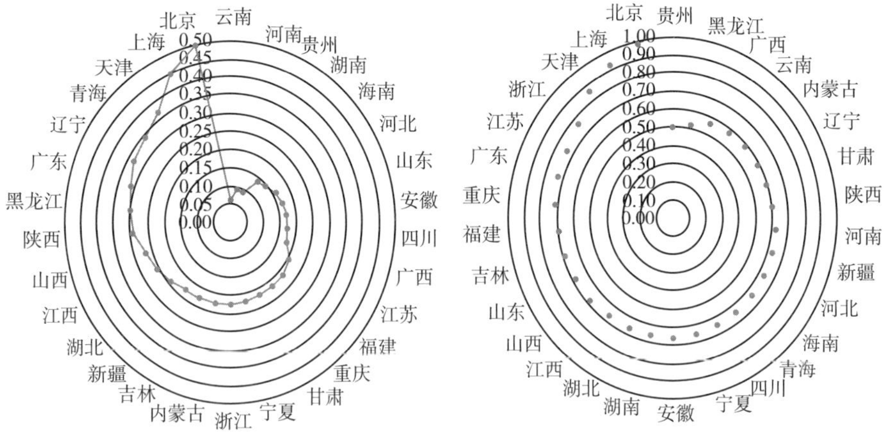

图4－5 全国2000 年（左）和2018 年（右）产业城镇化指数分布图

从2000—2018 年全国产业城镇化指数来看（见图4－6 左），全国产业城镇化指数从0.23 上升到0.67，从较低发展水平等级提高到较高发展水平等级。考察期增加值为0.44，提升幅度较大。考察期均值为0.44，全国产业发展水平平均处于中低发展水平。从2000—2018年东中西部产业城镇化指数来看（见图4-6右），东部指数从0.28上升到0.75，从较低发展水平等级提升到较高发展等级。考察期增加值为0.47，提升幅度相对最大，高于中部和西部指数增加值。考察期均值为0.52，高于全国指数均值。中部指数从0.21上升到0.64，从较低发展水平等级提升到较高发展等级。考察期增加值为0.43，提升幅度高于西部增加值，低于东部增加值。考察期均值为0.41，低于东部指数均值，高于西部指数均值。西部指数从0.21上升到0.61，从较低发展水平等级提升到中高发展等级。考察期增加值为0.40，低于东部和中部指数增加值。考察期均值为0.39，低于东部和中部指数均值，在东中西三个区域中发展水平最低。

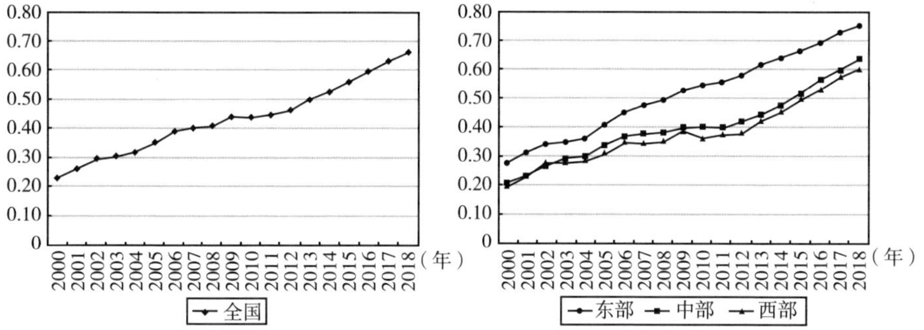

图4-6　2000—2018年全国（左）和东中西部（右）产业城镇化指数趋势图

（2）东部产业城镇化发展水平。从东部整体来看，2000—2018年东部产业城镇化指数呈现出不断上升的趋势，指数从0.28提升到0.75，考察期产业指数增加值为0.47，产业城镇化从较低发展水平提高到较高发展水平（见表4-11）。东部整体产业城镇化指数均值为0.52，考察期均值达到中高发展水平。从东部各省份2018年综合指数来看，处于最高水平的是北京、天津和上海，综合指数超过0.8，达到最高发展水平。辽宁产业城镇化发展水平较低，产业指数分别只有0.59，为中高水平。从东部各省份2000—2018年的发展速度来看，产业城镇化水平增加值最大的是浙江和江苏，考察期内增加了0.55和0.54。辽宁增加值最小，仅增加了0.25，提升程度最小。从东部各省份2000—2018年指数均值来看，北京考察期均值为0.81，达到了最高发展水平。其次是上海，为0.69，考察期整体处于较高发展水平。河北和海南产业指数考察期均值最低，介于0.3和0.4之间的较低发展水平。其他省份均值介于0.4和0.6之间，处于中高和中低发展水平。

表4－11　　东部产业城镇化指数

年份	北京	天津	上海	河北	辽宁	江苏	浙江	福建	山东	广东	海南	东部
2000	0.50	0.37	0.44	0.16	0.34	0.20	0.23	0.22	0.17	0.32	0.14	0.28
2001	0.54	0.40	0.46	0.17	0.38	0.24	0.29	0.24	0.19	0.38	0.16	0.31
2002	0.60	0.42	0.50	0.20	0.36	0.28	0.36	0.25	0.24	0.41	0.17	0.34
2003	0.64	0.40	0.53	0.19	0.36	0.32	0.37	0.27	0.27	0.34	0.15	0.35
2004	0.71	0.39	0.57	0.20	0.32	0.34	0.39	0.28	0.30	0.35	0.16	0.36
2005	0.74	0.43	0.61	0.28	0.35	0.40	0.41	0.34	0.37	0.39	0.19	0.41
2006	0.79	0.47	0.63	0.34	0.40	0.46	0.46	0.40	0.41	0.44	0.21	0.45
2007	0.80	0.50	0.65	0.35	0.42	0.49	0.51	0.44	0.42	0.47	0.24	0.48
2008	0.83	0.53	0.68	0.36	0.44	0.51	0.52	0.45	0.43	0.48	0.26	0.50
2009	0.85	0.57	0.71	0.38	0.49	0.54	0.54	0.51	0.45	0.52	0.30	0.53
2010	0.85	0.60	0.72	0.39	0.48	0.57	0.56	0.48	0.47	0.54	0.37	0.55
2011	0.87	0.61	0.72	0.41	0.50	0.58	0.57	0.48	0.50	0.54	0.38	0.56
2012	0.89	0.63	0.73	0.43	0.54	0.59	0.59	0.49	0.53	0.56	0.41	0.58
2013	0.91	0.64	0.76	0.45	0.59	0.62	0.62	0.50	0.56	0.61	0.54	0.62
2014	0.92	0.68	0.83	0.47	0.63	0.64	0.62	0.52	0.59	0.62	0.55	0.64
2015	0.96	0.72	0.86	0.50	0.61	0.66	0.65	0.58	0.60	0.64	0.57	0.67
2016	0.98	0.79	0.89	0.53	0.57	0.69	0.69	0.62	0.63	0.67	0.58	0.69
2017	0.99	0.82	0.90	0.60	0.61	0.71	0.73	0.68	0.65	0.71	0.62	0.73
2018	1.00	0.86	0.93	0.64	0.59	0.74	0.78	0.70	0.68	0.73	0.64	0.75
增量	0.50	0.49	0.48	0.48	0.25	0.54	0.55	0.48	0.52	0.42	0.50	0.47
均值	0.81	0.57	0.69	0.37	0.47	0.50	0.52	0.44	0.45	0.51	0.35	0.52

（3）中部产业城镇化发展水平。从中部整体来看，2000—2018年中部产业城镇化指数呈现出不断上升的趋势，8个省份指数均值从0.21提升到0.64，产业指数增加0.43，低于东部增加值，产业城镇化从较低发展水平提高到较高发展水平（见表4－12）。中部考察期内产业城镇化指数均值为0.41，考察期均值为中低发展水平。从中部各省份2018年综合指数来看，处于较高水平的是吉林、山西、安徽、江西、湖北、湖南和河南，综合指数均超过0.6，处于较高发展水平。黑龙江2018年产业指数为0.52，在8个省份

中产业城镇化水平最低，处于中高发展水平。从中部各省份2000—2018年的增加值来看，产业城镇化水平增加值最大的是河南和湖南，考察期内增加值超过0.5，产业城镇化提升程度最大。黑龙江增加值最小，仅增加了0.21，产业城镇化水平提升程度最小。从中部各省份2000—2018年指数均值来看，山西、黑龙江、安徽、江西和湖南考察期均值在0.4和0.5之间，处于中低发展水平；吉林、河南和湖北考察期均值介于0.3和0.4之间，处于较低发展水平。

表4－12　　　　中部产业城镇化指数

年份	山西	吉林	黑龙江	安徽	江西	河南	湖北	湖南	中部
2000	0.27	0.23	0.30	0.17	0.26	0.09	0.24	0.14	0.21
2001	0.32	0.24	0.30	0.20	0.28	0.11	0.26	0.19	0.24
2002	0.34	0.26	0.30	0.26	0.31	0.14	0.29	0.25	0.27
2003	0.37	0.27	0.30	0.34	0.31	0.21	0.28	0.30	0.30
2004	0.35	0.30	0.33	0.35	0.31	0.20	0.24	0.37	0.31
2005	0.41	0.32	0.38	0.38	0.34	0.23	0.26	0.42	0.34
2006	0.45	0.35	0.41	0.41	0.35	0.29	0.29	0.43	0.37
2007	0.48	0.35	0.41	0.44	0.36	0.31	0.29	0.42	0.38
2008	0.51	0.35	0.42	0.45	0.38	0.31	0.25	0.43	0.39
2009	0.48	0.35	0.44	0.47	0.40	0.34	0.28	0.47	0.40
2010	0.49	0.35	0.50	0.44	0.40	0.34	0.27	0.45	0.40
2011	0.47	0.33	0.49	0.42	0.43	0.37	0.26	0.44	0.40
2012	0.52	0.36	0.47	0.45	0.46	0.40	0.28	0.45	0.42
2013	0.54	0.38	0.45	0.48	0.47	0.45	0.36	0.48	0.45
2014	0.55	0.40	0.49	0.51	0.50	0.46	0.43	0.50	0.48
2015	0.62	0.44	0.49	0.55	0.53	0.51	0.48	0.51	0.52
2016	0.67	0.54	0.56	0.59	0.59	0.55	0.52	0.54	0.57
2017	0.66	0.63	0.52	0.61	0.61	0.58	0.60	0.61	0.60
2018	0.68	0.69	0.52	0.66	0.66	0.63	0.66	0.66	0.64
增量	0.41	0.46	0.21	0.48	0.41	0.53	0.42	0.52	0.43
均值	0.48	0.38	0.43	0.43	0.42	0.34	0.34	0.42	0.41

（4）西部产业城镇化发展水平。从西部整体来看，2000—2018年西部产业城镇化指数呈现出不断上升的趋势，中部指数从0.21提升到0.61，产业指数增加0.40，低于东部和中部增加值，产业城镇化从较低发展水平提高到

较高发展水平（见表4－13）。西部考察期内产业城镇化指数均值为0.39，考察期均值为较低发展水平。从西部各省份2018年综合指数来看，处于较高水平的是重庆、青海、内蒙古、宁夏、陕西和新疆，产业指数超过0.6，处于较高发展水平。贵州产业指数分别为0.50，处于中高发展水平。从西部各省份2000—2018年的增加值来看，产业城镇化水平增加值最大的是云南和重庆，考察期内增加值均超过0.5。青海增加值最小，分别增加0.46和0.48。从西部各省份2000—2018年指数均值来看，四川、宁夏和重庆均值在0.4和0.5之间，处于中低发展水平。其他省份均值介于0.2和0.4之间，处于较低发展水平。

表4－13　　　　西部产业城镇化指数

年份	重庆	内蒙古	广西	四川	贵州	云南	陕西	甘肃	青海	宁夏	新疆	西部
2000	0.22	0.23	0.18	0.17	0.09	0.06	0.30	0.22	0.35	0.22	0.23	0.21
2001	0.26	0.27	0.25	0.22	0.13	0.10	0.33	0.21	0.27	0.28	0.31	0.24
2002	0.30	0.33	0.30	0.26	0.16	0.13	0.38	0.25	0.34	0.31	0.34	0.28
2003	0.33	0.26	0.31	0.28	0.18	0.15	0.36	0.26	0.38	0.34	0.25	0.28
2004	0.32	0.27	0.35	0.27	0.20	0.16	0.37	0.26	0.39	0.36	0.26	0.29
2005	0.36	0.28	0.39	0.29	0.24	0.21	0.44	0.19	0.41	0.39	0.29	0.32
2006	0.44	0.30	0.43	0.36	0.24	0.25	0.44	0.22	0.45	0.42	0.34	0.35
2007	0.39	0.31	0.34	0.31	0.32	0.29	0.45	0.22	0.46	0.40	0.33	0.35
2008	0.39	0.36	0.34	0.35	0.36	0.29	0.46	0.22	0.43	0.40	0.35	0.36
2009	0.41	0.41	0.30	0.39	0.40	0.33	0.50	0.23	0.47	0.52	0.36	0.39
2010	0.41	0.39	0.29	0.40	0.43	0.37	0.44	0.21	0.46	0.42	0.25	0.37
2011	0.42	0.41	0.28	0.39	0.47	0.39	0.41	0.25	0.45	0.42	0.31	0.38
2012	0.47	0.43	0.30	0.41	0.47	0.40	0.26	0.26	0.49	0.44	0.32	0.39
2013	0.56	0.49	0.33	0.44	0.48	0.43	0.31	0.32	0.51	0.46	0.41	0.43
2014	0.58	0.56	0.37	0.48	0.44	0.47	0.36	0.36	0.53	0.49	0.42	0.46
2015	0.60	0.57	0.44	0.53	0.42	0.49	0.48	0.41	0.59	0.51	0.48	0.50
2016	0.63	0.60	0.47	0.58	0.44	0.52	0.53	0.46	0.61	0.56	0.49	0.54
2017	0.66	0.61	0.53	0.61	0.46	0.56	0.56	0.56	0.64	0.61	0.58	0.58
2018	0.72	0.58	0.56	0.65	0.50	0.58	0.60	0.60	0.64	0.65	0.63	0.61
增量	0.50	0.35	0.38	0.47	0.41	0.52	0.31	0.38	0.30	0.43	0.40	0.40
均值	0.45	0.40	0.36	0.39	0.34	0.32	0.42	0.30	0.47	0.43	0.37	0.39

4.2.2.3 空间城镇化发展水平

（1）全国空间城镇化发展水平。2000 年全国空间城镇化发展水平较低（见图 4－7 左），大多数省份空间城镇化指数在 0.2 和 0.5 之间的中低和较低发展水平。其中，北京、江苏和浙江空间城镇化指数超过 0.6，处于较高发展水平。广东、福建、河北、上海、河南、山西、重庆和安徽空间指数介于 0.5 和 0.6 之间，处于中高发展水平。其他省份空间城镇化指数介于 0.2 和 0.5 之间，处于最低和较低发展水平。经过多年的发展，全国空间城镇化水平得到一定程度的提升，2018 年全国大多数省份空间城镇化指数提升到 0.5 以上的很高、较高和中高发展水平（见图 4－7 右）。其中，上海空间城镇化指数为 0.92，达到高度发展水平，发展等级达到最高的第Ⅵ级；黑龙江、湖南、云南和天津空间城镇化指数介于 0.7 和 0.8 之间，广东、河南、四川、河北、贵州、甘肃、海南和湖北综合指数在 0.6 和 0.7 之间，以上 12 个省份空间城镇化均为较高发展水平，发展等级达到第Ⅴ级；内蒙古、重庆、广西和辽宁空间指数介于 0.4 和 0.5 之间，处于中低发展水平，在所有省份中最低。

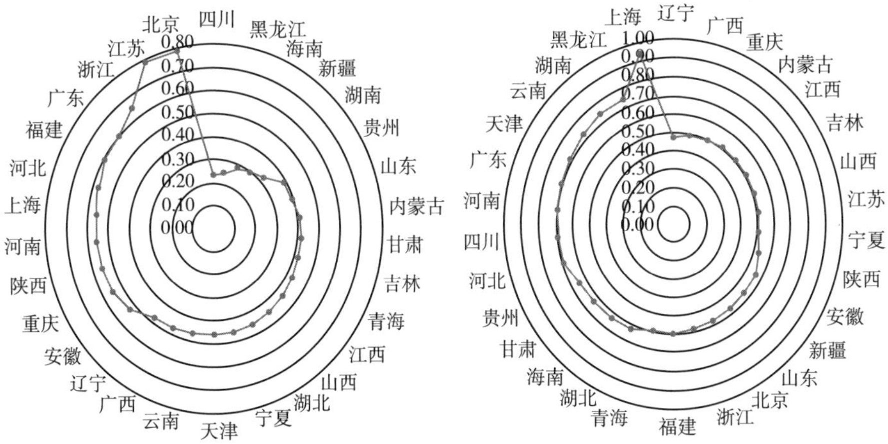

图 4－7 全国 2000 年（左）和 2018 年（右）空间城镇化指数分布图

从 2000—2018 年全国空间城镇化指数来看（见图 4－8 左），全国空间城镇化指数从 0.47 上升到 0.60，从中低发展水平等级提高到较高发展水平等级。考察期增加值为 0.13，提升幅度较小。考察期均值为 0.51，考察期全国空间发展水平平均处于中高发展水平。从 2000—2018 年各区域空间城镇化指数来看（见图 4－8 右），东部指数从 0.56 上升到 0.63，从中高发展水平等级提升到较高发展等级。考察期增加值为 0.07，提升幅度较小，低于全国指数增加值。考察期均值为 0.53，高于全国指数均值。中部指数从 0.43 上升到 0.61，从中低发展水平等级提升到较高发展等级。考察期增加值为 0.18，提升幅度在三大区域中最大，高于东部和西部指数增加值。考察期均值为 0.51，略低于东部指数均值。西部指数从 0.42 上升到 0.58，从中低发展水平等级提升到中高发展等级。考察期增加值为 0.15，高于东部指数增加值，但是低于中部指数增加值。考察期均值为 0.49，低于东部和中部指数均值，在东中西三个区域中发展水平最低。

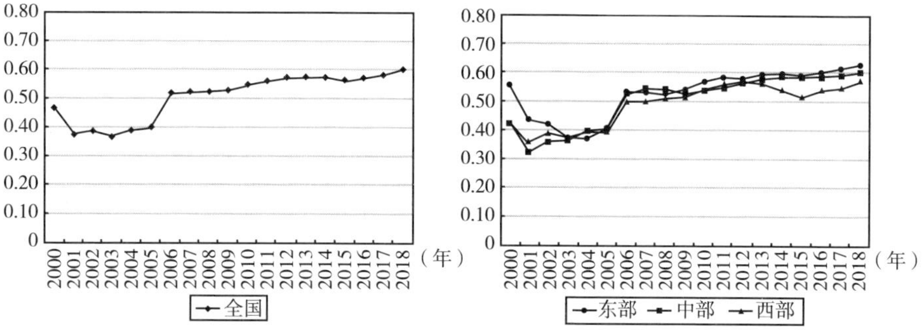

图 4－8　2000—2018 年全国（左）和东中西部（右）空间城镇化指数趋势图

（2）东部空间城镇化发展水平。从东部整体来看，2000—2018 年东部空间城镇化指数呈现出微弱的上升趋势，从 0.56 提升到 0.63，考察期空间指数增加值为 0.07，空间城镇化从中高发展水平提高到较高发展水平（见表 4－14）。东部空间城镇化指数均值为 0.53，考察期均值达到中高发展水平。从东部各省份 2018 年综合指数来看，处于最高水平的是上海，空间城镇化指数达到 0.92，达到最高发展水平。其次是天津、广东、河北、海南和福建，空间指数超过 0.6，处于较高发展水平。辽宁空间城镇化发展水平较低，空间指数低于 0.5，处于中低发展水平。其他省份空间城镇化发展水平介于 0.5 和 0.6 之间，处于中高水平状态。从东部各省份 2000—2018 年的发展速度来看，空间城镇化指数增加值最大的是上海和海南，考察期内增加了 0.37 和 0.35。北京、江苏、浙江和辽宁考察期增加值为负，空间城镇化水平有所下降。从东部各省份 2000—2018 年指数均值来看，上海考察期均值为 0.70，达到了较高发展水平。辽宁、江苏、浙江和广东空间指数考察期均值较低，介于0.4和0.5之间，处于中低发展水平。其他省份均值介于0.5和0.6之间，处于中高发展水平。

表4－14　　　　　　　　东部空间城镇化指数

年份	北京	天津	上海	河北	辽宁	江苏	浙江	福建	山东	广东	海南	东部
2000	0.80	0.46	0.55	0.57	0.48	0.78	0.64	0.59	0.39	0.59	0.28	0.56
2001	0.62	0.29	0.43	0.39	0.28	0.48	0.45	0.48	0.40	0.41	0.54	0.43
2002	0.38	0.36	0.44	0.42	0.29	0.33	0.45	0.45	0.38	0.43	0.64	0.42
2003	0.30	0.30	0.44	0.39	0.28	0.29	0.37	0.44	0.35	0.33	0.59	0.37
2004	0.41	0.32	0.35	0.47	0.28	0.28	0.35	0.44	0.34	0.21	0.64	0.37
2005	0.23	0.45	0.49	0.52	0.41	0.28	0.33	0.44	0.49	0.24	0.59	0.41
2006	0.44	0.55	0.54	0.58	0.57	0.49	0.47	0.53	0.62	0.45	0.65	0.54
2007	0.50	0.62	0.74	0.56	0.52	0.44	0.43	0.47	0.55	0.45	0.57	0.53
2008	0.49	0.58	0.76	0.55	0.52	0.41	0.42	0.47	0.56	0.41	0.61	0.53
2009	0.50	0.66	0.79	0.53	0.53	0.45	0.41	0.51	0.55	0.40	0.60	0.54
2010	0.56	0.68	0.81	0.54	0.50	0.46	0.47	0.54	0.54	0.49	0.66	0.57
2011	0.61	0.67	0.84	0.58	0.53	0.46	0.48	0.55	0.55	0.52	0.64	0.58
2012	0.54	0.69	0.85	0.61	0.53	0.45	0.48	0.54	0.53	0.55	0.56	0.58
2013	0.56	0.70	0.86	0.65	0.53	0.46	0.49	0.60	0.54	0.57	0.57	0.59
2014	0.53	0.76	0.88	0.65	0.51	0.44	0.46	0.62	0.53	0.57	0.58	0.59
2015	0.54	0.77	0.87	0.64	0.47	0.43	0.47	0.63	0.53	0.57	0.55	0.59
2016	0.53	0.77	0.90	0.65	0.38	0.45	0.52	0.65	0.55	0.61	0.58	0.60
2017	0.55	0.74	0.91	0.66	0.42	0.48	0.55	0.61	0.56	0.65	0.60	0.61
2018	0.58	0.70	0.92	0.68	0.46	0.51	0.58	0.60	0.57	0.69	0.63	0.63
增量	-0.22	-0.24	0.37	0.12	-0.02	0.27	-0.06	0.01	0.18	0.10	0.35	0.07
均值	0.51	0.58	0.70	0.56	0.45	0.44	0.46	0.54	0.50	0.48	0.58	0.53

（3）中部空间城镇化发展水平。从中部整体来看，2000—2018年中部空间城镇化指数呈现出不断上升的趋势，指数从0.43提升到0.61，空间指数增加0.18，高于东部增加值，空间城镇化从中低发展水平提高到较高发展水平（见表4－15）。中部空间城镇化指数考察期均值为0.51，处于中高发展水平。从中部各省份2018年综合指数来看，处于较高水平的是黑龙江、湖南、河南和湖北，指数均超过0.6，处于较高发展水平。其他4省份空间指数介

于0.5和0.6之间，处于中高发展水平。从中部各省份2000—2018年的增加值来看，空间城镇化水平增加值最大的是黑龙江和湖南，考察期内增加值超过0.4，空间城镇化提升程度较大。其他4省空间城镇化指数均低于0.2，空间城镇化水平提升程度较小。从中部各省2000—2018年指数均值来看，河南考察期均值超过0.6，处于较高发展水平；吉林考察期均值低于0.4，处于较低发展水平；其他省份空间指数均介于0.4和0.6之间，处于中低和中高发展水平。

表4-15　　中部空间城镇化指数

年份	山西	吉林	黑龙江	安徽	江西	河南	湖北	湖南	中部
2000	0.45	0.42	0.24	0.52	0.44	0.55	0.45	0.32	0.43
2001	0.23	0.34	0.09	0.37	0.55	0.28	0.28	0.47	0.33
2002	0.49	0.36	0.12	0.35	0.58	0.30	0.25	0.46	0.36
2003	0.47	0.33	0.12	0.33	0.50	0.47	0.30	0.42	0.37
2004	0.54	0.39	0.21	0.34	0.47	0.57	0.28	0.44	0.40
2005	0.53	0.33	0.27	0.34	0.49	0.58	0.29	0.42	0.41
2006	0.55	0.41	0.49	0.51	0.61	0.59	0.48	0.57	0.53
2007	0.64	0.39	0.49	0.53	0.62	0.65	0.46	0.61	0.55
2008	0.61	0.31	0.61	0.52	0.64	0.67	0.42	0.59	0.55
2009	0.60	0.26	0.60	0.53	0.62	0.65	0.40	0.59	0.53
2010	0.64	0.23	0.67	0.54	0.55	0.68	0.44	0.59	0.54
2011	0.62	0.33	0.67	0.49	0.54	0.68	0.45	0.59	0.55
2012	0.61	0.40	0.69	0.52	0.56	0.69	0.46	0.62	0.57
2013	0.60	0.42	0.67	0.51	0.55	0.69	0.52	0.65	0.58
2014	0.61	0.42	0.70	0.51	0.56	0.72	0.51	0.67	0.59
2015	0.58	0.46	0.73	0.50	0.52	0.71	0.53	0.65	0.59
2016	0.58	0.44	0.71	0.50	0.50	0.72	0.56	0.68	0.59
2017	0.55	0.47	0.72	0.53	0.49	0.70	0.59	0.70	0.59
2018	0.50	0.50	0.73	0.56	0.50	0.69	0.63	0.73	0.61
增量	0.06	0.08	0.49	0.04	0.06	0.14	0.17	0.40	0.18
均值	0.55	0.38	0.50	0.47	0.54	0.61	0.44	0.57	0.51

（4）西部空间城镇化发展水平。从西部整体来看，2000—2018年西部空间城镇化指数呈现出不断上升的趋势，指数从0.42提升到0.58，空间指数增加0.15，低于中部增加值，但是高于东部增加值（见表4-16）。空间城镇

化从中低发展水平提高到中高发展水平。中部空间城镇化指数考察期均值为0.49，处于中低发展水平。从西部各省份2018年综合指数来看，处于较高水平的是云南、四川、贵州、甘肃和青海，空间指数超过0.6，处于较高发展水平。重庆、内蒙古和广西空间指数低于0.5，处于中低发展水平。从西部各省份2000—2018年的增加值来看，空间城镇化水平增加值最大的是四川，考察期内增加值均超过0.4。重庆和陕西增加值最小，增加值为负数。从西部各省份2000—2018年指数均值来看，四川考察期均值超过0.6，处于较高发展水平；重庆、内蒙古和宁夏考察期均值低于0.4，处于较低发展水平；其他省份均值介于0.4和0.6之间，处于中低和中高发展水平。

表4-16　西部空间城镇化指数

年份	重庆	内蒙古	广西	四川	贵州	云南	陕西	甘肃	青海	宁夏	新疆	西部
2000	0.54	0.41	0.47	0.23	0.39	0.46	0.55	0.42	0.43	0.46	0.30	0.42
2001	0.37	0.36	0.40	0.37	0.33	0.45	0.48	0.25	0.35	0.39	0.24	0.36
2002	0.43	0.33	0.37	0.45	0.42	0.47	0.48	0.22	0.49	0.34	0.29	0.39
2003	0.37	0.21	0.36	0.45	0.42	0.44	0.47	0.43	0.40	0.27	0.28	0.37
2004	0.39	0.20	0.41	0.48	0.41	0.49	0.45	0.59	0.42	0.23	0.32	0.40
2005	0.39	0.22	0.37	0.48	0.32	0.50	0.46	0.58	0.46	0.22	0.36	0.40
2006	0.40	0.30	0.54	0.71	0.37	0.63	0.64	0.47	0.49	0.27	0.66	0.50
2007	0.38	0.22	0.49	0.73	0.48	0.60	0.62	0.55	0.49	0.28	0.65	0.50
2008	0.39	0.30	0.50	0.75	0.58	0.52	0.62	0.52	0.49	0.32	0.64	0.51
2009	0.40	0.36	0.37	0.75	0.60	0.61	0.64	0.50	0.51	0.34	0.62	0.52
2010	0.42	0.39	0.34	0.74	0.67	0.57	0.64	0.53	0.62	0.37	0.65	0.54
2011	0.41	0.45	0.38	0.76	0.71	0.55	0.66	0.54	0.68	0.40	0.59	0.56
2012	0.43	0.46	0.39	0.76	0.73	0.60	0.63	0.62	0.76	0.40	0.58	0.58
2013	0.44	0.48	0.40	0.74	0.66	0.54	0.65	0.59	0.72	0.39	0.57	0.56
2014	0.40	0.51	0.42	0.73	0.61	0.47	0.67	0.58	0.67	0.32	0.59	0.54
2015	0.40	0.51	0.45	0.63	0.61	0.51	0.56	0.58	0.63	0.36	0.48	0.52
2016	0.43	0.53	0.46	0.69	0.62	0.48	0.58	0.60	0.65	0.41	0.49	0.54
2017	0.46	0.49	0.45	0.69	0.63	0.60	0.54	0.61	0.60	0.46	0.53	0.55
2018	0.48	0.49	0.48	0.69	0.64	0.71	0.53	0.63	0.60	0.51	0.57	0.58
增量	-0.06	0.08	0.01	0.46	0.25	0.25	-0.02	0.21	0.17	0.05	0.27	0.15
均值	0.39	0.38	0.42	0.62	0.54	0.54	0.57	0.52	0.55	0.35	0.50	0.49

4.2.2.4　生活城镇化发展水平

（1）全国生活城镇化发展水平。2000 年全国生活城镇化发展水平较低（见图4－9 左），大多数省份生活城镇化指数在0 和0.2 之间的最低发展水平状态。其中，上海生活城镇化指数为0.62，处于较高发展水平。北京指数为0.56，处于中高发展水平。天津和新疆指数分别为0.37 和0.25，处于较低发展水平。其他26 省生活城镇化指数值均低于0.2，处于最低发展水平状态。经过多年的发展，全国生活城镇化水平得到一定程度的提升，2018 年全国大多数省份生活城镇化指数提升到0.6 以上的很高和较高发展水平（见图4－9右）。其中，天津和江苏生活城镇化指数为分别为0.82 和0.80，达到高度发展水平，发展等级达到最高的第Ⅵ级；北京、浙江、福建、山西和山东生活城镇化指数介于0.7 和0.8 之间，重庆、湖北、广东、吉林、江西、河南、河北、宁夏、湖南、安徽、海南、上海、四川和黑龙江生活城镇化指数值介于0.6 和0.7 之间，以上19 个省份生活城镇化均为较高发展水平，发展等级达到第Ⅴ级；陕西2018 年指数值为0.46，在所有省份中最低，为中低发展水平；其他8 个省份指数值介于0.5 和0.6 之间，处于中高发展水平。

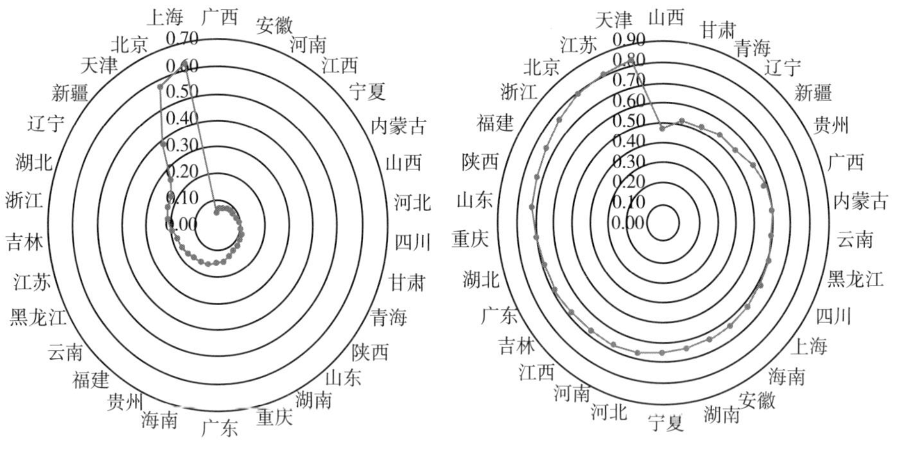

图4－9　全国2000 年（左）和2018 年（右）生活城镇化指数分布图

从2000—2018 年全国生活城镇化指数来看（见图4－10 左），全国生活城镇化指数从0.17 上升到0.64，从最低发展水平等级提高到较高发展水平等级。考察期增加值为0.47，提升幅度较大。考察期均值为0.37，考察期全国生活发展水平平均处于较低发展水平。从2000—2018 年东中西部生活城镇化指数来看（见图4-10右），东部指数从0.25上升到0.70，从较低发展水平等级提升到较高发展等级。考察期增加值为0.45，提升幅度较大，略低于全国指数增加值。考察期均值为0.45，高于全国指数均值。中部指数从0.12上升到0.62，从最低发展水平等级提升到较高发展等级。考察期增加值为0.50，提升幅度最大，高于东部和西部指数增加值。考察期均值为0.33，低于东部指数均值。西部指数从0.12上升到0.60，从最低发展水平等级提升到较高发展等级。考察期增加值为0.47，高于东部指数增加值，但是低于中部指数增加值。考察期均值为0.31，低于东部和中部指数均值，在东中西三大区域中发展水平最低。

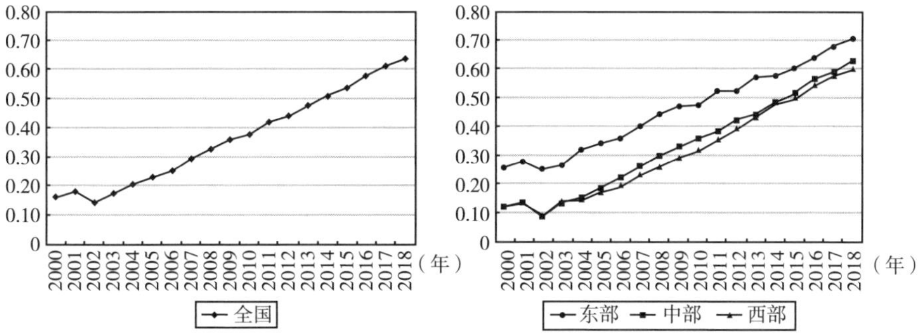

图4-10　2000—2018年全国（左）和东中西部（右）生活城镇化指数趋势图

（2）东部生活城镇化发展水平。从东部整体来看，2000—2018年东部生活城镇化指数呈现出微弱的上升趋势，指数值从0.25提升到0.70，考察期生活指数增加值为0.45，生活城镇化从较低发展水平提高到较高发展水平（见表4-17）。东部考察期生活城镇化指数均值为0.45，考察期均值为中低发展水平。从东部各省份2018年综合指数来看，处于最高水平的是天津和江苏，生活城镇化指数达到0.82和0.80，达到最高发展水平。辽宁生活城镇化发展水平较低，生活指数低于0.6，处于中高发展水平。其他省份生活城镇化发展水平介于0.6和0.8之间，处于较高水平状态。从东部各省份2000—2018年发展速度来看，生活城镇化指数增加值最大的是江苏和山东，考察期内增加了0.63和0.60。上海、北京和辽宁增加值低于0.4，生活城镇化提升程度较小。其他省份增加值均介于0.4和0.6之间，生活城镇化水平提升程度较大。从东部各省份2000—2018年指数均值来看，北京和上海考察期均值分别为0.69和0.62，考察期平均达到了较高发展水平。其次是上海，考察期均值为 0.57，考察期平均达到中高发展水平。其他省份指数均介于 0.2 和 0.5 之间的较低和中低发展水平。

表 4－17　　东部生活城镇化指数

年份	北京	天津	上海	河北	辽宁	江苏	浙江	福建	山东	广东	海南	东部
2000	0.56	0.37	0.62	0.10	0.21	0.17	0.20	0.15	0.12	0.14	0.15	0.25
2001	0.61	0.39	0.64	0.12	0.24	0.18	0.24	0.16	0.14	0.15	0.16	0.28
2002	0.62	0.35	0.61	0.10	0.17	0.15	0.21	0.12	0.11	0.12	0.13	0.25
2003	0.68	0.38	0.62	0.11	0.18	0.19	0.27	0.15	0.14	0.14	0.07	0.27
2004	0.69	0.47	0.68	0.16	0.23	0.24	0.33	0.20	0.19	0.19	0.13	0.32
2005	0.68	0.53	0.55	0.18	0.31	0.29	0.35	0.24	0.25	0.22	0.14	0.34
2006	0.73	0.53	0.55	0.21	0.35	0.30	0.33	0.23	0.32	0.23	0.18	0.36
2007	0.75	0.53	0.57	0.27	0.39	0.38	0.38	0.27	0.35	0.29	0.19	0.40
2008	0.75	0.62	0.66	0.31	0.44	0.42	0.44	0.30	0.39	0.34	0.23	0.45
2009	0.75	0.68	0.64	0.33	0.46	0.45	0.46	0.36	0.39	0.37	0.27	0.47
2010	0.62	0.69	0.56	0.38	0.50	0.46	0.47	0.39	0.42	0.40	0.32	0.47
2011	0.69	0.75	0.57	0.40	0.56	0.51	0.50	0.45	0.46	0.46	0.38	0.52
2012	0.73	0.70	0.41	0.43	0.61	0.53	0.50	0.47	0.48	0.43	0.42	0.52
2013	0.75	0.83	0.41	0.46	0.65	0.57	0.54	0.52	0.54	0.50	0.45	0.57
2014	0.64	0.75	0.45	0.46	0.65	0.64	0.61	0.57	0.57	0.49	0.49	0.58
2015	0.66	0.75	0.49	0.50	0.60	0.68	0.66	0.62	0.62	0.53	0.51	0.60
2016	0.72	0.79	0.55	0.55	0.49	0.73	0.70	0.65	0.67	0.60	0.56	0.64
2017	0.77	0.80	0.59	0.61	0.51	0.77	0.73	0.70	0.70	0.64	0.61	0.68
2018	0.78	0.82	0.62	0.65	0.53	0.80	0.75	0.73	0.72	0.67	0.63	0.70
增量	0.22	0.45	0.01	0.56	0.32	0.63	0.55	0.58	0.60	0.53	0.47	0.45
均值	0.69	0.62	0.57	0.33	0.42	0.45	0.46	0.38	0.40	0.36	0.32	0.45

（3）中部生活城镇化发展水平。从中部整体来看，2000—2018 年中部生活城镇化指数呈现出不断上升的趋势，指数值从 0.12 提升到 0.62，生活指数增加 0.50，高于东部增加值，生活城镇化从最低发展水平提高到较高发展水平（见表 4－18）。中部生活城镇化指数均值为 0.33，考察期均值为较低发展水平。从东部各省份 2018 年综合指数来看，处于较高水平的是吉林、黑龙江、安徽、江西、河南、湖北和湖南，生活指数均超过 0.6，处于较高发展水平。只有山西生活指数为 0.46，处于中低发展水平。从中部各省 2000—2018 年的增加值来

看，生活城镇化水平增加值最大的是安徽、江西、河南和湖南，考察期内增加值超过0.5，生活城镇化提升程度较大。山西增加值只有0.38，生活城镇化水平提升程度最小。从中部各省份2000—2018年指数均值来看，吉林考察期均值为0.40，为中低发展水平。吉林考察期均值低于0.4，处于中低发展水平。其他省份生活指数均介于0.2和0.4之间，处于较低发展水平。

表4-18　　　　中部生活城镇化指数

年份	山西	吉林	黑龙江	安徽	江西	河南	湖北	湖南	中部
2000	0.09	0.19	0.16	0.06	0.07	0.06	0.21	0.13	0.12
2001	0.10	0.20	0.19	0.08	0.09	0.08	0.21	0.13	0.13
2002	0.09	0.15	0.15	0.05	0.07	0.04	0.10	0.09	0.09
2003	0.26	0.15	0.16	0.06	0.11	0.08	0.13	0.11	0.13
2004	0.16	0.23	0.16	0.10	0.14	0.12	0.18	0.13	0.15
2005	0.19	0.21	0.20	0.13	0.20	0.16	0.22	0.19	0.19
2006	0.21	0.28	0.26	0.15	0.22	0.16	0.28	0.20	0.22
2007	0.26	0.33	0.29	0.19	0.25	0.19	0.33	0.26	0.26
2008	0.31	0.39	0.34	0.23	0.27	0.22	0.34	0.28	0.30
2009	0.34	0.43	0.39	0.26	0.28	0.27	0.35	0.31	0.33
2010	0.36	0.48	0.45	0.29	0.30	0.29	0.36	0.33	0.36
2011	0.40	0.45	0.47	0.33	0.33	0.31	0.42	0.35	0.38
2012	0.43	0.50	0.50	0.38	0.36	0.35	0.46	0.36	0.42
2013	0.48	0.52	0.54	0.40	0.35	0.35	0.50	0.38	0.44
2014	0.47	0.55	0.52	0.46	0.39	0.43	0.55	0.45	0.48
2015	0.49	0.59	0.53	0.48	0.44	0.47	0.58	0.52	0.51
2016	0.51	0.63	0.57	0.52	0.48	0.53	0.64	0.60	0.56
2017	0.45	0.64	0.60	0.58	0.57	0.60	0.66	0.62	0.59
2018	0.46	0.66	0.60	0.63	0.66	0.66	0.68	0.64	0.62
增量	0.38	0.48	0.44	0.57	0.58	0.59	0.47	0.51	0.50
均值	0.32	0.40	0.37	0.28	0.29	0.28	0.38	0.32	0.33

（4）西部生活城镇化发展水平。从西部整体来看，2000—2018年西部生活城镇化指数呈现出不断上升的趋势，指数从0.12提升到0.60，生活指数增加0.47，低于中部增加值，高于东部增加值，生活城镇化从最低发展水平提高到较高发展水平（见表4-19）。中部整体考察期内生活城镇化指数均值

为0.47，考察期均值为中低发展水平。从西部各省份2018年综合指数来看，处于较高水平的是陕西、重庆和四川，生活指数超过0.6，处于较高发展水平。其他省份指数均介于0.4和0.6之间的中低和中高发展水平状态。从西部各省份2000—2018年的增加值来看，生活城镇化水平增加值最大的是陕西，考察期内增加值达到0.6，提升程度最高。新疆增加值仅为0.28，在西部省份中提升程度最低。其他省份增加值均介于0.4和0.6之间，生活城镇化提升程度相对较高。从西部各省份2000—2018年指数均值来看，内蒙古考察期均值达到0.4，处于中低发展水平。其他省份均介于0.2和0.4之间，考察期生活城镇化指数均值处于较低发展水平。

表4－19　西部生活城镇化指数

年份	重庆	内蒙古	广西	四川	贵州	云南	陕西	甘肃	青海	宁夏	新疆	西部
2000	0.14	0.08	0.05	0.10	0.15	0.16	0.12	0.11	0.11	0.08	0.25	0.12
2001	0.15	0.10	0.06	0.10	0.16	0.18	0.14	0.13	0.16	0.09	0.25	0.14
2002	0.08	0.10	0.04	0.05	0.08	0.06	0.12	0.06	0.12	0.09	0.15	0.09
2003	0.11	0.13	0.18	0.11	0.09	0.05	0.14	0.09	0.31	0.10	0.21	0.14
2004	0.16	0.20	0.10	0.12	0.10	0.08	0.18	0.10	0.19	0.12	0.26	0.15
2005	0.21	0.24	0.14	0.15	0.09	0.10	0.20	0.13	0.27	0.13	0.25	0.17
2006	0.23	0.27	0.16	0.18	0.04	0.12	0.22	0.13	0.29	0.18	0.27	0.19
2007	0.26	0.31	0.19	0.21	0.09	0.16	0.27	0.20	0.31	0.20	0.34	0.23
2008	0.28	0.37	0.21	0.25	0.10	0.18	0.32	0.23	0.30	0.27	0.28	0.25
2009	0.29	0.50	0.26	0.30	0.12	0.17	0.39	0.26	0.32	0.30	0.27	0.29
2010	0.32	0.46	0.27	0.32	0.15	0.20	0.41	0.29	0.38	0.36	0.31	0.32
2011	0.38	0.51	0.31	0.37	0.17	0.22	0.47	0.35	0.37	0.38	0.37	0.36
2012	0.41	0.53	0.35	0.43	0.22	0.25	0.51	0.40	0.39	0.44	0.41	0.39
2013	0.48	0.59	0.35	0.45	0.25	0.32	0.56	0.42	0.38	0.49	0.46	0.43
2014	0.54	0.66	0.39	0.50	0.32	0.35	0.60	0.45	0.41	0.54	0.54	0.48
2015	0.58	0.60	0.43	0.50	0.39	0.39	0.60	0.46	0.41	0.58	0.57	0.50
2016	0.61	0.63	0.49	0.54	0.47	0.47	0.65	0.50	0.45	0.60	0.56	0.54
2017	0.66	0.61	0.53	0.60	0.52	0.54	0.69	0.47	0.48	0.64	0.58	0.58
2018	0.69	0.59	0.58	0.61	0.57	0.59	0.72	0.51	0.52	0.64	0.53	0.60
增量	0.55	0.51	0.53	0.51	0.42	0.44	0.60	0.40	0.41	0.56	0.28	0.47
均值	0.36	0.40	0.27	0.31	0.21	0.24	0.38	0.28	0.32	0.33	0.36	0.31

4.2.2.5 资源环境城镇化发展水平

（1）全国资源环境城镇化发展水平。2000 年全国资源环境城镇化发展水平较低（见图 4－11 左），大多数省份资源环境城镇化指数在 0 和 0.2 之间的最低发展水平。其中，海南资源环境城镇化指数为 0.48，处于中低发展水平。其次是北京、天津、上海、山东、广东、宁夏、云南、湖北、福建、浙江、江苏和湖南，资源环境城镇化指数介于 0.2 和 0.4 之间，处于较低发展水平。其他省份资源环境城镇化指数值均低于 0.2，处于最低发展水平状态。经过多年的发展，全国资源环境城镇化水平得到一定程度的提升，2018 年 30 个省份中有 26 个省份资源环境城镇化指数提升到 0.6 以上的很高和较高发展水平（见图 4－11 右）。其中，江苏和海南资源环境城镇化指数超过 0.8，达到最高发展水平，发展等级达到最高的第Ⅵ级。宁夏、吉林、新疆和陕西指数介于 0.5 和 0.6 之间，处于中高发展水平，资源环境城镇化水平较低。

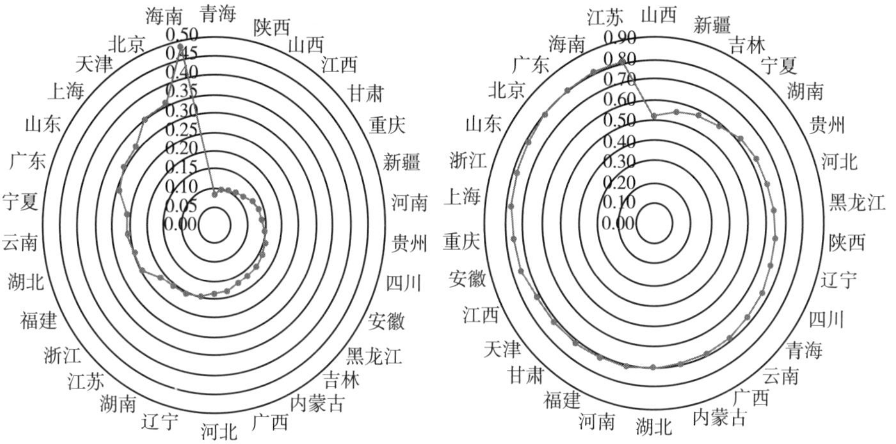

图 4－11 全国 2000 年（左）和 2018 年（右）资源环境城镇化指数分布图

从 2000—2018 年全国资源环境城镇化指数来看（见图 4－12 左），全国资源环境城镇化指数从 0.20 上升到 0.69，从较低发展水平等级提高到较高发展水平等级。考察期增加值为 0.49，提升幅度较大。考察期均值为 0.40，考察期间全国资源环境发展水平平均处于中低发展水平。从 2000—2018 年东中西部资源环境城镇化指数来看（见图 4－12 右），东部指数从 0.28 上升到 0.75，从较低发展水平等级提升到较高发展等级。考察期增加值为 0.47，提升幅度较大，略低于全国指数增加值。考察期均值为 0.48，高于全国指数均值。中部指数从0.16上升到0.65，从最低发展水平等级提升到较高发展等级。考察期增加值为0.49，提升幅度较大，略高于东部指数增加值。考察期均值为0.37，低于东部指数均值。西部指数从0.16上升到0.67，从最低发展等级提升到较高发展等级。考察期增加值为0.51，高于东部和中部指数增加值，在所有区域中提升程度最大。考察期均值为0.36，低于东部和中部指数均值，在东中西三大区域中发展水平最低。

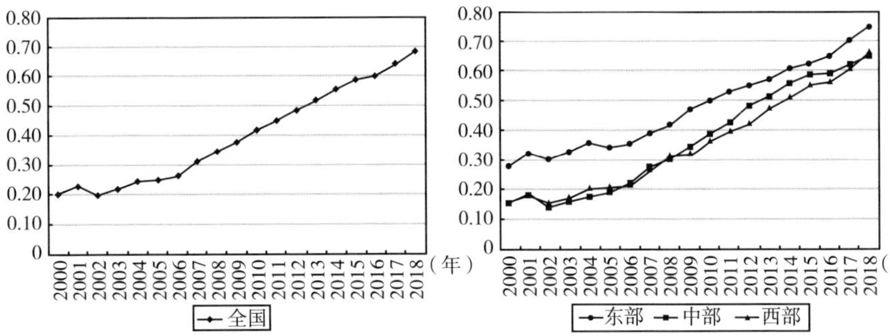

图4-12　2000—2018年全国（左）和东中西部（右）资源环境城镇化指数趋势图

（2）东部资源环境城镇化发展水平。从东部整体来看，2000—2018年东部资源环境城镇化指数呈现出微弱的上升趋势，指数值从0.28提升到0.75，资源环境城镇化从较低发展水平提高到较高发展水平（见表4-20）。东部考察期内资源环境城镇化指数均值为0.48，考察期平均为中低发展水平。从东部各省份2018年综合指数来看，所有省份指数值均高于0.6，处于最高水平的是江苏、海南和广东，资源环境城镇化指数超过0.8，达到最高发展水平。河北和辽宁资源环境城镇化发展水平最低，资源环境指数低于0.7。其他省份资源环境城镇化发展水平介于0.7和0.8之间，处于较高水平。从东部各省2000—2018年的发展速度来看，资源环境城镇化指数增加值最大的是江苏，考察期内增加了0.60。天津和海南增加值低于0.4，资源环境城镇化提升程度最小。其他省份增加值均介于0.4和0.6之间，资源环境城镇化水平提升较快。从东部各省份2000—2018年指数均值来看，北京、天津、上海、江苏和海南指数均值超过0.5，考察期平均达到了中高发展水平。河北和辽宁指数均值低于0.4，考察期处于较低发展水平。其他省份均介于0.4和0.5之间的中低发展水平。

表 4-20 东部资源环境城镇化指数

年份	北京	天津	上海	河北	辽宁	江苏	浙江	福建	山东	广东	海南	东部
2000	0.35	0.35	0.31	0.18	0.19	0.20	0.21	0.24	0.31	0.29	0.48	0.28
2001	0.44	0.43	0.29	0.21	0.21	0.29	0.28	0.27	0.27	0.35	0.53	0.33
2002	0.43	0.47	0.28	0.21	0.21	0.26	0.26	0.22	0.22	0.25	0.52	0.30
2003	0.47	0.45	0.51	0.23	0.21	0.31	0.33	0.27	0.25	0.30	0.31	0.33
2004	0.51	0.50	0.50	0.24	0.20	0.36	0.35	0.30	0.27	0.30	0.43	0.36
2005	0.29	0.51	0.38	0.25	0.24	0.41	0.37	0.32	0.23	0.34	0.45	0.34
2006	0.46	0.54	0.41	0.26	0.25	0.38	0.33	0.28	0.38	0.24	0.41	0.36
2007	0.46	0.56	0.44	0.27	0.33	0.46	0.37	0.30	0.40	0.30	0.41	0.39
2008	0.46	0.54	0.47	0.31	0.35	0.51	0.42	0.37	0.45	0.35	0.40	0.42
2009	0.52	0.60	0.51	0.35	0.39	0.55	0.46	0.39	0.49	0.39	0.51	0.47
2010	0.55	0.58	0.49	0.50	0.43	0.57	0.50	0.41	0.45	0.42	0.63	0.50
2011	0.58	0.65	0.58	0.51	0.45	0.57	0.52	0.42	0.51	0.45	0.64	0.54
2012	0.66	0.67	0.58	0.51	0.48	0.59	0.57	0.46	0.55	0.44	0.59	0.55
2013	0.68	0.69	0.60	0.51	0.50	0.65	0.62	0.51	0.59	0.45	0.52	0.57
2014	0.78	0.66	0.67	0.51	0.53	0.68	0.65	0.50	0.60	0.52	0.60	0.61
2015	0.82	0.69	0.62	0.52	0.55	0.70	0.67	0.51	0.63	0.58	0.60	0.63
2016	0.79	0.65	0.69	0.55	0.49	0.70	0.67	0.55	0.65	0.64	0.77	0.65
2017	0.79	0.68	0.73	0.60	0.59	0.76	0.72	0.63	0.72	0.72	0.79	0.70
2018	0.79	0.72	0.77	0.64	0.66	0.81	0.77	0.71	0.78	0.80	0.81	0.75
增量	0.43	0.37	0.46	0.45	0.46	0.60	0.56	0.47	0.47	0.51	0.32	0.47
均值	0.57	0.58	0.52	0.39	0.38	0.51	0.48	0.40	0.46	0.43	0.55	0.48

（3）中部资源环境城镇化发展水平。从中部整体来看，2000—2018 年中部资源环境城镇化指数呈现出不断上升的趋势，中部指数值从 0.16 提升到 0.65，资源环境城镇化从最低发展水平提高到较高发展水平（见表 4-21）。中部考察期内资源环境城镇化指数均值为 0.37，考察期均值为较低发展水平。从中部各省份 2018 年综合指数来看，处于较高水平的是安徽、江西、河南、湖北、黑龙江和湖南，资源环境指数介于 0.6 和 0.8 之间。只有山西和吉林资源环境指数低于 0.6，处于中高发展水平。从中部各省份 2000—2018 年的增加值来看，资源环境城镇化水平增加值最大的是河北，考察期内增加值超过 0.4，资源环境城镇化提升最快。其他省份增加值均在 0.3 和 0.4 之

间，资源环境城镇化水平提升较快。从中部各省份2000—2018年指数均值来看，湖北考察期均值为0.44，为中低发展水平。其他省份资源环境指数均介于0.3和0.4之间，处于较低发展水平。

表4-21　　　　　　　　中部资源环境城镇化指数

年份	山西	吉林	黑龙江	安徽	江西	河南	湖北	湖南	中部
2000	0.10	0.17	0.17	0.16	0.11	0.14	0.24	0.20	0.16
2001	0.10	0.20	0.21	0.15	0.14	0.16	0.31	0.21	0.19
2002	0.06	0.19	0.20	0.11	0.14	0.13	0.17	0.15	0.14
2003	0.09	0.19	0.21	0.14	0.17	0.16	0.20	0.14	0.16
2004	0.15	0.18	0.21	0.17	0.18	0.17	0.19	0.20	0.18
2005	0.15	0.20	0.20	0.19	0.21	0.21	0.23	0.20	0.20
2006	0.25	0.22	0.20	0.21	0.21	0.21	0.27	0.23	0.23
2007	0.28	0.25	0.24	0.25	0.26	0.24	0.44	0.28	0.28
2008	0.32	0.28	0.27	0.28	0.33	0.25	0.41	0.31	0.31
2009	0.42	0.33	0.33	0.31	0.36	0.27	0.43	0.32	0.35
2010	0.49	0.37	0.38	0.37	0.41	0.29	0.45	0.38	0.39
2011	0.52	0.40	0.45	0.45	0.44	0.31	0.45	0.42	0.43
2012	0.54	0.52	0.52	0.49	0.48	0.36	0.49	0.46	0.48
2013	0.53	0.56	0.53	0.54	0.50	0.38	0.58	0.50	0.52
2014	0.58	0.63	0.58	0.58	0.51	0.41	0.65	0.55	0.56
2015	0.57	0.66	0.60	0.63	0.52	0.44	0.73	0.57	0.59
2016	0.58	0.59	0.57	0.66	0.56	0.48	0.70	0.61	0.59
2017	0.56	0.59	0.61	0.71	0.64	0.59	0.70	0.61	0.63
2018	0.52	0.58	0.64	0.75	0.72	0.71	0.70	0.62	0.65
增量	0.42	0.41	0.48	0.59	0.61	0.57	0.46	0.42	0.49
均值	0.36	0.37	0.37	0.38	0.36	0.31	0.44	0.37	0.37

（4）西部资源环境城镇化发展水平。从西部整体来看，2000—2018年西部资源环境城镇化指数呈现出不断上升的趋势，指数值从0.16提升到0.67，资源环境指数增加0.51，高于东部和中部增加值，资源环境城镇化从最低发展水平提高到较高发展水平（见表4-22）。中部考察期资源环境城镇化指数均值为0.36，考察期均值为较低发展水平。从西部各省份2018年综合指数来看，处于较高水平的是重庆、内蒙古、甘肃、广西、四川、贵州、云南、

陕西和青海，资源环境指数超过0.6，处于较高发展水平。仅有宁夏和新疆指数介于0.5和0.6之间的中高发展水平。从西部各省份2000—2018年的增加值来看，资源环境城镇化水平增加值最大的是重庆、甘肃和青海，考察期内增加值超过0.6，提升程度最高。宁夏增加值仅为0.33，在西部省份中提升程度最低。其他省份增加值均介于0.4和0.6之间，资源环境城镇化提升程度较高。从西部各省份2000—2018年指数均值来看，重庆和四川考察期均值超过0.4，处于中低发展水平。其他省份均介于0.3和0.4之间，考察期资源环境城镇化指数均值处于较低发展水平。

表4-22　　西部资源环境城镇化指数

指标	重庆	内蒙古	广西	四川	贵州	云南	陕西	甘肃	青海	宁夏	新疆	西部
2000	0.13	0.17	0.18	0.16	0.15	0.25	0.09	0.11	0.08	0.26	0.14	0.16
2001	0.19	0.18	0.21	0.18	0.20	0.35	0.10	0.16	0.15	0.13	0.21	0.19
2002	0.14	0.18	0.16	0.15	0.14	0.24	0.10	0.11	0.23	0.08	0.19	0.16
2003	0.21	0.19	0.14	0.23	0.09	0.20	0.19	0.17	0.25	0.06	0.21	0.18
2004	0.23	0.19	0.17	0.26	0.24	0.17	0.16	0.20	0.27	0.14	0.27	0.21
2005	0.20	0.20	0.19	0.29	0.28	0.20	0.19	0.21	0.21	0.13	0.27	0.22
2006	0.24	0.16	0.23	0.31	0.18	0.14	0.23	0.19	0.29	0.21	0.27	0.22
2007	0.28	0.29	0.26	0.37	0.20	0.21	0.32	0.18	0.33	0.23	0.33	0.27
2008	0.34	0.32	0.30	0.40	0.21	0.21	0.37	0.23	0.40	0.41	0.31	0.32
2009	0.42	0.32	0.33	0.39	0.17	0.22	0.41	0.25	0.41	0.40	0.25	0.33
2010	0.45	0.39	0.37	0.46	0.24	0.27	0.46	0.26	0.47	0.37	0.33	0.37
2011	0.48	0.46	0.41	0.47	0.29	0.31	0.48	0.26	0.49	0.36	0.38	0.40
2012	0.53	0.48	0.43	0.53	0.30	0.35	0.49	0.31	0.49	0.32	0.44	0.42
2013	0.55	0.56	0.48	0.53	0.42	0.48	0.52	0.38	0.50	0.41	0.45	0.48
2014	0.57	0.61	0.50	0.54	0.46	0.52	0.55	0.45	0.55	0.41	0.49	0.51
2015	0.62	0.66	0.67	0.59	0.47	0.55	0.56	0.46	0.55	0.50	0.50	0.56
2016	0.67	0.65	0.66	0.63	0.50	0.61	0.55	0.48	0.53	0.46	0.47	0.56
2017	0.71	0.66	0.67	0.66	0.56	0.66	0.59	0.60	0.60	0.52	0.51	0.61
2018	0.75	0.70	0.69	0.67	0.63	0.69	0.65	0.72	0.68	0.59	0.56	0.67
增量	0.63	0.53	0.51	0.52	0.48	0.44	0.56	0.60	0.60	0.33	0.42	0.51
均值	0.42	0.39	0.37	0.41	0.30	0.35	0.37	0.30	0.39	0.32	0.35	0.36

4.2.2.6　城乡一体城镇化发展水平

（1）全国城乡一体城镇化发展水平。2000 年全国城乡一体城镇化发展水平较低（见图 4 - 13 左），大多数省份城乡一体城镇化指数处于低于 0.5 的低发展水平。其中，上海城乡一体城镇化指数为 0.84，处于最高发展水平。其次是福建、江苏、北京、辽宁、海南和天津，城乡一体城镇化指数介于 0.6 和 0.8 之间，处于较高发展水平。浙江、河北、内蒙古和黑龙江城乡一体城镇化指数值均高于 0.5，处于中高发展水平。其他省份均低于 0.5，处于低发展水平。经过多年的发展，全国城乡一体城镇化水平得到一定程度的提升，2018 年 30 个省份中有 26 个省份城乡一体城镇化指数提升到 0.6 以上的很高和较高发展水平（见图 4 - 13 右）。其中，湖北、江西、天津、广西、河南、安徽和黑龙江城乡一体城镇化指数超过 0.8，达到最高发展水平，发展等级达到最高的第Ⅵ级。新疆和陕西指数介于 0.5 和 0.6 之间，处于中高发展水平。北京和上海城乡一体城镇化水平下降较为明显，指数仅为 0.46 和 0.36，分别处于中低和较低发展水平。其他 18 个省份城乡一体城镇化指数均介于 0.6 和 0.8 之间的较高发展水平。

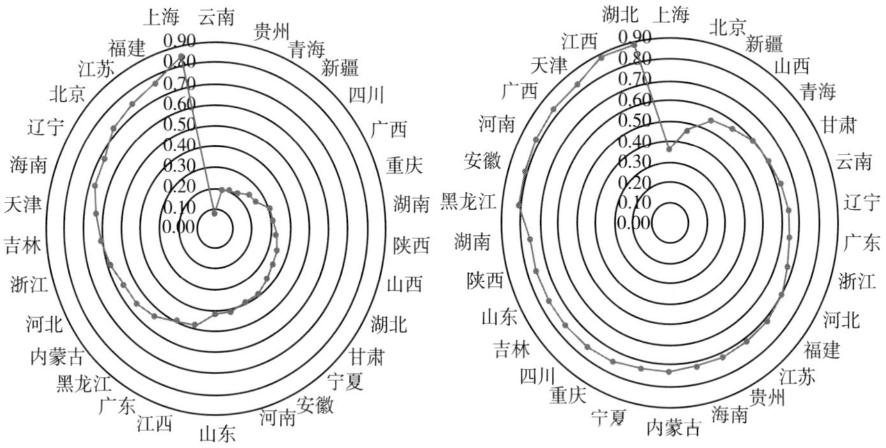

图 4 - 13　全国 2000 年（左）和 2018 年（右）资源环境城镇化指数分布图

从 2000—2018 年全国城乡一体城镇化指数来看（见图 4 - 14 左），全国城乡一体城镇化指数从 0.45 上升到 0.71，从中低发展水平等级提高到较高发展水平等级。考察期增加值为 0.26，提升幅度较大。考察期均值为 0.49，考察期间全国城乡一体发展水平平均处于中低发展水平。从 2000—2018 年东中西部城乡一体城镇化指数来看（见图 4－14 右），东部指数 2000—2010 年下降，2011—2018 年上升，2018 年指数值为 0.65，较 2000 年的 0.64 有微弱的上升，提升幅度较小。考察期均值为 0.56，高于全国指数均值。中部指数从 0.43 上升到 0.79，从中低发展水平等级提升到较高发展等级。考察期增加值为 0.36，提升幅度较大，远高于东部指数增加值。考察期均值为 0.52，低于东部指数均值。西部指数从 0.28 上升到 0.69，从较低发展水平等级提升到较高发展等级。考察期增加值为 0.41，高于东部和中部指数增加值，在所有区域中提升程度最大。考察期均值为 0.40，低于东部和中部指数均值，在东中西三大区域中发展水平最低。

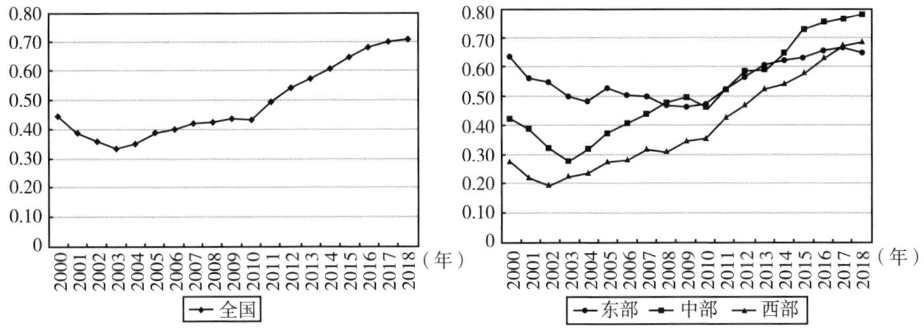

图 4－14　2000—2018 年全国（左）和东中西部（右）城乡一体城镇化指数趋势图

（2）东部城乡一体城镇化发展水平。从东部整体来看，2000—2018 年东部城乡一体城镇化指数呈现出先下降后上升的趋势，2000 年和 2018 年城乡一体城镇化处于较高发展水平。东部考察期内城乡一体城镇化指数均值为 0.56，考察期平均为中高发展水平。从东部各省份 2018 年综合指数来看，天津指数为 0.84，达到最高发展水平。北京和上海 2018 年仅为 0.46 和 0.36，处于中低和较低发展水平。其他省份城乡一体城镇化发展水平介于 0.6 和 0.8 之间，处于较高水平。从东部各省份 2000—2018 年的增长值来看，城乡一体城镇化指数增加值最大的是山东，考察期内增加了 0.33。北京、上海、辽宁、江苏和福建增加值低于 0，城乡一体城镇化出现负增长。其他省份增加值均介于 0 和 0.3 之间，城乡一体城镇化水平提升较快。从东部各省份 2000—2018 年指数均值来看，北京、天津、上海和江苏指数均值超过 0.6，考察期平均达到了较高发展水平。河北、辽宁、浙江、福建和山东指数均值超过 0.5，考察期平均为中高发展水平。其他省份指数均介于 0.4 和 0.5 之间的中低发展水平。

表 4－23　　东部城乡一体城镇化指数

年份	北京	天津	上海	河北	辽宁	江苏	浙江	福建	山东	广东	海南	东部
2000	0.71	0.63	0.84	0.55	0.66	0.74	0.57	0.76	0.42	0.49	0.66	0.64
2001	0.73	0.35	0.86	0.55	0.62	0.66	0.43	0.69	0.46	0.45	0.38	0.56
2002	0.61	0.51	0.93	0.47	0.46	0.73	0.56	0.64	0.43	0.48	0.24	0.55
2003	0.57	0.55	0.85	0.44	0.46	0.55	0.56	0.58	0.38	0.33	0.29	0.51
2004	0.57	0.52	0.75	0.47	0.44	0.54	0.48	0.48	0.43	0.29	0.36	0.48
2005	0.69	0.57	0.82	0.41	0.72	0.44	0.47	0.48	0.47	0.27	0.48	0.53
2006	0.58	0.55	0.77	0.53	0.75	0.44	0.46	0.39	0.44	0.26	0.36	0.50
2007	0.73	0.46	0.73	0.53	0.59	0.51	0.66	0.35	0.47	0.18	0.28	0.50
2008	0.76	0.35	0.55	0.44	0.52	0.49	0.68	0.36	0.42	0.31	0.36	0.48
2009	0.89	0.27	0.60	0.46	0.58	0.48	0.51	0.32	0.42	0.25	0.34	0.47
2010	0.85	0.31	0.53	0.51	0.44	0.55	0.71	0.28	0.37	0.26	0.40	0.47
2011	0.80	0.61	0.47	0.68	0.47	0.65	0.54	0.30	0.57	0.32	0.38	0.53
2012	0.79	0.69	0.55	0.70	0.47	0.71	0.60	0.35	0.68	0.33	0.42	0.57
2013	0.74	0.81	0.64	0.76	0.54	0.70	0.63	0.29	0.67	0.42	0.50	0.61
2014	0.90	0.98	0.48	0.62	0.50	0.51	0.55	0.55	0.68	0.58	0.53	0.63
2015	0.45	1.00	0.34	0.70	0.54	0.55	0.77	0.64	0.68	0.61	0.68	0.63
2016	0.47	0.88	0.37	0.74	0.57	0.69	0.70	0.69	0.72	0.62	0.75	0.66
2017	0.50	0.93	0.37	0.71	0.64	0.70	0.71	0.73	0.74	0.60	0.73	0.67
2018	0.46	0.84	0.36	0.69	0.65	0.71	0.67	0.70	0.75	0.65	0.71	0.65
增量	-0.25	0.21	-0.48	0.14	-0.02	-0.03	0.09	-0.06	0.33	0.16	0.05	0.01
均值	0.67	0.62	0.62	0.58	0.56	0.60	0.59	0.50	0.54	0.40	0.47	0.56

（3）中部城乡一体城镇化发展水平。从中部整体来看，2000—2018 年中部城乡一体城镇化指数呈现出不断上升的趋势，8 省指数均值从 0.43 提升到 0.79，城乡一体城镇化从中低发展水平提高到较高发展水平，接近最高发展水平。中部考察期内城乡一体城镇化指数均值为 0.52，考察期均值为中高发展水平。从中部各省份 2018 年综合指数来看，黑龙江、安徽、江西、河南和湖北城乡一体指数高于 0.8，处于最高发展水平。湖南和吉林指数值为 0.75 和 0.74，处于较高发展水平。山西城乡一体指数低于 0.6，处于中高发展水平。从中部各省 2000—2018 年的增加值来看，城乡一体城镇化水平增加值最大的是河北，考察期内增加值超过 0.5，城乡一体城镇化水平提升最快。安徽、江西和河南增加值均超过 0.4，城乡一体城镇化水平提升较快。吉林增

加值仅为0.15，城乡一体城镇化水平提升程度最小。从中部各省份2000—2018年指数均值来看，黑龙江考察期均值为0.65，为较高发展水平。吉林、安徽、河南和湖北考察期均值超过0.5，处于中高发展水平。其他省份城乡一体指数均介于0.4和0.5之间，处于中低发展水平。

表4-24　　　　中部城乡一体城镇化指数

年份	山西	吉林	黑龙江	安徽	江西	河南	湖北	湖南	中部
2000	0.34	0.60	0.53	0.40	0.48	0.42	0.35	0.30	0.43
2001	0.31	0.51	0.47	0.39	0.46	0.38	0.37	0.24	0.39
2002	0.29	0.33	0.39	0.43	0.35	0.27	0.25	0.30	0.33
2003	0.29	0.29	0.32	0.47	0.29	0.15	0.21	0.22	0.28
2004	0.27	0.31	0.38	0.46	0.38	0.24	0.32	0.23	0.32
2005	0.25	0.33	0.56	0.54	0.44	0.26	0.37	0.25	0.38
2006	0.38	0.43	0.53	0.52	0.39	0.37	0.40	0.28	0.41
2007	0.44	0.41	0.69	0.39	0.38	0.52	0.40	0.30	0.44
2008	0.45	0.46	0.81	0.43	0.39	0.47	0.48	0.36	0.48
2009	0.44	0.57	0.81	0.50	0.39	0.52	0.44	0.34	0.50
2010	0.38	0.52	0.77	0.46	0.38	0.45	0.46	0.33	0.47
2011	0.41	0.66	0.67	0.49	0.46	0.50	0.59	0.43	0.53
2012	0.62	0.61	0.71	0.55	0.52	0.59	0.63	0.51	0.59
2013	0.46	0.66	0.81	0.52	0.48	0.58	0.68	0.58	0.60
2014	0.61	0.65	0.68	0.66	0.59	0.48	0.87	0.67	0.65
2015	0.61	0.72	0.73	0.73	0.64	0.75	0.90	0.79	0.73
2016	0.56	0.78	0.78	0.77	0.69	0.82	0.89	0.79	0.76
2017	0.58	0.80	0.82	0.78	0.71	0.81	0.90	0.77	0.77
2018	0.57	0.74	0.81	0.81	0.89	0.82	0.89	0.75	0.79
增量	0.23	0.15	0.27	0.41	0.41	0.40	0.54	0.45	0.36
均值	0.43	0.55	0.65	0.54	0.49	0.50	0.55	0.45	0.52

（4）西部城乡一体城镇化发展水平。从西部整体来看，2000—2018年西部城乡一体城镇化指数呈现出不断上升的趋势，西部指数均值从0.28提升到0.69，城乡一体指数增加0.41，高于东部和中部增加值，城乡一体城镇化从较低发展水平提高到较高发展水平（见表4-25）。西部考察期内城乡一体城镇化指数均值为0.40，考察期均值为中低发展水平。从西部各省份2018年

综合指数来看，处于最高水平的是广西，城乡一体指数超过0.8，处于最高发展水平。新疆指数介于0.5和0.6之间的中高发展水平。其他省份指数值均介于0.6和0.8之间，处于中高发展水平。从西部各省份2000—2018年的增加值来看，城乡一体城镇化水平增加值最大的是广西、四川、贵州和云南，考察期内增加值超过0.5，提升程度最大。内蒙古增加值仅为0.17，在西部省份中提升程度最小。其他省份增加值均介于0.2和0.5之间，城乡一体城镇化提升程度较大；从西部各省份2000—2018年指数均值来看，内蒙古、四川、青海、宁夏和新疆考察期均值超过0.4，考察期平均处于中低发展水平。其他省份均介于0.2和0.4之间，考察期城乡一体城镇化指数均值处于较低发展水平。

表4-25　西部城乡一体城镇化指数

年份	重庆	内蒙古	广西	四川	贵州	云南	陕西	甘肃	青海	宁夏	新疆	西部
2000	0.30	0.55	0.25	0.24	0.18	0.07	0.32	0.37	0.20	0.39	0.21	0.28
2001	0.24	0.44	0.19	0.16	0.18	0.10	0.26	0.35	0.15	0.29	0.12	0.23
2002	0.16	0.30	0.25	0.21	0.14	0.12	0.27	0.19	0.19	0.28	0.09	0.20
2003	0.15	0.26	0.22	0.19	0.11	0.16	0.21	0.29	0.18	0.44	0.29	0.23
2004	0.12	0.29	0.23	0.26	0.12	0.13	0.20	0.23	0.20	0.53	0.38	0.25
2005	0.15	0.28	0.33	0.28	0.16	0.20	0.24	0.24	0.30	0.38	0.52	0.28
2006	0.07	0.35	0.41	0.27	0.07	0.37	0.26	0.16	0.34	0.36	0.51	0.29
2007	0.18	0.33	0.32	0.33	0.12	0.55	0.39	0.13	0.33	0.42	0.49	0.33
2008	0.23	0.30	0.17	0.38	0.20	0.47	0.30	0.26	0.41	0.30	0.45	0.32
2009	0.25	0.19	0.18	0.57	0.26	0.34	0.36	0.41	0.54	0.26	0.48	0.35
2010	0.30	0.21	0.13	0.33	0.27	0.37	0.46	0.33	0.57	0.41	0.58	0.36
2011	0.39	0.30	0.28	0.42	0.27	0.34	0.56	0.39	0.61	0.46	0.73	0.43
2012	0.49	0.33	0.35	0.44	0.31	0.38	0.55	0.40	0.71	0.52	0.75	0.48
2013	0.52	0.42	0.35	0.56	0.33	0.32	0.56	0.55	0.82	0.65	0.78	0.53
2014	0.56	0.62	0.53	0.54	0.41	0.44	0.53	0.45	0.65	0.64	0.62	0.55
2015	0.63	0.67	0.57	0.69	0.50	0.46	0.60	0.55	0.61	0.59	0.55	0.58
2016	0.68	0.70	0.74	0.73	0.60	0.50	0.67	0.54	0.63	0.64	0.56	0.64
2017	0.72	0.72	0.81	0.75	0.63	0.58	0.73	0.58	0.63	0.76	0.54	0.68
2018	0.73	0.72	0.83	0.74	0.71	0.63	0.75	0.61	0.60	0.72	0.55	0.69
增量	0.43	0.17	0.58	0.50	0.53	0.56	0.43	0.24	0.41	0.33	0.34	0.41
均值	0.37	0.42	0.38	0.43	0.29	0.34	0.43	0.37	0.46	0.48	0.48	0.40

4.2.3 小结

全国新型城镇化综合发展水平从较低等级提升到较高等级，东部远高于中西部，中部略高于西部。全国新型城镇化综合指数从0.26上升到0.65，从较低发展水平等级提升到较高发展水平等级。东部新型城镇化综合指数从0.35上升到0.71，从较低发展水平等级提升到较高发展等级；中部新型城镇化综合指数从0.23上升到0.64，从较低发展水平等级提升到较高发展等级；西部新型城镇化综合指数从0.20上升到0.62，从较低发展水平等级提升到较高发展等级。

全国人口城镇化水平从最低等级提升到较高等级，东部远高于中西部，西部略高于中部。全国人口城镇化指数从0.14上升到0.66，从最低发展水平等级提高到较高发展水平等级。东部人口城镇化指数从0.22上升到0.78，从较低发展水平提升到较高发展水平；中部人口城镇化指数从0.12上升到0.59，从最低发展水平提升到中高发展水平；西部人口城镇化指数从0.07上升到0.62，从最低发展水平等级提升到较高发展等级。

全国产业城镇化水平从较低等级提升到较高等级，东部远高于中西部，中部略高于西部。全国产业城镇化指数从0.23上升到0.67，从较低发展水平等级提高到较高发展水平等级。东部产业城镇化指数从0.28上升到0.75，从较低发展水平等级提升到较高发展等级；中部产业城镇化指数从0.21上升到0.64，从较低发展水平等级提升到较高发展等级；西部产业城镇化指数从0.21上升到0.61，从较低发展水平等级提升到中高发展等级。

全国空间城镇化水平从中低等级提升到较高等级，东部略高于中部，中部略高于西部。全国空间城镇化指数从0.47上升到0.60，从中低发展水平等级提高到较高发展水平等级。东部指数从0.56上升到0.63，从中高发展水平等级提升到较高发展水平等级；中部指数从0.43上升到0.61，从中低发展水平等级提升到较高发展水平等级；西部指数从0.42上升到0.58，从中低发展水平等级提升到中高发展水平等级。

全国生活城镇化水平从最低等级提高到较高等级，东部高于中西部，中部略高于西部。全国生活城镇化指数从0.17上升到0.64，从最低发展水平等级提高到较高发展水平等级；东部生活城镇化指数从 0.25 上升到 0.70，从较低发展水平等级提升到较高发展水平等级；中部生活城镇化指数从 0.12 上升到 0.62，从最低发展水平等级提升到较高发展水平等级；西部生活城镇化指数从 0.12 上升到 0.60，从最低发展水平等级提升到较高发展水平等级。

全国资源环境城镇化水平从较低等级提升到较高等级，东部高于中西部，西部略高于中部。全国资源环境城镇化指数从 0.20 上升到 0.69，从较低发展水平等级提高到较高发展水平等级；东部资源环境城镇化指数从 0.28 上升到 0.75，从较低发展水平等级提升到较高发展水平等级；中部资源环境城镇化指数从 0.16 上升到 0.65，从最低发展水平等级提升到较高发展水平等级；西部资源环境城镇化指数从 0.16 上升到 0.67，从最低发展水平等级提升到较高发展水平等级。

全国城乡一体城镇化水平从中低等级提升到较高等级，中部远高于东部和西部，西部略高于东部。全国城乡一体城镇化指数从 0.45 上升到 0.71，从中低发展水平等级提高到较高发展水平等级。东部城乡一体城镇化指数 2000—2010 年下降，2011—2018 年上升，2018 年指数值为 0.65；中部城乡一体城镇化指数从 0.43 上升到 0.79，从中低发展水平等级提升到较高发展水平等级；西部城乡一体城镇化指数从 0.28 上升到 0.69，从较低发展水平等级提升到较高发展水平等级。

全国及各地区新型城镇化综合发展水平的提升依赖于人口、产业、空间、生活、资源环境和城乡一体六种分类城镇化水平的全面提升。六种分类城镇化中，2018 年城乡一体城镇化、资源环境城镇化、产业城镇化和人口城镇化发展水平分别为 0.71，0.69，0.67 和 0.66，高于新型城镇化综合发展水平 0.65。很大程度上说明，在传统城镇化向新型城镇化转型过程中，城乡一体水平、资源环境水平、产业发展水平和人口城镇化发展水平显著提升。以上四种分类城镇化发展水平高于新型城镇化综合发展水平 0.65，新型城镇化政策效果明显。相比之下，生活城镇化发展水平和空间城镇化发展水平较低，2018 年指数值分别是 0.64 和 0.60，低于新型城镇化 0.65 的综合指数值，空间优化水平和生活水平有待进一步提升。

4.3 新型城镇化综合试点政策效果评价

传统城镇化推进过程中存在的诸多问题需要我们在政策机制等诸多方面进行改进，实施新型城镇化政策道路。新型城镇化综合试点正是新型城镇化政策实施的重要政策，对于我国全面推进新型城镇化政策具有重要的推动作用。2014 年 12 月开始了第一批新型城镇化政策试点，政策试点效果如何成为社会各界普遍关注的问题，特别是对政府后续继续全面推进落实新型城镇化政策具有重要的实证依据作用。本节针对当前实证评价政策效果领域普遍采用的双重差分法存在的内生性偏误和样本选择偏误问题，引入合成控制法评价新型城镇化综合试点政策效应。

4.3.1 政策简介及实验组选取

为了贯彻落实《国家新型城镇化规划（2014—2020 年）》及《关于落实中央经济工作会议和中央城镇化工作会议主要任务的分工方案》的相关精神和要求，政府开展国家新型城镇化综合试点政策。该项试点政策在 2014 年 12 月、2015 年 11 月和 2016 年 12 月分三批公布了安徽、江苏、重庆的新型城镇化试点地区及其他市（区）、县、镇等试点地区。三批综合试点地区分别在 2014 年年底前、2015 年年底前及 2016 年年底前启动试点，综合试点政策实施的目标是根据情况不断完善方案，从试点地区吸取经验，并将成功经验在全国范围内进行推广。2017 年底第一批试点的安徽、江苏、重庆等取得了阶段性成果，国家发改委于 2018 年 5 月对第一批试点进行了经验总结，一共包括 5 类 24 条试点经验。5 类试点经验为：一是加快农业转移人口市民化（8 条），二是深化农村产权制度改革（5 条），三是健全城镇化投融资机制（4 条），四是加快引导城市要素下乡（3 条），五是改革创新行政管理体制（4 条）。

加快农业转移人口市民化是第一批新型城镇化试点的首条推广经验，包含的具体经验多达 8 条，可见其在新型城镇化试点中的重要性和显著成效。8 条农业转移人口市民化的具体经验分别是：①持续降低大城市、特大城市和超大城市落户门槛。这条经验主要来自安徽省合肥市，该市实施的试点政策是参加社保满 1 年、就业满 2 年就可以在主城区进行落户。②持续推进大学生在特大城市和超大城市零门槛落户。③探索在特大城市和超大城市不同区域差异化落户。④允许租赁房屋的常住人口在城市公共户口落户。该条经验同样来自安徽省合肥市，该市通过设立公共集体户口，有效解决了在城市无住所但是有落户意愿人群的落户问题。⑤深化“人钱挂钩、钱随人走”。安徽省滁州市依据各辖区土地利用计划和上年度落户人口净增数量，安排各类城镇新增建设用地。⑥深化“人地挂钩、以人定地”。⑦改善农业转移人口随迁子女教育。⑧保障农业转移人口住房需求。这条经验来自安徽省芜湖市，该市给予农业转移人口缴存公积金的政策，试点期间发放公积金累计超过 2 亿元，解决了 2000 多名农业转移人口的公积金缴存问题。在以上 8 条加快农业转移人口市民化的经验中，安徽省有 4 条成功经验推广，可见安徽省加快农业转移人口市民化的成效非常显著。

安徽省作为全国首批国家新型城镇化综合试点的 3 个省份之一，在新型城镇化试点特别是加快农业转移人口市民化方面成效显著。根据国家发改委总结的第一批新型城镇化试点地区经验，安徽省有 8 条新型城镇化试点经验被国家发改委发文推广，是被推广经验最多的省份之一。安徽省 8 条经验分别是：降低城市落户门槛、设立城市公共集体户口、深化“人地挂钩”改革、允许农业转移人口缴存住房公积金、农村股份合作制改革、宅基地复垦腾退建设用地指标在省内有偿使用、宅基地节约集约利用奖励机制、捆绑叠加宅基地推出与异地扶贫搬迁政策。其中前 4 条经验均是加快农业转移人口市民化的相关经验，可见安徽在农业转移人口市民化特别是在户籍政策方面试点成效显著。根据国家发改委推广的安徽省经验，本书将采用实证模型对安徽省最为显著的成效——户籍人口城镇化率的提升进行实证检验。

4.3.2 模型、变量和数据

4.3.2.1 估计方法

在本书的研究中，我们选取的实验组是全省范围内实施新型城镇化综合试点的三个省级地区之一的安徽省，我们只关注这一个省的政策实施效果。那么如何采用合适的模型方法对孤零零的实验对象估计反事实结果呢？Abadie and

Gardeazabal (2003)①、Abadie et al. (2010)② 提出一种新的方法，称为合成控制法（synthetic Control Methods）。合成控制法的基本思想是：实施某项政策的某个区域为实验组，其他没有实施政策的区域为控制组。虽然控制组中的任何个体与实验组个体都不相似，但是通过对每个控制组个体赋予一个权重，加权平均后构造出一个合成的控制组。权重的选择使得合成控制组的行为与实验组在政策干预之前的行为非常相似，从而期望事后实验组如果没有受到政策干预，其行为仍然与合成控制组非常相似，即合成控制组事后的结果可以作为实验组个体的反事实结果，实验和合成控制组事后结果的差异就是政策干预的影响。

（1）模型设定。假设全国有 J + 1 个地区，其中第 1 个地区在T_0期后受到新型城镇化政策干预，其他 J 个地区没有受到政策干预。Y_{it}^I表示个体 i 在 t 期受到政策干预时的户籍人口城镇化率，Y_{it}^N表示个体 i 在 t 期没有受到政策干预时的户籍人口城镇化率，则政策效应为：

$$\alpha_{it} = Y_{it}^I - Y_{it}^N,\ i = 1,\ 2,\ 3,\ \cdots,\ N+1,\ t = 1,\ 2,\ 3,\ \cdots,\ T \tag{4-13}$$

D_{it}表示个体 i 在第 t 期的干预状态，个体 i 在 t 期受到政策干预，此时 $D_{it} = 1$，其他取 0。那么个体 i 在 t 期的观测结果为：

$$Y_{it} = D_{it}Y_{it}^I - (1 - D_{it})Y_{it}^N = Y_{it}^N + \alpha_{it}D_{it} \tag{4-14}$$

假设第 1 个个体在 T_0期（$1 \leq T_0 < T$）后受到新型城镇化政策干预，而其他 J 个个体在整个 T 期均没有受到新型城镇化政策干预。此时：

$$D_{it} = \begin{cases} 1 & i = 1,\ t > T_0 \\ 0 & 其他 \end{cases} \tag{4-15}$$

政策影响作用研究的目的是估计政策影响（α_{1T_0+1}，…，α_{1T}），对于 $t > T_0$，

$$\alpha_{1t} = Y_{1t}^I - Y_{1t}^N \tag{4-16}$$

第 1 个个体受到政策干预，因此在 $t > T_0$期，Y_{1t}^I是可以观测到的潜在结果，但是Y_{1t}^N是假设它没有受到政策干预时的潜在结果，因而是无法观测到

① Abadie A, Gardeazabal J. The Economic Costs of Conflict: A Case – Control Study for the Basque Country [J]. Social Science Electronic Publishing.

② Abadie A, Diamond A, Hainmueller J. Synthetic Control Methods for Comparative Case Studies: Estimating the Effect of California's Tobacco Control Program [J]. Social Science Electronic Publishing.

的。所以合成控制法政策评价的关键是如何估计出个体 1 在T_0之后的反事实结果Y_{1t}^N。为了估计个体 1 的反事实结果，假设Y_{it}^N可以用下列模型表示：

$$Y_{it}^N = \delta_t + \theta_t Z_i + \lambda_t \mu_i + \varepsilon_{it} \quad (4-17)$$

式（4－17）为潜在户籍人口城镇化率的决定方程，其中δ_t是时间趋势，Z_i是 K×1 维不受政策影响的控制变量，θ_t是 1×K 维未知系数向量，λ_t是 1×F 维观测不到的公共因子，μ_i是 F×1 维观测不到的地区固定效应误差项，ε_{it}是每个地区观测不到的暂时性冲击，均值为 0。

为了评价城镇化政策试点效果，必须对式（4－17）中的反事实结果Y_{it}^N进行估计，解决方法是对控制组地区加权模拟实验组的特征。考虑 N×1 的权重向量 W＝（w_2，…，w_{N+1}），满足$w_j \geqslant 0$，j＝2，…，J＋1，每个控制组个体的权重为非负数，为了避免外推造成的可能偏差，用控制组个体的凸组合来合成控制组。对于权重 W，合成控制模型为：

$$\sum_{j=2}^{J+1} w_j Y_{jt} = \delta_t + \theta_t \sum_{j=2}^{J+1} w_j Z_j + \lambda_t \sum_{j=2}^{J+1} w_j \mu_j + \sum_{j=2}^{J+1} w_j \varepsilon_{jt} \quad (4-18)$$

假设存在权重向量$W^* = (w_1^*, \cdots, w_{J+1}^*)$，使得

$$\sum_{j=2}^{J+1} w_j^* Y_{j1} = Y_{11}, \cdots, \sum_{j=2}^{J+1} w_j^* Y_{jT_0} = Y_{1T_0}, \text{且} \sum_{j=2}^{J+1} w_j^* Z_j = Z_1 \quad (4-19)$$

如果 $\sum_{t=1}^{T0} \lambda_t' \lambda_t$ 是非奇异的，则有：

$$Y_{1t}^N - \sum_{j=2}^{J+1} w_j^* Y_{jt} = \sum_{j=2}^{J+1} w_j^* \sum_{s=1}^{T_0} \lambda_t \left[\sum_{n=1}^{T_0} \lambda'_n \lambda_n \right]^{-1} \lambda'_n (\varepsilon_{js} - \varepsilon_{1s}) - \sum_{j=2}^{J+1} w_j^* (\varepsilon_{jt} - \varepsilon_{1t}) \quad (4-20)$$

Abadie 等（2010）证明在一般条件下，式（4－20）右边趋近于 0，$\sum_{j=2}^{J+1} w_j^* Y_{jt}$ 可以作为 Y_{1t}^N的无偏估计，此时实验组个体 1 的政策干预效应可以表示为：

$$\hat{\alpha}_{1t} = Y_{1t} - \sum_{j=2}^{J+1} w_j^* Y_{jt} \quad (4-21)$$

这意味着合成控制组与实验组非常相似，从而可以将合成控制组的行为模式作为实验组个体反事实结果的估计。但是现实中式（4－19）很难保证等号严格成立，一般保证等号近似成立，在合成控制法的具体实施中，一般通过近似解来确定权重。如果实验组地区的特征向量远离控制组特征向量组

的凸组合，则找不到合适的权重来合成模拟实验组地区，合成控制法则不适合对该实验组进行政策效果评价。

（2）合成控制法的实施。得到式（4－20）的关键是确定式（4－18）的权重向量，

$$W=(w_2,\cdots,w_{J+1})\quad w_j\geqslant 0,\ j=2,\ \cdots,\ J+1 \tag{4-22}$$

$\sum_{j=2}^{J+1} w_j = 1$，即合成控制组是控制组个体的一个凸组合。假设X_1是实验组个体事前特征，包括客观协变量Z_1和事前结果的若干线性组合，为 $M\times 1$ 维向量。假设X_0为控制组事前特征，为 $M\times N$ 矩阵。合成控制权重$W^*=(w_1^*\cdots w_{j+1}^*)'$最小化下面的距离：

$$\left\|X_1-X_0w\right\| = \sqrt{(X_1-X_0w)'V(X_1-X_0w)} = \sqrt{\sum_{m=1}^{M} v_m\,(X_{1m}-X_{0m}W)^2} \tag{4-23}$$

其中，V 是一个 $M\times M$ 的正矩阵，通常是对角矩阵，对角元素为v_m，$m=1$，…，M，v_m是一个矩阵，反映了在干预组和控制组协变量差异中的相对重要性。X_{jm}是个体 j 的第 m 个协变量。V 的选择很重要，合成控制W^*依赖于 V 的选择，不同的 V 将得到不同的合成控制组W^*。合成控制$W^*(V)$的目的是复制实验组在没有受到政策干预时的行为，因而v_1，…，v_M的选择应该反映协变量的预测能力。v_1，…，v_M的选择是通过政策实施前均方预测误差（Mean Squared Predicted Error，MSPE）最小的矩阵 V，即选择 V 的最小化：

$$V_{min} = \sum_{t=1}^{T_0}\left[Y_{1t}-\sum_{j=2}^{J+1} w_j^*(v)\,Y_{jt}\right]^2 \tag{4-24}$$

本书通过加权后得到的合成组户籍人口城镇化率模拟了假设实验组没有实施新型城镇化政策试点的情况，实验组与合成组之间的户籍人口城镇化率差异是综合试点政策对安徽省的政策效应。

（3）稳健性检验——安慰剂检验。由于合成控制法适用于实验组较少的政策效果评价，因此实验组个体一般非常少，基于大样本的假设检验方法不合适。Abadie 等（2010）提出了一种类安慰剂检验（placebo test）或证伪检验（falsification test）的方法。为了检验合成控制法的估计结果是否显著，原假设是政策效果不显著，即假设政策干预对实验组个体不显著。在安慰剂检

验中，将实验组个体放入控制组中，将控制组中的所有个体依次抽出来作为实验组，假设其进行了政策干预，其他个体作为控制组（包含真实的实验组个体），估计出 N 个控制组，假设有政策干预的政策效应。这样，对于 N+1 个控制组+实验组个体，会得到 N+1 个政策效应的估计结果，从而得到政策效应的具体分布。之后检验作为实验组的第 1 个个体政策效应在所有 N+1 个政策效应分布中所处的位置。如果第 1 个个体估计的政策效应处于分布的中间位置，则意味着随机抽取的控制组个体可以较大概率得到该实验组的个体效应，因此接受原假设，估计的政策效应不显著；如果处于分布的尾部，比如尾部的5%，那么观测到的估计政策效应低于5%，原假设为假，则拒绝政策没有显著效应的原假设，说明原有估计是显著的。

4.3.2.2 变量和数据说明

全国所有省份中，安徽、江苏和重庆是全省（直辖市）层面实施新型城镇化政策试点的省份，本书的目的是通过合成控制法，利用对照组城市来拟合实验组的反事实状态，通过实验组与对照组的控制变量特征来匹配。合成控制法要求实验组可以通过控制组加权合成，要求合成控制组是控制组个体的一个凸组合。安徽更符合该方法的要求，本书选择安徽作为实验组，其他未实施全省域新型城镇化综合试点的省份共27个（港澳台和西藏由于相关指标数据不可获得，不在考察范围内）。本书研究的 J+1 个地区为27个未实施全省域综合试点的省份和安徽省。此外，由于新型城镇化综合试点地区包含省、市、县和镇，虽然其他27个省份没有全域实施新型城镇化试点，但是在省范围内有地级市（区）、县或镇参与了试点，因此存在控制组数据不干净的问题。为了保证控制组数据均为未实施新型城镇化政策的效果，因此有必要对控制组数据进行预先处理。本书处理数据的方式是：首先去除35个大中城市（省会城市和计划单列市）中实施新型城镇化政策试点的12城市（广州、石家庄、宁波、济南、青岛、武汉、长沙、重庆、银川、大连、长春和哈尔滨）在对应省份的变量数据值，由于省会城市和计划单列市在相应省份中具有重要的影响作用，有必要去除这些城市相应指标的数据值；其次去除70个大中城市中其他35个大中城实施政策试点地区相应指标的数据值，这些城市对相应省份指标数据影响较大，因此在处理数据过程中有必要进行删除，删除数据的地区包括试点的吉林、牡丹江、扬州、赣州、烟台、洛阳、惠州、韶关、泸州和大理共10个城市。在去除这一部分城市数据之后，其他试点的市、县、镇等小地区对全省相应指标数据的影响非常小，对本书模型估计结果没有较为显著的影响，可以忽略这些地区对全省户籍人口城镇化率的影响，从而保证了数据的可靠性。此外，即使这些实施试点的市、县、镇对全省户籍城镇化率有影响，也是起正向影响作用。如果安徽全省域实施政策的效果仍显著高于其他省份，证明安徽的政策效果只会低估，不会存在高估的问题。

本书的y变量选取的要求是能够代表新型城镇化成效的指标，从新型城镇化的定义可知新型城镇化是在人口城镇化持续推进的情况下更加注重综合协调可持续发展，是“以人为本”的城镇化。同时结合新型城镇化综合试点的具体实施内容，本书选择户籍人口城镇化率（hukourate）作为y变量，用以考察安徽省全省域综合试点效果。本研究的目标是用控制组加权平均来模拟没有实施新型城镇化政策试点的安徽省反事实结果。根据合成控制法的思想，权重的选择是根据政策试点前，合成安徽各项决定户籍人口城镇化率的因素与安徽尽可能一致。在文献梳理及理论基础上，本书选择的预测控制变量包括城镇居民人均可支配收入、人均固定资产投资、万人均大学生数、城市人口密度，被解释变量y是户籍人口城镇化率，这些变量都是影响城镇户籍人口城镇化率的重要影响因素，是房价合成的代理变量。

安徽省在促进人口城镇化方面出台了很多政策，在人口城镇化方面表现突出。据此，本书提出以下研究假说：新型城镇化综合试点政策的实施，对户籍人口城镇化具有正向促进作用。

4.3.3 实证检验

4.3.3.1 估计结果

2014年第4季度为新型城镇化试点实施时点，安徽为实验组，安徽、江苏和重庆之外的其他27个省份为控制组。图4－15是安徽和27个省份政策时点前后户籍人口城镇化变动趋势图，可以看出2014q4后安徽和27个省份hukourate均呈现出上升趋势，安徽的上升趋势尤为明显。但是我们不能据此得出结论，安徽和控制组比较起来政策效果明显。因为在政策实施前，安徽与27个省份hukourate相差悬殊，而且二者之间的差距随着时间的推移还呈现出扩大趋势。因为政策实施前两条趋势线之间的巨大差异，我们很难得出结论：政策实施后安徽政策hukoutrate上升趋势明显。27个省份控制组不能很好地作为我们实验的样本对照组，因此本书接下来需要找到合适的样本对照组，以期在政策实施之前与安徽具有相似的 hukourate 变动趋势。

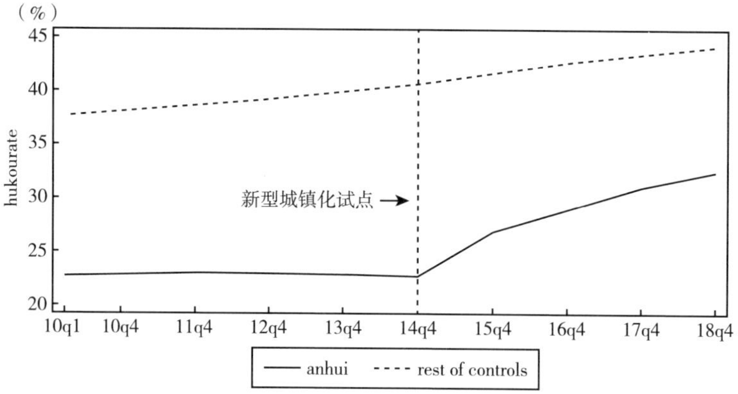

图 4－15　安徽与其他 27 个省份 hukourate 趋势图

合成控制法可以通过在 27 个省份控制组总样本中比对预测因子（X 变量）信息，挑选出与样本组安徽预测因子信息最为接近的对照样本，来构造一个虚拟的合成安徽。在政策试点之前，合成安徽与安徽因为预测因子最大程度的接近，所以 y 变量（hukourate）也能达到最大程度的接近或相似，且合成安徽是从控制组挑选出来的部分省份，从而能够为安徽提供一个很好的对照组来比较政策前后安徽的政策效果。hukourate 受到多种因素的影响，最重要的是受到宏观经济（城镇居民人均可支配收入 incomeper）、基础设施和公共服务（城镇人均固定资产投资额 fixinvestmentper）、教育（万人均大学生数 collegestudentsper）和人口（城市人口密度 popdensity）等主要因素的影响，我们也将 y 变量 hukourate 考虑进来，用来筛选合成组样本。通过合成控制法计算，表 4－26 展示了 27 个控制省份在合成安徽中各自所占的权重：23 省权重为 0，湖南、河南、贵州和内蒙古在合成安徽过程中的权重大于 0，权重分别为 0.497，0.236，0.181 和 0.086，湖南和河南在合成安徽中权重最大。

表 4－27 为政策时点前安徽、合成安徽与 27 个省份 control 组各预测变量均值，从表中数据可以看出安徽与合成安徽主要变量差距较小，二者相似程度较高，同时 y 变量自身 hukourate 二者非常接近，hukourate（14q4）、hukourate（14q3）和 hukourate（14q2）二者之间的差距分别只有 0.06%、

0.01%和0.03%，远远小于27个省份control组与安徽的差距17.57%、17.69%和17.81%。因此，可以明显看出通过合成控制法构建的合成安徽较27个省份control组更好地拟合了安徽的x变量与y变量特征。该方法适用于估计新型城镇化试点效果。

表4-26 合成安徽各省权重

省份	权重	省份	权重
北京	0	辽宁	0
福建	0	内蒙古	0.086
甘肃	0	宁夏	0
广东	0	青海	0
广西	0	山东	0
贵州	0.181	上海	0
海南	0	山西	0
河北	0	陕西	0
黑龙江	0	四川	0
河南	0.236	天津	0
湖北	0	新疆	0
湖南	0.497	云南	0
江西	0	浙江	0
吉林	0	—	—

表4-27 2010q1—2014q4 预测因子均值

Variables	Treated	Synthetic	Control
incomeper	19518	20142	22020
fixinvestmentper	24649	21222	27648
collegestudentsper	166.7	162.1	178.7
popdensity	2401	3031	2842
hukourate（14q4）	22.69	22.75	40.26
hukourate（14q3）	22.75	22.76	40.44
hukourate（14q2）	22.80	22.77	40.61

图 4－16 是 2010q1—2018q4 安徽与合成安徽 hukourate 的变动趋势图。可以看出政策时点 2014q4 之前，安徽与合成安徽 hukourate 基本上重叠，二者拟合效果很好。政策实施后，二者之间的差距逐渐拉大，政策效应明显。2018 年第 4 季度，安徽 hukourate 达到 32.65%，而合成安徽则是假设没有新型城镇化试点，同期合成安徽 hukourate 为 22.57%，户籍人口城镇化率提升了 10.08%。

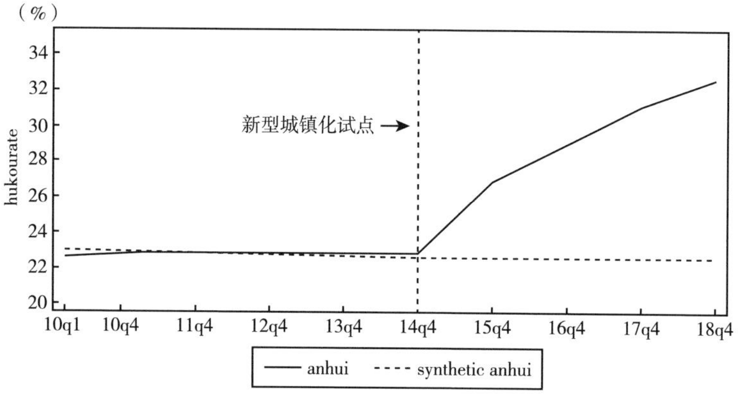

图 4－16　安徽与合成安徽 hukourate 趋势图

为了更直观地看出新型城镇化政策实施效果，本书画出了各个季度安徽与合成安徽 hukourate 的差距图（见图 4－17）。合成控制法通常通过 MSPE（Mean Squared Prediction Error）来评价判断合成组与实验组之间的拟合程度。$Pre\_MSPE = \frac{1}{T_0}(y_t - \hat{y}_t)^2$，其中 T_0 为政策实施前所有的时间期数，本书研究中政策实施前时间段为 2010q1—2014q4，共 20 个季度，$T_0 = 20$，y_t 为政策实施前各个季度安徽的 hukourate，$\hat{y}_t$ 为政策时点前各个季度合成安徽的 hukourate。MSPE 越小，说明样本与合成样本之间的拟合效果越好。安徽与合成安徽 Pre_MSPE 为 0.0216，二者几乎完全重合，拟合优度非常高，为政策时点后的政策效果评价提供了有效的基础。2014q4 之后安徽 hukourate 出现了大幅上升，安徽与合成安徽 hukourate 之间的差距不断加大，新型城镇化政策试点效果非常显著。政策实施之后的 $Post\_MSPE = \frac{1}{T_1}(y_t - \hat{y}_t)^2$，其中 T_1 为政策实施后所有的时间期数，本书研究中政策实施时间段为 2015q1—2018q4，共 16 个季度，y_t 为政策实施后各个季度安徽的 hukourate，$\hat{y}_t$ 为政策时点后各个季度合成安徽的 hukourate。政策实施后二者之间的差距越大越好，安徽与合成安徽 Post_MSPE 为 49. 9584。合成控制法文献一般采用 MSPE_ratio = Post_MSPE/Pre_MSPE 表示，安徽与合成安徽的 MSPE_ratio 达到了 2308. 6965，政策效果非常显著。

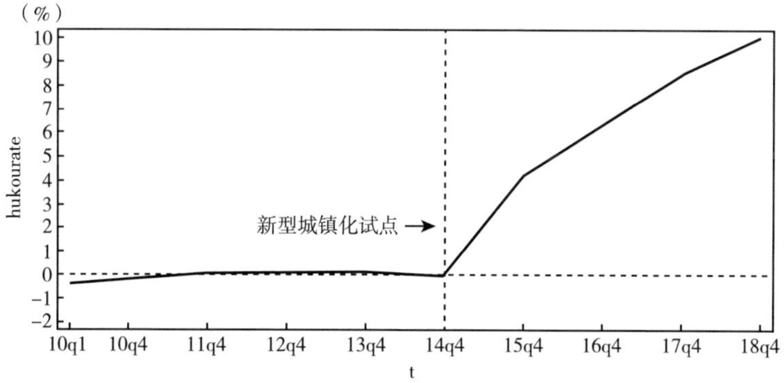

图 4－17　安徽与合成安徽 hukourate 差值

4. 3. 3. 2　稳健性检验

（1）基于 placebo test 的稳健性检验。从前文分析可以看出，新型城镇化政策试点效果非常显著，但是利用合成控制法进行的比较研究中，一般个体数不会太多，因此基于大样本的假设检验方法往往不合适。借鉴 Abadie 等（2010）在稳健性检验中采用的安慰剂检验（placebo test）方法，这种方法与 Fisher（1935）的精确 P 检验方法相似。这种检验方法实际上是一种安慰剂检验（placebo test）或证伪检验（falsification test）。为了检验估计的政策效应是否显著，从控制组 27 个省份中抽出一个个体作为一个伪干预省份，利用同样的合成控制方法去估计政策效应。伪干预省份事实上没有受到新型城镇化试点政策的干预，如果估计的结果发现有较大的政策效应，则说明前面的分析可能存在问题，因为没有受到政策影响的省份作为伪于预组也可以发现类似于利用安徽得到的政策效应，从而说明这一效应可能不是政策干预的影响，而是其他因素造成的影响。利用所有控制组个体作为伪干预组，均无法得到类似于利用真实干预组得到的政策效应，则证明得到的政策效应是显著的。本书利用 control 组 27 个省份加上安徽省一共 28 个省份的数据，对每一个省份都逐一进行一次合成控制法，从而每个省份都可以得到一个该省份与合成省份的 hukourate 差距趋势线（见图 4－18）。可以看出，政策时点后安徽 hukourate 的差距均大于其他伪干预组省份的差距。

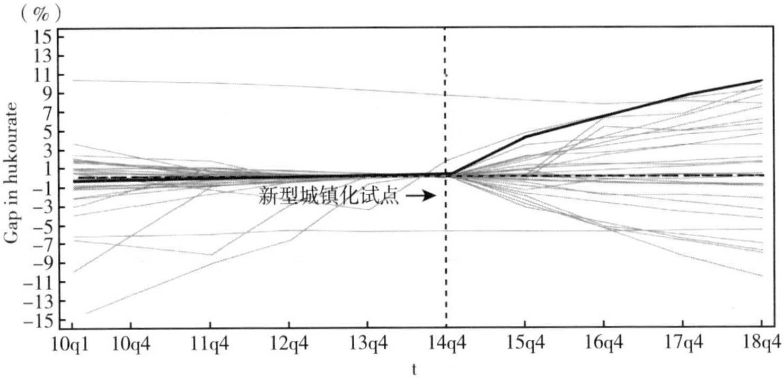

图 4－18　安徽 gap（黑色加粗线）与其他 27 省安慰剂检测 gap

利用产生的 28 个 hukourate 差距值，会得到 28 个相应的政策效应的估计，从而可以得到政策效应估计的一个具体分布。然后检测安徽政策效应在整个分布中所处的位置。如果处于分布的尾部，比如处于尾部的 5%，则说明如果原假设成立，那么观测到估计的政策效应的可能性低于 5%，原假设可能为假；如果设定 5% 的显著性水平，则可以拒绝没有政策影响的原假设，从而说明估计是显著的。如果发现估计的政策效应参数在整个精确分布的中间位置，则意味着随机抽取一个个体作为干预组，就可以以较大的概率得到观测到的因果效应，说明无法拒绝原假设，从而估计的因果效应参数不显著。从图 4－19 可以看出，2015q1—2017q1 安徽新型城镇化政策效果在 10% 的水平上显著，2017q2 安徽新型城镇化政策效果在 5% 的水平上显著，2017q3—2018q4 安徽新型城镇化政策效果在 1% 的水平上显著，即安徽新型城镇化政策效果大于所有伪干预样本的安慰剂检验政策效果，充分说明前文估计结果通过了稳健性检验。

通过安慰剂检验初步检验了安徽新型城镇化政策试点效果，2017q2—2018q4 新型城镇政策效果在 5% 的水平上显著，但是 15q1—17q1 则需要放宽到 10% 的水平上才显著，显著性偏差。主要原因是政策时点前对其他 27 个伪干预组缺乏拟合优度考察，其政策实施后的政策效果缺乏有效性。因此需要加强对政策实施前的拟合优度考察，在 27 个伪样本组中去掉 Pre_MSPE > 3 的 6 个省份（广西、贵州、青海、上海、陕西和云南），采用 1 个真实干预组安徽与21个伪干预组逐个进行合成控制，一共产生22条hukourate的差距趋势线。从图4-20可以看出，在删除前期拟合不好的6个省份后，安徽的政策效果在2015q1—2018q4所有时点均在1%的水平上显著，即安徽hukourate差距大于其他所有21个伪样本组的hukourate差距。

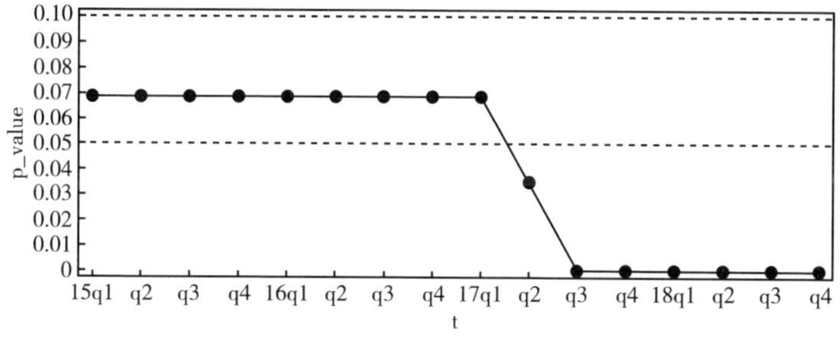

图4-19 2015q1—2018q4新型城镇化政策效果P值

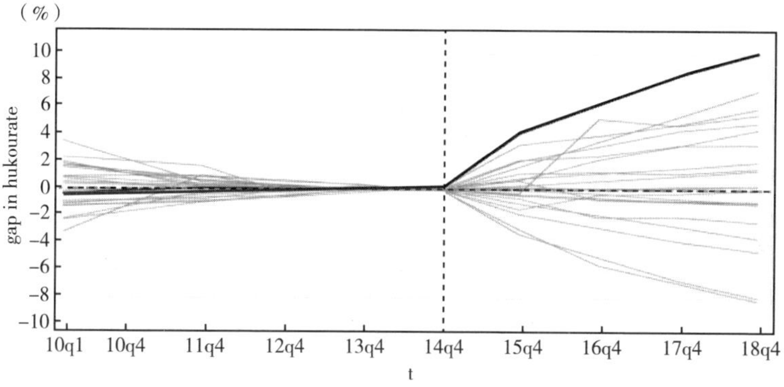

图4-20 安徽差距（黑色加粗线）与21省安慰剂检验差距（去掉Pre_MSPE>3的省份）

（2）基于MSPE_ratio的稳健性检验。安徽新型城镇化估计结果的另一种稳健性检验方法是比较安徽与其他27个省份的MSPE_ratio值大小。均方预测误差反映样本组与合成样本组的y变量差距，政策实施前该值越小说明拟合优度越高，政策实施后该值越大说明政策效果越显著。根据该特征构建的MSPE_ratio = post_MSPE/pre_MSPE，越大则政策效果越显著。表4-28为安徽和其他伪干预组的MSPE_ratio，可以看出安徽的MSPE_ratio高于其他所有27个省份的MSPE_ratio，进一步说明安徽新型城镇化政策试点效果显著，进一步通过了稳健性检验。

表 4－28　　安徽与伪干预组样本的 MSPE_ratio

省份	MSPE_ratio	省份	MSPE_ratio	省份	MSPE_ratio
安徽	2309	广西	13.02	内蒙古	0.841
山西	1420	黑龙江	6.881	北京	0.79
湖南	458.1	陕西	6.424	海南	0.782
福建	304.4	四川	5.432	上海	0.671
辽宁	39.11	河南	4.755	青海	0.601
新疆	38.37	河北	2.849	广东	0.153
天津	29.83	浙江	2.271	甘肃	0.0491
山东	27.4	吉林	1.103	宁夏	0.035
湖北	15.33	贵州	0.946	—	—
江西	14.65	云南	0.928	—	—

4.3.4　小结

2014 年 3 月《国家新型城镇化规划（2014—2020 年）》的颁布，标志着新型城镇化正式上升为国家战略。2014 年 12 月第一批新型城镇化综合试点地区公布，2015 年 11 月和 2016 年 12 月第二批和第三批国家新型城镇化综合试点地区相继公布。新型城镇化综合试点的目的是通过试点地区试点经验，总结有效可推广的经验，逐步向全国其他地区推广。试点地区的成功经验在全国其他地区的推广具有重要的作用。本书使用新近发展的合成控制法研究新型城镇化综合试点的政策效果。通过建立试点省安徽的合成控制对象，模拟了假设安徽省不实施新型城镇化综合试点的户籍人口城镇化率走势，以对比研究新型城镇化综合试点对安徽省户籍人口城镇化率的真实影响。

采用合成控制法最关键的问题是如何选取对照组和如何进行统计推断。笔者采用合成控制法，通过解释变量和被解释变量自身信息赋予对照组适当的权重，以此获得新型城镇化综合试点之前拟合最优的对照组，再通过合成控制法构造出政策时点后的反事实结果，与真实安徽省户籍人口城镇化率进行比较。研究结果表明：安徽与合成安徽在新型城镇综合试点之前户籍人口城镇化率基本上重叠，二者拟合效果很好。综合试点政策实施后，二者之间的差距逐渐拉大，政策效应明显。到2018年第4季度，安徽户籍人口城镇化率达到32.65%，而合成安徽则是假设没有新型城镇化试点，同期合成安徽户籍人口城镇化率为22.57%，户籍人口城镇化率提升了10.08%。新型城镇化综合试点显著提高了安徽省户籍人口城镇化率水平。最后基于安慰剂检验、政策实施后与政策实施前的均方根预测误差比 MSPE_ratio 进行了稳健性检验，两种检验方法均表明新型城镇化政策试点效果显著，在1%的显著性水平上通过了稳健性检验。

新型城镇化是以人为本的城镇化，人口城镇化作为新型城镇化六种分类城镇化的重要衡量指标，是促进新型城镇化内部各分类城镇化协调发展的有力支撑，是现代化的必由之路。新型城镇化综合试点作为率先探索城镇化关键制度改革的政策，对于相关政策制度在全国范围推广具有重要意义。本书通过对第一批试点中在人口城镇化方面取得显著效果的安徽省进行实证检验，客观有效地为政策效果的实施效果提供理论和实证依据，对于政策后续实施及推广具有重要意义。

5　房地产市场发展水平测度及政策效果评价

在第4章新型城镇化发展水平及政策效果评价的基础上，第5章着重对房地产市场发展水平和国家宏观调控政策效果进行评价。本章主要分为三节内容：第5.1节为房地产市场指标体系及指数模型构建；5.2节为房地产市场发展水平评价，包括房地产市场综合发展水平和分类发展水平；5.3节为房地产市场宏观调控政策效果评价，主要通过合成控制法对房地产市场的宏观调控政策效果进行实证检验。

5.1　房地产市场指标体系及指数模型

在文献梳理及理论总结的基础上，本书将房地产市场重要构成要素划分为房地产供给、需求、价格、土地和房地产金融，构建了涵盖五个子系统下属10个具体指标的房地产综合指标体系。本节还对以往研究中常用的综合指数模型进行了改进优化，构建了适用于本研究的房地产单指标指数模型、分类指数模型和综合指数模型。

5.1.1　房地产市场指标体系

房地产市场发展水平综合指数为综合指标，下属多个二级指标和三级指标。根据指标选取的重要性、综合性及数据可获得性等原则，研究选取房地产市场二级指标共5个，三级指标共10个，房地产市场指标权重和为1（见表5-1）。

表 5-1 房地产市场指标体系及权重

综合指标	二级指标	三级指标（权重）	指标解释	指标属性
房地产市场综合指数 Y	房地产供给 Y_1	y_1 投资	人均房地产投资 = 房地产开发投资/城镇人口	正指标
		y_2 竣工面积	人均竣工面积 = 房地产竣工面积/城镇人口	正指标
		y_3 从业人员	人均从业人员 = 房地产从业人员/城镇人口	正指标
	房地产需求 Y_2	y_4 销售额	人均销售额 = 房地产开发销售额/城镇人口	正指标
		y_5 人均收入	人均收入 = 城镇居民人均可支配收入	正指标
房地产市场综合指数 Y	房地产价格 Y_3	y_6 房价	房价 = 房地产销售额/销售面积	正指标
	土地市场 Y_4	y_7 土地面积	人均土地购置面积 = 土地购置面积/城镇人口	正指标
		y_8 土地价格	土地价格 = 土地购置费/土地购置面积	正指标
	房地产金融 Y_5	y_9 贷款	人均房地产开发资金来源 = 房地产开发资金来源/城镇人口	正指标
		y_{10} 财政	地方政府财政支出/年末总人口	正指标

5.1.2 指标解释及数据来源

根据指标选取的综合全面性、重要性及数据可获得性原则，本书中房地产市场指标选取了 2000—2018 年全国 30 个省份 5 个二级指标 10 个三级指标，数据均来源于相关年份中国和各地区统计年鉴及统计局网站：第一，房地产供给指标（3 个）。房地产供给选取的指标主要是房地产投资、房地产竣工面积和房地产从业人员。房地产开发投资反映房地产开发投资水平，是反映房地产供给能力和水平的最重要指标；房地产竣工面积表示房地产市场当年的房地产供给能力，是房地产市场供给的重要影响因素；房地产从业人员反映房地产供给的劳动力投入，同样是决定房地产供给的重要因素。第二，房地产需求指标（2 个）。报告选取房地产销售额作为需求的直接指标，销售额反映消费者对房地产市场产品的现实需求；城镇居民人均可支配收入是决定房地产市场需求的根本指标，是将房地产市场潜在需求转化为现实需求的决定性因素。第三，房价指标（1 个）。由商品房销售价格表示，其升降起伏能反映房地产市场交易价格变化情况。第四，土地市场指标（2 个）。土地市场选取的指标是土地购置面积和土地购置价格，共同代表了土地市场的发展水平和繁荣程度。第五，房地产金融指标（2 个）。选取房地产开发资金来源和地方政府财政支出共同反映房地产金融指标。房地产开发资金主要来自银行贷款，是反映房地产市场金融支持水平的直接指标；地方政府财政支出是决定地方经济和房地产市场资金支持水平的决定性因素，是房地产市场金融支持水平的重要体现。

5.1.3 房地产市场指数模型

5.1.3.1 传统房地产综合指数及标准化数据缺陷

假设y_{it}^{j}为j省第i个指标第t年的房地产市场相关数据，j_{1-30}分别是1北京（bj）、2天津（tj）、3上海（sh）、4重庆（cq）、5河北（hb）、6山西（sx1）、7内蒙古（nm）、8辽宁（ln）、9吉林（jl）、10黑龙江（hlj）、11江苏（js）、12浙江（zj）、13安徽（ah）、14福建（fj）、15江西（jy）、16山东（sd）、17河南（hn）、18湖北（hb）、19湖南（hn2）、20山东（sd）、21广西（gy）、22海南（hn3）、23四川（sc）、24贵州（gz）、25云南（yn）、26陕西（sx3）、27甘肃（gs）、28青海（qh）、29宁夏（ny）和30新疆（yj）。i为房地产市场下属的10个3级指标（见表5－1）。t为考察期2000—2018年，分别用t_1，t_2，…，t_{19}表示。

本研究采用综合指数法对不同指标进行加权合成，房地产市场综合指数Y_t^j的计算公式为：

$$Y_t^j = b_1 y_{1t}^{j'} + b_2 y_{2t}^{j'} + \cdots + b_m y_{mt}^{j'} \tag{5-1}$$

式中，j=1，2，…，30，m=1，2，…，10，t=1，2，…，19。Y_t^j为第j个省份第t年房地产市场综合指数。由于综合指数涉及不同量纲指标数据之间的合成，因此需要对不同指标的原始数据进行标准化处理：$y_{1t}^{j'}$，…，$y_{mt}^{j'}$分别为第j个省份各个指标标准化值，b_1，$b_{2,}$，…，b_m分别为房地产市场下属具体指标被赋予的权重，m为房地产市场下属指标数量，共计10个指标。j为考察的省份数量，共计30个省份。t为考察的时间段，2000—2018年共计19年。本书采用离差标准化方法对原始数据进行标准化：

$$y_{it}^{j'} = \frac{y_{it}^{j} - \min(y_{it}^{j})}{\max(y_{it}^{j}) - \min(y_{it}^{j})}, \text{当} y_i \text{为正指标} \tag{5-2}$$

$$y_{it}^{j'} = \frac{\text{may}(y_{it}^{j}) - y_{it}^{j}}{\max(y_{it}^{j}) - \min(y_{it}^{j})}, \text{当} y_i \text{为逆指标} \tag{5-3}$$

$y_{it}^{j'} \in [0,\ 1]$，当原始数据最小时标准化数值取 0，原始数据越大标准化数值越接近 1，当原始数据最大时标准化数值取 1。以往文献在对第 i 个指标原始数据标准化的过程中，$y_{it}^{j'}$往往通过考察该省份该指标在考察期间的变动情况来确定。从北京 2000 年和 2018 年人均房地产开发投资这个指标来看，其标准化的公式如下：

$$y_{i_1t_1}^{j_1'} = \frac{y_{i_1t_1}^{j_1} - \min(y_{i_1t_{1-19}}^{j_1})}{\max(x_{i_1t_{1-19}}^{j_1}) - \min(x_{i_1t_{1-19}}^{j_1})} \tag{5-4}$$

$$y_{i_1t_{19}}^{j_1'} = \frac{y_{i_1t_{19}}^{j_1} - \min(y_{i_1t_{1-19}}^{j_1})}{\max(y_{i_1t_{1-19}}^{j_1}) - \min(y_{i_1t_{1-19}}^{j_1})} \tag{5-5}$$

上式中，$y_{i_1t_1}^{j_1'}$和$y_{i_1t_{19}}^{j_1'}$表示北京 2000 年和 2018 年人均房地产开发投资标准化值，$x_{i_1t_1}^{j_1}$和$x_{i_1t_{19}}^{j_1}$表示 2000 年和 2018 年房地产开发投资原始数据。$\max(x_{i_1t_{1-19}}^{j_1})$表示北京人均房地产开发投资 2000—2018 年的最大值，$\min(x_{i_1t_{1-19}}^{j_1})$表示北京人均房地产开发投资 2000—2018 年的最小值。由于 2000—2018 年北京人均房地产开发投资从 2726 元上升到 10873 元，表现出持续上升趋势，所以$y_{i_1t_1}^{j_1} = 0$，$y_{i_1t_{19}}^{j_1'} = 1$。

从新疆 2000 年和 2018 年人均房地产开发投资这个指标来看，其标准化的公式如下：

$$y_{i_1t_1}^{j_{30}'} = \frac{y_{i_1t_1}^{j_{30}} - \min(y_{i_1t_{1-19}}^{j_{30}})}{\max(y_{i_1t_{1-19}}^{j_1}) - \min(y_{i_1t_{1-19}}^{j_1})} \tag{5-6}$$

$$y_{i_1t_{19}}^{j_{30}'} = \frac{y_{i_1t_{19}}^{j_{30}} - \min(y_{i_1t_{1-19}}^{j_{30}})}{\max(y_{i_1t_{1-19}}^{j_1}) - \min(y_{i_1t_{1-19}}^{j_1})} \tag{5-7}$$

由于 2000—2018 年新疆房地产开发投资从 802 元上升到 5075 元，同样表现出持续上升趋势，所以$x_{i_1t_1}^{j_{30}} = 0$，$x_{i_1t_{19}}^{j_{30}'} = 1$。

从北京和新疆的标准化数值我们可以发现，以往文献中标准化原始数据方法较好地反映了指标数据自身时间上的纵向对比关系，北京和新疆都在 2018 年达到了最大化标准值。但是最大的缺陷是没能反映出该省份在全国 30 个省份之间的横向对比关系，北京 2018 年人均房地产开发投资是新疆的 2.14 倍，但是标准化数据都取 1，不能有效反映出横向对比关系。

5.1.3.2 房地产市场指数模型构建

(1) 纵横标准化加权合成指数。针对以往文献标准化数据的缺陷，本研究将综合考察纵向对比和横向对比，计算公式如下：

$$y_{it_{vertical}}^{j'} = \frac{y_{it}^{j} - \min(y_{it_{1-19}}^{j})}{\max(y_{it_{1-19}}^{j}) - \min(y_{it_{1-19}}^{j})} \quad \text{房地产指标纵向标准化} \tag{5-8}$$

$$y_{it}^{j'_{level}} = \frac{y_{it}^{j} - \min(y_{it}^{j_{1-30}})}{\max(y_{it}^{j_{1-30}}) - \min(y_{it}^{j_{1-30}})} \quad \text{房地产指标横向标准化} \tag{5-9}$$

上式中，$y_{it_{vertical}}^{j'}$为 j 区域 i 指标第 t 年的纵向标准化数据，y_{it}^{j}为 j 区域 i 指标第 t 年的原始数据，$\min(y_{it_{1-19}}^{j})$ 和 $\max(y_{it_{1-19}}^{j})$ 为 j 区域 i 指标 2000—2018 年的最小值和最大值，是 j 区域 i 指标第 t 年数据通过与该区域考察期自身变化比较的标准化数据；$y_{it}^{j'_{level}}$为 j 区域 i 指标第 t 年的横向标准化数据，y_{it}^{j}为 j 区域 i 指标第 t 年的原始数据，$\min(y_{it}^{j_{1-30}})$ 和 $\max(y_{it}^{j_{1-30}})$ 为 i 指标第 t 年区域 1—30 中的最小值和最大值，是 i 指标第 t 年数据通过与全国所有省份比较的标准化数据。

在综合考察纵向标准化和横向标准化之后，此时 i 指标的单指标指数公式如下：

$$y_{it_{vertical}}^{j'_{level}} = \frac{1}{2} y_{it_{vertical}}^{j'} + \frac{1}{2} y_{it}^{j'_{level}}$$

$$= \frac{1}{2} \frac{y_{it}^{j} - \min(y_{it_{1-19}}^{j})}{may(y_{it_{1-19}}^{j}) - \min(y_{it_{1-19}}^{j})} + \frac{1}{2} \frac{y_{it}^{j} - \min(y_{it}^{j_{1-30}})}{may(y_{it}^{j_{1-30}}) - \min(y_{it}^{j_{1-30}})} \tag{5-10}$$

在考察房地产市场单指标指数的基础上，我们还需考察房地产供给、需求、价格、土地和房地产金融五个房地产市场分类指数：

$$Y_{i_{m-n}t_{vertical}}^{j_{level}} = b_m y_{mt_{vertical}}^{j'_{level}} + \cdots + b_n y_{nt_{vertical}}^{j'_{level}} \tag{5-11}$$

上式中，j＝1，2，…，30，m—n 为房地产分类指数下属指标，t＝1，2，…，19。$Y_{i_{m-n}t_{vertical}}^{j_{level}}$为纵向和横向合成的房地产市场分类指数，$y_{mt_{vertical}}^{j'_{level}}$，…，$y_{nt_{vertical}}^{j'_{level}}$分别为指标 m，…，指标 n 的纵向和横向标准化合成指数。a_m，…，a_n为各个指标在房地产市场分类指数中的权重，$b_m + \cdots + b_n - 1$。其中，房地产供给指数下属 3 个指标，指标 m—n 为第 1—3 个指标；房地产需求下属 2 个指标，指标 m—n 为第 4—5 个指标；房地产价格下属 1 个指标，指标 m 为第 6 个指标；土地市场下属 2 个指标，指标 m—n 为第 7—8 个指标；房地产金融下属 2 个指标，指标 m—n 为第 9—10 个指标。

在房地产市场单指标指数和分类指数合成的基础上，最后通过对各指标加权计算得到房地产市场综合指数：

$$Y^{j_{level}}_{t_{vertical}} = b_1 y^{j'_{level}}_{1t_{vertical}} + b_2 y^{j'_{level}}_{2t_{vertical}} + \cdots + b_{10} y^{j'_{level}}_{10t_{vertical}} \tag{5-12}$$

上式中，$j=1, 2, \cdots, 30$，$m=1, 2, \cdots, 10$，$t=1, 2, \cdots, 19$。$Y^{j_{level}}_{t_{vertical}}$为纵向和横向合成的房地产市场综合指数，$y^{j'_{level}}_{1t_{vertical}}$，$y^{j'_{level}}_{2t_{vertical}}$，…，$a_{10} y^{j'_{level}}_{10t_{vertical}}$分别为指标 1，指标 2，…，指标 10 的纵向和横向标准化合成指数。b_1，b_2，…，b_{10}为各个指标在房地产市场合成指数中的权重，权重之和为 1。

（2）熵值赋权法赋权。房地产市场指数下属房地产供给、需求、价格、土地和房地产金融分类指数，共计 10 个单指标。在采用综合指数对房地产市场发展水平进行评价的过程中，各指标权重的赋予极其重要，客观科学地进行权重的赋予关系评价结果的真实可靠。主观赋权法和客观赋权法是权重赋予的两种基本方法。主观赋权法是基于专家学者经验及专业知识的定性分析方法，主观性较强。客观赋权法根据原始数据采用一定的计量方法对各指标进行权重的赋予，不掺杂评价者的主观因素。客观赋权法中一种较为重要且常用的方法是熵值赋权法。熵值赋权法通过分析各指标横向与纵向信息量及各指标之间的关联性对指标进行赋权，消除了主观赋权法对多指标进行赋权时的主观性。笔者选取客观评价法中的熵值赋权法对指标进行权重的赋予。

根据熵值法的计算方法，计算得出房地产市场的权重，综合一体化指数下属 10 个指标，每个指标 2000—2018 年权重如表 5－2 所示，10 个指标各年的权重之和为 1。

表 5－2　　　综合指数各指标权重（y_1-y_{10}）

年份	y_1	y_2	y_3	y_4	y_5	y_6	y_7	y_8	y_9	y_{10}
2000	0.12	0.07	0.07	0.13	0.11	0.08	0.05	0.12	0.13	0.13
2001	0.11	0.07	0.09	0.14	0.12	0.08	0.04	0.12	0.13	0.11
2002	0.12	0.06	0.08	0.15	0.11	0.08	0.05	0.11	0.13	0.11
2003	0.11	0.06	0.08	0.15	0.12	0.10	0.04	0.11	0.12	0.12
2004	0.12	0.06	0.10	0.17	0.11	0.09	0.04	0.08	0.12	0.12
2005	0.11	0.05	0.08	0.14	0.13	0.11	0.02	0.10	0.12	0.13
2006	0.08	0.06	0.06	0.13	0.13	0.13	0.03	0.15	0.10	0.14
2007	0.06	0.05	0.07	0.12	0.11	0.13	0.01	0.19	0.10	0.14
2008	0.07	0.06	0.06	0.12	0.12	0.16	0.02	0.14	0.10	0.15
2009	0.05	0.06	0.05	0.12	0.12	0.18	0.02	0.18	0.09	0.13
2010	0.06	0.06	0.04	0.09	0.13	0.21	0.03	0.17	0.08	0.13
2011	0.06	0.06	0.05	0.07	0.14	0.20	0.05	0.15	0.08	0.14

续表

年份	y_1	y_2	y_3	y_4	y_5	y_6	y_7	y_8	y_9	y_{10}
2012	0.06	0.06	0.06	0.08	0.14	0.20	0.04	0.17	0.08	0.13
2013	0.06	0.05	0.05	0.09	0.14	0.21	0.04	0.16	0.09	0.12
2014	0.06	0.05	0.04	0.08	0.14	0.19	0.03	0.18	0.09	0.12
2015	0.05	0.05	0.05	0.10	0.16	0.19	0.04	0.17	0.08	0.12
2016	0.05	0.04	0.06	0.10	0.16	0.18	0.03	0.18	0.08	0.12
2017	0.05	0.05	0.05	0.08	0.15	0.17	0.04	0.22	0.07	0.13
2018	0.05	0.05	0.08	0.07	0.10	0.17	0.03	0.24	0.07	0.14

房地产市场综合指数包括五个分类指数，其中供给指数下属y_1—y_3共计3个指标，3个指标的权重之和为1。同理，需求指数下属y_4—y_5共计3个指标，价格指数下属y_6共计1个指标，土地指数下属y_7—y_8共计2个指标，房地产金融指数下属y_9—y_{10}共计2个指标。各分类指数下属指标的权重之和均为1（见表5－3）。

表5－3　　分类指数各指标权重（y_1-y_{10}）

年份	y_1	y_2	y_3	y_4	y_5	y_6	y_7	y_8	y_9	y_{10}
2000	0.47	0.27	0.26	0.55	0.45	1.00	0.28	0.72	0.50	0.50
2001	0.42	0.25	0.33	0.55	0.45	1.00	0.25	0.75	0.55	0.45
2002	0.47	0.24	0.29	0.57	0.43	1.00	0.29	0.71	0.53	0.47
2003	0.44	0.23	0.33	0.57	0.43	1.00	0.26	0.74	0.50	0.50
2004	0.43	0.21	0.36	0.61	0.39	1.00	0.32	0.68	0.49	0.51
2005	0.45	0.22	0.33	0.53	0.47	1.00	0.19	0.81	0.47	0.53
2006	0.40	0.28	0.32	0.50	0.50	1.00	0.16	0.84	0.43	0.57
2007	0.33	0.29	0.38	0.50	0.50	1.00	0.07	0.93	0.40	0.60
2008	0.34	0.32	0.33	0.48	0.52	1.00	0.15	0.85	0.39	0.61
2009	0.33	0.39	0.28	0.50	0.50	1.00	0.08	0.92	0.40	0.60
2010	0.36	0.38	0.26	0.39	0.61	1.00	0.17	0.83	0.37	0.63
2011	0.37	0.35	0.27	0.33	0.67	1.00	0.24	0.76	0.37	0.63
2012	0.34	0.33	0.33	0.36	0.64	1.00	0.18	0.82	0.40	0.60
2013	0.36	0.34	0.29	0.38	0.62	1.00	0.20	0.80	0.43	0.57
2014	0.41	0.31	0.28	0.37	0.63	1.00	0.16	0.84	0.42	0.58
2015	0.35	0.30	0.35	0.40	0.60	1.00	0.20	0.80	0.40	0.60
2016	0.33	0.29	0.37	0.39	0.61	1.00	0.15	0.85	0.38	0.62
2017	0.36	0.31	0.33	0.34	0.66	1.00	0.14	0.86	0.36	0.64
2018	0.30	0.28	0.43	0.42	0.58	1.00	0.11	0.89	0.33	0.67

（3）房地产市场指数类型及取值范围。根据房地产市场综合指数、分类指数和单指标指数的计算结果，将其取值范围划分为6个不同的取值范围（见表5－4）：当0.8≤I≤1时，房地产市场为高度发展水平，发展等级为第Ⅵ级；当0.6≤I＜0.8时，房地产市场发展水平较高，发展等级为第Ⅴ级；当0.5≤I＜0.6时，房地产市场发展水平中高，发展等级为第Ⅳ级；当0.4≤I＜0.5时，房地产市场发展水平中低，发展等级为第Ⅲ级；0.2≤I＜0.4时，房地产市场发展水平较低，发展等级为第Ⅱ级；0≤I＜0.2时，房地产市场为低度发展水平，发展等级为第Ⅰ级。

表5－4　　房地产市场指数（I）评价标准

指数取值范围	发展水平	发展等级
0.8≤I≤1	高度	Ⅵ
0.6≤I＜0.8	较高	Ⅴ
0.5≤I＜0.6	中高	Ⅳ
0.4≤I＜0.5	中低	Ⅲ
0.2≤I＜0.4	较低	Ⅱ
0≤I＜0.2	低度	Ⅰ

5.2　房地产市场发展水平评价

房地产市场涵盖多个指标，房地产综合指标体系包含房地产供给、需求、价格、土地和房地产金融五个子系统。本节对房地产市场发展水平的考察包括综合发展水平和五种分类发展水平。本书按照东部、中部和西部省份划分依据，将30个省份全样本划分为东部、中部和西部三组分样本，在考察全国整体房地产市场发展水平的基础上，考察各个区域房地产市场发展现状。

5.2.1　房地产市场综合发展水平

5.2.1.1　全国房地产市场综合指数

2000年全国房地产市场综合发展水平较低（见图5－1左），大多数省份房地产市场综合指数处于0和0.2之间的很低发展水平。其中，上海和北京房地产市场综合指数为0.41，为中低发展水平。天津和广东综合指数分别为0.24和0.22，处于较低发展水平。其他26个省份指数均介于0和0.2之间，处于最低发展水平。经过多年的发展，全国房地产市场综合水平得到全面提升，2018年全国大多数省份房地产市场综合指数提升到0.5以上的中高发展水平（见图5-1右）。其中，浙江、海南、上海、北京、江苏、安徽、福建、广东和重庆综合指数介于0.6和0.7之间，达到较高发展水平，发展等级达到第Ⅴ级；陕西、山东、湖北、天津、湖南、贵州、四川、广西、河南、云南和吉林11个省份综合指数介于0.5和0.6之间，处于中高发展水平，发展等级达到第Ⅳ级；其他省份综合指数均位于0.3和0.4之间的较低发展水平。

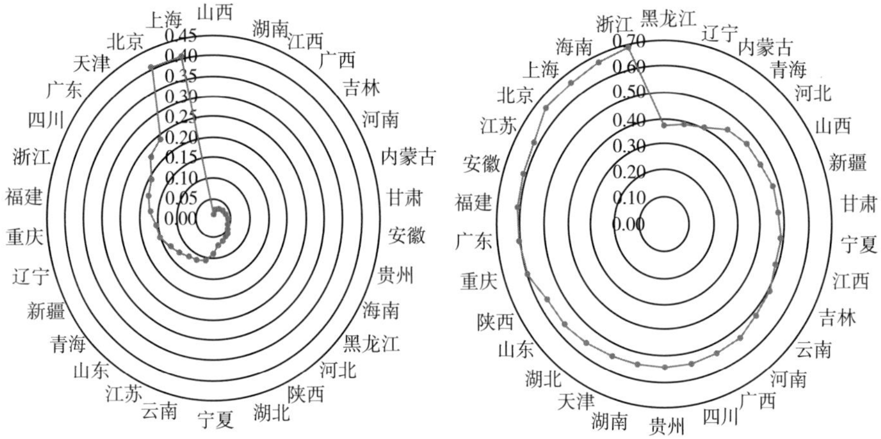

图5-1　全国2000年（左）和2018年（右）房地产市场综合指数分布图

从2000—2018年全国房地产市场综合指数来看（见图5-2左），全国房地产市场综合指数从0.11上升到0.54，从最低发展水平等级提高到中高发展水平等级。考察期增加值为0.43，提升幅度较大。考察期均值为0.31，全国房地产市场综合发展水平处于较低发展水平。从2000—2018年东中西部房地产市场综合指数来看（见图5-2右），东部指数从0.19上升到0.59，从最低发展等级提升到中高发展等级。考察期增加值为0.40，提升幅度在三大区域中最小。考察期均值为0.38，综合发展水平平均处于中低发展水平，高于东部和中部综合发展水平。中部指数从0.04上升到0.51，从最低发展水平等级提升到中高发展等级。考察期增加值为0.47，增加值在三大区域中最大。考察期均值为0.25，低于东部和西部指数均值，在三大区域中指数均值最低。西部指数从0.09上升到0.51，从最低发展水平等级提升到中高发展等级。考察期增加值为0.42，高于东部增加值，但是低于中部增加值，综合发展水平提升程度最大。考察期均值为0.28，低于东部指数均值，高于中部指数均值，房地产市场综合发展水平平均值在三大区域中居中。

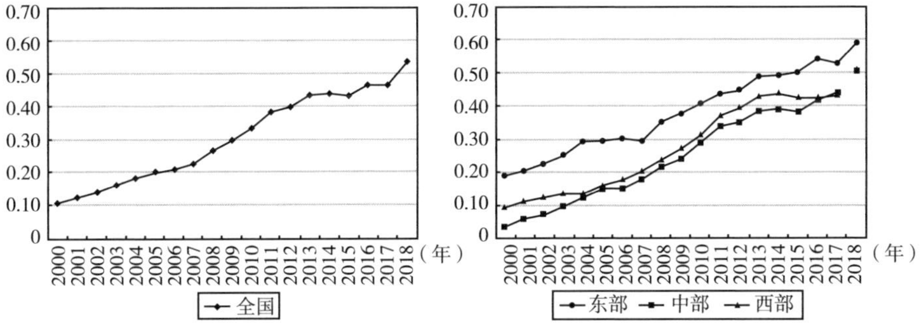

图5－2　2000—2018年全国（左）和东中西部（右）房地产市场综合指数趋势图

5.2.1.2　东部房地产市场综合指数

从东部整体来看，2000—2018年东部房地产市场综合指数呈现出不断上升的趋势，东部指数值从0.19提升到0.59，人口指数增加0.40，房地产市场综合指数从最低发展水平提高到中高发展水平（见表5－5）。东部考察期房地产市场综合指数均值为0.38，考察期均值为较低发展水平。从东部各省份2018年综合指数来看，处于最高水平的是浙江、海南、北京、上海、江苏、福建和广东，综合指数超过0.6。其次是天津和山东，综合指数介于0.5和0.6之间，处于中高发展水平。河北和辽宁房地产市场综合指数发展水平较低，人口指数分别只有0.46和0.39，这2个省份房地产市场综合指数发展水平为中低和较低水平。从东部各省份2000—2018年的发展速度来看，房地产市场综合指数水平增加值最大的是海南，考察期内增加了0.63。北京、上海、辽宁、河北和广东增加值介于0.2和0.4之间，综合发展水平提升程度最小。从东部各省份2000—2018年指数均值来看，北京和上海指数考察期均值分别为0.59和0.51，达到中高发展水平。浙江指数均值为0.41，为中低发展水平。其他省份均值介于0.2和0.4之间，处于较低发展水平。

表 5 - 5　东部房地产市场综合指数

年份	北京	天津	上海	河北	辽宁	江苏	浙江	福建	山东	广东	海南	东部
2000	0.41	0.24	0.41	0.05	0.15	0.11	0.18	0.17	0.12	0.23	0.05	0.19
2001	0.50	0.25	0.41	0.05	0.15	0.11	0.20	0.12	0.10	0.24	0.11	0.20
2002	0.54	0.26	0.45	0.06	0.15	0.13	0.26	0.16	0.14	0.23	0.09	0.22
2003	0.50	0.31	0.54	0.07	0.18	0.17	0.28	0.18	0.20	0.23	0.12	0.25
2004	0.58	0.37	0.62	0.09	0.22	0.24	0.31	0.22	0.22	0.23	0.11	0.29
2005	0.61	0.36	0.52	0.09	0.22	0.26	0.35	0.27	0.19	0.25	0.11	0.29
2006	0.60	0.38	0.47	0.11	0.24	0.27	0.32	0.32	0.18	0.25	0.17	0.30
2007	0.54	0.33	0.42	0.15	0.28	0.28	0.31	0.33	0.18	0.27	0.15	0.29
2008	0.61	0.36	0.44	0.20	0.35	0.36	0.37	0.29	0.26	0.31	0.33	0.35
2009	0.65	0.37	0.52	0.25	0.37	0.36	0.41	0.33	0.28	0.31	0.29	0.37
2010	0.64	0.39	0.48	0.33	0.45	0.38	0.41	0.35	0.34	0.28	0.43	0.41
2011	0.59	0.40	0.44	0.38	0.52	0.40	0.43	0.43	0.37	0.33	0.48	0.44
2012	0.61	0.39	0.43	0.36	0.56	0.44	0.47	0.44	0.38	0.32	0.50	0.45
2013	0.62	0.41	0.51	0.37	0.55	0.50	0.52	0.55	0.41	0.38	0.56	0.49
2014	0.59	0.45	0.52	0.41	0.47	0.49	0.53	0.56	0.41	0.40	0.59	0.49
2015	0.66	0.45	0.60	0.42	0.34	0.48	0.52	0.52	0.43	0.44	0.60	0.50
2016	0.70	0.58	0.65	0.45	0.30	0.55	0.57	0.54	0.46	0.51	0.64	0.54
2017	0.61	0.50	0.59	0.44	0.32	0.53	0.58	0.54	0.46	0.53	0.67	0.52
2018	0.66	0.54	0.66	0.46	0.39	0.63	0.69	0.62	0.56	0.61	0.68	0.59
增量	0.25	0.30	0.25	0.41	0.24	0.51	0.51	0.45	0.45	0.39	0.63	0.40
均值	0.59	0.39	0.51	0.25	0.33	0.35	0.41	0.37	0.30	0.33	0.35	0.38

5.2.1.3　中部房地产市场综合指数

从中部整体来看，2000—2018 年中部房地产市场综合指数呈现出不断上升的趋势，中部指数值从 0.04 提升到 0.51，人口指数增加 0.47，房地产市场综合指数从最低发展水平提高到中高发展水平（见表 5 - 6）。中部考察期房地产市场综合指数均值为 0.25，均值为较低发展水平。从中部各省 2018 年综合指数来看，安徽指数值为 0.62，达到较高发展水平。河南、湖北、湖南和吉林综合指数均在 0.5 和 0.6 之间，均为中高发展水平。其他省份指数值均低于 0.5，均为低发展水平。从中部各省份 2000—2018 年的发展速度来看，房地产市场综合指数水平增加值最大的是安徽、湖南和河南，考察期内增加值超过0.5，提升程度最大。黑龙江增加值低于0.4，综合发展水平提升程度最小。从中部各省2000—2018年指数均值来看，安徽指数值为0.30，其他省份综合指数均在0.2和0.3之间，均为较低发展水平。

表5－6　　中部房地产市场综合指数

年份	山西	吉林	黑龙江	安徽	江西	河南	湖北	湖南	中部
2000	0.01	0.03	0.05	0.04	0.03	0.03	0.07	0.02	0.04
2001	0.07	0.06	0.07	0.05	0.07	0.04	0.07	0.05	0.06
2002	0.07	0.06	0.05	0.06	0.10	0.05	0.12	0.08	0.08
2003	0.09	0.06	0.06	0.10	0.15	0.07	0.13	0.12	0.10
2004	0.12	0.09	0.08	0.14	0.17	0.09	0.14	0.15	0.12
2005	0.14	0.10	0.11	0.17	0.20	0.13	0.17	0.19	0.15
2006	0.14	0.13	0.11	0.18	0.17	0.12	0.17	0.20	0.15
2007	0.16	0.19	0.14	0.20	0.18	0.15	0.19	0.21	0.18
2008	0.21	0.24	0.16	0.26	0.21	0.20	0.21	0.25	0.22
2009	0.23	0.26	0.21	0.28	0.21	0.25	0.24	0.24	0.24
2010	0.27	0.34	0.28	0.34	0.23	0.28	0.26	0.29	0.29
2011	0.28	0.44	0.38	0.40	0.27	0.28	0.30	0.35	0.34
2012	0.32	0.45	0.38	0.40	0.27	0.31	0.32	0.36	0.35
2013	0.38	0.44	0.38	0.45	0.32	0.34	0.38	0.39	0.38
2014	0.36	0.41	0.35	0.48	0.35	0.35	0.40	0.39	0.39
2015	0.37	0.39	0.32	0.44	0.37	0.37	0.42	0.38	0.38
2016	0.39	0.41	0.32	0.49	0.40	0.45	0.45	0.44	0.42
2017	0.39	0.40	0.34	0.54	0.43	0.48	0.49	0.46	0.44
2018	0.46	0.50	0.38	0.62	0.49	0.53	0.56	0.54	0.51
增量	0.45	0.47	0.32	0.58	0.46	0.50	0.49	0.52	0.47
均值	0.23	0.26	0.22	0.30	0.24	0.24	0.27	0.27	0.25

5.2.1.4　西部房地产市场综合指数

从西部整体来看，2000—2018年西部房地产市场综合指数呈现出不断上升的趋势，西部指数值从0.09提升到0.51，人口指数增加0.42，房地产市场综合指数从最低发展水平提高到中高发展水平（见表5－7）。西部考察期房地产市场综合指数均值为0.28，为较低发展水平。从西部各省份2018年综合指数来看，重庆指数值为0.60，达到较高发展水平。广西、四川、贵州、云南和陕西综合指数均在0.5和0.6之间，均为中高发展水平。其他省份指数值均低于0.5，均为低发展水平。从西部各省份2000—2018年的发展速度来看，房地产市场综合指数水平增加值最大的是陕西、广西和贵州，考察期内增加值超过0.5，提升程度最大。内蒙古、四川、青海和新疆增加值低于0.4，综合发展水平提升程度最小。从西部各省份2000—2018年指数均值来看，重庆和四川指数值超过0.3，其他省份综合指数均在0.2和0.3之间，均为较低发展水平。

表5-7　　　　西部房地产市场综合指数

年份	重庆	内蒙古	广西	四川	贵州	云南	陕西	甘肃	青海	宁夏	新疆	西部
2000	0.16	0.03	0.03	0.19	0.04	0.11	0.06	0.04	0.13	0.09	0.14	0.09
2001	0.18	0.06	0.06	0.23	0.08	0.08	0.11	0.06	0.07	0.11	0.17	0.11
2002	0.21	0.04	0.08	0.26	0.06	0.10	0.10	0.08	0.12	0.14	0.17	0.12
2003	0.20	0.07	0.10	0.22	0.11	0.10	0.12	0.10	0.12	0.18	0.15	0.13
2004	0.18	0.09	0.14	0.15	0.10	0.11	0.10	0.11	0.14	0.21	0.13	0.13
2005	0.26	0.15	0.18	0.19	0.12	0.15	0.15	0.10	0.13	0.19	0.10	0.16
2006	0.26	0.23	0.17	0.23	0.15	0.19	0.14	0.11	0.11	0.18	0.13	0.17
2007	0.30	0.29	0.23	0.24	0.15	0.19	0.16	0.16	0.15	0.20	0.17	0.20
2008	0.30	0.39	0.23	0.26	0.16	0.23	0.23	0.20	0.20	0.20	0.19	0.24
2009	0.34	0.39	0.27	0.29	0.20	0.27	0.24	0.22	0.25	0.35	0.20	0.27
2010	0.41	0.44	0.31	0.36	0.27	0.26	0.28	0.21	0.24	0.43	0.24	0.31
2011	0.47	0.54	0.33	0.33	0.32	0.35	0.34	0.24	0.33	0.48	0.35	0.37
2012	0.51	0.43	0.33	0.38	0.36	0.38	0.37	0.33	0.38	0.49	0.37	0.39
2013	0.50	0.45	0.33	0.41	0.45	0.44	0.38	0.38	0.38	0.54	0.46	0.43
2014	0.51	0.41	0.35	0.43	0.46	0.42	0.40	0.41	0.44	0.52	0.49	0.44
2015	0.49	0.37	0.36	0.42	0.43	0.40	0.40	0.41	0.42	0.49	0.45	0.42
2016	0.45	0.39	0.43	0.45	0.40	0.37	0.41	0.42	0.47	0.49	0.40	0.43
2017	0.49	0.35	0.45	0.45	0.41	0.41	0.47	0.44	0.43	0.46	0.41	0.43
2018	0.60	0.41	0.53	0.54	0.54	0.51	0.57	0.48	0.44	0.48	0.47	0.51
增量	0.45	0.37	0.50	0.35	0.50	0.41	0.51	0.44	0.32	0.40	0.34	0.42
均值	0.36	0.29	0.26	0.32	0.25	0.27	0.26	0.24	0.26	0.33	0.27	0.28

5.2.2 房地产市场分类发展水平

5.2.2.1 房地产市场供给指数

(1) 全国房地产市场供给指数。2000 年全国供给发展水平较低（见图5－3 左），大多数省份供给指数介于0 和0.2 之间，处于最低发展水平。其中，上海供给指数为0.61，处于较高发展水平。其次是重庆、北京、青海、天津和广东，供给指数介于0.2 和0.4 之间，处于较低发展水平。其他省份均低于0.2，处于最低发展水平。经过多年的发展，全国供给水平得到一定程度的提升，2018 年30 个省份中有16 个省份供给指数提升到0.5 以上的高发展水平（见图5－3 右）。其中，海南供给指数达到0.90，达到高度发展水平，发展等级达到最高的第Ⅵ级；河南、福建、山东、广东和安徽供给指数介于0.6 和0.8 之间，处于较高发展水平；广西、江苏、贵州、浙江、湖北、湖南、重庆、云南、陕西和江西指数介于0.5 和0.6 之间，处于中高发展水平；内蒙古、黑龙江和辽宁供给指数低于0.2，处于最低发展水平；其他省份供给指数均介于0.2 和0.5 之间的较低和中低发展水平。

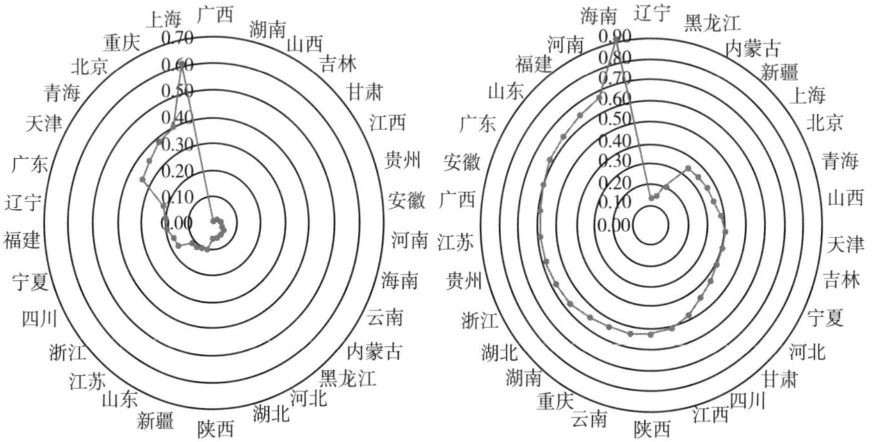

图5－3 全国2000 年（左）和2018 年（右）房地产市场供给综合指数分布图

从2000—2018 年全国供给指数来看（见图5－4 左），全国供给指数从0.12 上升到0.48，从最低发展水平等级提高到中低发展水平等级。考察期增加值为0.35，提升幅度较大。考察期均值为0.37，考察期间全国供给发展水平平均处于较低发展水平。从2000—2018年东中西部供给指数来看（见图5-4右），东部指数从0.21上升到0.50，从较低发展水平提高到中高发展水平，指数增加值为0.29，提升幅度较比全国小。考察期均值为0.42，高于全国指数均值，均值处于中低发展水平，在三大区域中最高。中部指数从0.03上升到0.48，从最低发展水平等级提升到中低发展等级。考察期增加值为0.45，提升幅度最大，远高于东部和西部指数增加值。考察期均值为0.32，低于东部和西部指数均值，在三大区域中供给均值最低。西部指数从0.13上升到0.45，从最低发展水平等级提升到中低发展等级。考察期增加值为0.32，高于东部指数增加值，但是低于中部指数增加值，在所有区域中提升程度居中。考察期均值为0.36，低于东部指数均值，在东中西三大区域中发展水平居中。

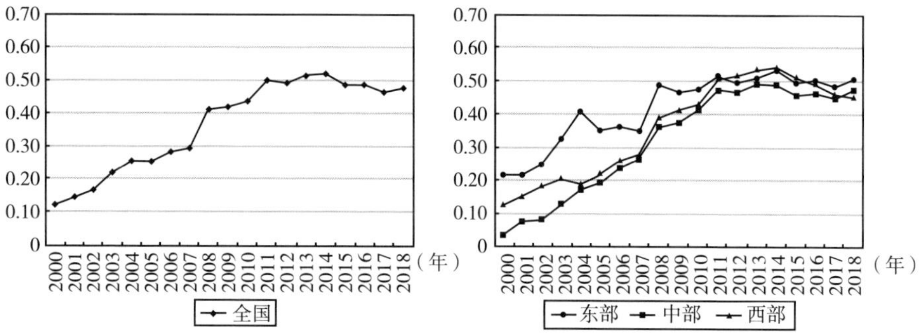

图5-4　2000—2018年全国（左）和东中西部（右）房地产市场供给指数趋势图

（2）东部房地产市场供给指数。从东部整体来看，2000—2018年东部供给指数呈现逐步上升的趋势，2000—2018年供给指数从0.21上升到0.50，指数增加值为0.29。东部考察期供给指数均值为0.42，考察期平均为中低发展水平（见表5-8）。从东部各省份2018年综合指数来看，海南指数为0.90，达到最高发展水平。福建、山东和广东3省份供给指数超过0.6，达到较高发展水平。江苏和浙江2018年介于0.5和0.6之间，处于中高发展水平。其他省份供给发展水平均低于0.5，处于低发展水平。从东部各省份2000—2018年的增长值来看，供给指数增加值最大的是海南，考察期内增加了0.86。上海、辽宁和北京增加值低于0，供给水平出现负增长。从东部各省份2000—2018年指数均值来看，北京指数均值为0.59，考察期平均达到了中高发展水平。河北、辽宁、浙江、福建和山东指数均值超过0.5，考察期平均为中高发展水平。其他省份指数均值均介于0.3 和0.5 之间的较低和中低发展水平。

表5－8　　东部房地产市场供给指数

年份	北京	天津	上海	河北	辽宁	江苏	浙江	福建	山东	广东	海南	东部
2000	0.38	0.34	0.61	0.06	0.20	0.11	0.11	0.19	0.10	0.22	0.04	0.21
2001	0.51	0.33	0.53	0.04	0.20	0.08	0.15	0.15	0.13	0.16	0.10	0.22
2002	0.60	0.37	0.60	0.02	0.21	0.10	0.22	0.15	0.17	0.17	0.11	0.25
2003	0.69	0.40	0.70	0.08	0.27	0.17	0.32	0.21	0.29	0.25	0.19	0.32
2004	0.83	0.61	0.91	0.13	0.31	0.27	0.38	0.31	0.35	0.19	0.19	0.41
2005	0.88	0.57	0.65	0.07	0.18	0.30	0.42	0.30	0.17	0.19	0.12	0.35
2006	0.83	0.49	0.56	0.12	0.26	0.34	0.41	0.42	0.19	0.24	0.11	0.36
2007	0.70	0.41	0.43	0.14	0.28	0.35	0.38	0.46	0.22	0.30	0.15	0.35
2008	0.79	0.50	0.43	0.26	0.50	0.63	0.50	0.42	0.48	0.42	0.44	0.49
2009	0.69	0.45	0.42	0.32	0.53	0.54	0.46	0.42	0.46	0.40	0.42	0.46
2010	0.70	0.43	0.40	0.45	0.57	0.50	0.41	0.36	0.53	0.30	0.54	0.47
2011	0.68	0.28	0.33	0.56	0.74	0.53	0.47	0.50	0.51	0.36	0.69	0.51
2012	0.53	0.35	0.25	0.52	0.73	0.55	0.47	0.42	0.52	0.32	0.81	0.50
2013	0.48	0.36	0.21	0.49	0.70	0.56	0.49	0.57	0.53	0.36	0.83	0.51
2014	0.46	0.36	0.21	0.51	0.60	0.58	0.57	0.65	0.55	0.45	0.93	0.53
2015	0.44	0.38	0.24	0.49	0.31	0.58	0.52	0.61	0.54	0.40	0.91	0.49
2016	0.43	0.42	0.26	0.51	0.16	0.57	0.56	0.59	0.55	0.46	0.98	0.50
2017	0.32	0.29	0.30	0.46	0.14	0.55	0.54	0.64	0.54	0.59	0.94	0.48
2018	0.34	0.39	0.33	0.42	0.12	0.59	0.58	0.64	0.62	0.62	0.90	0.50
增量	-0.04	0.05	-0.28	0.36	-0.07	0.48	0.47	0.45	0.52	0.41	0.86	0.29
均值	0.59	0.41	0.44	0.30	0.37	0.42	0.42	0.42	0.39	0.34	0.49	0.42

（3）中部房地产市场供给指数。从中部整体来看，2000—2018 年中部供给指数呈现出不断上升的趋势，指数值从0.03 提升到0.48，供给从最低发展水平提高到中低发展水平（见表5－9）。中部考察期供给指数均值为0.32，考察期均值为较低发展水平。从中部各省2018 年综合指数来看，处于较高水平的是河南和安徽，供给指数分别为0.66 和0.60。湖北、湖南和江西供给指数高于0.5，处于中高发展水平。其他3 省份指数低于0.5，处于低发展水平。从中部各省份2000—2018 年的增加值来看，供给水平增加值最大的是河

南，考察期内增加值超过0.6，供给提升程度最大。安徽、湖南和湖北增加值均超过0.5，供给水平提升程度较大。黑龙江增加值仅为0.08，供给水平提升程度最小。从中部各省2000—2018年指数均值来看，山西、吉林、安徽、江西、河南、湖北和湖南考察期均值均介于0.3和0.4之间，黑龙江指数均值仅为0.23，均处于较低发展水平。

表5-9　　中部房地产市场供给指数

年份	山西	吉林	黑龙江	安徽	江西	河南	湖北	湖南	中部
2000	0.01	0.02	0.05	0.04	0.03	0.04	0.06	0.01	0.03
2001	0.14	0.09	0.08	0.10	0.06	0.02	0.08	0.04	0.07
2002	0.10	0.05	0.02	0.09	0.17	0.05	0.10	0.10	0.08
2003	0.12	0.05	0.04	0.13	0.27	0.08	0.20	0.15	0.13
2004	0.13	0.09	0.09	0.17	0.33	0.07	0.21	0.27	0.17
2005	0.16	0.08	0.15	0.19	0.36	0.09	0.24	0.29	0.19
2006	0.21	0.18	0.13	0.28	0.37	0.12	0.30	0.30	0.24
2007	0.22	0.27	0.20	0.29	0.38	0.17	0.29	0.30	0.27
2008	0.27	0.40	0.16	0.42	0.49	0.30	0.43	0.42	0.36
2009	0.34	0.38	0.26	0.40	0.41	0.33	0.45	0.43	0.38
2010	0.31	0.48	0.35	0.46	0.40	0.39	0.42	0.48	0.41
2011	0.43	0.56	0.49	0.50	0.36	0.48	0.45	0.51	0.47
2012	0.42	0.53	0.53	0.51	0.30	0.44	0.48	0.51	0.47
2013	0.51	0.54	0.48	0.57	0.32	0.47	0.52	0.52	0.49
2014	0.50	0.46	0.41	0.57	0.37	0.52	0.59	0.50	0.49
2015	0.49	0.34	0.32	0.55	0.42	0.51	0.56	0.47	0.46
2016	0.52	0.39	0.24	0.52	0.42	0.60	0.55	0.48	0.46
2017	0.38	0.35	0.19	0.55	0.45	0.63	0.55	0.49	0.45
2018	0.37	0.39	0.14	0.60	0.52	0.66	0.57	0.56	0.48
增量	0.36	0.38	0.08	0.57	0.49	0.62	0.52	0.55	0.45
均值	0.30	0.30	0.23	0.37	0.34	0.31	0.37	0.36	0.32

（4）西部房地产市场供给指数。从西部整体来看，2000—2018年西部供给指数呈现出不断上升的趋势，指数值从0.13提升到0.45，供给指数增加0.32，供给从最低发展水平提高到中低发展水平（见表5-10）。西部考察期供给指数均值为0.36，考察期均值为较低发展水平。从西部各省份2018年

综合指数来看，广西、贵州、云南、重庆和陕西指数值高于0.5，处于中高发展水平。内蒙古、青海和新疆3个省份指数值介于0.2和0.4之间，处于较低发展水平。其他3省指数值均介于0.4和0.5之间，处于中低发展水平。从西部各省份2000—2018年的增加值来看，供给水平增加值最大的是广西和贵州，考察期内增加值超过0.5，提升程度最大。青海指数值出现负增长，在西部省份中提升程度最小。从西部各省份2000—2018年指数均值来看，重庆考察期均值达到0.50，考察期平均处于中高发展水平。其他省份均介于0.3和0.4之间，考察期供给指数均值处于较低发展水平。

表5－10　　　　西部房地产市场供给指数

年份	重庆	内蒙古	广西	四川	贵州	云南	陕西	甘肃	青海	宁夏	新疆	西部
2000	0.40	0.05	0.00	0.16	0.03	0.05	0.06	0.02	0.36	0.17	0.10	0.13
2001	0.48	0.12	0.03	0.28	0.09	0.02	0.07	0.06	0.11	0.11	0.29	0.15
2002	0.47	0.05	0.05	0.36	0.15	0.05	0.10	0.12	0.17	0.21	0.28	0.18
2003	0.32	0.06	0.12	0.44	0.22	0.07	0.17	0.22	0.22	0.27	0.14	0.21
2004	0.33	0.08	0.22	0.24	0.18	0.08	0.13	0.19	0.28	0.26	0.08	0.19
2005	0.44	0.16	0.27	0.27	0.20	0.18	0.19	0.18	0.12	0.29	0.12	0.22
2006	0.44	0.30	0.29	0.34	0.18	0.24	0.21	0.23	0.21	0.28	0.14	0.26
2007	0.47	0.42	0.31	0.36	0.19	0.27	0.24	0.18	0.18	0.23	0.17	0.27
2008	0.58	0.72	0.36	0.42	0.24	0.37	0.37	0.37	0.35	0.30	0.23	0.39
2009	0.62	0.68	0.39	0.45	0.29	0.44	0.39	0.35	0.25	0.45	0.23	0.41
2010	0.67	0.63	0.51	0.61	0.28	0.42	0.37	0.29	0.17	0.52	0.26	0.43
2011	0.70	0.84	0.57	0.31	0.37	0.58	0.45	0.33	0.42	0.66	0.38	0.51
2012	0.60	0.54	0.52	0.49	0.46	0.50	0.56	0.51	0.40	0.66	0.45	0.52
2013	0.56	0.52	0.45	0.45	0.56	0.58	0.55	0.57	0.47	0.66	0.53	0.53
2014	0.58	0.39	0.45	0.45	0.65	0.56	0.62	0.49	0.50	0.68	0.59	0.54
2015	0.55	0.31	0.46	0.43	0.63	0.58	0.55	0.54	0.46	0.59	0.51	0.51
2016	0.51	0.29	0.50	0.48	0.54	0.50	0.61	0.54	0.45	0.61	0.44	0.50
2017	0.54	0.23	0.53	0.42	0.53	0.51	0.58	0.48	0.38	0.50	0.42	0.47
2018	0.54	0.20	0.59	0.48	0.58	0.54	0.53	0.44	0.34	0.40	0.33	0.45
增量	0.14	0.14	0.59	0.32	0.55	0.49	0.48	0.42	-0.01	0.23	0.23	0.32
均值	0.50	0.35	0.35	0.39	0.34	0.35	0.35	0.32	0.31	0.41	0.30	0.36

5.2.2.2 房地产市场需求指数

（1）全国房地产市场需求指数。2000 年全国需求发展水平较低（见图 5-5 左），大多数省份需求指数介于 0 和 0.2 之间，处于最低发展水平。其中，上海和北京需求指数分别是 0.46 和 0.45，处于中低发展水平。其次是广东、天津和浙江，需求指数介于 0.2 和 0.3 之间，处于较低发展水平。其他省均低于 0.2，处于最低发展水平。经过多年的发展，全国需求水平得到一定程度的提升，2018 年 30 个省份中有 28 个省份需求指数提升到 0.5 以上的高发展水平（见图 5-5 右）。其中，浙江需求指数达到 0.91，达到最高发展水平，发展等级达到最高的第Ⅵ级；上海、江苏、广东、海南、福建和重庆指数值介于 0.7 和 0.9 之间，北京、湖北、安徽、山东、四川、湖南、河南、广西、陕西、贵州和云南需求指数介于 0.6 和 0.7 之间，均高于 0.6，处于较高发展水平。宁夏、天津、吉林、青海、山西、河北、甘肃、内蒙古、辽宁和江西需求指数高于 0.5，处于中高发展水平。仅黑龙江和新疆需求指数介于 0.4 和 0.5 之间，处于中低发展水平。

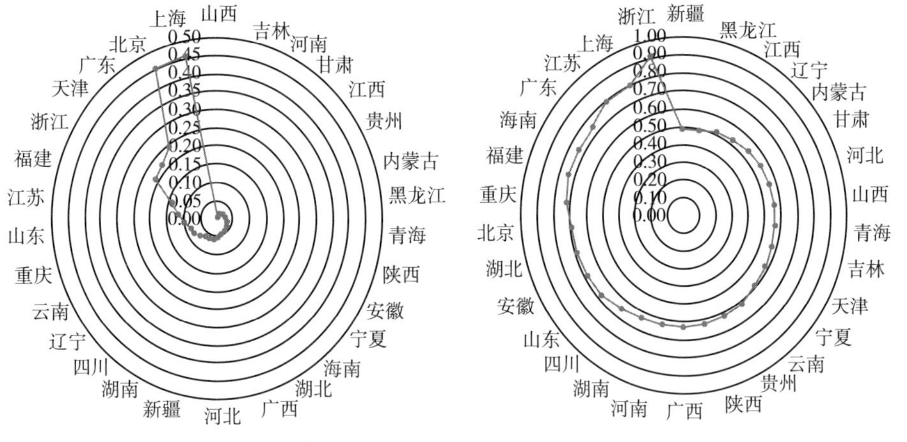

图 5-5 全国 2000 年（左）和 2018 年（右）房地产市场需求指数分布图

从 2000—2018 年全国需求指数来看（见图 5-6 左），全国需求指数从 0.09 上升到 0.63，从最低发展水平等级提高到较高发展水平等级。考察期增加值为 0.54，提升幅度较大。考察期均值为 0.30，考察期间全国需求发展水平平均处于较低发展水平。从 2000—2018 年东中西部需求指数来看（见图 5-6 右），东部指数从 0.19 上升到 0.70，从最低发展水平提高到较高发展水平，指数增加值为 0. 51，提升幅度比全国小。考察期均值为 0. 42，高于全国指数均值，均值处于中低发展水平，在三大区域中最高。中部指数从 0. 03 上升到 0. 59，从最低发展水平提升到中高发展水平。考察期增加值为 0. 57，提升幅度在三大区域中最大。考察期均值为 0. 24，低于东部和西部指数均值，在三大区域中需求均值最低。西部指数从 0. 04 上升到 0. 60，从最低发展水平提升到较高发展水平。考察期增加值为 0. 55，高于东部指数增加值，但是低于中部指数增加值，在所有区域中提升程度居中。考察期均值为 0. 26，低于东部指数均值，高于中部指数增加值，在东中西三大区域中发展水平居中。

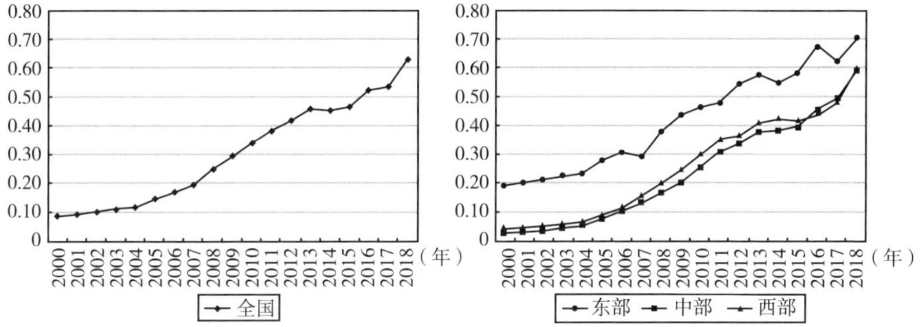

图 5 - 6　2000—2018 年全国（左）和东中西部（右）房地产市场需求指数趋势图

（2）东部房地产市场需求指数。从东部整体来看（见表 5 - 11），2000—2018 年东部需求指数呈现逐步上升的趋势，需求指数从 0. 19 上升到 0. 70，指数增加值为 0. 51。东部考察期内需求指数均值为 0. 42，考察期平均为中低发展水平。从东部各省份 2018 年需求指数来看，浙江指数为 0. 91，达到最高发展水平。其他省份需求指数均在 0. 5 以上的中高和较高发展水平。从东部各省份 2000—2018 年的增长值来看，需求指数增加值最大的是海南、江苏和浙江，考察期内增加值超过 0. 6。北京、上海和天津增加值介于 0. 2 和 0. 4 之间，需求提升水平最小。从东部各省份 2000—2018 年指数均值来看，上海和北京指数均值为超过 0. 6，考察期平均达到了较高发展水平。天津、江苏、浙江和广东指数均值超过 0. 4，考察期平均为中低发展水平。其他省份指数均值均介于 0. 2 和 0. 4 之间，为较低发展水平。

表 5-11　　东部房地产市场需求指数

年份	北京	天津	上海	河北	辽宁	江苏	浙江	福建	山东	广东	海南	东部
2000	0.45	0.22	0.46	0.05	0.07	0.12	0.21	0.14	0.10	0.24	0.04	0.19
2001	0.49	0.25	0.50	0.04	0.07	0.11	0.23	0.15	0.09	0.24	0.05	0.20
2002	0.53	0.22	0.50	0.04	0.08	0.13	0.27	0.16	0.09	0.23	0.06	0.21
2003	0.50	0.24	0.58	0.05	0.09	0.14	0.29	0.16	0.11	0.24	0.07	0.22
2004	0.52	0.24	0.64	0.05	0.09	0.15	0.28	0.17	0.12	0.24	0.05	0.23
2005	0.70	0.31	0.58	0.08	0.13	0.23	0.40	0.21	0.14	0.27	0.06	0.28
2006	0.69	0.37	0.59	0.11	0.17	0.28	0.37	0.25	0.17	0.29	0.08	0.31
2007	0.57	0.35	0.57	0.12	0.22	0.28	0.34	0.25	0.18	0.27	0.11	0.30
2008	0.62	0.48	0.63	0.18	0.34	0.35	0.43	0.30	0.27	0.36	0.22	0.38
2009	0.77	0.45	0.76	0.22	0.35	0.44	0.53	0.37	0.30	0.39	0.24	0.44
2010	0.63	0.50	0.60	0.30	0.46	0.45	0.52	0.36	0.39	0.40	0.47	0.46
2011	0.53	0.54	0.56	0.38	0.52	0.45	0.48	0.43	0.44	0.45	0.50	0.48
2012	0.74	0.54	0.61	0.38	0.63	0.54	0.55	0.55	0.44	0.48	0.51	0.54
2013	0.67	0.54	0.70	0.41	0.62	0.58	0.58	0.64	0.48	0.54	0.56	0.58
2014	0.64	0.48	0.71	0.44	0.50	0.56	0.58	0.57	0.45	0.49	0.55	0.54
2015	0.77	0.54	0.89	0.47	0.42	0.61	0.60	0.54	0.46	0.59	0.53	0.58
2016	0.79	0.78	0.93	0.53	0.42	0.73	0.75	0.61	0.53	0.70	0.62	0.67
2017	0.66	0.54	0.69	0.53	0.46	0.67	0.75	0.59	0.54	0.67	0.75	0.62
2018	0.68	0.57	0.79	0.55	0.52	0.79	0.91	0.73	0.67	0.74	0.74	0.70
增量	0.23	0.35	0.33	0.50	0.45	0.67	0.69	0.59	0.57	0.50	0.70	0.51
均值	0.63	0.43	0.65	0.26	0.32	0.40	0.48	0.38	0.31	0.41	0.33	0.42

（3）中部房地产市场需求指数。从中部整体来看，2000—2018 年中部需求指数呈现出不断上升的趋势，指数值从 0.03 提升到 0.59，需求从最低发展水平提高到中高发展水平（见表 5-12）。中部考察期需求指数均值为 0.24，考察期均值为较低发展水平。从中部各省 2018 年综合指数来看，处于较高水平的是安徽、河南、湖北和湖南，需求指数超过 0.6，黑龙江和江西需求指数低于 0.5，处于中低发展水平。其他 2 个省份指数介于 0.5 和 0.6 之间，处于中高发展水平。从中部各省份 2000—2018 年的增加值来看，需求指数增加值最大的是安徽、河南和湖北，考察期内增加值超过 0.6，需求提升

程度最大。黑龙江和江西增加值低于0.5，需求水平提升程度最小。从中部各省份2000—2018年指数均值来看，8个省份考察期均值均介于0.2和0.3之间，均处于较低发展水平。

表5－12 中部房地产市场需求指数

年份	山西	吉林	黑龙江	安徽	江西	河南	湖北	湖南	中部
2000	0.00	0.01	0.02	0.03	0.02	0.01	0.04	0.06	0.03
2001	0.02	0.02	0.03	0.03	0.02	0.01	0.04	0.06	0.03
2002	0.03	0.04	0.03	0.02	0.03	0.03	0.05	0.05	0.04
2003	0.04	0.05	0.04	0.04	0.04	0.04	0.06	0.06	0.05
2004	0.06	0.06	0.05	0.05	0.05	0.05	0.06	0.07	0.06
2005	0.09	0.08	0.08	0.08	0.08	0.07	0.08	0.09	0.08
2006	0.11	0.11	0.10	0.11	0.10	0.10	0.10	0.10	0.10
2007	0.12	0.13	0.13	0.14	0.14	0.14	0.13	0.13	0.13
2008	0.16	0.21	0.15	0.20	0.15	0.17	0.16	0.17	0.17
2009	0.17	0.25	0.20	0.22	0.19	0.19	0.18	0.21	0.20
2010	0.21	0.33	0.29	0.26	0.22	0.24	0.22	0.27	0.26
2011	0.24	0.41	0.38	0.32	0.25	0.29	0.27	0.32	0.31
2012	0.29	0.42	0.43	0.36	0.28	0.31	0.30	0.35	0.34
2013	0.32	0.42	0.45	0.41	0.35	0.35	0.35	0.38	0.38
2014	0.33	0.36	0.40	0.43	0.38	0.38	0.39	0.38	0.38
2015	0.35	0.36	0.36	0.41	0.40	0.40	0.44	0.42	0.39
2016	0.39	0.40	0.38	0.52	0.47	0.48	0.51	0.49	0.46
2017	0.47	0.44	0.45	0.52	0.53	0.51	0.53	0.52	0.50
2018	0.56	0.56	0.49	0.68	0.51	0.63	0.68	0.63	0.59
增量	0.55	0.55	0.46	0.64	0.49	0.61	0.64	0.57	0.57
均值	0.21	0.24	0.23	0.25	0.22	0.23	0.24	0.25	0.24

（4）西部房地产市场需求指数。从西部整体来看，2000—2018年西部需求指数呈现出不断上升的趋势，指数值从0.04提升到0.60，需求指数增加0.55，需求从最低发展水平提高到较高发展水平（见表5－13）。西部考察期需求指数均值为0.26，考察期均值为较低发展水平。从西部各省份2018年

综合指数来看，重庆需求指数值高于0.7，处于较高发展水平。新疆需求指数值低于0.5，处于中低发展水平。从西部各省份2000—2018年的增加值来看，需求水平增加值最大的是重庆和贵州，考察期内增加值超过0.6，提升程度最大。新疆指数增加值低于0.5，在西部省份中提升程度最小。从西部各省份2000—2018年指数均值来看，重庆考察期均值为0.35，其他10个省份需求指数均值均介于0.2和0.3之间，均介于0.2和0.4之间，考察期需求指数均值处于较低发展水平。

表5-13　西部房地产市场需求指数

年份	重庆	内蒙古	广西	四川	贵州	云南	陕西	甘肃	青海	宁夏	新疆	西部
2000	0.09	0.02	0.04	0.06	0.02	0.08	0.03	0.01	0.02	0.04	0.06	0.04
2001	0.08	0.02	0.07	0.07	0.02	0.07	0.02	0.02	0.03	0.05	0.09	0.05
2002	0.09	0.02	0.07	0.06	0.02	0.07	0.04	0.03	0.03	0.05	0.09	0.05
2003	0.11	0.05	0.07	0.06	0.03	0.06	0.04	0.03	0.04	0.07	0.08	0.06
2004	0.11	0.07	0.09	0.05	0.04	0.08	0.04	0.05	0.04	0.08	0.06	0.07
2005	0.15	0.10	0.11	0.08	0.06	0.11	0.06	0.07	0.06	0.10	0.06	0.09
2006	0.19	0.15	0.11	0.12	0.07	0.13	0.09	0.08	0.07	0.13	0.10	0.11
2007	0.24	0.22	0.15	0.18	0.10	0.15	0.12	0.11	0.11	0.17	0.15	0.15
2008	0.31	0.32	0.21	0.20	0.12	0.19	0.19	0.10	0.13	0.26	0.15	0.20
2009	0.33	0.34	0.24	0.26	0.18	0.21	0.22	0.15	0.17	0.34	0.22	0.24
2010	0.42	0.41	0.29	0.32	0.22	0.27	0.29	0.17	0.22	0.43	0.26	0.30
2011	0.47	0.51	0.31	0.38	0.26	0.32	0.40	0.21	0.28	0.41	0.34	0.35
2012	0.52	0.44	0.32	0.40	0.32	0.36	0.38	0.25	0.26	0.45	0.32	0.37
2013	0.52	0.47	0.34	0.42	0.36	0.37	0.40	0.31	0.36	0.54	0.45	0.41
2014	0.51	0.46	0.36	0.42	0.38	0.37	0.40	0.38	0.41	0.54	0.44	0.42
2015	0.48	0.45	0.38	0.42	0.38	0.37	0.39	0.44	0.38	0.44	0.45	0.42
2016	0.50	0.47	0.44	0.47	0.41	0.40	0.42	0.48	0.44	0.47	0.45	0.45
2017	0.55	0.45	0.50	0.50	0.46	0.47	0.49	0.49	0.50	0.49	0.43	0.48
2018	0.71	0.54	0.63	0.65	0.62	0.62	0.62	0.55	0.56	0.59	0.48	0.60
增量	0.63	0.52	0.58	0.58	0.60	0.54	0.59	0.53	0.54	0.55	0.42	0.55
均值	0.35	0.29	0.25	0.27	0.21	0.25	0.24	0.21	0.22	0.30	0.25	0.26

5.2.2.3　房地产价格指数

（1）全国房地产价格指数。2000 年全国价格发展水平较低（见图5－7左），大多数省份价格指数介于0 和0.2 之间，处于最低发展水平。其中，北京价格指数为0.51，处于中高发展水平。其次是上海和广东，价格指数介于0.2 和0.4 之间，处于较低发展水平。其他省份均低于0.2，处于最低发展水平。经过多年的发展，随着全国房价的不断上升，价格指数也随之提升，2018 年30 个省份价格指数均提升到0.5 以上的高发展水平（见图5－7右）。其中，北京和上海价格指数分别为1.0 和0.87，达到最高发展水平，发展等级达到最高的第Ⅵ级；天津、浙江、海南和广东指数值介于0.6 和0.7 之间，处于较高发展水平；其他24 个省份价格指数介于0.5 和0.6 之间，处于中高发展水平。

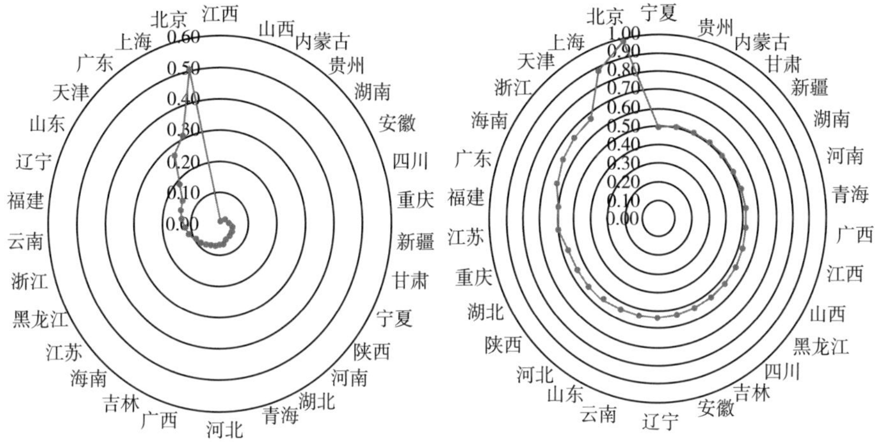

图5－7　全国2000 年（左）和2018 年（右）房地产价格指数分布图

从2000—2018 年全国房地产价格指数来看（见图5－8左），全国价格指数从0.09 上升到0.57，从最低发展水平提高到中高发展水平。考察期增加值为0.48，提升幅度较大。考察期均值为0.27，考察期间全国价格指数平均处于较低发展水平。从2000—2018 年东中西部价格指数来看（见图5－8右），东部指数从0.19 上升到0.66，从最低发展水平提高到较高发展水平，指数增加值为0.48，提升幅度与全国增加值相当。考察期均值为0.38，高于全国指数均值，均值处于较低发展水平，在三大区域中最高。中部指数从0.04 上升到

0. 53，从最低发展水平等级提升到中高发展水平。考察期增加值为 0. 49，提升幅度在三大区域中最大。考察期均值为 0. 22，低于东部指数均值，和西部指数均值相同。西部指数从 0. 05 上升到 0. 52，从最低发展水平提升到中高发展水平。考察期增加值为 0. 47，低于东部和中部指数增加值，在所有区域中提升程度最小。考察期均值为 0. 22，低于东部指数均值，和中部指数增加值相同。

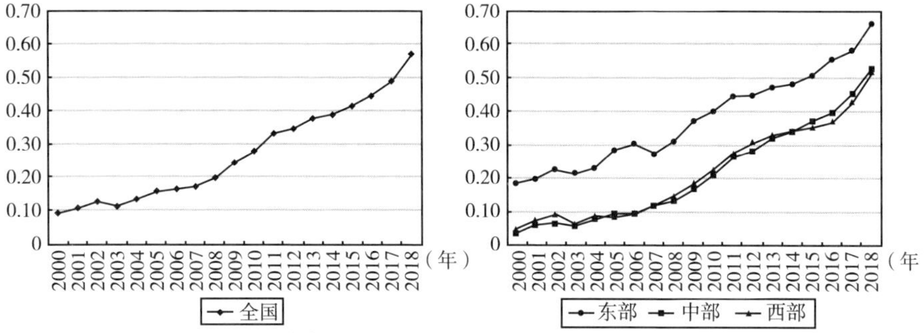

图 5 - 8　2000—2018 年全国（左）和东中西部（右）房地产价格指数趋势图

（2）东部房地产价格指数。从东部整体来看，2000—2018 年东部价格指数呈现逐步上升的趋势，2000 年到 2018 年价格指数从 0. 19 上升到 0. 66，指数增加值为 0. 48（见表 5 - 14）。东部考察期价格指数均值为 0. 38，考察期平均为较低发展水平。从东部各省 2018 年价格指数来看，北京和上海价格指数分别为 1. 00 和 0. 87，达到高度发展水平。天津、浙江、广东和海南价格指数介于 0. 6 和 0. 7 之间，处于较高发展水平。其他省份价格指数均在 0. 5 以上的中高发展水平。从东部各省份 2000—2018 年的增加值来看，价格指数增加值最大的是北京、上海、江苏、浙江和海南，考察期内增加值超过 0. 5。山东和广东增加值介于 0. 3 和 0. 4 之间，价格提升水平最小。从东部各省份 2000—2018 年指数均值来看，北京和上海指数均值分别为 0. 64 和 0. 60，考察期平均达到了较高发展水平。浙江价格指数均值高于 0. 4，考察期均值为中低发展水平。其他省份指数均值均介于 0. 2 和 0. 4 之间的较低发展水平。

表 5－14　　东部房地产价格指数

年份	北京	天津	上海	河北	辽宁	江苏	浙江	福建	山东	广东	海南	东部
2000	0.50	0.19	0.31	0.07	0.14	0.09	0.11	0.14	0.15	0.27	0.08	0.19
2001	0.50	0.19	0.35	0.06	0.17	0.12	0.13	0.12	0.07	0.32	0.14	0.20
2002	0.50	0.23	0.45	0.07	0.17	0.15	0.19	0.13	0.12	0.32	0.19	0.23
2003	0.43	0.19	0.54	0.06	0.16	0.15	0.21	0.12	0.10	0.26	0.15	0.22
2004	0.40	0.23	0.55	0.06	0.17	0.20	0.23	0.17	0.13	0.26	0.18	0.23
2005	0.48	0.31	0.57	0.09	0.20	0.27	0.34	0.20	0.17	0.34	0.18	0.29
2006	0.54	0.35	0.55	0.09	0.20	0.25	0.36	0.28	0.16	0.35	0.25	0.31
2007	0.50	0.29	0.40	0.13	0.20	0.21	0.32	0.27	0.16	0.31	0.22	0.27
2008	0.61	0.31	0.42	0.16	0.23	0.22	0.38	0.30	0.17	0.34	0.32	0.31
2009	0.63	0.35	0.64	0.19	0.25	0.29	0.48	0.34	0.21	0.36	0.37	0.37
2010	0.69	0.38	0.61	0.19	0.27	0.32	0.51	0.36	0.23	0.35	0.50	0.40
2011	0.67	0.45	0.62	0.22	0.30	0.37	0.56	0.49	0.29	0.42	0.54	0.45
2012	0.68	0.39	0.61	0.26	0.31	0.39	0.61	0.56	0.31	0.40	0.42	0.45
2013	0.70	0.39	0.69	0.30	0.32	0.39	0.60	0.56	0.32	0.45	0.46	0.47
2014	0.71	0.41	0.69	0.34	0.34	0.40	0.56	0.57	0.35	0.45	0.50	0.48
2015	0.77	0.45	0.83	0.39	0.38	0.41	0.53	0.52	0.37	0.49	0.46	0.51
2016	0.86	0.57	0.89	0.45	0.41	0.50	0.52	0.53	0.40	0.55	0.45	0.56
2017	0.95	0.65	0.77	0.51	0.46	0.50	0.59	0.51	0.43	0.55	0.51	0.58
2018	1.00	0.67	0.87	0.54	0.54	0.59	0.66	0.59	0.54	0.63	0.64	0.66
增量	0.50	0.48	0.56	0.47	0.40	0.50	0.55	0.45	0.39	0.36	0.56	0.48
均值	0.64	0.37	0.60	0.22	0.27	0.31	0.41	0.36	0.25	0.39	0.35	0.38

（3）中部房地产价格指数。从中部整体来看，2000—2018 年中部价格指数呈现出不断上升的趋势，中部指数均值从 0.04 提升到 0.53，价格从最低发展水平提高到中高发展水平（见表 5－15）。中部考察期价格指数均值为 0.22，考察期均值为较低发展水平。从中部各省份 2018 年综合指数来看，中部指数值都介于 0.5 和 0.6 之间，处于中高发展水平。从中部各省份 2000—2018 年的增加值来看，价格指数增加值最大的是山西、安徽、江西和湖北，考察期内增加值超过 0.5，价格提升程度最大。其他 4 个省份增加值均介于

0.4 和 0.5 之间，价格水平提升程度较小。从中部各省份 2000—2018 年指数均值来看，8 个省份考察期均值均介于 0.2 和 0.3 之间，均处于较低发展水平。

表 5 – 15　　中部房地产价格指数

年份	山西	吉林	黑龙江	安徽	江西	河南	湖北	湖南	中部
2000	0.01	0.08	0.10	0.02	0.00	0.05	0.05	0.02	0.04
2001	0.08	0.12	0.12	0.03	0.00	0.04	0.06	0.05	0.06
2002	0.07	0.10	0.11	0.06	0.00	0.07	0.09	0.06	0.07
2003	0.07	0.07	0.08	0.07	0.01	0.05	0.07	0.04	0.06
2004	0.11	0.11	0.08	0.10	0.02	0.08	0.09	0.05	0.08
2005	0.13	0.08	0.08	0.16	0.05	0.09	0.14	0.06	0.10
2006	0.09	0.07	0.08	0.14	0.07	0.09	0.15	0.08	0.10
2007	0.11	0.10	0.10	0.15	0.11	0.11	0.17	0.12	0.12
2008	0.12	0.13	0.13	0.18	0.11	0.12	0.16	0.13	0.14
2009	0.15	0.15	0.18	0.22	0.15	0.16	0.20	0.17	0.17
2010	0.22	0.21	0.21	0.28	0.19	0.19	0.18	0.23	0.21
2011	0.21	0.30	0.23	0.33	0.29	0.22	0.25	0.30	0.27
2012	0.25	0.25	0.22	0.34	0.35	0.27	0.30	0.31	0.29
2013	0.30	0.28	0.31	0.36	0.40	0.31	0.30	0.33	0.32
2014	0.33	0.35	0.32	0.38	0.41	0.32	0.32	0.32	0.34
2015	0.36	0.39	0.35	0.38	0.41	0.38	0.37	0.34	0.37
2016	0.36	0.35	0.36	0.43	0.43	0.43	0.43	0.38	0.40
2017	0.42	0.43	0.47	0.46	0.46	0.46	0.49	0.44	0.45
2018	0.53	0.53	0.53	0.53	0.53	0.51	0.55	0.51	0.53
增量	0.52	0.46	0.43	0.51	0.52	0.46	0.50	0.49	0.49
均值	0.21	0.22	0.21	0.24	0.21	0.21	0.23	0.21	0.22

（4）西部房地产价格指数。从西部整体来看，2000—2018 年西部价格指数呈现出不断上升的趋势，西部指数值从 0.05 提升到 0.52，价格指数增加 0.47，价格从最低发展水平提高到中低发展水平。西部考察期价格指数均值为 0.22，考察期均值为较低发展水平。从西部各省份 2018 年综合指数来看，

11 个省份指数值均介于 0. 5 和 0. 6 之间，处于中高发展水平。从西部各省份 2000—2018 年的增加值来看，价格水平增加值最大的是重庆、内蒙古、四川和陕西，考察期内增加值超过 0. 5，提升程度最高。其他 7 个省份指数增加值均介于 0. 4 和 0. 5 之间，提升程度较小。从西部各省 2000—2018 年指数均值来看，云南指数均值为 0. 18，处于最低发展水平。其他 10 个省份指数均值均介于 0. 2 和 0. 3 之间，处于较低发展水平。

表 5 - 16　　西部房地产价格指数

年份	重庆	内蒙古	广西	四川	贵州	云南	陕西	甘肃	青海	宁夏	新疆	西部
2000	0. 03	0. 01	0. 07	0. 02	0. 01	0. 12	0. 05	0. 05	0. 07	0. 05	0. 04	0. 05
2001	0. 04	0. 03	0. 12	0. 06	0. 02	0. 14	0. 07	0. 09	0. 07	0. 07	0. 08	0. 07
2002	0. 08	0. 04	0. 14	0. 07	0. 05	0. 13	0. 11	0. 06	0. 08	0. 16	0. 12	0. 09
2003	0. 06	0. 02	0. 12	0. 05	0. 03	0. 10	0. 06	0. 02	0. 01	0. 11	0. 10	0. 06
2004	0. 09	0. 05	0. 15	0. 06	0. 04	0. 10	0. 09	0. 11	0. 08	0. 13	0. 05	0. 09
2005	0. 11	0. 06	0. 10	0. 10	0. 04	0. 09	0. 11	0. 11	0. 10	0. 12	0. 05	0. 09
2006	0. 11	0. 08	0. 10	0. 13	0. 08	0. 08	0. 14	0. 07	0. 11	0. 11	0. 06	0. 10
2007	0. 14	0. 12	0. 13	0. 19	0. 11	0. 07	0. 12	0. 13	0. 13	0. 11	0. 09	0. 12
2008	0. 14	0. 15	0. 16	0. 23	0. 15	0. 08	0. 18	0. 11	0. 14	0. 15	0. 11	0. 15
2009	0. 19	0. 21	0. 22	0. 26	0. 21	0. 10	0. 17	0. 15	0. 14	0. 25	0. 16	0. 19
2010	0. 25	0. 24	0. 24	0. 30	0. 27	0. 10	0. 21	0. 21	0. 19	0. 28	0. 20	0. 23
2011	0. 30	0. 28	0. 26	0. 37	0. 32	0. 16	0. 32	0. 25	0. 21	0. 32	0. 25	0. 27
2012	0. 32	0. 32	0. 30	0. 41	0. 34	0. 21	0. 32	0. 26	0. 28	0. 35	0. 29	0. 31
2013	0. 35	0. 34	0. 33	0. 41	0. 33	0. 23	0. 33	0. 30	0. 31	0. 39	0. 33	0. 33
2014	0. 33	0. 33	0. 36	0. 41	0. 33	0. 27	0. 31	0. 38	0. 35	0. 36	0. 35	0. 34
2015	0. 31	0. 35	0. 38	0. 39	0. 32	0. 30	0. 33	0. 43	0. 34	0. 41	0. 37	0. 36
2016	0. 32	0. 36	0. 43	0. 43	0. 33	0. 29	0. 33	0. 45	0. 38	0. 39	0. 37	0. 37
2017	0. 43	0. 38	0. 49	0. 46	0. 38	0. 37	0. 43	0. 51	0. 45	0. 43	0. 40	0. 43
2018	0. 55	0. 51	0. 52	0. 53	0. 51	0. 54	0. 55	0. 51	0. 52	0. 50	0. 51	0. 52
增量	0. 52	0. 50	0. 45	0. 51	0. 49	0. 42	0. 50	0. 46	0. 45	0. 45	0. 47	0. 47
均值	0. 23	0. 20	0. 24	0. 26	0. 20	0. 18	0. 22	0. 22	0. 21	0. 25	0. 21	0. 22

5.2.2.4　土地市场指数

（1）全国土地市场指数。2000 年全国土地发展水平较低（见图 5 －9 左），大多数省份土地指数介于 0 和 0.2 之间，处于最低发展水平。其中，四川土地指数为 0.68，处于较高发展水平。其次是新疆、浙江、福建、广东、天津、辽宁、上海、北京、重庆和云南，土地指数介于 0.2 和 0.4 之间，处于较低发展水平。其他省市均低于 0.2，处于最低发展水平。经过多年的发展，全国土地水平得到一定程度的提升，2018 年 30 个省份中有 29 个省份土地指数均提升到 0.2 以上的较低发展水平（见图 5 －9 右）。其中，安徽土地指数达到 0.64，达到较高发展水平；浙江和上海指数值介于 0.5 和 0.6 之间，处于中高发展水平。陕西、吉林、重庆、福建、新疆、北京、湖南、江苏和四川土地指数值介于 0.4 和 0.5 之间，处于中低发展水平。青海指数值低于 0.2，处于最低发展水平。其他 17 个省份土地指数介于 0.2 和 0.4 之间，处于较低发展水平。

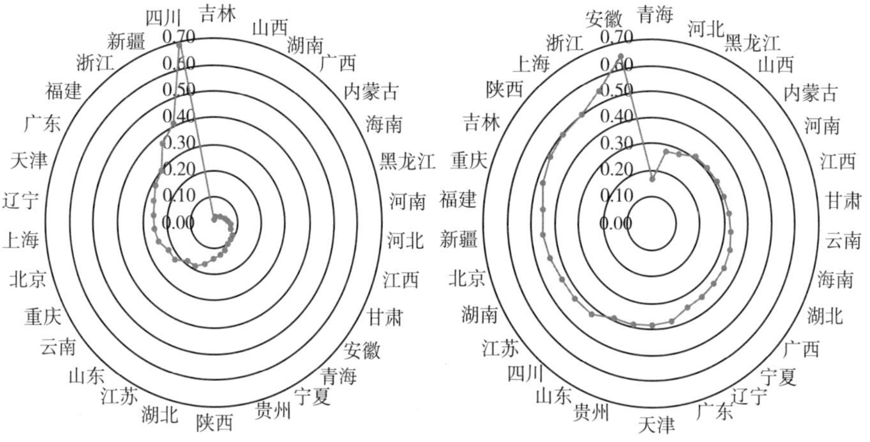

图 5 －9　全国 2000 年（左）和 2018 年（右）土地市场指数分布图

从 2000—2018 年全国土地指数来看（见图 5 －10 左），全国土地指数从 0.16 上升到 0.39，从最低发展水平提高到较低发展水平。考察期增加值为 0.23，提升幅度较小。考察期均值为 0.28，考察期间全国土地平均处于较低发展水平。从 2000—2018 年东中西部土地指数来看（见图 5 －10 右），东部指数从 0.22 上升到 0.41，从较低发展水平提高到中低发展水平，指数增加值为 0.19，提升幅度比全国小。考察期均值为 0.30，高于全国指数均值，处于较低发展水平，在三大区域中最高。中部指数从 0.06 上升到 0.39，从最低发展水平提升到较低发展水平。考察期增加值为 0.33，提升幅度在三大区域中最大。考察期均值为 0.25，低于东部和西部指数均值。西部指数从 0.20 上升到 0.37，考察期间均为较低发展水平。考察期增加值为 0.17，低于东部和中部指数增加值，在所有区域中提升程度最小。考察期均值为 0.28，低于东部指数均值，高于中部指数均值。

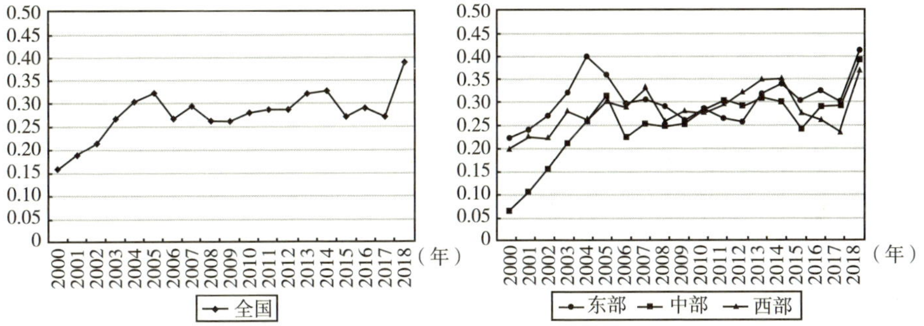

图 5－10　2000—2018 年全国（左）和东中西部（右）土地市场指数趋势图

（2）东部土地市场指数。从东部整体来看，2000—2018 年东部土地指数呈现逐步上升的趋势，土地指数从 0.22 上升到 0.41，指数增加值为 0.19（见表 5－17）。东部考察期土地指数均值为 0.30，考察期平均为较低发展水平。从东部各省份 2018 年土地指数来看，浙江和上海土地指数分别为 0.54 和 0.50，达到中高发展水平。北京、江苏、福建和山东介于 0.4 和 0.5 之间，处于中低发展水平。其他 5 个省份土地指数均在 0.4 以下的较低发展水平。从东部各省份 2000—2018 年的增加值来看，土地指数增加值最大的是海南，考察期内增加值达到 0.3。北京、上海、河北、江苏和山东增加值介于 0.2 和 0.3 之间，土地提升水平较快。其他 5 个省份增加值低于 0.2，土地发展水平提升最慢。从东部各省份 2000—2018 年指数均值来看，北京、辽宁、江苏、浙江和福建土地指数均值介于 0.3 和 0.4 之间，其他 6 个省份土地指数在 0.2 和 0.3 之间，均为较低发展水平。

（3）中部土地市场指数。从中部整体来看，2000—2018 年中部土地指数呈现出不断上升的趋势，中部指数均值从 0.06 提升到 0.39，从最低发展水平提高到较低发展水平（见表 5－18）。中部考察期土地指数均值为 0.25，考察期均值为较低发展水平。从中部各省份 2018 年综合指数来看，指数值最大的

表 5 - 17　　　　东部土地市场指数

年份	北京	天津	上海	河北	辽宁	江苏	浙江	福建	山东	广东	海南	东部
2000	0.24	0.26	0.25	0.07	0.25	0.18	0.37	0.29	0.18	0.28	0.04	0.22
2001	0.46	0.29	0.24	0.08	0.20	0.16	0.34	0.11	0.16	0.36	0.21	0.24
2002	0.54	0.26	0.28	0.14	0.21	0.20	0.47	0.29	0.26	0.27	0.02	0.27
2003	0.34	0.50	0.41	0.15	0.27	0.31	0.41	0.33	0.41	0.27	0.11	0.32
2004	0.58	0.54	0.48	0.18	0.39	0.47	0.49	0.36	0.41	0.37	0.09	0.40
2005	0.43	0.39	0.34	0.14	0.44	0.37	0.40	0.55	0.37	0.35	0.16	0.36
2006	0.30	0.39	0.14	0.13	0.37	0.31	0.26	0.48	0.28	0.23	0.34	0.29
2007	0.27	0.31	0.26	0.24	0.46	0.35	0.28	0.45	0.21	0.33	0.18	0.30
2008	0.38	0.17	0.22	0.26	0.36	0.30	0.26	0.25	0.20	0.26	0.50	0.29
2009	0.33	0.17	0.28	0.33	0.34	0.20	0.26	0.29	0.22	0.23	0.20	0.26
2010	0.39	0.17	0.22	0.42	0.41	0.21	0.27	0.36	0.25	0.13	0.29	0.28
2011	0.34	0.16	0.13	0.38	0.43	0.23	0.25	0.32	0.28	0.17	0.22	0.26
2012	0.36	0.10	0.13	0.27	0.47	0.27	0.32	0.24	0.29	0.13	0.23	0.26
2013	0.39	0.12	0.31	0.23	0.37	0.38	0.45	0.40	0.28	0.22	0.28	0.31
2014	0.36	0.32	0.33	0.34	0.29	0.37	0.43	0.41	0.31	0.24	0.32	0.34
2015	0.43	0.18	0.27	0.30	0.17	0.24	0.42	0.34	0.34	0.19	0.41	0.30
2016	0.48	0.26	0.31	0.25	0.16	0.31	0.40	0.37	0.33	0.26	0.40	0.32
2017	0.27	0.29	0.42	0.22	0.15	0.32	0.37	0.36	0.27	0.26	0.34	0.30
2018	0.45	0.39	0.50	0.28	0.35	0.43	0.54	0.46	0.40	0.38	0.34	0.41
增量	0.21	0.13	0.25	0.20	0.10	0.25	0.17	0.17	0.21	0.10	0.30	0.19
均值	0.39	0.28	0.29	0.23	0.32	0.30	0.37	0.35	0.29	0.26	0.25	0.30

是安徽，高于0.6，处于较高发展水平。其次是吉林和湖南，指数值介于0.4和0.5之间，处于中低发展水平。其他5省均介于0.2和0.4之间，处于较低发展水平。从中部各省2000—2018年的增加值来看，土地指数增加值最大的是安徽，考察期内增加值超过0.5，提升程度最大。吉林和湖南土地指数增加值介于0.4和0.5之间，提升程度较大。湖北增加值仅为0.18，提升程度最小。从中部各省份2000—2018年指数均值来看，7个省份考察期均值均介于0.2和0.4之间，处于较低发展水平。黑龙江指数均值仅为0.17，考察期均值处于最低发展水平。

表 5-18　　　　中部土地市场指数

年份	山西	吉林	黑龙江	安徽	江西	河南	湖北	湖南	中部
2000	0.01	0.01	0.05	0.10	0.08	0.06	0.17	0.02	0.06
2001	0.09	0.03	0.03	0.07	0.26	0.14	0.12	0.08	0.10
2002	0.11	0.04	0.06	0.14	0.29	0.07	0.33	0.18	0.15
2003	0.15	0.09	0.10	0.22	0.37	0.14	0.29	0.30	0.21
2004	0.20	0.14	0.13	0.34	0.39	0.22	0.32	0.30	0.26
2005	0.22	0.16	0.15	0.37	0.45	0.36	0.35	0.44	0.31
2006	0.14	0.19	0.10	0.28	0.22	0.23	0.20	0.43	0.22
2007	0.22	0.29	0.15	0.35	0.17	0.21	0.26	0.36	0.25
2008	0.31	0.21	0.19	0.31	0.18	0.26	0.16	0.36	0.25
2009	0.28	0.25	0.20	0.33	0.14	0.39	0.20	0.22	0.25
2010	0.32	0.30	0.23	0.40	0.15	0.37	0.25	0.23	0.28
2011	0.22	0.46	0.37	0.48	0.18	0.16	0.26	0.29	0.30
2012	0.27	0.55	0.23	0.43	0.14	0.20	0.23	0.28	0.29
2013	0.31	0.43	0.19	0.47	0.17	0.20	0.36	0.31	0.31
2014	0.21	0.40	0.24	0.56	0.21	0.16	0.27	0.35	0.30
2015	0.19	0.38	0.16	0.38	0.18	0.13	0.25	0.26	0.24
2016	0.20	0.41	0.21	0.46	0.20	0.24	0.24	0.35	0.29
2017	0.19	0.30	0.15	0.60	0.17	0.26	0.31	0.33	0.29
2018	0.31	0.49	0.28	0.64	0.31	0.31	0.35	0.44	0.39
增量	0.30	0.49	0.23	0.55	0.23	0.25	0.18	0.41	0.33
均值	0.21	0.27	0.17	0.37	0.22	0.22	0.26	0.29	0.25

（4）西部土地市场指数。从西部整体来看，2000—2018 年西部土地指数呈现出不断上升的趋势，土地指数均值从 0.20 提升到 0.37，土地指数增加 0.17，土地指数考察期处于较低发展水平（见表 5-19）。西部考察期土地指数均值为 0.28，处于较低发展水平。从西部各省份 2018 年综合指数来看，11 省指数值均介于 0.2 和 0.4 之间，处于较低发展水平。从西部各省份 2000—2018 年的增加值来看，土地水平增加值最大的是广西，考察期内增加值超过 0.3，提升程度最大。四川指数增加值为负，提升程度最小。从西部各省份 2000—2018 年指数均值来看，四川指数均值为 0.40，处于中低发展水平。其他 10 个省份指数均值均介于 0.2 和 0.4 之间，处于较低发展水平。

表 5 – 19　　　　西部土地市场指数

年份	重庆	内蒙古	广西	四川	贵州	云南	陕西	甘肃	青海	宁夏	新疆	西部
2000	0.22	0.04	0.03	0.68	0.12	0.22	0.14	0.10	0.10	0.12	0.41	0.20
2001	0.23	0.08	0.08	0.71	0.26	0.12	0.34	0.10	0.05	0.22	0.31	0.23
2002	0.34	0.04	0.10	0.76	0.06	0.18	0.22	0.16	0.23	0.15	0.22	0.22
2003	0.43	0.13	0.13	0.50	0.24	0.21	0.28	0.21	0.26	0.35	0.35	0.28
2004	0.28	0.17	0.22	0.36	0.22	0.23	0.19	0.17	0.21	0.46	0.37	0.26
2005	0.45	0.33	0.34	0.42	0.23	0.31	0.31	0.10	0.27	0.34	0.19	0.30
2006	0.44	0.44	0.27	0.45	0.36	0.41	0.15	0.11	0.06	0.27	0.24	0.29
2007	0.44	0.50	0.43	0.32	0.26	0.36	0.22	0.28	0.19	0.36	0.30	0.33
2008	0.24	0.42	0.27	0.27	0.18	0.34	0.24	0.28	0.20	0.10	0.29	0.26
2009	0.32	0.36	0.29	0.23	0.14	0.36	0.16	0.25	0.41	0.42	0.15	0.28
2010	0.31	0.47	0.24	0.23	0.35	0.22	0.21	0.17	0.18	0.51	0.17	0.28
2011	0.34	0.42	0.20	0.21	0.29	0.35	0.16	0.17	0.23	0.50	0.38	0.30
2012	0.52	0.30	0.15	0.25	0.30	0.39	0.18	0.28	0.39	0.45	0.30	0.32
2013	0.47	0.34	0.18	0.33	0.50	0.50	0.18	0.28	0.16	0.46	0.42	0.35
2014	0.50	0.34	0.20	0.36	0.39	0.37	0.22	0.37	0.21	0.37	0.51	0.35
2015	0.47	0.25	0.20	0.35	0.26	0.23	0.22	0.15	0.19	0.32	0.36	0.27
2016	0.32	0.29	0.27	0.37	0.18	0.21	0.19	0.14	0.34	0.34	0.21	0.26
2017	0.28	0.20	0.24	0.34	0.18	0.18	0.29	0.20	0.13	0.26	0.21	0.23
2018	0.48	0.31	0.35	0.43	0.40	0.33	0.50	0.32	0.16	0.35	0.46	0.37
增量	0.26	0.27	0.32	-0.25	0.27	0.11	0.36	0.22	0.06	0.23	0.05	0.17
均值	0.37	0.29	0.22	0.40	0.26	0.29	0.23	0.20	0.21	0.34	0.31	0.28

5.2.2.5　房地产金融指数

（1）全国房地产金融指数。2000 年全国金融发展水平较低（见图 5 – 11 左），大多数省份金融指数介于 0 和 0.2 之间，处于最低发展水平。其中，北京和上海金融指数为 0.46 和 0.42，处于中低发展水平。其他 28 个省份土地指数均介于 0 和 0.2 之间，处于最低发展水平。经过多年的发展，全国金融水平得到一定程度的提升，2018 年 30 个省份中有 27 个省份金融指数均提升到 0.5 以上的高发展水平（见图 5 – 11 右）。其中，北京和上海金融指数为 0.83 和 0.82，达到高度发展水平。其次是海南、浙江、重庆和江苏指数值高于 0.7，天津、广东、福建、陕西、青海、安徽、湖北、四川和新疆指数值高于0.6，均处于0.6和0.8之间的较高发展水平。内蒙古、黑龙江和辽宁金融指数值介于0.4和0.5之间，处于中低发展水平。其他12个省份金融指数介于0.5和0.6之间，处于中高发展水平。

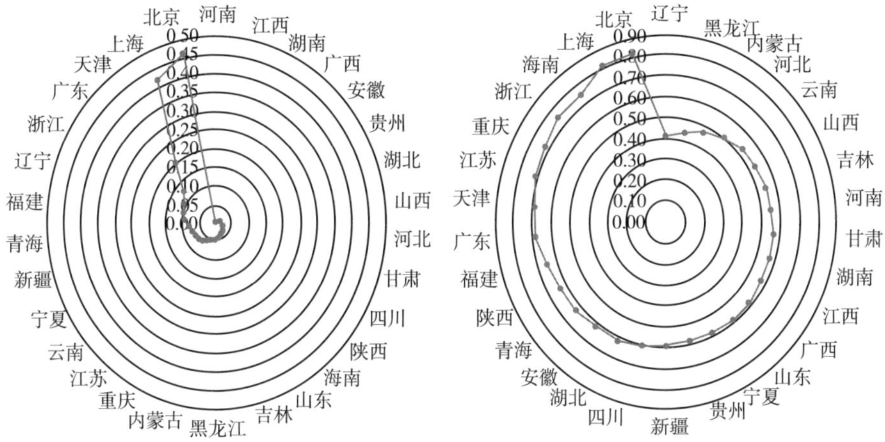

图5－11　全国2000年（左）和2018年（右）房地产金融指数分布图

从2000—2018年全国金融指数来看（见图5－12左），全国金融指数从0.07上升到0.61，从最低发展水平提高到较高发展水平。考察期增加值为0.54，提升幅度很大。考察期均值为0.31，考察期间全国金融平均处于较低发展水平。从2000—2018年东中西部金融指数来看（见图5－12右），东部指数从0.15上升到0.68，从较低发展水平提高到较高发展水平，指数增加值为0.53。考察期均值为0.38，高于全国指数均值，均值处于较低发展水平，在三大区域中最高。中部指数从0.02上升到0.56，从最低发展水平提

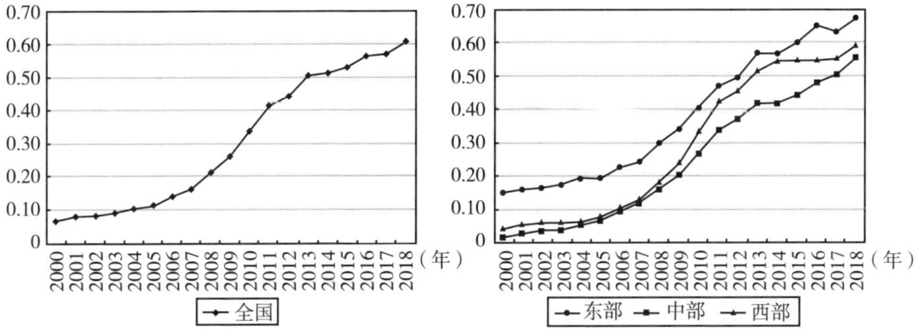

图5－12　2000—2018年全国（左）和东中西部（右）房地产金融指数趋势图

升到中高发展水平。考察期增加值为0.54，提升幅度在三大区域中居中。考察期均值为0.24，低于东部和西部指数均值。西部指数从0.04上升到0.60，从最低发展水平提升到较高发展水平。考察期增加值为0.55，高于东部和中部指数增加值，在所有区域中提升程度最大。考察期均值为0.30，低于东部指数均值，高于中部指数均值，平均发展水平在三大区域居中。

（2）东部房地产金融指数。从东部整体来看，2000—2018年东部金融指数呈现逐步上升的趋势，金融指数从0.15上升到0.68，指数增加值为0.53（见表5-20）。东部考察期金融指数均值为0.38，考察期平均为较低发展水平。从东部各省份2018年金融指数来看，北京和上海金融指数超过0.8，达到最高发展水平。天津、江苏、浙江和海南金融指数介于0.7和0.8之间，福建和广东金融指数介于0.6和0.7之间，均处于较高发展水平。其他3个省份金融指数均介于0.4和0.6之间的中低和中高发展水平。从东部各省份2000—2018年的增加值来看，金融指数增加值最大的是海南，考察期内增加值达到0.73，房地产金融水平提升程度最大。北京和辽宁增加值低于0.4，金融提升水平相对最慢；从东部各省份2000—2018年指数均值来看，北京金融指数均值最大，考察期指数均值为0.70，处于较高发展水平。其次是上海，考察期指数均值为0.57，处于中高发展水平。再次是天津，考察期均值为0.45，处于中低发展水平。其他8个省份金融指数均值在0.2和0.4之间，均为较低发展水平。

表5-20　　东部房地产金融指数

年份	北京	天津	上海	河北	辽宁	江苏	浙江	福建	山东	广东	海南	东部
2000	0.46	0.20	0.42	0.02	0.10	0.06	0.10	0.09	0.04	0.13	0.03	0.15
2001	0.52	0.21	0.41	0.03	0.11	0.06	0.13	0.08	0.05	0.12	0.05	0.16
2002	0.51	0.21	0.44	0.03	0.11	0.07	0.16	0.08	0.06	0.13	0.05	0.17
2003	0.53	0.23	0.46	0.03	0.11	0.09	0.17	0.09	0.07	0.12	0.06	0.18
2004	0.56	0.24	0.51	0.04	0.14	0.12	0.19	0.10	0.08	0.10	0.05	0.19
2005	0.59	0.24	0.47	0.05	0.14	0.14	0.18	0.10	0.08	0.12	0.06	0.20
2006	0.62	0.29	0.49	0.08	0.19	0.18	0.21	0.17	0.11	0.14	0.06	0.23
2007	0.64	0.29	0.45	0.10	0.22	0.22	0.22	0.21	0.12	0.16	0.09	0.25
2008	0.66	0.36	0.50	0.16	0.30	0.30	0.26	0.20	0.17	0.19	0.17	0.30

续表

年份	北京	天津	上海	河北	辽宁	江苏	浙江	福建	山东	广东	海南	东部
2009	0.81	0.40	0.51	0.21	0.37	0.32	0.29	0.22	0.21	0.19	0.22	0.34
2010	0.76	0.47	0.54	0.29	0.53	0.40	0.35	0.29	0.29	0.22	0.35	0.41
2011	0.75	0.59	0.57	0.38	0.60	0.44	0.40	0.40	0.35	0.27	0.44	0.47
2012	0.76	0.56	0.57	0.39	0.65	0.48	0.40	0.45	0.36	0.28	0.55	0.50
2013	0.84	0.64	0.64	0.40	0.73	0.56	0.49	0.58	0.43	0.34	0.65	0.57
2014	0.78	0.67	0.67	0.43	0.61	0.55	0.50	0.58	0.42	0.38	0.67	0.57
2015	0.88	0.71	0.77	0.47	0.44	0.56	0.54	0.60	0.45	0.53	0.69	0.60
2016	0.94	0.86	0.85	0.50	0.37	0.64	0.60	0.62	0.49	0.59	0.73	0.65
2017	0.83	0.74	0.76	0.49	0.38	0.63	0.63	0.62	0.50	0.61	0.79	0.64
2018	0.83	0.70	0.83	0.51	0.42	0.72	0.76	0.66	0.59	0.69	0.76	0.68
增量	0.37	0.50	0.41	0.49	0.32	0.67	0.65	0.56	0.55	0.56	0.73	0.53
均值	0.70	0.45	0.57	0.24	0.34	0.34	0.35	0.32	0.26	0.28	0.34	0.38

（3）中部房地产金融指数。从中部整体来看，2000—2018 年中部金融指数呈现出不断上升的趋势，金融指数值从 0.02 提升到 0.56，从最低发展水平提高到中高发展水平（见表5－21）。中部考察期金融指数均值为0.24，考察期均值为较低发展水平。从中部各省 2018 年综合指数来看，安徽、江西、河南、湖北和湖南指数值较大，金融指数介于 0.5 和 0.6 之间，处于中高发展水平。山西、吉林和黑龙江指数值介于 0.4 和 0.5 之间，处于中低发展水平。从中部各省 2000—2018 年的增加值来看，金融指数增加值最大的是安徽和湖北，考察期内增加值超过 0.6，提升程度最大。黑龙江增加值仅为 0.44，提升程度最小。其他 5 省增加值介于 0.5 和 0.6 之间，房地产金融水平提升程度较大。从中部各省 2000—2018 年指数均值来看，8 省考察期均值均介于 0.2 和 0.4 之间，均处于较低发展水平。

（4）西部房地产金融指数。从西部整体来看，2000—2018 年西部金融指数呈现出不断上升的趋势，金融指数均值从 0.20 提升到 0.37，金融指数增加 0.17，金融指数考察期处于较低发展水平（见表 5－22）。西部考察期金融指数均值为0.28，考察期均值为较低发展水平。从西部各省份 2018 年综合指数来看，11 个省份指数值均介于 0.2 和 0.4 之间，处于较低发展水平。从西部各省份2000—2018年的增加值来看，金融水平增加值最大的是广西，考察期内增加值超过0.3，提升程度最大。四川指数增加值为负，提升程度最小。从西部各省份2000—2018年指数均值来看，四川指数均值为0.40，均值处于中低发展水平。其他10个省份指数均值均介于0.2和0.4之间，处于较低发展水平。

表5-21　　　　中部房地产金融指数

年份	山西	吉林	黑龙江	安徽	江西	河南	湖北	湖南	中部
2000	0.02	0.04	0.04	0.01	0.01	0.00	0.02	0.01	0.02
2001	0.03	0.06	0.07	0.02	0.02	0.00	0.03	0.02	0.03
2002	0.04	0.06	0.06	0.02	0.03	0.01	0.04	0.02	0.03
2003	0.06	0.06	0.06	0.03	0.04	0.02	0.03	0.03	0.04
2004	0.07	0.07	0.07	0.04	0.05	0.03	0.04	0.05	0.05
2005	0.09	0.09	0.08	0.05	0.07	0.04	0.05	0.07	0.07
2006	0.13	0.12	0.11	0.08	0.08	0.07	0.08	0.09	0.09
2007	0.13	0.16	0.12	0.10	0.11	0.11	0.10	0.12	0.12
2008	0.18	0.24	0.16	0.17	0.14	0.14	0.13	0.15	0.16
2009	0.23	0.29	0.22	0.21	0.18	0.17	0.18	0.18	0.21
2010	0.29	0.35	0.31	0.29	0.21	0.23	0.22	0.25	0.27
2011	0.32	0.45	0.44	0.36	0.26	0.27	0.29	0.34	0.34
2012	0.36	0.49	0.46	0.39	0.31	0.30	0.32	0.35	0.37
2013	0.43	0.51	0.48	0.45	0.37	0.35	0.38	0.41	0.42
2014	0.43	0.46	0.40	0.47	0.39	0.38	0.41	0.41	0.42
2015	0.45	0.47	0.41	0.46	0.43	0.42	0.49	0.43	0.45
2016	0.46	0.51	0.40	0.52	0.47	0.50	0.53	0.48	0.48
2017	0.48	0.48	0.44	0.57	0.52	0.52	0.55	0.51	0.51
2018	0.54	0.54	0.44	0.63	0.57	0.55	0.63	0.57	0.56
增量	0.52	0.50	0.40	0.62	0.56	0.55	0.61	0.56	0.54
均值	0.25	0.29	0.25	0.26	0.22	0.22	0.24	0.24	0.24

表5-22　　　　西部房地产金融指数

年份	重庆	内蒙古	广西	四川	贵州	云南	陕西	甘肃	青海	宁夏	新疆	西部
2000	0.22	0.04	0.03	0.68	0.12	0.22	0.14	0.10	0.10	0.12	0.41	0.20
2001	0.23	0.08	0.08	0.71	0.26	0.12	0.34	0.10	0.05	0.22	0.31	0.23
2002	0.34	0.04	0.10	0.76	0.06	0.18	0.22	0.16	0.23	0.15	0.22	0.22

续表

年份	重庆	内蒙古	广西	四川	贵州	云南	陕西	甘肃	青海	宁夏	新疆	西部
2003	0. 43	0. 13	0. 13	0. 50	0. 24	0. 21	0. 28	0. 21	0. 26	0. 35	0. 35	0. 28
2004	0. 28	0. 17	0. 22	0. 36	0. 22	0. 23	0. 19	0. 17	0. 21	0. 46	0. 37	0. 26
2005	0. 45	0. 33	0. 34	0. 42	0. 23	0. 31	0. 31	0. 10	0. 27	0. 34	0. 19	0. 30
2006	0. 44	0. 44	0. 27	0. 45	0. 36	0. 41	0. 15	0. 11	0. 06	0. 27	0. 24	0. 29
2007	0. 44	0. 50	0. 43	0. 32	0. 26	0. 36	0. 22	0. 28	0. 19	0. 36	0. 30	0. 33
2008	0. 24	0. 42	0. 27	0. 27	0. 18	0. 34	0. 24	0. 28	0. 20	0. 10	0. 29	0. 26
2009	0. 32	0. 36	0. 29	0. 23	0. 14	0. 36	0. 16	0. 25	0. 41	0. 42	0. 15	0. 28
2010	0. 31	0. 47	0. 24	0. 23	0. 35	0. 22	0. 21	0. 17	0. 18	0. 51	0. 17	0. 28
2011	0. 34	0. 42	0. 20	0. 21	0. 29	0. 35	0. 16	0. 17	0. 23	0. 50	0. 38	0. 30
2012	0. 52	0. 30	0. 15	0. 25	0. 30	0. 39	0. 18	0. 28	0. 39	0. 45	0. 30	0. 32
2013	0. 47	0. 34	0. 18	0. 33	0. 50	0. 50	0. 18	0. 28	0. 16	0. 46	0. 42	0. 35
2014	0. 50	0. 34	0. 20	0. 36	0. 39	0. 37	0. 22	0. 37	0. 21	0. 37	0. 51	0. 35
2015	0. 47	0. 25	0. 20	0. 35	0. 26	0. 23	0. 22	0. 15	0. 19	0. 32	0. 36	0. 27
2016	0. 32	0. 29	0. 27	0. 37	0. 18	0. 21	0. 19	0. 14	0. 34	0. 34	0. 21	0. 26
2017	0. 28	0. 20	0. 24	0. 34	0. 18	0. 18	0. 29	0. 20	0. 13	0. 26	0. 21	0. 23
2018	0. 48	0. 31	0. 35	0. 43	0. 40	0. 33	0. 50	0. 32	0. 16	0. 35	0. 46	0. 37
增量	0. 26	0. 27	0. 32	-0. 25	0. 27	0. 11	0. 36	0. 22	0. 06	0. 23	0. 05	0. 17
均值	0. 37	0. 29	0. 22	0. 40	0. 26	0. 29	0. 23	0. 20	0. 21	0. 34	0. 31	0. 28

5. 2. 3 小结

全国房地产市场综合发展水平从最低等级提升到中高等级，东部高于中西部，中西部发展水平相当。2000—2018 年全国房地产综合指数从 0. 11 上升到 0. 54，从最低发展水平等级提高到中高发展水平等级；东部房地产综合指数从 0. 19 上升到 0. 59，从最低发展水平等级提升到中高发展水平等级；中部房地产综合指数从 0. 04 上升到 0. 51，从最低发展水平等级提升到中高发展水平等级；西部房地产综合指数从 0. 09 上升到 0. 51，从最低发展水平等级提升到中高发展水平等级。

全国房地产供给水平从最低等级提升到中低等级，东部略高于中部，中部略高于西部。2000—2018 年全国房地产供给指数从 0. 12 上升到 0. 48，从最低发展水平等级提高到中低发展水平等级；东部房地产供给指数从 0. 21 上升到 0. 50，从较低发展水平等级提高到中高发展水平等级；中部房地产供给指数从 0. 03 上升到 0. 48，从最低发展水平等级提升到中低发展水平等级；西部房地产供给指数从 0. 13 上升到 0. 45，从最低发展水平等级提升到中低发展水平等级。

全国房地产需求水平从最低等级提升到较高等级，东部远高于中西部，西部略高于中部。2000—2018 年全国房地产需求指数从 0. 09 上升到 0. 63，从最低发展水平等级提高到较高发展水平等级；东部房地产需求指数从 0. 19 上升到 0. 70，从最低发展水平等级提高到较高发展水平等级；中部房地产需求指数从 0. 03 上升到 0. 59，从最低发展水平等级提升到中高发展水平等级；西部房地产需求指数从 0. 04 上升到 0. 60，从最低发展水平等级提升到较高发展水平等级。

全国房地产价格水平从最低等级提高到中高等级，东部远高于中西部，中部略高于西部。2000—2018 年全国房地产价格指数从 0. 09 上升到 0. 57，从最低发展水平等级提高到中高发展水平等级，东部房地产价格指数从 0. 19 上升到 0. 66，从最低发展水平等级提高到较高发展水平等级；中部房地产价格指数从 0. 04 上升到 0. 53，从最低发展水平等级提升到中高发展水平等级；西部房地产价格指数从 0. 05 上升到 0. 52，从最低发展水平等级提升到中高发展水平等级。

全国土地市场发展水平从最低等级提升到较低等级，东部略高于中部，中部略高于西部。2000—2018 年全国土地市场指数从 0. 16 上升到 0. 39，从最低发展水平等级提高到较低发展水平等级，东部土地市场指数从 0. 22 上升到 0. 41，从较低发展水平等级提高到中低发展水平等级；中部土地市场指数从 0. 06 上升到 0. 39，从最低发展水平等级提升到较低发展水平等级；西部土地市场指数从 0. 20 上升到 0. 37，考察期间均为较低发展水平等级。

全国房地产金融发展水平从最低等级提升到较高等级，东部远高于中西部，西部略高于中部。2000—2018 年全国房地产金融指数从 0. 07 上升到 0. 61，从最低发展水平等级提高到较高发展水平等级，东部房地产金融指数从 0. 15 上升到 0. 68，从较低发展水平等级提高到较高发展水平等级；中部房地产金融指数从 0. 02 上升到 0. 56，从最低发展水平等级提升到中高发展水平等级；西部房地产金融指数从 0. 04 上升到 0. 60，从最低发展水平等级提升到较高发展水平等级。

房地产市场综合发展水平的提高依赖于五个子系统的全面提升，房地产供给水平和土地市场水平严重滞后于房地产需求、房地产金融和房价发展水平。五个子系统中，房地产需求指数最高，2018 年达到 0.63 的较高发展水平；房地产需求的不断提升，离不开房地产金融支持水平的不断提升，2018 年全国房地产金融指数达到 0.61，处于较高发展水平；在房地产金融支持促进作用下，房地产价格水平不断提升，2018 年达到 0.57；相对于房地产需求、金融支持和价格水平的不断提升，房地产供给指数和土地市场指数相对较低，2018 年分别只有 0.48 和 0.39。供给侧的供给指数和土地指数发展水平滞后是近年来房价快速上涨的重要原因。

5.3 房地产市场宏观调控政策效果评价

房地产宏观调控政策对于调控市场失灵和房价过高且过快上涨具有重要作用。一直以来学界都非常注重房地产宏观调控政策效果的研究，但是囿于政策效应实证方法的局限，无法客观精确评价政策的有效性。2016 年底至 2017 年，全国多个城市密集出台了新一轮宏观调控政策，政策试点效果如何成为社会各界普遍关注的问题。本书针对当前实证评价政策效果领域普遍采用的双重差分法存在的内生性偏误和样本选择偏误问题，引入合成控制法对房地产宏观调控政策效果进行客观精确的评价。考虑到不同类型城市具有不同的房地产市场特征，本书也将选取一二线城市和三四线城市考察不同类型城市房地产宏观调控的不同政策效应。

5.3.1 政策简介及研究方法选择

2010 年以来，我国经历了 2010 年和 2016 年两轮严厉的房地产宏观调控政策，两轮宏观调控的背景都是房价过高且过快上涨。2008 年在全球金融危机的影响下，全国房价从 2007 年的 3645 元/m^2 下降到 3576 元/m^2，下降 1.91%，出现房地产全面市场化以来的首次负增长。2009 年随着宏观环境的好转，购房者房价预期向好，2009 年房价上涨到 4459 元/m^2，房价增长率高达24.72%，达到了1998年以来房价最高增速。为了抑制房价过快上涨，2010年4月30日北京出台限购令等房地产宏观调控政策，截至2012年底全国46个城市出台了限购令。在限购等房地产宏观调控政策的作用下，2010—2014年全国房价增长率下降趋势明显，5年间房价增长率分别只有5.96%、5.68%、8.75%、7.73%和1.43%。随着房价连续5年较低增速的增长，2014年6月呼和浩特率先取消限购，之后多个城市陆续取消限购，到2015年5月全国除了北上广深4个一线城市和三亚外，其他41个城市均取消了限购。限购取消后，2015年全国房价出现快速增长，2015—2016年房价增长率分别达到9.10%和11.26%，特别是大城市房价上涨速度更高。2016年9月30日北京和天津率先出台了限购等房地产宏观调控政策，随后有14个城市于2016年出台房地产宏观调控政策，2017年又有13个城市出台了宏观调控政策。2016年9月底到2017年初，先后共计29个城市出台了房地产宏观调控政策。在房地产政策的作用下，2017年房价增速下降到5.71%，政策效果较为显著。

当前对房地产宏观调控政策效果的研究在研究方法上，主要是采用双重差分DID和断点回归RDD分析方法，虽然弥补了传统研究方法的一些不足，但是内生性偏差与样本选择偏误问题会大大降低研究结论的可靠性。在研究对象上，大量文献主要针对2010年第一轮房地产宏观调控的政策效果进行评价，选取的研究对象多是北京、广州等某一个城市，或者是在DID分析中将所有限购城市与未限购城市房价做平均处理对比分析，很难评价出各类城市的不同政策效应。在考察时间上，传统政策效果评价方法主要考察政策前后两期的房价对比，缺乏房价变动的动态考察。针对以上不足，本书力求在以下几方面进行创新和突破：第一，在研究方法上，笔者借鉴Abadie等（2003，2010）提出的合成控制法，通过对照组加权合成虚拟实验组的方法来估计实验组政策后不可观测的反事实房价，有效解决了传统政策评价方法在控制对象选择中可能出现的样本选择偏误和内生性问题，可以准确客观地估计出房地产宏观调控的政策效果。第二，在研究对象上，本书基于一二线城市和三四线城市划分，选取各类城市中代表性的城市进行考察。一二线城市中选择成都作为考察对象，三四线城市中选择海口和唐山作为考察对象，对各类城市的房地产宏观调控效果进行比较分析。第三，在政策的动态效果考察上，为保障政策前后有足够长的时间段从而达到考察政策动态效果的目标，采用

2015 年 1 月到 2019 年 6 月的数据，这样成都（2016 年 10 月出台政策）在政策后有 32 期数据，海口和唐山（2017 年 4 月出台政策）有 26 期数据，都能保障足够长时间段考察政策试点后房价的动态效果。

5.3.2 模型、变量和数据

5.3.2.1 模型设定

假设全国有 J+1 个城市，其中第 1 个地区在T_0期后受到房地产宏观调控政策干预，其他 J 个城市没有受到政策干预。HP_{it}^{I}表示个体 i 在 t 期受到政策干预时的房价，HP_{it}^{N}表示个体 i 在 t 期没有受到政策干预时的房价，则政策效应为：

$$\alpha_{it} = HP_{it}^{I} - HP_{it}^{N},\ i=1,\ 2,\ 3,\ \cdots,\ N+1,\ t=1,\ 2,\ 3,\ \cdots,\ T \qquad (5-13)$$

D_{it}表示个体 i 在 t 期的干预状态，个体 i 在 t 期受到房地产宏观调控政策干预，此时$D_{it}=1$，其他取 0。设定模型：

$$Y_{it} = D_{it}HP_{it}^{I} - (1-D_{it})HP_{it}^{N} = HP_{it}^{N} + \alpha_{it}D_{it} \qquad (5-14)$$

政策影响作用研究的目的是估计政策影响（$\alpha_{1T_{0+1}}$，…，α_{1T}），对于 $t>T_0$，

$$\alpha_{it} = HP_{it}^{I} - HP_{it}^{N} = HP_{it} - HP_{it}^{N} \qquad (5-15)$$

第 1 个个体受到政策干预，因此在 $t>T_0$期，HP_{1t}^{I}是可以观测到的潜在结果，即为 HP_{it}，但是 HP_{1t}^{N}是假设它没有受到政策干预时的潜在结果，因而是无法观测到的。为了评价α_{it}，需要顾及 HP_{1t}^{N}。由于无法观测，需要通过构造反事实的变量 HP_{it}^{N}：

$$Y_{it}^{N} = \delta_t + \theta_t Z_i + \lambda_t \mu_i + \varepsilon_{it} \qquad (5-16)$$

式（5-16）为潜在房价的决定方程，其中δ_t是时间趋势，Z_i是 K×1 维不受政策影响的控制变量，θ_t是 1×K 维未知系数向量，λ_t是 1×F 维观测不到的公共因子，μ_i是 F×1 维观测不到的地区固定效应误差项，ε_{it}是每个地区观测不到的暂时性冲击，均值为 0。

为了评价房地产宏观调控效果，必须对式（5-16）中的反事实结果 HP_{it}^{N}进行估计，解决方法是通过对控制组地区加权模拟实验组的特征。考虑 N×1 的权重向量 $W=(w_2,\ \cdots,\ w_{N+1})$，满足$w_j\geqslant 0$，$j=2,\ \cdots,\ J+1$，每个控制组个体的权重为非负数。为了避免外推造成的可能偏差，用控制组个体

的凸组合来合成控制组。对于权重 W，合成控制模型为：

$$\sum_{j=2}^{J+1} w_j HP_{jt} = \delta_t + \theta_t \sum_{j=2}^{J+1} w_j Z_j + \lambda_t \sum_{j=2}^{J+1} w_j \mu_j + \sum_{j=2}^{J+1} w_j \varepsilon_{jt} \tag{5-17}$$

假设存在权重向量 $W^* = (w_1^*, \cdots, w_{J+1}^*)$，使得

$$\sum_{j=2}^{J+1} w_j^* HP_{j1} = HP_{11}, \cdots, \sum_{j=2}^{J+1} w_j^* HP_{jT_0} = HP_{1T_0}, 且 \sum_{j=2}^{J+1} w_j^* Z_j = Z_1 \tag{5-18}$$

如果 $\sum_{t=1}^{T0} \lambda'_t \lambda_t$ 是非奇异的，则有：

$$Y_{1t}^N - \sum_{j=2}^{J+1} w_j^* HP_{jt} = \sum_{j=2}^{J+1} w_j^* \sum_{s=1}^{T_0} \lambda_t \left[\sum_{n=1}^{T_0} \lambda'_n \lambda_n \right]^{-1} \lambda'_n (\varepsilon_{js} - \varepsilon_{1s}) - \sum_{j=2}^{J+1} w_j^* (\varepsilon_{jt} - \varepsilon_{1t}) \tag{5-19}$$

Abadie 等（2010）证明在一般条件下，式（5－19）右边趋近于 0，$\sum_{j=2}^{J+1} w_j^* Y_{jt}$ 可以作为 Y_{1t}^N的无偏估计，此时实验组个体 1 的政策干预效应可以表示为：

$$\hat{\alpha}_{1t} = HP_{1t} - \sum_{j=2}^{J+1} w_j^* HP_{jt} \tag{5-20}$$

5.3.2.2 研究假说

房地产宏观调控是针对房价过高且过快上涨的城市房地产市场现状出台的包括限购、限贷及利率等一系列促进房价合理回归和房地产市场健康发展的政策。一般情况下，房地产宏观调控对房价都具有负向影响作用。因此，本书提出两个研究假说。

假说 1：房地产宏观调控对不同类型城市房价均有负向影响作用。房地产宏观调通过限制购房区域，限定购房对象，提高住房抵押贷款利率，影响消费者房价预期等多种途径抑制了住房消费需求，在一定时间范围内会抑制房价的上涨。但是由于政策有一定的时效性，长期内政策效应会逐步减弱直至消失。

假说 2：房地产宏观调控对不同类型城市房价影响程度大小不同，一二线城市的政策效应大于三四线城市的政策效应，同类型城市之间政策效应也不同。由于政策实施时点之前房价上涨程度、投资投机性需求比重及政策的严厉程度等方面一二线城市均远远大于三四线城市，因此一二线城市的政策效应大于三四线城市。同时，在同类型城市内部，也存在着政策严厉程度不

同的问题，加上城市经济和房地产市场的不同特征，也存在政策效应大小的不同。

5.3.2.3　变量和数据说明

全国 70 个大中城市有 29 个城市先后实施了房地产宏观调控政策，41 个城市没有实施宏观调控政策。本研究的目的是通过合成控制法利用对照组城市来拟合一二线城市和三四线城市房价的反事实状态，通过实验组与对照组的控制变量特征来匹配。合成控制法要求实验组可以通过控制组加权合成，要求合成控制组是控制组个体的一个凸组合。传统一线城市房价过高，满足不了合成控制法的前提条件，即控制组的控制变量特征无法与传统一线城市相匹配。因此我们选取在新一线城市中排在最前位的成都作为一二线城市的代表性城市，对一二线城市的政策效应进行考察，同时选择海口和唐山考察三四线城市的政策效应，同时通过海口和唐山的政策效应大小比较同种类型城市的不同政策效应。

本书的 y 变量选取的是国家统计局公布的 70 个大中城市新房同比价格指数。政策效应考察的目标是用控制组加权来模拟没有实施政策调控的各类城市的反事实结果。根据合成控制法的思想，权重的选择是根据政策试点前，合成实验组各项决定房价的因素与实验组尽可能一致。在文献梳理及理论的基础上，本书选择的预测控制变量包括房价的重要影响因素和被解释变量 y 房价，土地市场（土地价格 landprice）、宏观经济（工业增加值同比增速 industrygrowth）、产业结构（第三产业比重 serviceweight）和人口（城市人口密度 popdensity）都是影响房价的重要影响因素。将这些变量作为房价合成的代理变量，同时将 y 变量 hp 最近的几期也考虑进来，用来筛选合成组样本。

5.3.3　实证检验

5.3.3.1　一二线城市政策效果——以成都为例

2016 年 10 月为成都房地产宏观调控政策实施时点，成都为实验组，70 个城市中没有实施房地产宏观调控政策的 41 个城市为 control 组。图 5 – 13 是成都和 41 市政策时点前后房价同比指数（以下简称房价，用 hp 表示）趋势图，可以看出 41 个城市在房地产宏观调控前后房价一直呈现出上升趋势，而成都则在政策时点之后呈现出明显的下降趋势。但是我们不能据此得出结论：成都和 control 组比较起来政策效果明显。因为在政策实施前，成都与 41 个城市之间的房价差距随着时间的推移呈现出扩大趋势，二者房价满足不了共同趋势假设。因为政策实施前两条趋势线之间的较大差异，我们很难得出结论：政策实施后成都房价下降趋势明显。41 个城市 control 组不能很好地作为我们实验的样本对照组，因此我们接下来需要找到合适的样本对照组，以期在房地产宏观调控之前与成都具有相似的房价变动趋势。

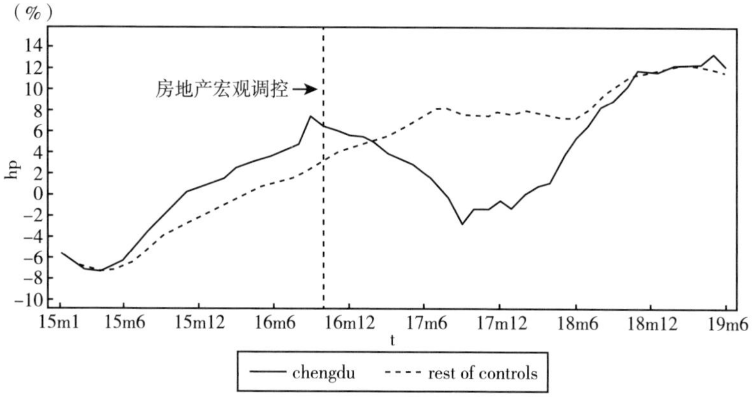

图 5 - 13　成都与控制组 HP 趋势图

合成控制法可以通过在 41 个城市 control 总样本中比对预测因子（X 变量）信息，挑选出与样本组成都预测因子信息最为接近的对照样本，来构造一个虚拟的合成成都。在政策时点之前，合成成都与成都因为预测因子最大程度的接近，所以 Y 变量（hukourate）也能达到最大程度的接近或相似，且合成成都是从 control 组挑选出来的部分省份，从而能够为成都提供一个很好的对照组来比较政策前后成都的政策效果。hp 受到多种因素的影响，最重要的是受到土地市场（土地价格 landprice）、宏观经济（工业增加值同比增速 industrygrowth）、产业结构（第三产业比重 serviceweight）和人口（城市人口密度 popdensity）等主要因素的影响，同时我们也将 y 变量 hp 最近的几期也考虑进来，用来筛选合成组样本。通过合成控制法计算，表 5 - 23 展示了 41 个城市在合成成都中各自所占的权重。41 个城市中有 36 个城市权重为 0，只有温州、太原、沈阳、惠州和徐州 5 个城市在合成成都过程中的权重大于 0，权重分别为 0.339，0.244，0.172，0.130 和 0.116，温州和太原在合成成都中权重最大。

表 5-23 合成成都各市权重

城市	权重	城市	权重
安庆	0	泸州	0
包头	0	牡丹江	0
北海	0	南充	0
蚌埠	0	平顶山	0
长春	0	赣州	0
常德	0	韶关	0
重庆	0	沈阳	0.172
大理	0	太原	0.244
大连	0	温州	0.339
丹东	0	乌鲁木齐	0
桂林	0	襄阳	0
贵阳	0	西宁	0
哈尔滨	0	徐州	0.116
呼和浩特	0	扬州	0
惠州	0.130	烟台	0
吉林市	0	宜昌	0
金华	0	银川	0
济宁	0	岳阳	0
锦州	0	湛江	0
昆明	0	遵义	0
洛阳	0	—	—

表 5-24 为政策时点前成都、合成成都与 control 组各预测变量均值。可以看出，成都与合成成都主要变量差距较小，二者相似程度较高。y 变量 hp 二者非常接近，hp（16m10）、hp（16m7）和 hp（16m4）二者之间的差距分别只有 0.123%、-0.118%和 0.022%，远远小于 41 市 control 组与成都的差距 -3.26%、-2.91%和 -2.89%。因此，可以明显看出通过合成控制法构建的合成成都较 41 市 control 组更好地拟合了成都的 x 变量与 y 变量特征，该方法适用于估计房地产宏观调控效果。

表 5 - 24　　2015m1—2016m10 预测因子均值

Variables	Treated	Synthetic	Control
landprice	7631	6163	2679
industrygrowth	5.479	6.012	6.22
serviceweight	0.536	0.497	0.45
popdensity	1012	701.8	406.6
hp (16m10)	6.5	6.623	3.24
hp (16m7)	4.2	4.082	1.29
hp (16m4)	3.0	3.022	0.11

图 5 - 14 是 2015m1—2019m6 成都与合成成都 hp 的变动趋势图。可以看出政策时点 2016m10 之前，成都与合成成都 hp 基本上重叠，二者拟合效果很好。政策实施后，二者之间的差距逐渐拉大，政策效应明显。可以明显看出，2016m10 政策实施后成都房价经过了明显的下降过程，之后房价开始上升；后期经过前面政策阶段的需求积累，成都房价又反超合成成都。笔者将政策时点后成都房价低于合成成都的阶段称为政策有效期，成都政策有效期为 2016m11—2018m6。在政策有效期内，成都 hp 平均下降了 6.18%，2017 年 9 月份二者之间差距达到最大值，成都 hp 为 -2.8%，合成成都 hp 为 8.87%，hp 下降了 11.67%。

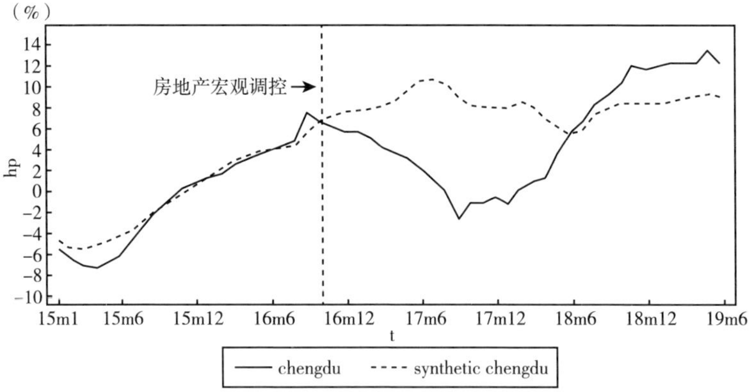

图 5 - 14　成都与合成成都 hp 趋势图

为了更直观地看出新型城镇化政策实施效果，本书画出了各个月份成都与合成成都 hp 的差距图。合成控制法通常通过 MSPE（Mean Squared Prediction Error）来评价判断合成组与实验组之间的拟合程度。Pre_MSPE = $\frac{1}{T_0}(y_t - \hat{y}_t)^2$，其中$T_0$为政策实施前所有的时间期数。本书研究中政策实施前时间段为2015m1—2016m10，共22个月，$T_0 = 22$。y_t为政策实施前各个季度成都的hp，$\hat{y}_t$为政策时点前各个月份合成成都的hp。MSPE越小，说明样本与合成样本之间的拟合效果越好。成都与合成成都Pre_MSPE为0.9681，二者几乎完全重合，拟合优度非常高，为政策时点后的政策效果评价提供了有效的基础。2016m10之后成都hp出现了大幅下降，成都与合成成都hp之间的差距不断加大，房地产宏观调控效果非常显著。政策实施之后的Post_MSPE $= \frac{1}{T_1}(y_t - \hat{y}_t)^2$，其中$T_1$为政策实施后所有的时间期数。本书研究中政策实施时间段为2016m11—2019q4，共32个月，y_t为政策实施后各个月份成都的hp，$\hat{y}_t$为政策时点后各月合成成都的hp。政策实施后二者之间的差距越大越好，成都与合成成都Post_MSPE为34.62。合成控制法文献一般采用MSPE_ratio = Post_MSPE/Pre_MSPE表示，成都与合成成都的MSPE_ratio达到了35.76，政策效果非常显著。同时，我们注意到，房地产宏观调控政策大概只有1年左右的有效期，之后政策效力逐渐减弱，hp再次上升。考虑到政策效力持续时间的有限性，除去政策减弱直至消失阶段，在政策有效期内MSPE_ratio会比34.62更高，在下文中将对成都宏观调控的政策有效期进行判断。

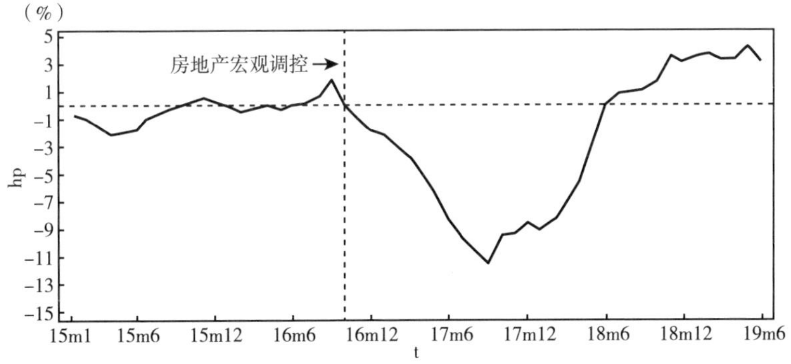

图5-15　成都与合成成都hp差值

从前文分析可以看出，房地产宏观调控效果非常显著，但是利用合成控制法进行的比较研究中，一般个体数不会太多，因此基于大样本的假设检验方法往往不合适。借鉴 Abadie 等（2010）在稳健性检验中采用的安慰剂检验（placebo test）方法，这种方法与 Fisher（1935）的精确 P 检验方法相似。这种检验方法实际上是一种安慰剂检验（placebo test）或证伪检验（falsification test）。为了检验估计的政策效应是否显著，从控制组 41 个城市中抽出一个个体作为一个伪干预城市，利用同样的合成控制方法去估计政策效应。对伪干预城市，它事实上没有受到房地产宏观调控政策的干预，如果估计的结果发现也有较大的政策效应，则说明前面的分析可能存在问题，因为没有受到政策影响的省份作为伪干预组也可以发现类似于利用成都得到的政策效应，从而说明这一效应可能不是政策干预的影响，而是其他因素造成的影响。相反，利用所有控制组个体作为伪干预组，均无法得到类似于利用真实干预组得到的政策效应，则证明得到的政策效应是显著的。笔者利用 control 组 41 市加上成都一共 42 个城市数据，对每一个城市都逐一进行一次合成控制法，从而每个城市都可以得到一个该城市与合成城市的 hp 差距趋势线（见图 5－16）。可以看出，政策时点后成都 hp 的差距均大于其他伪干预组城市的差距。

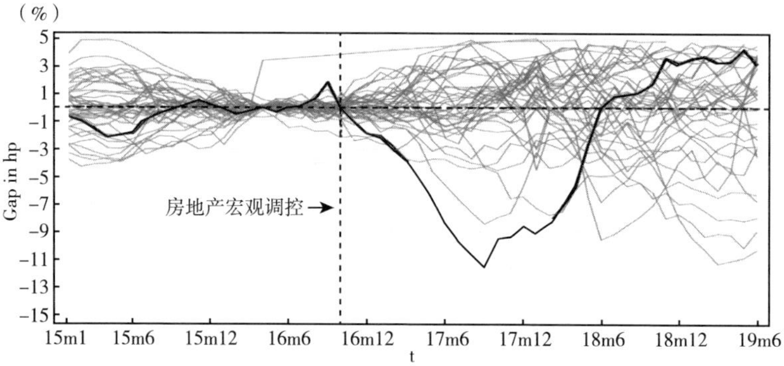

图 5－16　成都差距（黑色加粗线）与 control 组安慰剂检测的差距

利用产生的 42 个 hp 差距值，会得到 42 个城市相应的政策效应的估计，从而可以得到政策效应估计的一个具体分布。然后检测成都政策效应在整个分布中所处的位置，如果处于分布的尾部，比如处于尾部的 5%，则说明如果原假设成立，那么观测到估计的政策效应的可能性低于 5%，原假设可能为假。如果设定 5% 的显著性水平，则可以拒绝没有政策影响的原假设，从而说明估计是显著的。如果发现估计的政策效应参数在整个精确分布的中间位置，则意味着随机抽取一个个体作为干预组，就可以以较大的概率得到观测到的因果效应，说明无法拒绝原假设，从而估计的因果效应参数不显著。从图 5－17 可以看出，2016m11—2017m4 成都房地产宏观调控效果在 10% 的水平上显著，2018m5 政策效力开始减弱，政策调控效果不再显著。2016m11—2018m4 成都房地产宏观调控政策效果所有月份均在 10% 的水平上显著，即成都房地产宏观调控政策效果大于所有伪干预样本的安慰剂检验政策效果，充分说明前文估计结果通过了稳健性检验。

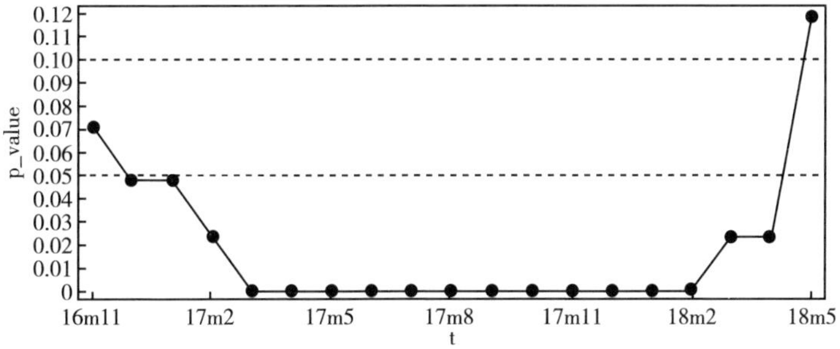

图 5－17 2015q1—2018q4 房地产宏观调控政策效果 P 值

图 5－18 已经通过安慰剂检验初步检验了成都房地产宏观调控政策试点效果。2016m11—2018m4 政策效果显著，但是少数月份需要放宽到 10% 的水平上才显著，显著性略微偏弱。主要原因是政策时点前对其他 41 个伪干预组缺乏拟合优度考察，因此其政策实施后的政策效果缺乏有效性。因此需要加强对政策实施前的拟合优度考察，在 41 个伪样本组中去掉 Pre_MSPE > 3 的 8 个城市（包头、桂林、惠州、牡丹江、泉州、韶关、乌鲁木齐和西宁），采用

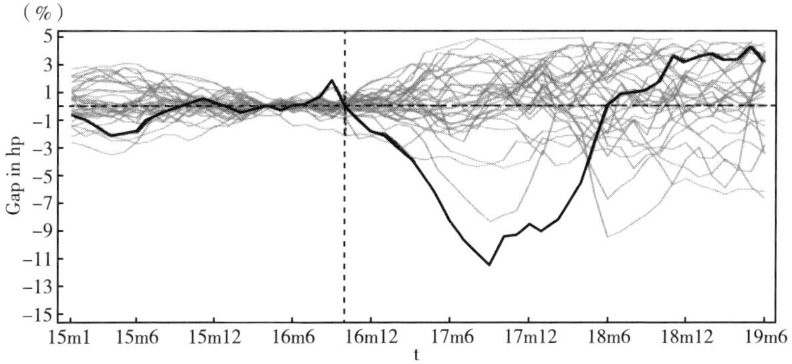

图 5－18 成都差距（黑色加粗线）与 control 组安慰剂检验差距（去掉 Pre_MSPE > 3 的城市）

1 个真实干预组成都与 33 个伪干预组逐个进行合成控制，一共产生 34 条 hp 的差距趋势线。可以看出在删除前期拟合不好的 8 个城市后，成都在 2016 年 10 月之后政策有效期内差距值均小于其他伪干预组的差距值，政策效果显著性增强。

5.3.3.2 三四线城市政策效果——以海口和唐山为例

2017 年 4 月为海口和唐山房地产宏观调控政策实施时点，海口和唐山为实验组，70 个城市中没有实施房地产宏观调控政策的 41 个城市为 control 组。图 5－19 是实验组和 41 个城市政策时点前后房价趋势图。可以看出 41 个城市在房地产宏观调控前后房价基本呈现出上升趋势，而实验组中的海口则在政策时点之后呈现出明显的下降趋势，唐山也有一定的下降，但是下降幅度有限。虽然实验组政策时点之后房价都在下降，但是不能据此得出结论：实验组和 control 组比较起来政策效果明显。因为在政策实施前，实验组与 41 个城市之间的房价差距随着时间的推移呈现出扩大趋势，满足不了共同趋势假设。因为政策实施前两条趋势线之间的较大差异，我们很难得出结论：政策实施后成都房价下降趋势明显。41 个城市 control 组不能作为实验的对照组，因此我们接下来需要找到合适的对照组，以期在房地产宏观调控之前与成都具有相似的房价变动趋势。

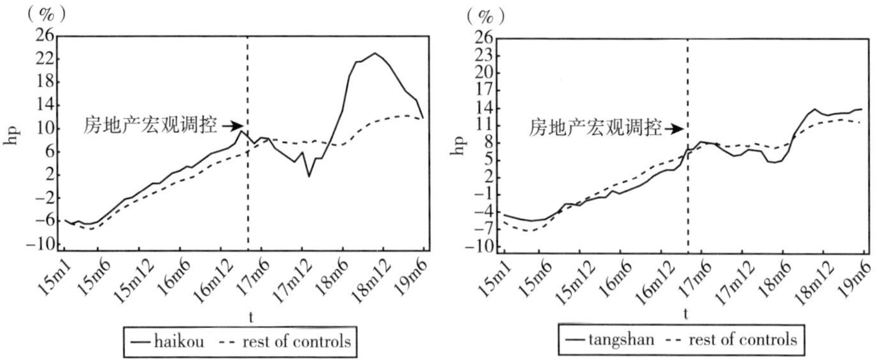

图 5－19 样本组与 control 组 hp 趋势图［海口（左），唐山（右）］

合成控制法可以通过在 41 个城市 control 总样本中比对预测因子（X 变量）信息，挑选出与样本组成都预测因子信息最为接近的对照样本，来构造虚拟的合成海口和合成唐山。在政策时点之前，实验组与合成组因为预测因子最大程度的接近，所以 Y 变量（hukourate）也能达到最大程度的接近或相似，且合成组是从 control 组挑选出来的部分省份，从而能够为实验组提供一个很好的对照组比较政策前后成都的政策效果。hp 受到多种因素的影响，最主要的是受到土地市场（土地价格 landprice）、宏观经济（工业增加值同比增速 industrygrowth）、产业结构（第三产业比重 serviceweight）和人口（城市人口密度 popdensity）等因素的影响，同时我们也将 y 变量 hp 最近的几期也考虑进来，用来筛选合成组样本。通过合成控制法计算，表 5 - 25 展示了 41 个城市在合成海口及合成唐山中所占的权重，太原、昆明、扬州、惠州、沈阳和韶关 6 市在合成海口过程中的权重大于 0，权重分别为 0.319，0.310，0.186，0.088，0.085 和 0.011，太原和昆明在合成海口中权重最大；宜昌、牡丹江、昆明、沈阳和锦州在合成唐山过程中权重大于 0，权重分别为 0.508，0.267，0.093，0.068 和 0.065，宜昌和牡丹江在合成唐山中权重最大。

表 5 - 25　　　　　　　合成海口及合成唐山权重构成图

合成海口	权重	合成唐山	权重
惠州	0.088	锦州	0.065
昆明	0.310	昆明	0.093
韶关	0.011	牡丹江	0.267
沈阳	0.085	沈阳	0.068
太原	0.319	宜昌	0.508
扬州	0.186	—	—

表 5 - 26 为政策时点前实验组与合成组与 41 个城市 control 组各预测变量均值。可以看出实验组与合成组主要变量差距较小，二者相似程度较高，同时 y 变量自身 hp 二者非常接近，hp（17m4）、hp（17m1）和 hp（16m10）海口与合成海口之间的差距分别只有 0.255%，0.021% 和 -0.068%，远远小于 41 个城市 control 组与海口的差距 2.78%、1.81% 和 1.76%；唐山与合成唐山之间的差距分别为 1.046%、-0.127% 和 -0.178%，整体小于 41 个城市 control 组与唐山的差距 0.88%、-1.39% 和 -1.94%。因此，可以明显看出通过合成控制法构建的合成组较 41 个城市 control 组更好地拟合了海口与唐山的 x 变量与 y 变量特征，该方法适用于估计房地产宏观调控效果。

表 5－26　　海口与唐山预测因子均值

Variables	海口	合成海口	控制组	唐山	合成唐山	控制组
landprice	4148	3499	2622.49	1894	1531	2622.49
industrygrowth	2.785	4.683	6.17	4.814	3.946	6.17
serviceweight	0.783	0.548	0.46	0.357	0.375	0.46
popdensity	719.5	507.7	406.17	561.5	371.6	406.17
hp（17m4）	8.8	8.545	6.02	6.9	5.854	6.02
hp（17m1）	6.5	6.479	4.69	3.3	3.427	4.69
hp（16m10）	5	5.068	3.24	1.3	1.478	3.24

图 5－20 是 2015m1—2019m6 实验组与合成组 hp 的变动趋势图。可以看出政策时点 2016m10 之前，实验组与合成组 hp 基本上重叠，二者拟合效果很好。政策实施后，二者之间的差距逐渐拉大，政策效应趋于明显。宏观调控政策均有一定期限的政策有效期，政策有效期结束之后，实验组房价又开始反超合成组。海口政策有效期为 2017m4—2018m4，在政策有效期内海口较合成海口房价平均下降了 3.23%。2018 年 1 月二者之间差距达到最大值，海口 hp 为 1.7%，合成海口 hp 为 9.03%，hp 下降了 7.33%。唐山政策有效期是 2017m5—2018m7，在政策有效期内唐山较合成唐山房价平均下降了 0.62%。2018 年 4 月差距值达到最大值，唐山 hp 为 4.90%，合成唐山为 6.34%，hp 下降了 1.44%。

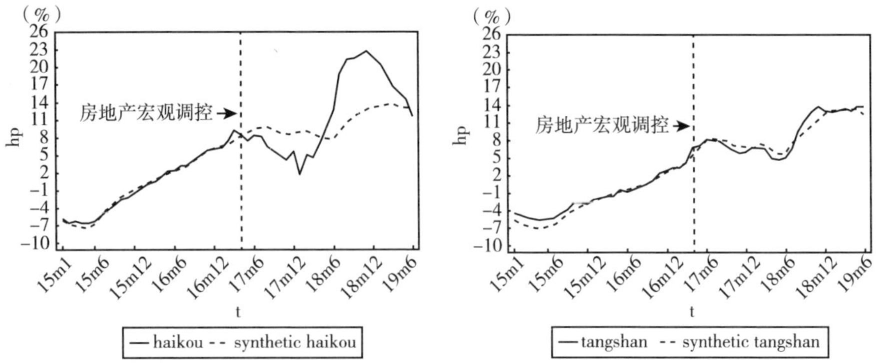

图 5－20　样本组与合成组 hp 趋势图［海口（左），唐山（右）］

为了更直观地看出新型城镇化政策实施效果，本书画出了各个月份成都与合成成都 hp 的差距图。合成控制法通常通过 MSPE（Mean Squared Prediction Error）来评价判断合成组与实验组之间的拟合程度。$Pre\_MSPE = \frac{1}{T_0}(y_t - \hat{y}_t)^2$，其中$T_0$为政策实施前所有的时间期数，本书研究中政策实施前时间段为 2015m1—2016m10，共 22 个月，$T_0 = 22$。y_t为政策实施前各个季度成都的 hp，$\hat{y}_t$为政策时点前各个月份合成成都的 hp。MSPE 越小，说明样本与合成样本之间的拟合效果越好。海口与合成海口 Pre_MSPE 为 0.52，唐山与合成唐山 Post_MSPE 为 0.61，实验组与合成组重合度高，拟合优度好，为政策时点后的政策效果评价提供了有效的基础。2017m4 之后海口 hp 出现了大幅下降，唐山出现了小幅下降，具有不同程度的房地产宏观调控效果。政策实施之后的 $Post\_MSPE = \frac{1}{T_1}(y_t - \hat{y}_t)^2$，其中$T_1$为政策实施后所有的时间期数，本研究中政策实施时间段为 2016m11—2019q4，共 32 个月。y_t为政策实施后各个月份成都的 hp，$\hat{y}_t$为各个月份合成组的 hp。政策实施后二者之间的差距越大越好，海口与合成海口 Post_MSPE 为 33.94，唐山与合成唐山的 Post_MSPE 为 0.93。合成控制法文献一般采用 MSPE_ratio = Post_MSPE/Pre_MSPE 表示，海口与合成海口的 MSPE_ratio 达到了 125.23，唐山与合成唐山的 MSPE_ratio 只有 1.52，海口较唐山调控效果更为显著。同时，我们从图 5 - 21 注意到，房地产宏观调控政策大概只有 1 年左右的有效期，之后政策效力逐渐减弱，hp 再次上升。考虑到政策效力持续时间的有限性，除去政策减弱直至消失阶段，在政策有效期内 MSPE_ratio 较政策时点后所有时期的 MSPE_ratio 会有一定的调整，在下文中将对成都宏观调控的政策有效期进行判断。

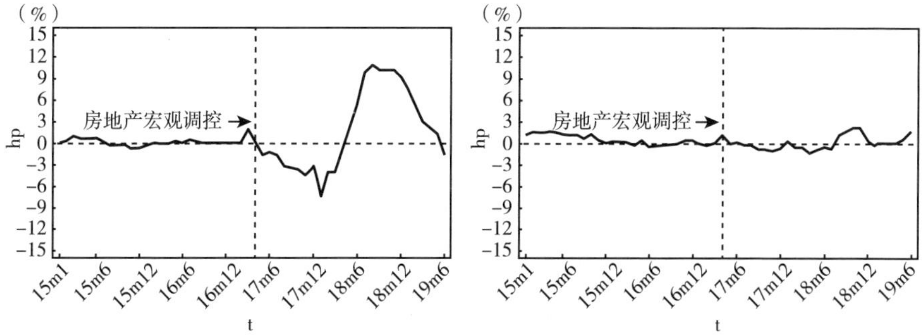

图 5 - 21 样本组与合成组差距趋势图［海口（左），唐山（右）］

从前文分析可以看出，海口和唐山均具有不同程度的房地产宏观调控效果，还需要对调控效果显著性进行稳健性检验。但是利用合成控制法进行的比较研究中，一般个体数不会太多，因此基于大样本的假设检验方法往往不合适。借鉴 Abadie 等（2010）在稳健性检验中采用安慰剂检验（placebo test）方法，这种方法与 Fisher（1935）的精确 P 检验方法相似。这种检验方法实际上是一种安慰剂检验（placebo test）或证伪检验（falsification test）。为了检验估计的政策效应是否显著，从控制组 41 个城市中抽出一个个体作为一个伪干预城市，利用同样的合成控制方法去估计政策效应。对于伪干预城市，事实上它没有受到房地产宏观调控政策干预，如果估计的结果发现也有较大的政策效应，则说明前面的分析可能存在着问题，因为没有受到政策影响的省份作为伪于预组也可以发现类似于利用成都得到的政策效应，从而说明这一效应可能不是政策干预的影响，而是其他因素造成的影响。相反，利用所有控制组个体作为伪干预组，均无法得到类似于利用真实干预组得到的政策效应，则证明得到的政策效应是显著的。本书利用 control 组 41 个城市加上成都一共 42 个城市数据，对每一个城市都逐一进行一次合成控制法，从而得到一个该城市与合成城市的 hp 差距趋势线（见图 5－22）。可以看出，政策有效期内海口 hp 的差距大于大多数伪干预组城市的差距；而唐山 hp 的差距值不够大，很多伪干预组城市差距均比唐山的差距大。

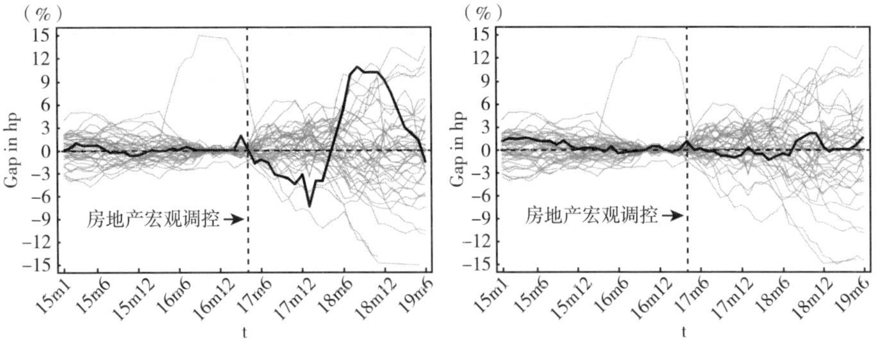

图 5－22　样本组与合成组安慰剂检验趋势［海口（左），唐山（右）］

利用产生的 42 个 hp 差距值，得到 42 个相应的政策效应的估计，从而可以得到政策效应估计的一个具体分布。然后检测成都政策效应在整个分布中所处的位置，如果处于分布的尾部，比如处于尾部的 5%，则说明如果原假设成立，那么观测到估计的政策效应的可能性低于 5%，原假设可能为假。如果设定 5% 的显著性水平，则可以拒绝没有政策影响的原假设，从而说明估计是显著的。如果发现估计的政策效应参数在整个精确分布的中间位置，则意味着随机抽取一个个体作为干预组，就可以以较大的概率得到观测到的因果效应，说明无法拒绝原假设，从而估计的因果效应参数不显著。从图 5－23 可以看出，2017m5—2018m3 海口房地产宏观调控效果在 10% 的水平上整体上显著，2018m4 政策效力开始减弱，政策调控效果不再显著。2017m5—2018m3 唐山房地产宏观调控政策效果所有月份均在 10% 的水平上均不显著，即唐山宏观调控效果通不过稳健性检验。

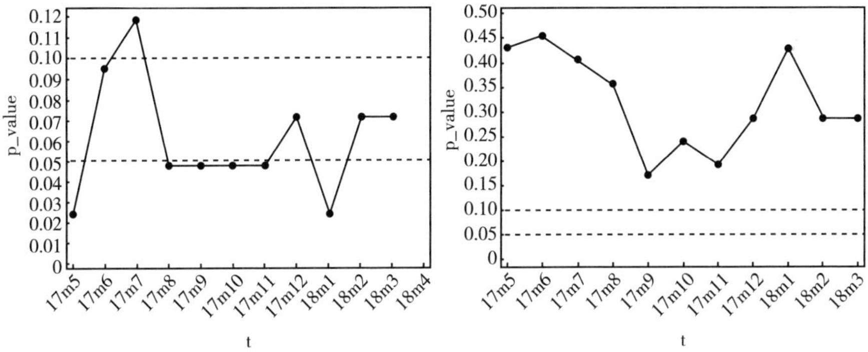

图 5－23　样本组与合成组宏观调控效果 P 值图［海口（左），唐山（右）］

图 5－23 已经采用安慰剂检验初步检验了海口和唐山房地产宏观调控效果，2017m5—2018m3 海口口政策效果显著，唐山政策效果不显著。但是图 5－23 政策时点前对其他 41 个伪干预组缺乏拟合优度考察，因此其政策实施后的政策效果缺乏有效性。需要加强对政策实施前的拟合优度考察，在 41 个伪样本组中去掉 Pre_MSPE＞3 的城市后，采用实验组与剩下的伪干预组逐个进行合成控制，再次产生各个城市的差距趋势图。从图 5－24 可以看出在删除前期拟合不好的城市后，海口在 2017 年 4 月之后政策有效期内差距值均大于其他伪干预组的差距值，政策效果显著性增强；而唐山差距值仍然不够显著，通不过稳健性检验。

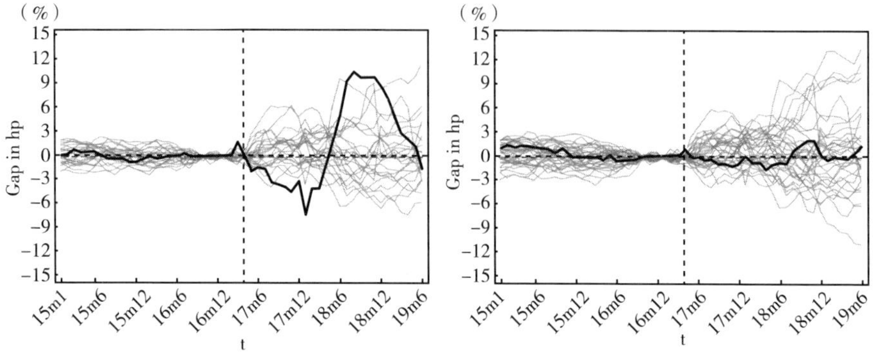

图 5－24　海口（左）与唐山（右）安慰剂检验（去掉 Pre_MSPE >3 城市）

5.3.4　小结

2016 年我国房价经历了新一轮快速上涨，2016 年底和 2017 年诸多城市陆续出台了房地产宏观调控政策，通过限制购房者购房资格、限制购房区域及实施差别化的房地产金融支持政策等综合手段严厉打击投机投资性需求，促进房地产市场健康发展。宏观调控政策的有效性评价一直是学术界的难题，虽然政策评价常用的双重差分法对政策评价方法的改进有很大的促进作用，特别是很多学者近年来广泛采用 PSM 方法来弥补传统 DID 方法的缺陷，但是仍然存在内生性和样本选择偏误的问题。针对当前政策评价领域存在的现有缺陷，本书通过建立房地产宏观调控城市的合成控制对象，模拟了假设调控城市不实施调控政策的房价走势，以对比研究房地产宏观调控对房地产宏观调控城市的真实影响。此外，房地产具有典型的区域性特征，一二线城市和三四线城市房价及政策调控措施差别程度较大，传统政策研究仅关注单一类型城市的研究，缺乏对不同类型城市的比较研究。针对这一研究不足，本书同时选取一二线城市和三四线城市进行比较研究，对比分析调控政策对不同类型城市的不同影响作用。

采用合成控制法最关键的问题是如何选取对照组和如何进行统计推断。笔者采用合成控制法，通过解释变量和被解释变量自身信息赋予对照组适当的权重，以此获得房地产宏观调控之前拟合最优的对照组，再通过合成控制法构造出政策时点后的反事实结果与真实实验组房价进行比较。研究结果表明：①调控政策对不同类型城市均具有负向影响作用，一二线代表性城市成都、三四线代表性城市海口和唐山在房地产宏观调控之后房价均呈现出下降趋势。②调控政策对一二线城市的影响作用大于对三四线城市的影响作用，同类型城市也会因为房地产市场具有不同特征而具有不同的政策效应。笔者将政策时点后成都房价低于合成成都的阶段称为政策有效期，成都政策有效期为2016m11—2018m6。在政策有效期内，成都 hp 平均下降 6.18%，2017年9月份二者之间差距达到最大值，成都 hp 为 -2.8%，而合成成都 hp 为 8.87%，hp 下降了 11.67%。三四线城市政策效果明显低于一二线城市，三四线城市同类型城市政策效果也不同：海口政策有效期为 2017m4—2018m4，在政策有效期内海口较合成海口房价平均下降了 3.23%。2018 年 1 月二者之间差距达到最大值，海口 hp 为 1.7%，合成海口 hp 为 9.03%，hp 下降了 7.33%。唐山政策有效期是2017m5—2018m7，在政策有效期内唐山较合成唐山房价平均下降了 0.62%。2018 年 4 月二者之间差距达到最大值，唐山 hp 为 4.90%，合成唐山为 6.34%，hp 下降了 1.44%。③政策具有一定的有效期，有效期之后政策效应逐步消失，一二线城市有效期大于三四线城市有效期。一二线城市成都政策有效期为 2016m11—2018m6，大概为一年半左右的有效期，主要原因在于政策严厉程度高于三四线城市且后续持续出台的强化政策延长了有效期。三四线城市海口和唐山的有效期分别是 2017m4—2018m4 和 2017m5—2018m7，均只有 1 年左右的有效期，主要原因是政策严厉程度普遍低于一二线城市，且政策严厉打击的投资投机性需求低于一二线城市。

房地产宏观调控的目的是通过打击投资投机性需求，抑制房价过高和过快上涨，促进房地产市场健康平稳发展。房地产全面市场化以来，市场是调节市场供需的主要作用机制，但是针对市场失灵政府宏观调控必不可少，调控机制作用的发挥作为市场机制的主要补充对于房地产市场发展具有重要作用。一二线城市和三四线城市具有不同的房地产市场特征，通过对不同类型城市房地产宏观调控的政策效应，对于宏观调控政策的有效评价及后续促进不同类型城市分类调控政策的出台完善具有重要的实证依据意义。本书通过对一二线城市和三四线城市房地产宏观调控政策效果的实证检验，客观有效地为政策效果的实施效果提供理论和实证依据，对于政策后续实施及推广具有重要意义。

6　新型城镇化与房地产市场互动影响关系研究

在对新型城镇化和房地产市场发展水平进行评价的基础上，本章主要探讨两系统之间的互动影响作用，只有两系统之间存在显著的互动影响作用，评价两系统之间的协调发展关系才有研究意义；本章研究目的是为第7章评价两系统之间的协调发展关系提供实证基础。当前大多学者重点关注城镇化对房地产市场的影响作用，在新型城镇化对房地产市场的影响作用方面缺乏客观有效的实证研究；很多学者定性论述了房地产对城镇化的影响作用，但是少有文献实证检验房地产对城镇化的影响作用。针对当前研究缺陷，本章引入一种全新的 R^2 相对重要性分解方法，实证检验两系统之间的互动影响关系，精确判断影响程度的大小，对各个影响因素进行相对重要性排序。

6.1　估计方法

R^2 相对重要性分解研究主要采取以下两个步骤进行。第一步，我们在房价与自变量之间进行回归，以检验自变量对因变量的解释力。在第一步回归中，我们获得了所有自变量对因变量的解释力，即方程的 R^2，但是无法得知单个变量在 R^2 中的贡献度。因此在第二步中，我们采用 R^2 分解的方法，对自变量的贡献度进行分解并排序。本节主要对 R^2 分解的相对重要性研究方法进行介绍。

因为我们关注的是不同影响因素对因变量的影响作用，因此我们需要就各个影响因素对房价的解释度进行相对重要性排序。在多元线性回归中各个自变量的单位不同，其对房价进行回归具有不同的量纲，因此根据回归系数的大小判断各个解释变量的相对重要性非常不科学。也有一部分研究为了消除不同量纲的影响，通过将各个变量数值进行标准化变换，就是通过原始值减去均值再除以标准差的方法得到标准化数据，从而用自变量的标准化数据对因变量的标准化数据进行回归，得到标准化回归系数$\beta_{standardized} = \beta_{nonstandardized} \times \left(\frac{S_X}{S_Y}\right)$，$S_X$和$S_Y$是自变量和因变量的标准差，$\beta_{standardized}$和$\beta_{nonstandardized}$分别是标准化之后和标准化之前的回归系数。由此可见，标准化回归系数虽然消除了量纲的影响，但是从标准化系数与非标准化系数的关系可知，标准化系数不仅与非标准化系数相关，还与自变量和因变量的标准差相关，也就是还会受到变量波动程度大小的影响。如果自变量的波动程度大，标准化系数就大。此外，标准化系数也没有考虑到各个变量之间的相关性问题，更无从考察各个影响因素在回归方程R^2中的贡献度，因此不能作为科学合理判断各个变量之间相对重要性的判断方法。

鉴于已有研究文献中采用的标准化回归系数在判断自变量相对重要性方面的诸多缺陷，我们希望在整个模型估计的R^2中，能够将每个影响因素各自贡献的R^2进行分离；也就是考虑到变量之间的相关性问题，排除其他变量的影响后对各个变量对因变量的影响大小进行相对重要性排序。为了达到这一目的，我们使用近年来在管理学、心理学和社会学中广泛使用的 Relative Importance（RI 相对重要性）分析方法。RI 的基本思想是：在构建多元回归模型之后，比较不同解释变量对被解释变量解释程度的相对重要性。很明显，如果所有解释变量之间不存在任何相关性，我们只需计算各个因变量与自变量的协方差变量，并将其与因变量的方差相除，得到各个自变量的贡献度。然而，在绝大多数回归中，解释变量之间存在显著的相关性。在大多数情况下，我们必须考虑相关性来评估解释变量在R^2中的贡献度。RI 关注解释变量在相对重要性方面的等级排序，方式是通过所有可能子集模型（由解释变量子集构成）比较预测自变量对R^2的额外贡献度。当某个自变量增加到一个给定的子集模型中时，这个解释变量的额外贡献度通过R^2的增加来进行测度。在多元回归中，某个解释变量 x 的 RI 定义为 x 对R^2的额外贡献（Additional Contributions AC）。在计算解释变量 x 的 AC 时，我们必须考虑在原始模型下所有子集模型中 x 的所有可能贡献度。例如，假设一个模型只有两个解释变量（x_1和x_2），即：

$$y = \alpha + \beta_1 x_1 + \beta_2 x_2 + \varepsilon \tag{6-1}$$

模型拟合优度 $R^2(x_1, x_2)$：

$$RI_{12} = R^2(x_1, x_2) \tag{6-2}$$

使用 $R^2(x_1, x_2)$ 表示模型的拟合优度，x_1 和 x_2 对模型总的拟合优度为 R^2。那么 x_1 和 x_2 在模型中各自的贡献度是多少？以 x_1 为例，有两种方法可以表示 x_1 对 y 的贡献度。一种方法是考虑子集模型：

$$y = \alpha + \beta_1 x_1 + \varepsilon \tag{6-3}$$

x_1 变量的贡献度 $RI_1^{method1}$：

$$RI_1 = R^2(x_1) \tag{6-4}$$

$RI_1^{method1}$ 中只包括 x_1。这里 x_1 的贡献就是模型中 x_1 对模型的贡献 R^2，用 $RI_1^{method1}$ 表示。另一种方法是先考虑子集模型 $y = \alpha + \beta_2 x_2 + \varepsilon$，$x_2$ 对 y 的贡献度是 $R^2(x_2)$，再将 x_1 添加到仅包含 x_1 的模型中，得到模型 $y = \alpha + \beta_1 x_1 + \beta_2 x_2 + \varepsilon$，$x_1$ 和 x_2 总的贡献度是 $R^2(x_1, x_2)$。那么这里 x_1 的贡献度是：

$$RI_1^{method2}: RI_1 = R^2(x_1, x_2) - R^2(x_2) \tag{6-5}$$

$RI_1^{method2}$ 是用 x_1 和 x_2 总的拟合优度减去 x_2 拟合优度的方法。很明显，在以上过程中，如果解释变量 x_1 和 x_2 的相关系数不为 0，$RI_1^{method1}$ 就会高估 x_1 的贡献度，而 $RI_1^{method2}$ 会低估 x_1 的贡献度。因此，Budescu（1993）①、Azen 和 Budescu（2003）② 使用两种估计公式的平均值作为 x_2 对 y 的贡献度。采用平均值的话，x_1 的贡献度是：

$$RI_1^{method3}: RI_1 = \frac{RI_1^{method1} + RI_1^{method2}}{2} \tag{6-6}$$

$RI_1^{method3}$ 将 $RI_1^{method1}$ 和 $RI_1^{method2}$ 的平均值作为 x_1 对 y 的贡献度。在以上的例子中，模型仅包含了 x_1 和 x_2 两个解释变量，所以计算起来较为简单。在大多数的分析中，模型通常包含很多的解释变量。假设模型中有 K 个解释变量，原始模型就会对应 $2^k - 1$ 个子模型。比如，在本研究实证检验新型城镇化对房价的影响中，选取的自变量达到 11 个，此时 $k = 11$，那么就有 2047 个子模

① Budescu, D. V. Dominance analysis: a new approach to the problem of relative importance of predictors in multiple regression [J]. Psychological Bulletin, 1993, 114 (3): 542 – 551.

② Azen R, Budescu D V. The dominance analysis approach for comparing predictors in multiple regression [J]. Psychological Methods, 2003, 8 (2): 129 – 48.

型，那么就需要针对这些子模型分别计算出所有子模型中每一个变量的相对贡献度，再计算出平均值作为该解释变量的贡献度。

为了便于分析，本书使用 Toniandel 和 Lebreton（2011）的方法来标准化各变量的 RI 值①。具体来说，以上述 x_1 和 x_2 两个指标的多元回归模型为例，在采用第三种方法计算出 $RI_1^{method3}$ 和 $RI_2^{method3}$ 作为 R^2 分解之后的两个指标对 R^2 的贡献度之后，再用 $\frac{RI_1^{method3}}{R^2}$ 和 $\frac{RI_2^{method3}}{R^2}$ 计算出标准化贡献度，也就是使得两个解释变量的标准化贡献度之和为 1，从而使得每个变量的相对重要性变得容易与其他解释变量相比较。

6.2 新型城镇化对房地产市场的影响研究

6.1 节对 R^2 相对重要性分解方法进行了介绍，本节采用该方法实证检验新型城镇化对房地产市场的影响作用是否显著及影响程度的大小。在新型城镇化内涵界定及发展水平测度研究的基础上，本书将新型城镇化视为人口、产业、空间、生活、资源环境和城乡一体六种分类城镇化的全面协调发展，在此基础上提出理论分析与研究假说，构建模型并进行实证检验。

6.2.1 理论分析及研究假说

6.2.1.1 人口城镇化与房价

大量农村人口向城镇迁移，最直接的表现就是常住人口城镇化率的提高，这也是一直以来我国衡量城镇化水平最直接的指标。随着城镇化的快速发展，我国早期以劳动人口为主导的就业城镇化转化为包括非劳动人口在内的家庭居住生活城镇化，这必然导致城镇化移民人口居住空间的城乡转换，城镇住房市场需求随着城镇迁入人口居住需求的增加而不断增加。人口城镇化与房地产业发展紧密相连，二者相互影响相互作用。房地产业是人口城镇化的物

① Tonidandel S, Lebreton J M. Relative Importance Analysis: A Useful Supplement to Regression Analysis [J]. Journal of Business & Psychology, 2011, 26 (1): 1-9.

质载体，为迁移人口提供居住场所。城镇化进程中，城市空间扩大、城市数量增加以及城市空间形态优化促使城市产业功能区优化和城市居民生活水平的提高，从而促进了房地产改善性需求的增多。因而人口城镇化率的提高为房地产开发提供了基础，增加了房地产市场需求，有效带动了房价增长。

本书选取常住人口城镇化率作为人口城镇化的指标，提出研究假说1：人口城镇化（u_pop）与住房价格（HP）具有正相关关系，人口城镇化水平越高，房价越高。人口城镇化指标常住人口城镇化率（u_urbanrate）为正指标，常住人口城镇化率越高，人口城镇化水平越高，房价越高，二者具有正相关关系。

6.2.1.2 产业城镇化与房价

随着城市第二、三产业的不断发展，非农产业比重逐步上升，将会通过需求和供给两种主要途径促进房价上升。一方面，非农产业比重上升通过需求侧促进房价上涨。非农产业比重上升吸纳越来越多的农村人口向城市迁转，大量迁移人口到城市非农产业就业能够获得更高的工资收入，同时为了居住便利性选择在城市购房，从而促进房价上涨。此外，非农产业对就业人口素质的要求不断提高，更多就业人员接受的教育程度不断提高，高学历就业人员能够获得更高工资，带动了住房改善性和投资投机性需求的增加。另一方面，非农产业比重上升通过供给侧促进房价上涨。随着产业结构优化和城市经济发展，土地、劳动力和资本价值不断提高，住房成本也在不断提高，房地产开发商提供商品住房的价格不断提高。

本书选取第三产业增加值占GDP增加值比重作为产业城镇化指标，提出研究假说2：产业城镇化（u_industry）与房价（HP）具有正相关关系，产业城镇化水平越高，房价越高。产业城镇化指标第三产业比重（u_serviceratio）为正指标，第三产业比重越高，产业城镇化水平越高，房价越高，二者具有正相关关系。

6.2.1.3 空间城镇化与房价

空间城镇化是城镇地理空间的扩大，一直以来受到土地财政、二元土地制度及二元户籍制度等因素的影响，我国土地城镇化增速高于人口城镇化增速，带来了一系列的经济和社会问题。随着传统城镇化向以人为本的新型城镇化转变，未来土地城镇化与人口城镇化协调发展即空间优化成为新型城镇化发展的必然要求。新型城镇化背景下土地城镇化与人口城镇化的协调发展，必然要求防止城镇土地空间“摊大饼”式增长，在普遍存在过度空间扩张的现有背景下促进城市人口密度的增加，促进城镇空间结构的优化，促进土地城镇化与人口城镇化协同发展，促进人口城镇化与产业城镇化协同发展。控制城镇空间蔓延式扩张及促进城市人口密度增加能够有效防止“空城”及“鬼城”现象，促进土地城镇化与人口及产业城镇化的协同发展才能从根本上促进不重人、不重质量及不重效益的传统城镇化向以人为本、重质量及重效益的新型城镇化转变。空间城镇化的优化体现为城市人口密度的增加、土地城镇化与人口城镇化的协调，在城镇人口增加的作用下促进房地产市场稳定健康发展。

本书选取城市人口密度作为空间城镇化优化指标，提出研究假说3：空间城镇化（u_space）与住房价格（HP）具有正相关关系，空间城镇化水平越高，房价越高。空间城镇化指标城市人口密度（u_popdensity）为正指标，城市人口密度越大，空间城镇化水平越高，房价越高，二者具有正相关关系。

6.2.1.4 生活城镇化与房价

新型城镇化中生活水平的提升，最基本的体现就是城镇居民人均可支配收入的提升。可支配收入增加会带动住房市场消费需求的增加，二者之间呈现出正相关关系，收入水平越高的地区其房价水平一般越高。第一，从马斯洛需求层次理论来看，人在不同阶段具有不同的需求。在收入较低阶段人们只需要满足基本的居住条件。随着收入水平的提升，人们对居住空间及居住环境质量的要求进一步提升，从而推动了房价的进一步提高。第二，中国根深蒂固的传统文化观念。我国具有传统的安家立业观念，而安家的标志就是婚姻和自有住房。当前我国住房自有率已经达到了80%以上，位居全球第一的位置。在传统观念文化背景下，城镇居民人均可支配收入的增加必然会带来住房需求的增加，从而推动房价上涨。

本书选取城镇居民人均可支配收入作为空间城镇化优化指标，提出研究假说4：生活城镇化指标（u_living）与住房价格（HP）具有正相关关系，生活城镇化水平越高，房价越高。生活城镇化指标城镇居民人均可支配收入（u_incomeper）为正指标，人均可支配收入越高，生活城镇化水平越高，房价（HP）越高，二者具有正相关关系。

6.2.1.5 资源环境城镇化与房价

中国经历了多年快速城镇化的过程，城镇化带动了经济社会的迅速发展，但也产生了资源紧张及环境污染等一系列问题。在传统城镇化向新型城镇化转型的背景下，资源环境城镇化成为“集约、智能、绿色、低碳”新型城镇化道路的重要内容。随着人口城镇化、产业城镇化、空间城镇化和生活城镇化水平的提升，人们对资源集约和环境优化的要求也在不断提高，资源环境水平对房价的影响日益显著。1998 年房地产全面市场化以来，伴随着城镇居民巨大的房地产需求，房地产市场经历了长达 30 年的快速发展时期。房地产多年的发展基础是需求。根据城镇居民各阶段需求的不同，房地产可划分为不同的阶段：第一阶段是 1998—2009 年刚性需求集中释放的房地产快速发展阶段，全面市场化以前多年积累的房地产市场需求在这一阶段集中释放，房地产市场需求旺盛，价格不断上涨。这期间人们对房地产的主要需求是刚性需求，因而房地产发展处于规模化扩张阶段。房地产开发商主要通过新修住宅小区来满足人们对住房大空间和新社区的需求。第二阶段是 2010 年至今促进房地产市场健康发展的房地产转型阶段。经过前期刚性需求的集中释放，改善性需求将成为未来房地产市场的主要需求，房地产市场面临转型升级。房地产开发商开始注重房地产开发质量的提高，房地产开发从原有的规模化扩张转到城市综合体的开发，注重向居民提供资源集约环境优化的住房。在新阶段，资源环境城镇化水平的提升对房价的影响将更为显著。

本书选取单位 GDP 煤炭消费量作为资源集约环境优化指标，提出研究假说 5：资源环境城镇化指标（u_environment）与住房价格（HP）具有正相关关系，资源集约和环境优化程度越高，房价越高。资源环境城镇化指标单位 GDP 煤炭消费量（u_coalenergy）为逆指标，单位 GDP 煤炭消费量越低，资源集约及环境优化程度越高，房价（HP）越高，二者具有负相关关系。

6.2.1.6 城乡一体城镇化与房价

城乡一体化是新型城镇化的重要内容，作为衡量城乡一体化的重要指标城乡收入差距对房价具有重要影响作用。城乡收入差距对房价的影响主要通过两种传导机制：一方面，通过城市房地产市场需求提高房价。首先，城乡收入差距加大导致财富更加向城市居民集中，城市居民具有更多的财富购房，住房刚性需求不断增加；其次，城市中高收入人群对生活品质要求提高，增加住房的改善性需求；最后，在缺少其他有效投资渠道的情况下，也会增加住房投资投机性需求。可见城乡收入差距会推动城市房地产市场刚性需求、改善性需求及投资投机性需求的增加，从而带动城市房价的上涨。另一方面，通过城市房地产市场供给提高房价。随着城乡收入差距加大，城镇居民具有更多的收入进行消费投资。房地产市场供给侧的房地产开发商基于利润最大化原则，会加大高端品质住房及配套设施供给，住房供给不断升级是房价不断上升的重要原因。

本书选取城乡差距（u_urbanruralgap）作为城乡一体城镇化指标，提出研究假说6：城乡一体城镇化（u_integration）与住房价格（HP）具有负相关关系，城乡一体化程度越高，房价越低。城乡一体化指标城乡差距（u_urbanruralgap）为逆指标，城乡差距越大，城乡一体化水平越低，房价越高，二者具有正相关关系。

综上所述，房价影响因素的假设影响如表6-1所示。

表6-1　　房价影响因素的假设影响

一级指标	二级指标	假设影响	衡量指标	假设影响
新型城镇化	人口城镇化 u_pop	+	常住人口城镇化率 u_urbanrate	+
	产业城镇化 u_industry	+	第三产业比重 u_servicerate	+
	空间城镇化 u_space	+	城市人口密度 u_popdensity	+
	生活城镇化 u_living	+	城镇居民人均可支配收入 u_incomeper	+
	资源环境城镇化 u_environment	+	单位 GDP 煤炭消费量 u_coalenergy（逆指标）	-
	城乡一体城镇化 u_integration	-	城乡差距 u_urbanruralgap（逆指标）	+
控制变量	供给因素 supply	-	s_investment	-
	需求因素 demand	+	d_expect	+
	土地因素 land	+	土地价格 l_price	+
	宏观环境 macro	+	居民消费价格指数 m_cpi	+
		+	股票价格 m_stockindex	+

6.2.2 模型、变量与数据

为了检验6.2.1中的假设，本书以新型城镇化下属六种分类城镇化作为解释变量对房价作回归分析，建立如下的回归方程：

$$
\begin{aligned}
LOG(HP_{it}) = \beta_0 &+ \beta_1 LOG(u\_urbanrate_{it}) + \beta_2 LOG(u\_servicerate_{it}) \\
&+ \beta_3 LOG(u\_popdensity_{it}) + \beta_4 LOG(u\_incomeper_{it}) \\
&+ \beta_5 LOG(u\_coalenergy_{it}) + \beta_6 LOG(u\_compositegap_{it}) \\
&+ \beta_7 LOG(conrols_{it}) + \varepsilon_{it} \qquad (6-7)
\end{aligned}
$$

HP为被解释变量，解释变量是新型城镇化下属的6种分类城镇化，控制变量为住房供给、住房需求、土地市场及宏观环境因素。其中被解释变量HP_{it}是第i个省份在第t年的住房价格。解释变量为人口、产业、空间、生活、资源环境和城乡一体六种分类城镇化的6个衡量指标：常住人口城镇化率（u_urbanrate）、第三产业比重（u_servicerate）、城市人口密度（u_popdensity）、城镇居民人均可支配收入（u_incomeper）、单位GDP煤炭消费量（u_coalenergy）和城乡差距（u_compositegap）。此外，还有影响房价变动的基本控制变量$controls_{it}$（$Supply_{it}$，$Demand_{it}$，$Land_{it}$和$Macro_{it}$），分别是第i个省份在第t年的住房竣工面积（s_complete）、购房者房价预期（d_expect）、土地价格（l_price）、居民消费价格指数（m_cpi）和股票价格指数（m_stockindex）；ε_{it}是随机扰动项。为了消除数据的异方差性，本研究采用各变量的对数数据。

本书采用30个省份（港澳台和西藏除外）2000—2018年各指标数据来估计式（6－7），被解释变量和解释变量分别为房价和新型城镇化指标，重点考察新型城镇化指标对房价的影响及重要性。被解释变量HP为住房价格，采用按房地产开发住房销售额和住房销售面积计算出的单位面积住房销售价格表示；新型城镇化解释变量u_urbanrate，u_servicerate，u_popdensity，u_incomeper，u_coalenergy和u_compositegap均根据全国及各省统计局网站相关数据计算得到；控制变量为s_complete，d_expect，l_price，m_cpi和m_stockindex，其中d_expect数据来源于中国人民银行《城镇储户问卷调查报告》，m_cpi和m_stockindex数据来源于wind宏观数据库，s_complete和l_price数据均来源于全国及各省统计局。表6－2详细列出了关键变量的定义和计算方法。变量的描述性统计数据如表6－3所示。

表 6-2　　变量定义和指标解释

一级指标	二级指标	指标解释
被解释变量	住房价格 HP	$住房价格=\frac{房地产开发住房销售额}{房地产开发住房销售面积}$
新型城镇化	1. 人口城镇化：常住人口城镇化率 u_urbanrate	$常住人口城镇化率=\frac{常住人口：城镇}{GDP 常住人口}$
	2. 产业城镇化：第三产业比重 u_servicerate	$第三产业比重=\frac{GDP：第三产业}{GDP}$
	3. 空间城镇化：城市人口密度 u_popdensity	$城市人口密度=\frac{常住人口：城镇}{建成区面积}$
	4. 生活城镇化：城镇居民人均可支配收入 u_urbanincome	城镇居民人均可支配收入
	5. 资源环境城镇化：单位 GDP 煤炭消费量 u_coalenergy	$单位 GDP 煤炭消费量=\frac{煤炭消费量}{GDP}$
	6. 城乡一体城镇化：城乡差距 u_compositegap	城乡差距=(城乡居民人均收入比值×0.5)+(城乡居民人均消费支出比值)×0.25+(乡城恩格尔系数比值)×0.25
控制变量	7. 住房供给：竣工面积 s_complete	房地产开发住房竣工面积
	8. 房价上涨预期 d_expect	中国人民银行《中国城镇储户问卷调查报告》：城镇储户预计未来房价上涨比例
	9. 土地价格 l_price	$土地价格=\frac{土地购置费}{土地购置面积}$
	10. 居民消费价格指数 m_cpi	CPI 累计值：同比
	11. 股票价格指数 m_stockindex	上证综合指数收盘价

表 6-3　　描述性统计

变量	样本量	均值	中位数	标准差	最小值	最大值
HP	570	8.14	8.18	0.71	6.72	10.53
u_urbanrate	570	3.87	3.88	0.30	3.14	4.61
u_servicerate	570	3.74	3.71	0.18	3.34	4.39
u_popdensity	570	7.52	7.65	0.77	3.26	8.75
u_incomeper	570	9.65	9.67	0.62	8.46	11.13
u_coalenergy	570	4.52	4.55	0.85	0.28	6.65

续表

变量	样本量	均值	中位数	标准差	最小值	最大值
u_compositegap	570	0.86	0.85	0.17	0.45	1.33
s_complete	570	7.13	7.26	0.96	3.45	8.99
d_expect	570	3.23	3.21	0.27	2.83	3.83
l_price	570	7.33	7.2	1.33	5.13	11.76
m_cpi	570	4.63	4.62	0.02	4.57	4.7
m_stockindex	570	7.74	7.73	0.39	7.06	8.57

本书模型的自变量较多，多重共线性是一个必须考虑的问题。我们需要通过计算各变量的方差膨胀因子 VIF 来检验多重共线性问题。表 6－4 为 11 个自变量的 VIF 值，从 VIF 值可以看出模型中所有变量 VIF 的平均值小于 5，每个变量的 VIF 小于 10。这表明我们可以安全地忽略多重共线性问题并使用这些变量进行回归。

表 6－4　　自变量的多重共线性检验

变量	VIF	1/VIF
u_incomeper	7.53	0.133
l_price	6.80	0.147
u_urbanrate	3.97	0.252
u_servicerate	2.55	0.392
u_compositegap	2.54	0.394
u_coalenergy	2.37	0.421
s_complete	2.04	0.491
f_stockindex	1.57	0.636
u_popdensity	1.54	0.650
m_cpi	1.51	0.660
d_expect	1.23	0.810
Mean VIF	3.06	—

6.2.3　实证检验

6.2.3.1　OLS 结果

OLS 回归结果如表 6－5 所示。正如本书研究假设一样，控制变量中的竣工面积以及新型城镇化中的单位 GDP 煤炭消费量与房价显著负相关，其他指标均与房价正相关。所有指标对房价的解释力即 R^2 达到了 0.9458，调整后的 R^2 为 0.9447，这些解释变量很好地解释了 2000—2018 年以来 30 个省份房价的变动情况。

从新型城镇化对房价的影响来看，新型城镇化水平的提高显著促进了房价水平的提高。作为人口城镇化的重要指标，常住人口城镇化率对房价的影响在 1% 的水平上显著为正，城镇化率每增加 1%，房价上升 0.52%。产业城镇化指标第三产业增加值占比对房价的影响同样在 1% 的水平上显著，第三产业占比每提高 1%，房价上升 0.33%。空间城镇化指标城市人口密度对房价影响为正，城市人口密度每提高 1%，房价上升 0.01%。生活城镇化指标城镇居民人均可支配收入每上升 1%，房价上升 0.56%，且在 1% 的显著性水平上显著。资源环境城镇化指标单位 GDP 煤炭消费量是反向指标，单位 GDP 煤炭消费量越低，代表资源利用效率越高，环境优化程度越高。单位 GDP 煤炭消费量对房价的影响在 1% 水平上显著为负，单位 GDP 煤炭消费量每下降 1%，房价上升 0.17%。说明随着我国资源利用效率的提高，城市环境优化对房价同样起了较为重要的正向影响作用。城乡一体城镇化指标城乡差距对房价影响同样为正，城乡差距越大，收入越聚集到城市居民特别是高收入人群中，从而导致城市房价越高。城乡差距每提高 1%，房价上升 0.08%。

从控制变量对房价的影响来看，住房竣工面积对房价的影响显著为负，供给量与房价负相关，这与本书的研究假设一致。在其他条件不变的情况下，住房供给越多，房价越低。消费者房价预期是影响房价变动的重要因素。从表 6-5 可以看到，房价预期对房价的影响显著为正，这与本书的研究假设一致。房价预期上升 1%，房价上升 0.12%。土地价格是住房价格成本的重要组成部分，土地价格对房价为正向影响作用，实证结果与研究假设一致，土地价格对房价的回归系数为正数，且在 1% 的显著性水平上显著。住房市场发展离不开经济社会基本面的支撑，宏观环境对住房市场的影响是至关重要的。从宏观环境下属的 2 个二级指标来看，居民消费价格指数对房价的影响显著为正，CPI 上升 1%，30 省房价将上升 1.98%。股票价格与住房市场作为宏观经济中虚拟经济和实体经济的重要代表，同时作为消费者的两大重要投资渠道，二者之间具有较强的相关关系。从实证结果来看，股票价格对房价具有显著的正向影响作用，股票价格上升 1%，房价将上升 0.03%。这与本书的研究假设一致，股价对房价的影响作用和大多数市场情况一样，财富效应大于挤出效应和替代效应之和，股市和房市具有共同繁荣、共同涨跌的趋势。

表 6 - 5　　房价与解释变量的回归结果

变量	预期符号	系数	标准误	t 值	P 值
u_urbanrate	+	0.5170 ***	0.0458	11.2800	0.0000
u_servicerate	+	0.3270 ***	0.0634	5.1600	0.0000
u_popdensity	+	0.0137	0.0113	1.2100	0.2250
u_incomeper	+	0.5550 ***	0.0310	17.9000	0.0000
u_coalenergy	-	-0.1670 ***	0.0126	-3.2200	0.0000
u_compositegap	+	0.0751	0.0648	1.1600	0.2470
s_complete	-	-0.0494 ***	0.0104	-4.7300	0.0000
d_expect	+	0.1230 ***	0.0294	4.2000	0.0000
l_price	+	0.0769 ***	0.0137	5.6100	0.0000
m_cpi	+	1.9810 ***	0.4460	4.4400	0.0000
m_stockindex	+	0.0329	0.0226	1.4600	0.1450

注：R^2 为 0.9458，R^2_a 为 0.9447，F 值为 885.30，观测值为 570。*** 表示 1% 的显著性水平。

6.2.3.2　相对重要性排序

从表 6 - 6 可以看到，11 个指标对房价的解释力 R^2 总共达到了 0.9458，R^2 分解后每个指标的比重如第 2 列所示，第 2 列所有权重加起来为 0.9458。第 3 列对每个指标的权重进行了标准化处理，即用第 2 列的每个指标 R^2 分解值除以 0.9458，得到标准化之后的权重，第 3 列标准化权重总和为 1。第 4 列和第 5 列是分别根据标准化权重计算出来的百分比占比和排序。

新型城镇化下属 6 个指标对房价影响作用显著，对 R^2 的贡献度达到 70.49%。其中，生活城镇化指标城镇居民人均可支配收入（u_incomeper）对 R^2 的贡献度为 23.43%，在所有指标中排第 1 位，对房价的影响作用最大。很大程度上说明 30 个省份 2000—2018 年房价上涨最重要的支撑作用是城镇化过程中生活城镇化水平的提高，城镇居民可支配收入的不断提高是房价上涨最为重要的因素。人口城镇化指标常住人口城镇化率（u_urbanrate）对 R^2 的贡献度为 14.93%，在所有指标中排第 3 位。常住人口城镇化率是多年来衡量传统城镇化的最重要指标，同样也是衡量新型城镇化的重要指标。

城镇常住人口是城镇房地产市场的潜在需求者，城镇常住人口的不断增长促进了住房价格的上涨。资源环境城镇化指标单位 GDP 煤炭消费量（u_coalenergy）对 R^2 的贡献度为 13.41%，在所有指标中排第 4 位。城市环境状况的提升很大程度上提高了城市的吸引力和竞争力，对房价提升起了很重要的推动作用。产业城镇化指标第三产业比重（u_servicerate）对房价 R^2 的解释力为 8.76%，在所有指标中排第 5 位。第三产业比重的不断提高，促进了经济社会的发展，同时容纳了更多就业人口，也带动了房地产业自身的发展，从各个维度对房价起正向影响作用。城乡一体城镇化指标城乡差距（u_compositegap）对房价 R^2 的解释力为 6.34%，在所有指标中排第 6 位。城乡差距的加大导致资源更加集中于城市，从而给房地产领域带来了更多投资投机性资金，推动了房价的不断上涨。空间城镇化指标城市人口密度（u_popdensity）对 R^2 的贡献度为 3.62%，在所有指标中排第 9 位。相对于其他新型城镇化指标，其对房价的解释力较弱。长期起来，我国城镇空间不断扩张，相对于城镇人口的增长速度，建成区面积增长速度更快，一定程度上说明城镇空间的粗放型增长，与城镇人口增长不够协调，从而对房价的解释力也有限。

表 6-6　基于 R^2 分解的影响因素相对重要性排序

变量	R^2 分解	标准化权重	相对重要性 RI	排序
u_urbanrate	0.1412	0.1493	14.93%	3
u_servicerate	0.0829	0.0876	8.76%	5
u_popdensity	0.0343	0.0362	3.62%	9
u_incomeper	0.2216	0.2343	23.43%	1
u_coalenergy	0.1268	0.1341	13.41%	4
u_compositegap	0.0600	0.0634	6.34%	6
s_complete	0.0449	0.0474	4.74%	7
d_expect	0.3008	0.0041	0.41%	11
l_price	0.1805	0.1908	19.08%	2
m_cpi	0.0087	0.0092	0.92%	10
m_stockindex	0.0412	0.0436	4.36%	8
Sum	0.9458	1.0000	100%	

5 个控制变量指标对 R^2 的贡献度仅为 29.51%，相对于新型城镇化，其对房价影响程度较小。其中土地价格（l_price）对房价影响最大，在 R^2 中的

相对重要性比重 RI 为 19.08%，在所有指标中排第 2 位；其次是住房竣工面积（s_complete）和上证指数（m_stockindex），相对重要性比重分别为 4.74% 和 4.36%，在所有指标中分别排第 7 位和第 8 位；最后是消费者价格指数（m_cpi）和购房者房价预期（d_expect），相对重要性比重分别是 0.92% 和 0.41%，在所有指标中分别排第 10 位和第 11 位。以上 5 个控制变量对房价总的贡献度为 29.51%。

从以上 R^2 分解结果可知，在房价影响因素指标中，对房价影响作用最大的分别是城镇居民人均可支配收入和土地价格，对 R^2 的贡献度分别为 23.43% 和 19.08%，对房价整体的解释力达到 42.51%。排序为 3—5 位的分别是常住人口城镇化率、单位 GDP 煤炭消费量和第三产业比重，对 R^2 的贡献度分别为 14.93%、13.41% 和 8.76%，对房价整体的解释力为 37.10%。排序前 5 位的指标对房价 R^2 的贡献度达到 79.61，接近 80%。其中，只有土地价格为控制变量，其他 4 个指标均为新型城镇化指标。排序为 6—9 位的分别是城乡差距、住房竣工面积、上证指数和城市人口密度，对 R^2 的贡献度分别为 6.34%、4.74%、4.36% 和 3.62%，四者对房价整体的解释力为 19.06%。排序为 10—11 位的分别是 0.92% 和 0.41%，对房价总的解释力仅为 1.33%。

6.2.3.3 稳健性检验

（1）基于替换变量的估计结果。本研究重点考察新型城镇化下属的人口、产业、空间、生活、资源环境及城乡一体 6 种分类城镇化对房价的影响作用，从 6 个衡量指标——常住人口城镇化率、第三产业增加值比重、城市人口密度、城镇居民人均可支配收入、单位 GDP 煤炭消费量以及城乡差距对房价的回归结果可以看出，6 个指标对房价回归 R^2 的贡献度达 70.49%，很好地解释了 2000 年以来 30 个省份房价变动的原因。需要注意的是，虽然 6 个指标是反映六种分类城镇化的典型指标，但是无疑还有其他较为重要的指标也能反映六种分类城镇化，所以有必要采用替换指标的方法对前文回归结果及相对重要性分解结果进行稳健性检验，以验证前文实证结果的可靠性。

在人口城镇化指标选择上，传统衡量指标是常住人口城镇化率。随着新型城镇化的发展，越来越多的学者认识到户籍人口城镇化率更能体现人口城镇化的发展水平。户籍城镇人口才能真正融入城镇生活，享受到城镇相应政策福利，因此笔者采用户籍人口城镇化率（u_hukourate）替换常住人口城镇化率进行稳健性检验。在产业城镇化指标选择上，第三产业是吸纳城镇人口、促进城镇化不断推进的重要衡量依据。考虑到第二产业和第三产业均是促进农村人口向城镇流动的重要产业，本书采用第二产业与第三产业产值占 GDP 比重之和（非农产业比重：u_nonfarmrate）作为产业城镇化指标进行稳健性检验。在空间城镇化指标选择上，空间城镇化优化强调土地城镇化与人口城镇化相协调。前文采用城镇人口密度，很好考虑了城镇人口和建成区面积的相互变动关系，在当前我国城镇空间存在盲目扩张的背景下，城市人口密度越大，代表空间城镇化水平越高，是正向指标。在替换变量选择上，同样要考虑到建成区面积和人口的协调关系，本书采用建成区面积年均增速与城镇常住人口年均增速之差（u_landpopgap）代表空间城镇化，二者之间差距越小表示二者之间的协调发展程度越好，空间城镇化水平越高，房价越高，是反向指标。在生活城镇化指标选择上，城镇居民人均可支配收入是反映城镇居民生活水平最直接的指标，在实证性检验中采用人均 GDP 进行替换。在资源环境城镇化的指标选择上，前文采用的是单位 GDP 煤炭消费量，此处采用单位 GDP 能源消费总量（u_totalenergy）进行替换。在城乡一体城镇化的指标选择上，前文采用城乡收入差距、城乡支出差距及城乡恩格尔系数的合成指标作为城乡差距的衡量指标，此处采用城乡差距中最核心的指标城乡收入差距（u_incomegap）作为城乡收入差距指标。

表 6-7 是新型城镇化六种分类城镇化替换指标前后的回归结果对比。从回归结果可以看出，替换指标对房价的回归系数均与原有指标回归系数符号一致（除了空间城镇化指标 u_landpopgap 属性与原有指标 u_popdensity 相反）。原有指标 u_popdensity 回归系数符号为正，替换指标 u_landpopgap 回归系数符号为负，这是因为替换指标属性发生了变化，因而回归系数符号变化和原有指标的含义一致，代表空间城镇化水平越高，房价水平越高。从指标显著性来看，新型城镇化 6 个替换指标均在 1% 的水平上显著。从相对重要性 RI 排序来看，对房价影响重要性排序为 1—2 位的是 u_gdpper 和 l_price，对 R^2 的贡献度分别为 25.5% 和 23.4%，二者对房价整体的解释力达到 48.90%。排序为 3—5 位的分别是资源环境城镇化指标单位 GDP 煤炭消费总量、人口城镇化指标户籍人口城镇化率和产业城镇化指标非农产业增加值比重，对 R^2 的贡献度分别为 17.6%、8.83% 和 7.38%，三者对房价整体的解释力为 33.81%。排序前 5 位的指标对房价 R^2 的贡献度达到 82.71%，超过 80%。前 5 位指标中只有土地价格为控制变量，其他 4 个指标均为新型城镇化指标。排序为 6—9 位的

分别是住房竣工面积、上证指数、城乡收入差距和空间城镇化指标，对 R^2 的贡献度分别为 5.35%、5.07%、4.42% 和 1.36%，对房价整体的解释力为 16.20。排序第 10—11 位的是 m_cpi 和 d_expect，对 R^2 的贡献度为 0.77% 和 0.39%，对房价总的解释力仅为 1.16%。新型城镇化 6 个指标对 R^2 的贡献度达到 65.09%，控制变量仅为 34.91%。因此回归系数符号、显著性及相对重要性排序方面替换指标均与原有指标基本一致，原有实证结果具有较强的稳健性。

表 6-7　　替换变量的 ols 结果

原有变量	估计结果	RI	排序	替换变量	估计结果	RI	排序
u_urbanrate	0.5170*** (11.28)	14.93%	3	u_hukourate	0.2170*** (6.55)	8.83%	4
u_servicerate	0.3270*** (5.16)	8.76%	5	u_nonfarmrate	0.4510*** (2.66)	7.38%	5
u_popdensity	0.0137 (1.21)	3.62%	9	u_landpopgap (逆指标)	-0.0554*** (-5.65)	1.36%	9
u_incomeper	0.5550*** (17.90)	23.43%	1	u_gdpper	0.3910*** (13.94)	25.5%	1
u_coalenergy (逆指标)	-0.1670*** (-13.22)	13.41%	4	u_totalenergy (逆指标)	-0.3320*** (-12.17)	17.6%	3
u_compositegap (逆指标)	0.0751 (1.16)	6.34%	6	u_incomegap (逆指标)	0.2990*** (4.90)	4.42%	8
s_complete	-0.0494*** (-4.73)	4.74%	7	s_complete	-0.1040*** (-8.47)	5.35%	6
d_expect	0.1230*** (4.20)	0.41%	11	d_expect	0.0951*** (2.95)	0.39%	11
l_price	0.0769*** (5.61)	19.08%	2	l_price	0.1630*** (12.95)	23.4%	2
m_cpi	1.9810*** (4.44)	0.92%	10	m_cpi	1.1060** (2.30)	0.77%	10
m_stockindex	0.0329 (1.46)	4.36%	8	m_stockindex	0.0306 (1.26)	5.07%	7
R^2	0.9458				0.9341		
R^2_a	0.9447				0.9328		

注：***、** 分别表示 1%、5% 的显著性水平，括号中数值为 t 值，下同。

（2）基于细分样本的估计结果。房地产市场具有较为明显的区域特征，30 个省份涵盖东部发达区域和中西部欠发达区域，两个区域房地产市场发展水平差距较为悬殊。为了检验 30 个省份总样本实证结果对不同发展水平房地产市场的稳健性，笔者按照东部和中西部省份划分依据，将 30 个省份全样本划分为东部和中西部两组分样本。其中，东部包括北京、天津、上海、河北、辽宁、江苏、浙江、福建、山东、广东和海南；中西部包括重庆、山西、内蒙古、吉林、黑龙江、安徽、江西、河南、湖北、湖南、广西、四川、贵州、云南、陕西、甘肃、青海、宁夏和新疆。东部省份基本上位于东部沿海发达地区，房价水平和经济社会发展水平整体上高于中西部省份。对于发展水平较为悬殊的东部区域和中西部区域，本书对样本进行东部和中西部分组稳健性检验。

表 6 – 8 为对样本进行分组回归的结果。从实证结果可以看出，对于东部 11 个省份和中西部 19 个省份两组样本，11 个解释变量对房价进行回归的系数符号与研究假设全部一致，与 30 个省份回归系数符号全部一致。从系数显著性来看，东部 11 个省份所有指标对房价回归系数均显著，中西部 19 个省份 10 个指标显著，城乡一体化指标城乡差距 t 值为 1. 22，显著性略微偏弱。所有解释变量对房价的回归系数符号均与 30 个省份总样本一致，分组样本绝大多数解释变量回归系数的显著性较强。进一步说明前文回归结果通过了样本分组的稳健性检验，各解释变量对房价的回归结果具有较强的稳健性。

表 6 – 8　　细分样本的 ols 结果

变量	30 省	东部 11 省	中西部 19 省
s_complete	– 0. 0494 *** (– 4. 73)	– 0. 0829 *** (– 4. 64)	– 0. 0628 *** (– 3. 43)
d_expect	0. 1230 *** (4. 20)	0. 1650 *** (4. 09)	0. 0896 *** (2. 99)
l_price	0. 0769 *** (5. 61)	0. 1060 *** (4. 49)	0. 0523 *** (3. 84)
m_cpi	1. 9810 *** (4. 44)	3. 0500 *** (4. 61)	0. 9620 ** (2. 30)
m_stockindex	0. 0329 (1. 46)	0. 0648 ** (2. 11)	0. 0419 * (1. 81)

续表

变量	30 省	东部 11 省	中西部 19 省
u_urbanrate	0.5170*** (11.28)	0.3590*** (4.97)	0.1530** (2.25)
u_servicerate	0.3270*** (5.16)	0.4570*** (4.38)	0.5700** (2.52)
u_popdensity	0.0137 (1.21)	0.0660** (2.21)	0.0625*** (3.05)
u_incomeper	0.5550*** (17.90)	0.5510*** (10.17)	0.7010*** (22.92)
u_coalenergy	-0.1670*** (-13.22)	-0.1280*** (-4.87)	-0.0744*** (-4.98)
u_compositegap	0.0751 (1.16)	0.2360** (2.05)	0.0936 (1.22)
R^2	0.9458	0.9672	0.9414
R^2_a	0.9447	0.9654	0.9395

表 6-9 相对重要性分解结果显示：30 个省份总样本中排名 1—2 位的是城镇居民人均可支配收入和土地价格，排名 3—5 位的是常住人口城镇化率、单位 GDP 煤炭消费量和第三产业比重，排名 6—9 位的是城乡差距、住房竣工面积、股票价格指数和城市人口密度，排名 10—11 位的是居民消费价格指数和购房者房价预期。东部 11 个省份样本排名 1—2 位的是城镇居民人均可支配收入和土地价格，排名 3—5 位的是单位 GDP 煤炭消费量、第三产业比重和常住人口城镇化率，排名 6—9 位的是股票价格指数、城乡差距、城市人口密度和住房竣工面积，排名 10—11 位的是居民消费价格指数和购房者房价预期。中西部 19 个省份样本排名 1—2 位的是城镇居民人均可支配收入和土地价格，排名 3—5 位的是常住人口城镇化率、第三产业比重和单位 GDP 煤炭消费量，排名 6—9 位的是股票价格指数、住房竣工面积、城市人口密度和城乡差距，排名 10—11 位的是居民消费价格指数和购房者房价预期。由此可知，东部和中西部分样本对房价影响的重要性排序与总样本基本一致，说明 R^2 分解方法对房价影响因素的判断具有较强的稳健性，结论可靠。

表6-9　　　东部和中西部城市房价影响因素相对重要性排序

样本	30个省份总样本		东部11个省份样本		中西部19个省份样本	
变量	RI（%）	排序	RI（%）	排序	RI（%）	排序
s_complete	4.74	7	2.02	9	5.96	7
d_expect	0.41	11	0.59	11	0.45	11
l_price	19.08	2	20.23	2	18.28	2
m_cpi	0.92	10	1.74	10	0.81	10
m_stockindex	4.36	8	4.91	6	6.66	6
u_urbanrate	14.93	3	12.30	5	11.03	3
u_servicerate	8.76	5	12.66	4	7.93	4
u_popdensity	3.62	9	3.55	8	5.68	8
u_incomeper	23.43	1	21.72	1	31.38	1
u_coalenergy	13.41	4	16.37	3	7.21	5
u_compositegap	6.34	6	3.92	7	4.61	9

6.2.4　小结

1998年房地产全面市场化以来，我国多年累积的住房需求在短时期内集中释放，促进了房价的快速上涨。对房价影响因素的科学判断是政府准确判断房地产市场并对其进行宏观调控的重要理论依据，城镇化的快速发展是促进房地产市场发展的重要因素，国内外大量学者在城镇化对房价的影响作用方面进行了大量的研究。现有文献大多数都是从传统城镇化视角，探讨单一的人口城镇化指标对房价的影响，没有从新型城镇化视角综合全面考察城镇化对房价的作用程度。已有研究人口城镇化对房价影响的文献大多数认为城镇化是房价的重要影响因素，但是影响程度的大小无法科学衡量。本书基于文献梳理总结，对新型城镇化内涵与目标进行了综合考量，从人口、产业、空间、生活、资源环境和城乡一体城镇化六个维度全方位地选取了新型城镇化指标，综合全面考察新型城镇化对房价的影响。现有文献缺乏对城镇化影响程度大小的准确判断，本书提供了一种全新的方法——基于R^2分解的相对重要性分析方法，科学有效地判断出新型城镇化相对于其他重要控制变量对房价影响程度的大小，从而为政府了解房价影响因素及出台相应宏观调控政策提供一定的思路借鉴，具有重要的理论和实践意义。

本书选取常住人口城镇化率、第三产业比重、城市人口密度、城镇居民人均可支配收入、单位 GDP 煤炭消费量以及城乡差距6个指标，作为衡量人口、产业、空间、生活、资源环境以及城乡一体城镇化的解释变量，同时将住房供给、住房需求、土地市场以及宏观环境指标作为控制变量，采用多元回归分析及 R^2 相对重要性分解方法研究了新型城镇化对房价的影响作用及影响程度的大小。实证检验结果表明：（1）11 个指标对房价的解释程度 R^2 达到0.9458，调整后的 R^2 为0.9447，这些变量很好地解释了 2000—2018 年以来30 省房价的上涨原因。（2）本书提供了一种全新的方法——基于 R^2 分解的相对重要性分析方法，可以使我们在众多房价影响因素中科学合理地评价出新型城镇化对房价的影响程度大小。对 R^2 相对重要性进行分析，结果显示新型城镇化下属6个指标对房价 R^2 的贡献度达到70.49%。6个解释变量对房价影响的重要性排序分别是城镇居民人均可支配收入（RI 为23.43%，排第1位）、常住人口城镇化率和单位 GDP 煤炭消费量（RI 分别为14.93%和13.41%，排第3位和第4位）、第三产业比重和城乡差距（RI 分别为8.76%和6.34%，排第5位和第6位）、空间城镇化（RI 分别为3.62%，排第9位）。（3）5个控制变量对房价总的贡献度为29.51%，相对于新型城镇化，对房价的影响作用较小。本书分别基于替换变量及细分样本的方法进行了稳健性检验，结果证实了研究结果的稳健性。

6.3 房地产市场对新型城镇化的影响研究

6.2 节实证检验了新型城镇化对房地产市场具有显著的正向影响作用，并将各影响因素的相对重要性进行了精确判断与相对重要性排序。本节主要实证检验房地产市场对新型城镇化的影响作用。在新型城镇化 y 变量选择上，考虑到人口城镇化仍然是新型城镇化的主要形式和衡量标准，笔者选择常住人口城镇化率作为被解释变量。在解释变量的选择上，因为要重点考察房地产市场对城镇化的影响作用，房价是房地产市场的核心指标，本书选择房价作为房地产市场的代表性指标，实证检验房价对常住人口城镇化率影响的显著性及影响作用的大小程度。同时考虑到房地产供给和需求在房地产市场中的重要作用，在稳健性检验中分别采用房地产供给和房地产需求作为房价的替代变量，检验房地产市场对城镇化影响作用的稳健性。在实证检验房地产市场对人口城镇化影响的基础上，本书同时将产业城镇化、空间城镇化、生活城镇化、资源环境城镇化和城乡一体城镇化指标纳入模型作为解释变量，考察五种类型的分类城镇化对人口城镇化的影响作用，实证检验新型城镇化分类城镇化之间的互动影响作用，进一步说明新型城镇化是全面协调的城镇化。

6.3.1 理论分析与研究假说

6.3.1.1 房地产市场发展促进城镇化水平提高

房地产发展主要从奠定产业和宏观经济基础、提供物质载体和提升城镇化质量水平三个方面促进城镇化发展。在奠定产业和宏观经济基础方面，房地产业由于具有产业链长和关联度大的特征，通过促进前向关联产业、后向关联产业及环向关联产业的发展为城镇化快速发展提供了产业基础，促进了产业结构调整升级。同时房地产通过投资乘数效应带动了国民经济增长，提供了就业岗位，为城镇化的持续发展提供了宏观经济基础和动力。在提供物质载体方面，房地产发展为城镇化提供了大量的住房及相关配套的非住房类房地产，是城镇化顺利进行的物质载体，为城镇化发展提供了居民居住和生活环境，为产业发展提供了商业营业办公场所，为城市能源、交通、邮政通信和环保等基础设施建设的全方位发展奠定了基础。在提升了城镇化质量水平方面，房地产发展提升了城镇的整体功能和形象，促进了城镇功能的优化和内在结构的提升。房地产发展也有效提升了城镇居民消费结构，居民平均住房支出的增加为恩格尔系数的下降起了重要的推动作用，有效促进了城镇消费结构优化。综上可知，房地产市场发展对城镇化的发展起了促进作用。

基于此，本书提出研究假说 1：房地产市场发展水平与城镇化水平具有正相关关系，房地产市场发展水平越高，城镇化水平越高。房地产市场指标房价（HP）为正指标，房价越高，常住人口城镇化水平越高，二者具有正相关关系。

6.3.1.2 分类城镇化发展促进城镇化水平提高

新型城镇化是以人口城镇化为形式、产业城镇化为支撑、空间城镇化为载体、生活城镇化为基础、环境生态为保障、城乡一体城镇化为目标的城镇化，是全面综合协调型而并非只关注单个指标的城镇化。新型城镇化各子系统之间的互动协调发展，能有效提高城镇化水平。为了考察分类城镇化与房地产市场共同对城镇化水平的影响，本书在模型中加入了新型城镇化下属的六种分类城镇化指标，与房地产市场指标共同作为自变量，考察房地产市场与各分类指标对城镇化水平的影响作用及影响程度大小。以常住人口城镇化率为因变量作为衡量城镇化发展水平的指标，在人口、产业、空间、生活、资源环境和城乡一体分类城镇化中分别选择户籍人口城镇化率（u_hukourate）、非农产业比重（u_nonfarmrate）、建成区面积增长率（u_areagrowth）、人均 GDP（u_gdpper）、单位 GDP 消耗能源总量（u_totalenergy）和城乡差距（u_compositegap）作为解释变量，分析各分类城镇化发展对城镇化发展水平的影响（见表 6－10）。

基于此，本书提出研究假说 2—假说 7。

假说 2：户籍人口城镇化率（u_hukourate）与城镇化水平具有正相关关系，户籍人口城镇化率水平越高，城镇化水平越高，二者具有正相关关系。

假说 3：产业城镇化与城镇化水平具有正相关关系，产业城镇化水平越高，城镇化水平越高。产业城镇化指标：非农产业比重（u_nonfarmrate）为正指标，非农产业比重越高，城镇化水平越高，二者具有正相关关系。

假说 4：空间城镇化与城镇化水平具有正相关关系，空间城镇化水平越高，城镇化水平越高。空间城镇化指标：建成区面积增长率（u_areagrowth）为正指标，建成区面积增长率越高，城镇化水平越高，二者具有正相关关系。

假说 5：生活城镇化与城镇化水平具有正相关关系，生活城镇化水平越高，城镇化水平越高。生活城镇化指标：人均 GDP（u_gdpper）为正指标，人均 GDP 越高，城镇化水平越高，二者具有正相关关系。

假说 6：资源环境城镇化与城镇化水平具有正相关关系，资源集约环境优化程度越高，城镇化水平越高。资源环境城镇化指标：单位 GDP 能耗总量（u_totalenergy）为逆指标，单位 GDP 能耗总量越低，城镇化水平越高，二者具有负相关关系。

假说 7：城乡一体城镇化与城镇化水平具有正相关关系，城乡一体城镇化水平越高，城镇化水平越高。城乡一体城镇化水平指标：城乡差距（u_compositegap）为逆指标，城乡差距越小，城镇化水平越高，二者具有负相关关系。

表 6-10　　城镇化水平影响因素的假设影响

一级指标	二级指标	假设影响	衡量指标	假设影响
房地产市场	房价	+	房价 HP	+
新型城镇化	人口城镇化 u_pop	+	户籍人口城镇化率 u_hukourate	+
	产业城镇化 u_industry	+	第三产业比重 u_nonfarmrate	+
	空间城镇化 u_space	+	城市人口密度 u_areagrowth	+
	生活城镇化 u_living	+	城镇居民人均可支配收入 u_gdpper	+
	资源环境城镇化 u_environment	+	单位 GDP 能源消费总量 u_totalenergy（逆指标）	-
	城乡一体城镇化 u_integration	+	城乡差距 u_compositegap（逆指标）	-

6.3.2　模型、变量与数据

为了检验 6.3.1 中的假设，本书以房地产市场和新型城镇化下属六种分类城镇化作为解释变量对城镇化水平做回归分析，建立如下的回归方程：

$$\begin{aligned} &LOG(u\_urbanrate_{it}) \\ &= \beta_0 + \beta_1 LOG(housemarket_{it}) + \beta_2 LOG(u\_pop_{it}) + \beta_3 LOG(u\_industry_{it}) + \\ &\quad \beta_4 LOG(u\_space_{it}) + \beta_5 LOG(u\_living_{it}) + \beta_6 LOG(u\_envrionment_{it}) + \\ &\quad \beta_7 LOG(u\_integration_{it}) + \varepsilon\_it \end{aligned} \tag{6-8}$$

$u_urbanrate_{it}$为被解释变量，用常住人口城镇化率来表示。解释变量是房地产市场以及新型城镇化下属的六种分类城镇化。其中，被解释变量 $u_urbanrate_{it}$是第 i 个省份在第 t 年的城镇常住人口城镇化率。解释变量为房地产市场衡量指标房价（HP），以及新型城镇化下属的人口、产业、空间、生活、资源环境和城乡一体六种分类城镇化的 6 个衡量指标：户籍人口城镇化率（$u\_hukourate_{it}$）、第三产业比重（$u\_nonfarmrate_{it}$）、建成区面积增长率（$u\_areagrowth_{it}$）、人均 GDP（u_gdpper_{it}）、单位 GDP 能源消费量（$u\_totalenergy_{it}$）和城乡差距（$u\_compositegap_{it}$）。ε_{it}是随机扰动项。为了消除数据的异方差性，本书采用各变量的对数数据。

本书采用 30 个省份（港澳台和西藏除外）2000—2018 年各指标数据来

估计式（6－8），被解释变量和解释变量分别为城镇化水平、房地产市场和新型城镇化分类城镇化指标，重点考察房地产市场指标对房价的影响及重要性。被解释变量$u_urbanrate_{it}$为城镇常住人口城镇化率；新型城镇化分类指标$u_hukourate_{it}$，$u\_nonfarmrate_{it}$，$u\_areagrowth_{it}$，u_gdpper_{it}，$u_totalenergy_{it}$和$u_compositegap_{it}$均根据全国及各省统计局网站相关数据计算得到。表6－11详细列出了关键变量的定义和计算方法。变量的描述性统计数据如表6－12所示。

表6－11　变量定义和指标解释

一级指标	二级指标	指标解释
被解释变量	城镇化水平 u_urbanrate	常住人口城镇化率
房地产市场	房价 HP	单位平方米商品住宅销售价格
新型城镇化	1. 人口城镇化：户籍人口城镇率 u_hukourate	$户籍人口城镇化率 = \frac{户籍人口：非农业}{户籍人口}$
	2. 产业城镇化：非农产业比重 u_nonfarmrate	非农产业比重 $= \frac{GDP：第二产业产值 + 第三产业产值}{GDP}$
	3. 空间城镇化：城市建成区面积增长率 u_areagrowth	城市建成区面积增长率 $= \frac{(当年建成区面积 - 头年建成区面积)}{当年建成区面积} * 100$
	4. 生活城镇化：人均 GDP u_gdpper	$人均\ GDP = \frac{GDP}{总人口}$
	5. 资源环境城镇化：单位 GDP 能源消费量 u_totalenergy	$单位\ GDP\ 能源消费量 = \frac{能源消费总量}{GDP}$
	6. 城乡一体城镇化：城乡差距 u_compositegap	城乡差距 =（城乡居民人均收入比值 ×0.5）+（城乡居民人均消费支出比值）×0.25 +（乡城恩格尔系数比值）×0.25

表6－12　描述性统计

变量	样本量	均值	中位数	标准差	最小值	最大值
HP	570	8.14	8.18	0.71	6.72	10.53
u_urbanrate	570	3.87	3.88	0.3	3.14	4.61
u_hukourate	570	3.54	3.53	0.42	2.67	4.51

续表

变量	样本量	均值	中位数	标准差	最小值	最大值
u_nonfarmrate	570	4.47	4.48	0.08	4.15	4.6
u_areagrowth	570	2.17	2.22	0.3	0.88	3.21
u_gdpper	570	10.08	10.21	0.84	7.92	11.85
u_totalenergy	570	4.65	4.63	0.57	3.15	6.11
u_compositegap	570	0.86	0.85	0.17	0.45	1.33

由于模型的自变量较多，多重共线性是一个必须考虑的问题。本书需要通过计算各变量的方差膨胀因子 VIF 来检验多重共线性问题。表 6－13 为 7 个自变量的 VIF 值，从 VIF 值可以看出模型中所有变量 VIF 的平均值小于 5，每个变量的 VIF 小于 10。这表明我们可以安全地忽略多重共线性问题并使用这些变量进行回归。

表 6－13　　　　自变量的多重共线性检验

变量	VIF	1/VIF
u_gdpper	9.23	0.108
HP	9.12	0.110
u_totalenergy	4.28	0.234
u_compositegap	2.57	0.389
u_hukourate	2.49	0.401
u_nonfarmrate	2.30	0.436
s_areagrowth	1.20	0.830
Mean VIF	4.46	

6.3.3　实证检验

6.3.3.1　OLS 结果

OLS 回归结果如表 6－14 所示，7 个解释变量对房价的解释力即 R^2 达到了 0.9100，调整后的 R^2 为 0.9089，这些解释变量很好地解释了 2000—2018 年以来 30 个省份城镇化水平的变动情况。

正如研究假设一样，房地产市场的指标房价与城镇化水平显著正相关。

房地产市场发展水平越高，城镇化水平越高。房价上升 1%，城镇化水平提高 0.06%。从新型城镇化分类指标对城镇化水平的影响来看，各种分类城镇化水平的提高显著促进了城镇化水平的提高。作为人口城镇化的重要指标，户籍人口城镇化率对城镇化水平的影响在 1% 的水平上显著为正，户籍人口城镇化率每增加 1%，城镇化水平上升 0.31%。产业城镇化指标非农产业比重对城镇化水平的影响同样在 1% 的水平上显著，非农产业比重每提高 1%，城镇化水平上升 0.91%。空间城镇化指标建成区面积增长率对城镇化水平影响在 10% 的显著性水平为正，建成区面积增长率每提高 1%，城镇化水平上升 0.03%。生活城镇化指标人均 GDP 每上升 1%，城镇化水平上升 0.06%，且在 1% 的显著性水平上显著。资源环境城镇化指标单位 GDP 能源消费量是反向指标，单位 GDP 能源消费量越低，代表资源利用效率越高，环境优化程度越高。可以看出，单位 GDP 能源消费量对城镇化水平的影响在 1% 水平上显著为负，单位 GDP 能源消费量每下降 1%，城镇化水平上升 0.04%。随着我国资源利用效率的提高，城市环境优化对城镇化水平同样起了较为重要的正向影响作用。城乡一体城镇化指标城乡差距为逆指标，对城镇化水平的影响在 1% 的显著性水平为负，城乡差距每下降 1%，城镇化水平上升 0.17%。

表 6-14　　城镇化水平与解释变量的回归结果

变量	预期符号	系数	标准误	t 值	P 值
HP	+	0.0641	0.0173 ***	3.7200	0.0000
u_hukourate	+	0.3070	0.0145 ***	21.1100	0.0000
u_nonfarmrate	+	0.9110	0.0773 ***	11.7700	0.0000
u_areagrowth	+	0.0270	0.0140 *	1.9200	0.0550
u_gdpper	+	0.0601	0.0146 ***	4.1100	0.0000
u_totalenergy	-	-0.0420	0.0140 ***	-3.0000	0.0030
u_compositegap	-	-0.1650	0.0358 ***	-4.6200	0.0000

注：R^2 为 0.9100，R^2_a 为 0.9089，F 值为 808.93，观测值为 570。***、* 分别表示 1%、10% 的显著性水平。

6.3.3.2　相对重要性排序

从表 6-15 可以看到，7 个指标对房价的解释力 R^2 总共达到了 0.9100，R^2 分解后每个指标的比重如第 2 列所示，第 2 列所有权重加起来为 0.9100。第 3 列对每个指标的权重进行了标准化处理，即用第 2 列的每个指标 R^2 分解值除以 0. 9100，得到标准化之后的权重，第 3 列标准化权重总和为 1。第 4 列和第 5 列是分别根据标准化权重计算出来的百分比占比和排序。

表 6 – 15　　基于 R^2 分解的影响因素相对重要性排序

变量	R^2 分解	标准化权重	相对重要性 RI	排序
HP	0. 1516	0. 1666	16. 66%	4
u_hukourate	0. 2295	0. 2522	25. 22%	1
u_nonfarmrate	0. 1533	0. 1685	16. 85%	3
u_areagrowth	0. 0017	0. 0019	0. 19%	7
u_gdpper	0. 1813	0. 1993	19. 93%	2
u_totalenergy	0. 0812	0. 0892	8. 92%	6
u_compositegap	0. 1113	0. 1223	12. 23%	5
Sum	0. 9100	1. 0000	100%	

房地产市场指标对城镇化水平的影响作用显著，对 R^2 的贡献度达到 16. 66%，在所有指标中排第 4 位。从新型城镇化下属 6 个指标对城镇化水平影响作用来看，其对 R^2 的贡献度达到 83. 34%。其中，人口城镇化指标户籍人口城镇化率（u_hukourate）对 R^2 的贡献度为 25. 22%，在所有指标中排第 1 位，对城镇化水平的影响作用最大。生活城镇化指标人均 GDP（u_gdpper）对 R^2 的贡献度为 19. 93%，在所有指标中排第 2 位，很大程度上说明 30 省 2000—2018 年城镇化水平上涨最重要的支撑作用是城镇化过程中生活城镇化水平的提高，城镇居民可支配收入的不断提高是城镇化水平上涨的重要因素。产业城镇化指标非农产业比重（u_nonfarmrate）对城镇化水平 R^2 的解释力为 16. 85%，在所有指标中排第 3 位。非农产业比重的不断提高，促进了经济社会的发展，同时容纳了更多就业人口，对城镇化水平起正向影响作用。城乡一体城镇化指标城乡差距（u_compositegap）对城镇化水平 R^2 的解释力为 12. 23%，在所有指标中排第 5 位。新型城镇化过程中城乡差距的缩小伴随着城乡融合度的提高，推动了城镇化水平的不断上升。资源环境城镇化指标单位 GDP 能源消费量（u_totalenergy）对 R^2 的贡献度为 8. 92%，在所有指标中排第 6 位。城市环境状况的提升很大程度上提高了城市的吸引力和竞争力，对城镇化水平提升起了很重要的推动作用。空间城镇化指标建成区面积增长率（u_areagrowth）对 R^2 的贡献度为 0. 19%，在所有指标中排第 7 位。相对于其他指标，其对城镇化水平的解释力最弱。

6.3.3.3 稳健性检验

本书重点考察房地产市场和新型城镇化下属的人口、产业、空间、生活、资源环境及城乡一体六种分类城镇化对城镇化水平的影响作用，从 7 个衡量指标——房价、户籍人口城镇化率、非农产业增加值比重、建成区面积增长率、人均 GDP、单位 GDP 能源消费量以及城乡差距对城镇化水平的回归结果可以看出，7 个指标对城镇化水平回归的 R^2 达到 0.9100，很好解释了 2000 年以来 30 省城镇化水平变动的原因。但是需要注意的是，虽然 7 个指标是反映房地产市场和各种分类城镇化的重要指标，但是还有其他较为重要的指标也能反映房地产市场和各种分类城镇化，所以有必要采用替换指标的方法对前文回归结果及相对重要性分解结果进行稳健性检验，以验证前文实证结果的可靠性。

在房地产市场指标的替换上，除了房价还有房地产供给和房地产销售指标也是反映房地产发展水平的重要指标，本书采用房地产销售面积（d_salearea）作为房地产需求指标，采用房地产竣工面积（s_complete）作为房地产供给指标，来替换房价作为房地产市场指标检验房地产市场对城镇化水平的影响作用。在人口城镇化指标选择上，常用的是常住人口城镇化率和户籍人口城镇化率。在本书的考察中，人口城镇化率是考察城镇化水平的公认指标，因此只有户籍城镇化率可以代表人口城镇化水平，这是毫无异议的，本书对该指标不再进行替换。在产业城镇化指标选择上，第三产业是吸纳城镇人口促进城镇化不断推进的重要衡量依据，本书采用第三产业产值占 GDP 比重（u_servicerate）作为产业城镇化指标进行稳健性检验。在空间城镇化指标选择上，城镇人口密度很好地考虑到了城镇人口和建成区面积的相互变动关系。在当前我国城镇空间盲目扩张的背景下，城市人口密度越大，代表空间城镇化水平越高。本书采用城市人口密度（u_popdensity）代表空间城镇化。在生活城镇化指标选择上，一般采用人均 GDP 或者人均可支配收入作为指标。在实证性检验中，本书采用人均医生数据进行替换，人均医生数量越多，代表医疗条件越好，生活水平越高。在资源环境城镇化指标选择上，前文采用单位 GDP 煤炭消费量（u_coalenergy）进行替换。在城乡一体城镇化的指标选择上，前文采用城乡收入差距、城乡支出差距及城乡恩格尔系数的合成指标作为城乡差距的衡量指标，此处采用城乡差距中最核心的指标城乡收入差距（u_incomegap）作为城乡收入差距指标。

表6-16是房地产市场需求与房地产市场供给和六种分类城镇化替换指标前后的回归结果对比。从回归结果可以看出，替换指标对房价的回归系数均与原有指标回归系数符号完全一致。从指标显著性来看，房地产市场需求与分类城镇化替换指标均在1%的水平上显著。房地产市场供给与分类城镇化替换指标中，房地产供给、人口、产业、空间、生活和资源环境指标均在1%的水平显著，仅有城乡收入差距显著性偏弱。从相对重要性RI排序来看，城镇化水平影响因素的排序分别是人口城镇化、生活城镇化、产业城镇化、房地产市场、城乡一体城镇化和空间城镇化，7个指标的贡献度排序均与前文排序一致。因此，回归系数符号、显著性及相对重要性排序方面替换指标均与原有指标基本一致，原有实证结果具有较强的稳健性。

表6-16　　替换变量的ols结果

替换变量	估计结果	RI%	排序	替换变量	估计结果	RI%	排序
d_salearea	0.07261*** (14.49)	10.97	4	s_complement	0.0820*** (13.99)	11.81	4
u_hukourate	0.3869*** (21.04)	32.57	1	u_hukourate	0.3708*** (20.04)	31.81	1
u_servicerate	0.2172*** (5.49)	12.52	3	u_servicerate	0.2001*** (5.04)	12.07	3
u_popdensity	0.0249*** (3.77)	2.689	7	u_popdensity	0.0372*** (5.74)	2.994	7
u_doctorper	0.1488*** (6.29)	20.67	2	u_doctorper	0.1669*** (7.03)	20.65	2
u_coalenergy	-0.0202*** (-2.58)	9.609	6	u_coalenergy	-0.0294*** (-3.82)	9.747	6
u_incomegap	-0.09316*** (-2.82)	10.96	5	u_incomegap	-0.0447 (-1.32)	10.93	5
R^2	0.8735				0.8707		
R^2_a	0.8731				0.8691		

注：*** 表示1%的显著性水平，括号中数值为t值。

6.3.4 小结

1996 年我国城镇化进入高速发展期，1996—2018 年城镇化率以年均 1.33% 的速度增长。对城镇化水平影响因素的科学判断是保障城镇化持续推进的重要理论依据，房地产市场的快速发展是促进城镇化发展水平的重要因素。现有文献大多数都是实证分析城镇化对房地产的影响，在房地产对城镇化的影响方面多是定性分析，实证分析房地产市场对城镇化影响的文献并不多。已有研究房地产对城镇化影响的文献认为房地产是城镇化的重要影响因素，但是影响程度的大小无法科学衡量。现有文献缺乏对城镇化影响程度大小的准确判断，本书提供了一种全新的方法——基于 R^2 分解的相对重要性分析方法，科学有效地判断出房地产市场对城镇化影响程度的大小，从而为政府了解城镇化影响因素及出台相应宏观调控政策提供一定的思路借鉴，具有重要的理论和实践意义。本书基于文献梳理总结，对新型城镇化内涵与目标进行了综合考量，从人口、产业、空间、生活、资源环境和城乡一体城镇化六个维度全方位地选取了新型城镇化指标，综合全面考察房地产市场和分类城镇化对城镇化水平的影响，从而综合考察房地产市场及新型城镇化的互动协调发展对城镇化水平的促进作用。

本书选取常住人口城镇化率代表城镇化水平作为被解释变量，选取房价作为房地产市场的解释变量指标，选取户籍人口城镇化率、非农产业比重、建成区面积增长率、人均 GDP、单位 GDP 能源消费量以及城乡差距 6 个指标，作为衡量人口、产业、空间、生活、资源环境以及城乡一体六种分类城镇化的解释变量指标，采用多元回归分析及 R^2 相对重要性分解方法研究了房地产市场和分类城镇化对城镇化水平的影响作用及影响程度的大小。实证检验结果表明：（1）7 个解释变量指标对城镇化水平的解释程度 R^2 达到 0.9100，调整后的 R^2 为 0.9089，这些变量很好地解释了 2000—2018 年以来 30 个省份城镇化的提升原因。（2）本书提供了一种全新的方法——基于 R^2 分解的相对重要性分析方法，可以提高我们在众多影响因素中科学合理地评价出房地产和各分类城镇户对城镇化水平影响程度的大小。对 R^2 相对重要性进行分析，结果显示房地产和 6 种分类城镇化对城镇化水平 R^2 贡献度分别为 16.66% 和 83.34%。房地产市场对城镇化水平在 1% 的水平显著为正（RI 为

25.22%，排序第2位）；6种分类城镇化对城镇化水平影响的重要性排序分别是户籍人口城镇化率（RI为25.22%，排第1位）、人均GDP（RI为19.93%，排第2位）、非农产业比重（RI为16.85%，排第3位）、城乡差距（RI为12.23%，排第5位）、单位GDP能源消费总量（RI为8.92%，排第6位）、建成区面积增长率（RI为0.19%，排第7位）。本书基于替换变量方法进行了稳健性检验，证实了研究结果的稳健性。

7　新型城镇化与房地产市场协调发展水平评价

第 4 章对新型城镇化发展状况进行定量考察，结果显示全国及各省新型城镇化发展水平均呈现出上升的趋势，说明随着传统城镇化发展路径向新型城镇化发展路径的转变，我国新型城镇化取得了显著成果。基于合成控制模型的新型城镇化综合试点政策效果评价，进一步说明新型城镇化政策实施的有效性。第 5 章对房地产市场发展状况进行定量考察，结果发现全国和各省房地产市场发展水平也在不断上升。基于合成控制模型的房地产宏观调控政策有效性也说明了宏观调控政策对房地产市场的健康发展起了良好的促进作用。第 6 章在对新型城镇化和房地产市场发展水平定量测度的基础上，采用 R^2 相对重要性分解方法实证检验了两系统之间的互动影响作用。本章在先前章节研究的基础上，进一步考察新型城镇化与房地产市场的协调发展状况。新型城镇化与房地产市场之间的协调发展基础是两系统内部的协调发展，因此本章重点考察以下三方面研究内容：新型城镇化内部协调发展状况、房地产市场内部协调发展状况及新型城镇化与房地产市场之间的协调发展状况。

7.1　模型及评价标准

耦合理论可以用来评价两系统或者多个系统之间的相互影响程度。基于该理论计算出的系统间耦合协调度能够较为真实客观地反映系统之间相互影响及相互作用的协调程度，对于评价系统之间的协调发展程度具有重要作用。耦合协调度模型可以综合评价系统之间的协调发展程度，而且通过定量分析具有易解释性和客观真实性，因此大量学者在评价系统间协调发展程度方面倾向于采用耦合协调度模型①-④。笔者采用学界常用评价系统间协调发展状况的耦合协调度模型构建新型城镇化与房地产市场协调发展模型。

7.1.1 耦合协调度模型

耦合协调度的计算方法是通过计算距离协调度的统计指标、测量系统间的距离大小来判断系统之间的协调状况，利用相对离差系数来判断系统的协调性，相对离差系数越小说明系统之间的协调性越好。设度量多个系统发展水平的函数分别为u_1，u_2，…，u_n，则这 n 个系统的耦合度函数为：

$$C_n = \sqrt[n]{\frac{U_1 \times U_2 \times \cdots \times U_n}{\left(\frac{U_1 + U_1 + \cdots + U_n}{n}\right)^n}} \qquad (7-1)$$

由于均值不等式$\frac{U_1 + U_1 + \cdots + U_n}{n} \geq \sqrt[n]{u_1 \times u_2 \times \cdots \times u_n}$，当且仅当$u_1 = u_2 = \cdots = u_n$时，均值不等式中的等号成立。由该均值不等式可知耦合度C_n的取值范围在 0 和 1 之间，当且仅当$u_1 = u_2 = \cdots = u_n$时，式（7-1）取最大值 1。

耦合度对判别多个系统间耦合作用的强度等具有重要意义，然而它在有些情况下却难以反映系统间整体功能的大小，尤其是在进行时空比较的情况下，难以反映系统间的协同效应，即只能说明相互作用程度的强弱，无法反映协调发展水平的高低，因为每个地区的系统间都具有不平衡和动态性的特征。比如系统间耦合度较高也可能在系统间各自发展水平都较低时获得，而此时的高耦合度与系统各自发展水平都较高时具有完全不一样的内涵。因此在充分借鉴现有研究成果的基础上，需要构建一个客观反映系统间协调发展水平的耦合协调度模型，以评价不同城市不同年份系统间交互耦合的协调程

① 吴玉鸣，柏玲．广西城市化与环境系统的耦合协调测度与互动分析［J］．地理科学，2011，31（12）：1474-1479.

② 张乐勤，陈素平，陈保平，等．城镇化与土地集约利用耦合协调度测度：以安徽省为例［J］．城市问题，2014（2）：75-82.

③ 黄祥芳，陈建成，周伟．江西省 11 市“四化”耦合协调发展水平测度［J］．城市问题，2015（3）：67-74.

④ 贺三维，邵玺．京津冀地区人口—土地—经济城镇化空间集聚及耦合协调发展研究［J］．经济地理，2018（1）：95-102.

度，耦合协调度可以更好地体现系统之间的协调状况，耦合协调度公式如下：

$$D_n = \sqrt{C_n \times T_n} \quad (7-2)$$

其中C_n为 n 个系统间的耦合度，T_n为 n 个系统的综合评价得分，$T_n = \alpha_1 U_1 + \alpha_2 U_2 + \cdots + \alpha_n U_n$，$\alpha_1$，$\alpha_2$，…，$\alpha_n$为待定系数，为各系统在综合评价得分中所占的权重，权重之和为 1，$D_n \in [0, 1]$。

7.1.2 新型城镇化与房地产市场协调发展模型

基于耦合协调度模型构建新型城镇化与房地产市场协调发展模型，包括新型城镇化内部协调发展模型，房地产市场内部协调发展模型、新型城镇化与房地产市场之间协调发展模型。

7.1.2.1 新型城镇化与房地产市场之间协调发展模型

假设 $X^{j_{level}}_{t_{vertical}}$表示 j 地区第 t 年纵向和横向加权合成的新型城镇化综合指数，$Y^{j_{level}}_{t_{vertical}}$表示 j 地区第 t 年纵向和横向加权合成的房地产市场综合指数。对于 j 地区第 t 年来说，将新型城镇化和房地产市场视为两个不同的系统，则两系统之间的耦合度计算公式如下所示：

$$C^j_t = \sqrt[2]{\frac{X^{j_{level}}_{t_{vertical}} \times Y^{j_{level}}_{t_{vertical}}}{\left(\frac{X^{j_{level}}_{t_{vertical}} + Y^{j_{level}}_{t_{vertical}}}{2}\right)^2}} \quad (7-3)$$

C^j_t为 j 地区第 t 年的耦合度，X^j_t和Y^j_t分别为 j 地区第 t 年的综合指数。其中，新型城镇化综合指数 $X^{j_{level}}_{t_{vertical}} = a_1 x^{j'_{level}}_{1t_{vertical}} + a_2 x^{j'_{level}}_{2t_{vertical}} + \cdots + a_{22} x^{j'_{level}}_{22t_{vertical}}$，$x^{j'_{level}}_{1t_{vertical}}$，$x^{j'_{level}}_{2t_{vertical}}$，…，$x^{j'_{level}}_{22t_{vertical}}$为新型城镇化第 1 个指标到第 22 个指标第 t 年原始数据的纵向和横向加权合成的标准化数值，a_1，a_2，…，a_{22}为每个指标的权重，权重根据熵值赋权法确定（见表 4－2）。房地产市场综合指数$Y^{j_{level}}_{t_{vertical}} = a_1 y^{j'_{level}}_{1t_{vertical}} + a_2 y^{j'_{level}}_{2t_{vertical}} + \cdots + a_{10} y^{j'_{level}}_{10t_{vertical}}$。$y^{j'_{level}}_{1t_{vertical}}$，$y^{j'_{level}}_{2t_{vertical}}$，…，$y^{j'_{level}}_{10t_{vertical}}$为房地产市场第 1 到第 10 个指标第 t 年原始数据的纵向和横向加权合成标准化数值，a_1，a_2，…，a_{10}为每个指标的权重，权重根据熵值赋权法确定（见表 5－2）。根据多系统之间的耦合协调度公式（7－2），对于 j 地区第 t 年来说，构建 j 地区新型城镇化与房地产市场两系统之间的耦合协调度公式：

$$D^j_t = \sqrt{C^j_t \times T^j_t} \quad (7-4)$$

D_t^j为 j 地区新型城镇化与房地产市场两系统之间的耦合协调度。其中，C_t^j为 j 地区新型城镇化与房地产市场之间的耦合度；T_t^j为新型城镇化与房地产市场的综合发展得分，$T_t^j = 0.5X_t^j + 0.5Y_t^j$。

7.1.2.2 新型城镇化内部协调发展模型

根据耦合协调度模型衡量多个系统之间协调发展程度的原理，将新型城镇化内部人口、产业、空间、生活、资源环境和城乡一体六种分类城镇化视为 6 个不同的子系统，构建新型城镇化内部协调发展模型。假设$X_{i_{1-2}t_{vertical}}^{j_{level}}$，$X_{i_{3-6}t_{vertical}}^{j_{level}}$，$X_{i_{7-10}t_{vertical}}^{j_{level}}$，$X_{i_{11-15}t_{vertical}}^{j_{level}}$，$X_{i_{16-19}t_{vertical}}^{j_{level}}$和$X_{i_{20-22}t_{vertical}}^{j_{level}}$表示 j 地区第 t 年人口、产业、空间、生活、资源环境和城乡一体六种分类城镇化指数，则新型城镇化内部六种分类城镇化的协调发展模型如下所示：

$$C_t^j = \sqrt[6]{\frac{X_{i_{1-2}t_{vertical}}^{j_{level}} \times X_{i_{3-6}t_{vertical}}^{j_{level}} \times X_{i_{7-10}t_{vertical}}^{j_{level}} \times X_{i_{11-15}t_{vertical}}^{j_{level}} \times X_{i_{16-19}t_{vertical}}^{j_{level}} \times X_{i_{20-22}t_{vertical}}^{j_{level}}}{\left(\frac{X_{i_{1-2}t_{vertical}}^{j_{level}} + X_{i_{3-6}t_{vertical}}^{j_{level}} + X_{i_{7-10}t_{vertical}}^{j_{level}} + X_{i_{11-15}t_{vertical}}^{j_{level}} + X_{i_{16-19}t_{vertical}}^{j_{level}} + X_{i_{20-22}t_{vertical}}^{j_{level}}}{6}\right)^6}} \tag{7-5}$$

根据多系统之间的耦合协调度公式（7－2），对于第 i 个指标第 t 年来说，构建新型城镇化内部耦合协调度模型：

$$D_t^j = \sqrt{C_t^j \times T_t^j} \tag{7-6}$$

D_t^j为 13 市的耦合协调度，其中，C_t^j为 13 市之间的耦合度，$T_t^j = a_{1-2}X_{i_{1-2}t_{vertical}}^{j_{level}} + a_{3-6}X_{i_{3-6}t_{vertical}}^{j_{level}} + a_{7-10}X_{i_{7-10}t_{vertical}}^{j_{level}} + a_{11-15}X_{i_{11-15}t_{vertical}}^{j_{level}} + a_{16-19}X_{i_{16-19}t_{vertical}}^{j_{level}} + a_{20-22}X_{i_{20-22}t_{vertical}}^{j_{level}}$。$a_{1-2}$，$a_{3-6}$，…，$a_{20-22}$为六种分类城镇化的权重占比，$a_{1-2} = a_1 + a_2$，$a_{3-6} = a_3 + a_4 + a_5 + a_6$，…，$a_{20-22} = a_{20} + a_{21} + a_{22}$，$a_1$，$a_2$，…，$a_{22}$为六种分类城镇化下属的 22 个指标所占权重（见表 4－2）。

7.1.2.3 房地产市场内部协调发展模型

根据耦合协调度模型衡量多个系统之间协调发展水平的原理，将房地产市场内部房地产供给、需求、价格、土地和房地产金融视为五个不同的子系统，构建房地产市场内部协调发展模型。假设$Y_{i_{1-3}t_{vertical}}^{j_{level}}$，$Y_{i_{4-5}t_{vertical}}^{j_{level}}$，$Y_{i_6t_{vertical}}^{j_{level}}$，$Y_{i_{7-8}t_{vertical}}^{j_{level}}$和$Y_{i_{9-10}t_{vertical}}^{j_{level}}$表示 j 地区第 t 年房地产供给、需求、价格、土地和房地产金融五个子系统，则房地产市场内部五个子系统协调发展模型如下所示：

$$C_t^j = \sqrt[5]{\frac{Y_{i_{1-3}t_{vertical}}^{j_{level}} \times Y_{i_{4-5}t_{vertical}}^{j_{level}} \times Y_{i_6t_{vertical}}^{j_{level}} \times Y_{i_{7-8}t_{vertical}}^{j_{level}} \times Y_{i_{9-10}t_{vertical}}^{j_{level}}}{\left(\frac{Y_{i_{1-3}t_{vertical}}^{j_{level}} + Y_{i_{4-5}t_{vertical}}^{j_{level}} + Y_{i_6t_{vertical}}^{j_{level}} + Y_{i_{7-8}t_{vertical}}^{j_{level}} + Y_{i_{9-10}t_{vertical}}^{j_{level}}}{5}\right)^5}} \tag{7-7}$$

根据多系统之间的耦合协调度公式（7 -2），对于第 i 个指标第 t 年来说，构建房地产内部耦合协调度模型：

$$D_t^j = \sqrt{C_t^j \times T_t^j} \tag{7-8}$$

D_t^j为房地产市场内部耦合协调度，其中，C_t^j为房地产市场内部耦合度，$T_t^j = b_{1-3} Y_{i_{1-3}t_{vertical}}^{j_{level}} + b_{4-5} Y_{i_{4-5}t_{vertical}}^{j_{level}} + b_6 Y_{i_6t_{vertical}}^{j_{level}} + b_{7-8} Y_{i_{7-8}t_{vertical}}^{j_{level}} + b_{9-10} Y_{i_{9-10}t_{vertical}}^{j_{level}}$。$b_{1-3}$，$b_{4-5}$，…，$b_{9-10}$为房地产市场五个子系统的权重占比，$b_{1-3} = b_1 + b_2 + b_3$，$b_{4-5} = b_4 + b_5$，…，$b_{9-10} = b_9 + b_{10}$，$b_1$，$b_2$，…，$b_{10}$为房地产市场五个子系统下属的 10 个指标所占权重（见表 5 -2）。

7.1.3 评价标准

协调发展水平可以根据耦合协调度指数 D 的取值范围划分为六类（见表 7 -1），当 $0.8 \leq D \leq 1$ 时，系统间或者系统内部子系统之间为高度协调；当 $0.6 \leq D < 0.8$ 时，系统间或者系统内部子系统之间为比较协调；当 $0.5 \leq D < 0.6$ 时，系统间或者系统内部子系统之间基本协调。以上三种类型属于协调状态。当 $0.4 \leq D < 0.5$ 时，系统间或者系统内部子系统之间不太协调；当 $0.2 \leq D < 0.4$ 时，基系统间或者系统内部子系统之间不协调；当 $0 \leq D < 0.2$ 时，系统间或者系统内部子系统之间极不协调。以上三种类型属于非协调状态。

表 7 -1　　协调发展水平评价标准

耦合协调度 D	一体化状态	协调等级	协调水平
$0.8 \leq D \leq 1$	协调状态	Ⅵ	高度协调
$0.6 \leq D < 0.8$		Ⅴ	比较协调
$0.5 \leq D < 0.6$		Ⅳ	中高协调
$0.4 \leq D < 0.5$	非协调状态	Ⅲ	中低协调
$0.2 \leq D < 0.4$		Ⅱ	较不协调
$0 \leq D < 0.2$		Ⅰ	最不协调

7.2　新型城镇化内部协调发展水平

新型城镇化是人口、产业、空间、生活、资源环境和城乡一体六种分类城镇化的综合协调发展，新型城镇化内部各子系统之间协调发展程度越高，新型城镇化内部协调发展水平越高，从而越能促进新型城镇化与外部系统房地产市场之间的协调发展。因此，新型城镇化系统内部子系统的协调发展是其与外部系统之间协调发展的基础和前提条件。本节主要考察全国和各地区新型城镇化内部六种分类城镇化的协调发展水平。

7.2.1　全国新型城镇化协调发展水平

2000 年全国新型城镇化内部协调发展水平较低（见图 7 – 1 左），大多数省份新型城镇化内部协调度在 0.4 以上的中低及协调发展水平。其中，北京和上海新型城镇化内部协调度为 0.74 和 0.73，天津协调指数为 0.63，3 个城市处于比较协调发展水平。辽宁、广东、江苏、浙江、福建、吉林和湖北协调度介于 0.5 和 0.6 之间，处于中高协调发展水平。安徽、贵州、广西、河南、四川和云南协调水平最低，处于 0.3 和 0.4 之间的较不协调等级。其他 14 省指数均介于 0.4 和 0.5 之间，处于中低发展水平。经过多年的发展，全国新型城镇化内部协调水平得到全面提升，2018 年全国 30 个省份新型城镇化内部协调指数均提升到 0.7 以上的较高和最高协调发展水平（见图 7 – 1 右）。其中，天津、北京、江苏、广东、上海、浙江、山东、福建、重庆、海南、河南、湖北、安徽、四川、河北和陕西协调度指数超过 0.8，达到最高协调发展水平，发展等级达到第Ⅵ级；其他 14 省协调度均介于 0.7 和 0.8 之间，处于比较协调发展水平，发展等级达到第Ⅴ级。

从 2000—2018 年全国新型城镇化协调指数来看（见图 7 – 2 左），全国新型城镇化内部协调指数从 0.47 上升到 0.80，从中低协调水平等级提高到最高协调水平等级。考察期增加值为 0.34，提升幅度较大。考察期均值为 0.63，全国新型城镇化内部协调发展水平处于较高协调发展水平。从 2000—2018 年东中西部新型城镇化内部协调指数来看（见图 7 – 2 右），东部指数从

0.55 上升到 0.83，从中高协调水平等级提升到较高协调等级。考察期增加值为 0.28，提升幅度在三大区域中最小。考察期均值为 0.69，协调水平平均处于较高协调水平，高于东部和中部协调发展水平。中部协调指数从 0.44 上升到 0.79，从中低协调发展水平等级提升到较高协调发展等级。考察期增加值为 0.36，增加值在三大区域中居中。考察期均值为 0.61，低于东部指数均值，在三大区域中居中。西部指数从 0.41 上升到 0.78，从中低协调发展水平等级提升到较高发展水平等级。考察期增加值为 0.37，高于东部和中部增加值，综合发展水平提升程度最大。考察期均值为 0.58，低于东部和中部指数均值，新型城镇化内部协调发展水平均值在三大区域中最低。

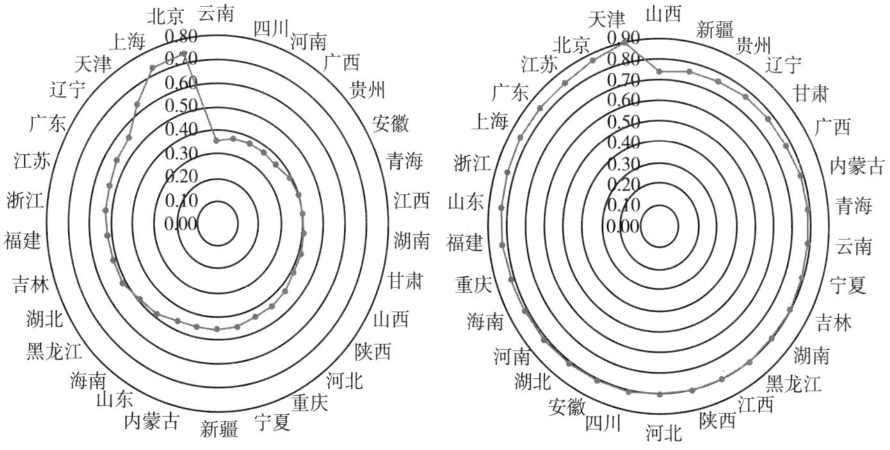

图 7－1　全国 2000 年（左）和 2018 年（右）新型城镇化内部协调度分布图

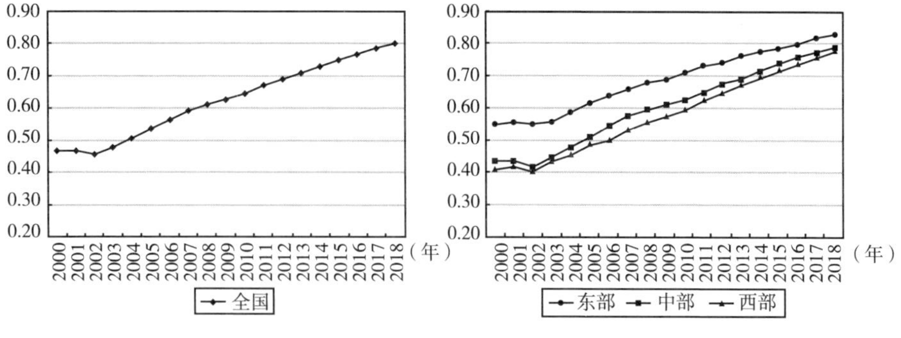

图 7－2　2000—2018 年全国（左）和东中西部（右）新型城镇化内部协调度趋势图

7.2.2　东部新型城镇化协调发展水平

从东部整体来看，2000—2018 年东部新型城镇化内部协调指数呈现出不断上升的趋势，指数值从 0.55 提升到 0.83，协调度指数增加 0.28，新型城镇化内部协调指数从中高发展水平提高到最高发展水平（见表 7－2）。东部考察期新型城镇化内部协调指数均值为 0.69，考察期均值为较高协调发展水平。从东部各省份 2018 年协调度指数来看，处于最高水平的是天津，协调度指数达到 0.90，达到最高发展水平。其次是北京、江苏、上海、浙江、广东、福建、山东、海南和河北，协调度指数介于 0.8 和 0.9 之间。以上 10 个省份处于最高协调发展水平。辽宁新型城镇化内部协调指数发展水平最低，协调度指数只有 0.77，新型城镇化内部协调指数发展水平为较低发展水平状态。从东部各省份 2000—2018 年的发展速度来看，新型城镇化内部协调指数水平增加值最小的是北京和上海，考察期内分别增加了 0.13 和 0.12。其他 9 个省份增加值介于 0.2 和 0.4 之间，综合发展水平提升程度较高。从东部各省 2000—2018 年指数均值来看，北京指数均值考察期均值为 0.81，达到最高协调发展水平。其他 10 个省份均值介于 0.6 和 0.8 之间，平均值处于较高协调发展水平。

表 7－2　　　　东部新型城镇化内部协调度指数

年份	北京	天津	上海	河北	辽宁	江苏	浙江	福建	山东	广东	海南	东部
2000	0.74	0.63	0.73	0.44	0.55	0.52	0.52	0.51	0.45	0.53	0.48	0.55
2001	0.76	0.60	0.71	0.44	0.53	0.53	0.54	0.51	0.47	0.53	0.50	0.56
2002	0.73	0.64	0.71	0.45	0.51	0.51	0.56	0.50	0.46	0.53	0.48	0.55
2003	0.73	0.63	0.75	0.47	0.51	0.53	0.58	0.52	0.48	0.53	0.42	0.56
2004	0.76	0.65	0.73	0.50	0.52	0.56	0.60	0.54	0.51	0.53	0.55	0.59
2005	0.71	0.71	0.76	0.53	0.61	0.59	0.61	0.57	0.57	0.56	0.57	0.62
2006	0.79	0.73	0.77	0.57	0.64	0.62	0.62	0.56	0.63	0.58	0.57	0.64
2007	0.82	0.73	0.80	0.59	0.66	0.65	0.66	0.57	0.64	0.59	0.57	0.66
2008	0.82	0.73	0.80	0.61	0.67	0.67	0.68	0.60	0.66	0.63	0.60	0.68
2009	0.84	0.74	0.82	0.63	0.70	0.69	0.67	0.62	0.66	0.62	0.63	0.69

续表

年份	北京	天津	上海	河北	辽宁	江苏	浙江	福建	山东	广东	海南	东部
2010	0.83	0.76	0.80	0.66	0.70	0.71	0.72	0.64	0.66	0.66	0.67	0.71
2011	0.86	0.81	0.81	0.70	0.73	0.74	0.72	0.65	0.71	0.69	0.69	0.74
2012	0.86	0.83	0.80	0.71	0.74	0.75	0.73	0.67	0.73	0.69	0.69	0.75
2013	0.87	0.85	0.81	0.73	0.77	0.77	0.75	0.69	0.75	0.72	0.72	0.77
2014	0.88	0.87	0.82	0.72	0.77	0.77	0.76	0.74	0.76	0.76	0.74	0.78
2015	0.84	0.88	0.79	0.74	0.76	0.78	0.80	0.77	0.78	0.78	0.75	0.79
2016	0.85	0.89	0.82	0.76	0.73	0.81	0.81	0.79	0.80	0.80	0.79	0.80
2017	0.86	0.89	0.83	0.79	0.75	0.83	0.82	0.82	0.82	0.82	0.81	0.82
2018	0.87	0.90	0.84	0.80	0.77	0.85	0.84	0.83	0.83	0.84	0.82	0.83
增量	0.13	0.27	0.12	0.37	0.22	0.33	0.32	0.32	0.38	0.31	0.34	0.28
均值	0.81	0.76	0.79	0.62	0.66	0.68	0.68	0.64	0.65	0.65	0.63	0.69

7.2.3 中部新型城镇化协调发展水平

从中部整体来看，2000—2018年中部新型城镇化内部协调指数呈现出不断上升的趋势，指数值从0.44提升到0.79，协调度指数增加0.36，新型城镇化内部协调指数从中低发展水平提高到较高发展水平（见表7-3）。中部考察期新型城镇化内部协调指数均值为0.61，为较高协调发展水平。从中部各省份2018年协调度指数来看，黑龙江、安徽、江西、河南、湖北和湖南协调度指数均在0.8和0.9之间，均为最高协调发展水平。山西和吉林指数值分别为0.74和0.79，均为较高协调发展等级。从中部各省份2000—2018年的发展速度来看，新型城镇化内部协调指数水平增加值最大的是河南和安徽，考察期内增加值超过0.4，提升程度最大。吉林增加值低于0.3，综合发展水平提升程度最小。从中部各省份2000—2018年指数均值来看，山西、吉林、黑龙江、江西、湖北和湖南指数均值介于0.6和0.7之间，均值达到较高协调发展水平。安徽和河南协调度指数均在0.5和0.6之间，协调度均值处于中高协调等级。

表 7-3 中部新型城镇化内部协调指数

年份	山西	吉林	黑龙江	安徽	江西	河南	湖北	湖南	中部
2000	0.41	0.50	0.48	0.39	0.41	0.37	0.50	0.41	0.44
2001	0.40	0.50	0.45	0.39	0.44	0.36	0.49	0.43	0.43
2002	0.41	0.48	0.46	0.38	0.43	0.34	0.42	0.43	0.42
2003	0.49	0.48	0.46	0.41	0.47	0.38	0.44	0.44	0.45
2004	0.49	0.52	0.50	0.45	0.50	0.43	0.47	0.47	0.48
2005	0.51	0.52	0.53	0.48	0.54	0.47	0.52	0.53	0.51
2006	0.56	0.56	0.57	0.52	0.56	0.49	0.57	0.55	0.55
2007	0.61	0.57	0.60	0.54	0.58	0.54	0.60	0.57	0.58
2008	0.63	0.59	0.65	0.57	0.61	0.55	0.60	0.60	0.60
2009	0.65	0.60	0.67	0.59	0.62	0.58	0.61	0.61	0.62
2010	0.67	0.60	0.70	0.61	0.63	0.59	0.61	0.62	0.63
2011	0.68	0.65	0.72	0.63	0.65	0.61	0.64	0.64	0.65
2012	0.72	0.67	0.73	0.66	0.67	0.64	0.66	0.67	0.68
2013	0.72	0.69	0.75	0.67	0.67	0.66	0.70	0.69	0.69
2014	0.74	0.71	0.75	0.70	0.70	0.67	0.74	0.73	0.72
2015	0.75	0.74	0.77	0.73	0.71	0.73	0.77	0.75	0.74
2016	0.76	0.76	0.78	0.76	0.73	0.75	0.78	0.77	0.76
2017	0.75	0.78	0.79	0.78	0.76	0.79	0.80	0.79	0.78
2018	0.74	0.79	0.80	0.81	0.80	0.82	0.81	0.80	0.79
增量	0.33	0.29	0.31	0.41	0.39	0.44	0.31	0.39	0.36
均值	0.62	0.62	0.64	0.58	0.60	0.57	0.62	0.61	0.61

7.2.4 西部新型城镇化协调发展水平

从西部整体来看，2000—2018 年西部新型城镇化内部协调指数呈现出不断上升的趋势，西部指数均值从 0.41 提升到 0.78，耦合协调度指数增加 0.37，新型城镇化内部协调指数从中低发展水平提高到较高发展水平（见表 7-4）。西部考察期新型城镇化内部协调指数均值为 0.58，为中高发展水平。从西部各省份 2018 年协调度指数来看，重庆、四川和陕西协调度指数值超过 0.8，达到最高发展水平等级。其他 8 个省份协调度指数均在 0.7 和 0.8

之间，均为较高协调发展水平。从西部各省份2000—2018年的发展速度来看，新型城镇化内部协调指数水平增加值最大的是四川、云南和广西，考察期内增加值超过0.4，提升程度最大。其他8个省份增加值介于0.3和0.4之间，协调发展水平提升程度较小。从西部各省份2000—2018年指数均值来看，内蒙古、陕西、新疆和四川指数均值超过0.6，达到较高协调等级。其他7个省份综合指数均在0.5和0.6之间，均为中高协调发展水平。

表7-4　　西部新型城镇化内部协调指数

年份	重庆	内蒙古	广西	四川	贵州	云南	陕西	甘肃	青海	宁夏	新疆	西部
2000	0.44	0.45	0.37	0.37	0.37	0.35	0.43	0.41	0.41	0.45	0.45	0.41
2001	0.44	0.46	0.39	0.39	0.40	0.40	0.43	0.41	0.43	0.42	0.45	0.42
2002	0.40	0.46	0.37	0.38	0.37	0.36	0.44	0.36	0.46	0.40	0.43	0.40
2003	0.43	0.45	0.44	0.44	0.37	0.36	0.46	0.43	0.52	0.43	0.48	0.44
2004	0.45	0.49	0.43	0.47	0.42	0.38	0.47	0.45	0.50	0.48	0.52	0.46
2005	0.49	0.51	0.47	0.50	0.43	0.43	0.50	0.46	0.53	0.48	0.56	0.49
2006	0.48	0.53	0.52	0.53	0.37	0.46	0.53	0.44	0.56	0.52	0.60	0.50
2007	0.53	0.56	0.51	0.56	0.44	0.51	0.59	0.46	0.58	0.54	0.62	0.54
2008	0.56	0.60	0.50	0.60	0.48	0.51	0.60	0.52	0.60	0.58	0.61	0.56
2009	0.58	0.61	0.51	0.63	0.50	0.51	0.65	0.55	0.62	0.60	0.59	0.58
2010	0.61	0.63	0.50	0.63	0.54	0.54	0.68	0.55	0.66	0.63	0.61	0.60
2011	0.65	0.67	0.55	0.66	0.57	0.55	0.70	0.58	0.68	0.65	0.65	0.63
2012	0.68	0.69	0.58	0.68	0.60	0.59	0.68	0.61	0.70	0.66	0.67	0.65
2013	0.71	0.73	0.59	0.71	0.62	0.62	0.71	0.65	0.72	0.69	0.70	0.68
2014	0.73	0.78	0.65	0.72	0.65	0.65	0.73	0.67	0.73	0.70	0.71	0.70
2015	0.74	0.78	0.69	0.74	0.68	0.68	0.75	0.69	0.73	0.72	0.71	0.72
2016	0.78	0.79	0.73	0.78	0.71	0.71	0.77	0.71	0.75	0.73	0.71	0.74
2017	0.80	0.78	0.75	0.79	0.73	0.75	0.78	0.74	0.77	0.77	0.74	0.77
2018	0.82	0.78	0.77	0.80	0.76	0.79	0.80	0.77	0.78	0.79	0.75	0.78
增量	0.38	0.33	0.40	0.44	0.39	0.43	0.37	0.36	0.38	0.34	0.30	0.37
均值	0.59	0.62	0.54	0.60	0.53	0.53	0.62	0.55	0.62	0.59	0.61	0.58

7.2.5 小结

全国新型城镇化协调发展水平从中低等级提升到最高等级，东部高于中西部，中部略高于西部。2000—2018 年全国新型城镇化协调指数从 0.47 上升到 0.80，从中低协调水平等级提高到最高协调水平等级：东部新型城镇化协调指数从 0.55 上升到 0.83，从中高协调水平等级提升到最高协调等级；中部新型城镇化协调指数从 0.44 上升到 0.79，从中低协调发展水平等级提升到较高协调发展等级；西部新型城镇化协调指数从 0.41 上升到 0.78，从中低协调发展水平等级提升到较高发展等级。

东部新型城镇化协调水平从从中高等级提升到最高等级，辽宁协调发展水平相对落后，其他 10 个省份均达到高度协调。从东部各省份 2018 年协调度指数来看，处于最高水平的是天津，协调度指数达到 0.90，达到最高发展水平。其次是北京、江苏、上海、浙江、广东、福建、山东、海南和河北，调度指数介于 0.8 和 0.9 之间。以上 10 个省份处于最高协调发展水平。辽宁新型城镇化内部协调指数发展水平相对最低，协调度指数只有 0.77，新型城镇化内部协调指数发展水平为较高协调发展水平状态。

中部新型城镇化协调水平从中低等级提升到较高等级，黑龙江、安徽、江西、河南、湖北和湖南为高度协调，山西和吉林处于较高协调水平。从中部各省份 2018 年协调度指数来看，黑龙江、安徽、江西、河南、湖北和湖南协调度指数均在 0.8 和 0.9 之间，均为最高协调发展水平。山西和吉林指数值分别为 0.74 和 0.79，均为较高协调发展等级。

西部新型城镇化协调水平从中低等级提升到较高等级，重庆、四川和陕西高度协调，其他 8 个省份较高协调。从西部各省份 2018 年协调度指数来看，重庆、四川和陕西协调度指数值超过 0.8，达到最高发展水平等级。其他 8 个省份协调度指数均在 0.7 和 0.8 之间，均为较高协调发展水平。

2000—2018 年全国和东中西部新型城镇化协调发展水平不断提升，新型城镇化内部六种分类城镇化协调指数在 2018 年达到了 0.8，处于高度协调发展水平。新型城镇化协调发展水平的提升很大程度上说明，在各分类城镇化不断提升的支撑作用下，各系统之间的协调发展水平也在不断提升，传统城镇化向新型城镇化的转型促进了子系统之间协调发展水平的提升。虽然全国新型城镇化协调水平不断提升，但是各省份之间发展不均衡。不均衡主要体现在两方面：一方面，东中西部三大区域之间的不平衡。东部协调发展水平超过0.8，达到高度协调水平。中西部相对于东部发展水平滞后，仅为较高协调发展水平。另一方面，三大区域内部各省份之间协调发展差距也较为悬殊。东部地区绝大多数省份协调发展水平达到高度协调，但是辽宁相对滞后。中部地区6个省份达到高度协调，但山西和吉林相对滞后。西部仅重庆、四川和陕西达到高度协调，其他8个省份相对滞后。

7.3 房地产市场内部协调发展水平

房地产市场是房地产供给、需求、价格、土地和房地产金融五个子系统构成的协调发展系统，房地产市场内部各子系统之间协调发展程度越高，房地产市场综合发展水平越高，从而越能促进房地产市场与外部系统新型城镇化之间的协调发展。因此，房地产市场系统内部各个子系统的协调发展是其与外部系统之间协调发展的基础和前提条件。本节主要考察全国和各地区房地产市场内部五个子系统的协调发展水平。

7.3.1 全国房地产市场协调发展水平

2000年全国房地产内部协调发展水平较低（见图7－3左），大多数省份房地产内部协调度在0.2—0.4的较低协调发展状态。其中，北京和上海房地产内部协调度为0.63和0.62，处于较高协调发展等级。其次是天津、广东和浙江，协调指数介于0.4和0.5之间，处于中低协调等级。福建、辽宁、江苏、山东、重庆、新疆、云南、青海、四川、宁夏、陕西、湖北、黑龙江、海南协调度介于0.2和0.4之间，处于较低协调发展水平。其他10个省份协调水平最低，处于0和0.2之间的最不协调等级。经过多年的发展，全国房地产内部协调水平得到全面提升，2018年全国30个省份房地产内部协调指数均提升到0.5以上的协调发展水平（见图7－3右）。其中，浙江和海南协调度指数分别为0.82和0.80，处于最高协调发展水平，发展等级达到第Ⅵ级；辽宁和黑龙江协调度指数分别为0.59和0.58，在所有省份中协调度最低，处于中高协调水平；其他 26 个省份协调度均介于 0.6 和 0.8 之间，处于较高协调发展水平，发展等级达到第Ⅴ级。

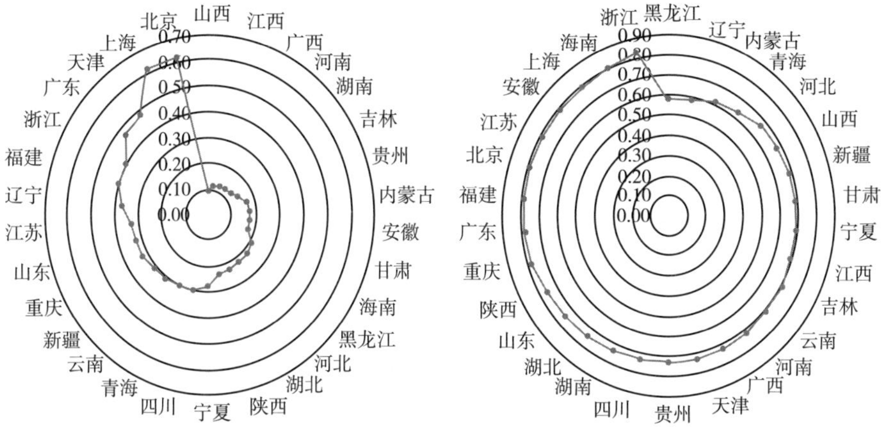

图 7－3　全国 2000 年（左）和 2018 年（右）房地产市场内部协调度分布图

从 2000—2018 年全国房地产协调指数来看（见 7－4 图左），全国房地产内部协调指数从 0.27 上升到 0.72，从较低协调水平提高到较高协调发展水平。考察期增加值为 0.45，提升幅度较大。考察期均值为 0.51，全国房地产内部协调发展水平处于中高协调发展水平。从 2000—2018 年东中西部房地产内部协调指数来看（见图 7－4 右），东部指数从 0.40 上升到 0.75，从中低协调水平等级提升到较高协调等级。考察期增加值为 0.35，提升幅度在三大区域中最小。考察期均值为 0.58，协调水平平均处于中高协调水平，高于中部和西部协调发展水平。中部协调指数从 0.16 上升到 0.70，从最低协调发

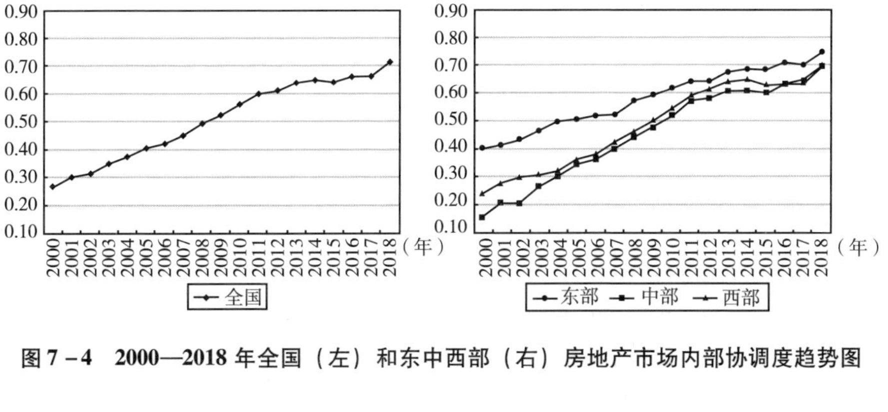

图 7－4　2000—2018 年全国（左）和东中西部（右）房地产市场内部协调度趋势图

展水平等级提升到较高协调发展等级。考察期增加值为0.55，增加值在三大区域中最大。考察期均值为0.46，低于东部和西部指数均值，在三大区域中最低。西部指数从0.24上升到0.70，从较低协调发展水平等级提升到较高发展等级。考察期增加值为0.46，高于东部和中部增加值，房地产内部协调水平提升程度最大。考察期均值为0.49，低于东部指数均值，房地产内部协调发展水平平均值在三大区域中居中。

7.3.2 东部房地产市场协调发展水平

从东部整体来看，2000—2018年东部房地产内部协调指数呈现出不断上升的趋势，指数值从0.40提升到0.75，协调度指数增加0.35，房地产内部协调指数从中低协调发展水平提高到较高协调发展水平（见表7－5）。东部考察期房地产内部协调指数均值为0.58，考察期均值为中高协调发展水平。从东部各省份2018年协调度指数来看，处于最高水平的是浙江和海南，协调度指数超过0.8，达到最高协调发展水平。辽宁协调度指数为0.59，是协调度唯一低于0.6的省份，处于中高协调发展水平。其他8个省份协调度指数介于0.6和0.8之间，处于较高协调发展水平。从东部各省份2000—2018年的发展速度来看，房地产内部协调指数水平增加值最大的是海南，考察期内增加了0.59。北京和上海增加值低于0.2，协调发展水平提升程度最小。从东部各省份2000—2018年指数均值来看，北京、上海和天津指数均值分别为0.75，0.68和0.60，均值达到较高协调发展水平。河北考察期协调度均值低于0.5，考察期平均水平最低。其他6个省份均值介于0.5和0.6之间，平均值处于中高协调发展水平。

表7－5　东部房地产内部协调度指数

年份	北京	天津	上海	河北	辽宁	江苏	浙江	福建	山东	广东	海南	东部
2000	0.63	0.49	0.62	0.22	0.37	0.32	0.40	0.40	0.32	0.47	0.21	0.40
2001	0.70	0.50	0.62	0.21	0.37	0.32	0.43	0.34	0.30	0.47	0.30	0.42
2002	0.73	0.50	0.66	0.21	0.38	0.35	0.49	0.38	0.35	0.46	0.26	0.44
2003	0.70	0.54	0.73	0.25	0.40	0.40	0.52	0.41	0.40	0.47	0.32	0.47
2004	0.75	0.58	0.78	0.28	0.44	0.46	0.54	0.45	0.42	0.46	0.31	0.50

续表

年份	北京	天津	上海	河北	辽宁	江苏	浙江	福建	山东	广东	海南	东部
2005	0.77	0.59	0.71	0.29	0.44	0.50	0.58	0.48	0.41	0.48	0.32	0.51
2006	0.75	0.61	0.64	0.32	0.48	0.52	0.56	0.55	0.42	0.49	0.37	0.52
2007	0.71	0.57	0.64	0.37	0.51	0.52	0.55	0.56	0.42	0.52	0.38	0.52
2008	0.77	0.58	0.64	0.44	0.58	0.58	0.59	0.53	0.49	0.55	0.55	0.57
2009	0.79	0.59	0.70	0.50	0.60	0.58	0.62	0.57	0.52	0.55	0.53	0.59
2010	0.79	0.61	0.67	0.56	0.66	0.60	0.63	0.59	0.57	0.51	0.65	0.62
2011	0.76	0.60	0.62	0.61	0.70	0.62	0.65	0.65	0.60	0.56	0.67	0.64
2012	0.77	0.58	0.61	0.59	0.73	0.66	0.68	0.65	0.61	0.54	0.68	0.65
2013	0.77	0.60	0.68	0.59	0.72	0.70	0.72	0.74	0.63	0.60	0.72	0.68
2014	0.75	0.66	0.68	0.64	0.67	0.69	0.73	0.74	0.64	0.62	0.75	0.69
2015	0.79	0.64	0.72	0.64	0.57	0.68	0.72	0.71	0.65	0.64	0.76	0.68
2016	0.82	0.73	0.75	0.66	0.53	0.73	0.75	0.73	0.67	0.70	0.78	0.71
2017	0.73	0.68	0.74	0.65	0.53	0.72	0.75	0.73	0.67	0.71	0.79	0.70
2018	0.78	0.73	0.79	0.67	0.59	0.78	0.82	0.78	0.75	0.77	0.80	0.75
增量	0.15	0.24	0.16	0.44	0.22	0.46	0.42	0.38	0.43	0.31	0.59	0.35
均值	0.75	0.60	0.68	0.46	0.54	0.56	0.62	0.58	0.52	0.56	0.53	0.58

7.3.3 中部房地产市场协调发展水平

从中部整体来看，2000—2018 年东部房地产内部协调指数呈现出不断上升的趋势，指数值从 0.16 提升到 0.70，协调度指数增加 0.55，房地产内部协调指数从最低协调发展水平提高到较高协调发展水平。中部考察期房地产内部协调指数均值为 0.46，均值为中低协调发展水平。从中部各省份 2018 年协调度指数来看，安徽、湖北、湖南、河南、吉林协调度指数介于 0.7 和 0.8 之间，江西和山西指数值介于 0.6 和 0.7 之间，以上 7 个省份协调发展水平处于较高发展等级。只有黑龙江协调度指数为 0.58，低于 0.6，处于中高协调发展水平。从中部各省份 2000—2018 年的提升程度来看，房地产内部协调指数水平增加值最大的是安徽和湖南，考察期内增加值超过 0.6，提升程度最大。黑龙江增加值低于 0.4，协调发展水平提升程度最小。其他 5 个省份增加值介于0.5和0.6之间，提升程度较大。从中部各省份2000—2018年指数均值来看，安徽指数均值为0.50，均值达到中高协调发展水平。其他7个省份协调度指数均在0.4和0.5之间，协调度均值处于中低协调等级。

表7-6　　中部房地产内部协调指数

年份	山西	吉林	黑龙江	安徽	江西	河南	湖北	湖南	中部
2000	0.10	0.14	0.22	0.18	0.12	0.13	0.23	0.13	0.16
2001	0.24	0.23	0.24	0.20	0.17	0.15	0.24	0.21	0.21
2002	0.25	0.23	0.21	0.22	0.00	0.19	0.30	0.26	0.21
2003	0.28	0.25	0.25	0.27	0.27	0.23	0.31	0.29	0.27
2004	0.32	0.30	0.28	0.32	0.30	0.26	0.33	0.33	0.31
2005	0.36	0.31	0.32	0.37	0.37	0.31	0.37	0.37	0.35
2006	0.36	0.35	0.32	0.39	0.37	0.33	0.39	0.39	0.36
2007	0.39	0.42	0.37	0.43	0.40	0.38	0.42	0.43	0.40
2008	0.44	0.47	0.40	0.49	0.43	0.43	0.43	0.47	0.44
2009	0.47	0.50	0.46	0.52	0.44	0.48	0.48	0.48	0.48
2010	0.52	0.57	0.52	0.57	0.47	0.52	0.50	0.53	0.53
2011	0.52	0.65	0.61	0.63	0.51	0.52	0.54	0.59	0.57
2012	0.56	0.66	0.59	0.63	0.51	0.54	0.56	0.59	0.58
2013	0.61	0.65	0.60	0.67	0.56	0.57	0.61	0.62	0.61
2014	0.59	0.64	0.59	0.69	0.58	0.57	0.62	0.62	0.61
2015	0.59	0.62	0.55	0.66	0.59	0.58	0.64	0.61	0.61
2016	0.61	0.64	0.56	0.70	0.62	0.66	0.66	0.66	0.64
2017	0.61	0.63	0.55	0.73	0.63	0.68	0.69	0.67	0.65
2018	0.67	0.71	0.58	0.78	0.69	0.72	0.74	0.73	0.70
增量	0.57	0.56	0.36	0.61	0.57	0.59	0.51	0.60	0.55
均值	0.45	0.47	0.43	0.50	0.42	0.43	0.48	0.47	0.46

7.3.4 西部房地产市场协调发展水平

从西部整体来看，2000—2018年西部房地产内部协调指数呈现出不断上升的趋势，指数值从 0.24 提升到 0.70，协调度指数增加 0.46，房地产内部协调指数从较低协调发展水平提高到较高协调发展水平（见表 7 -7）。西部考察期房地产内部协调指数均值为 0.49，均值为中低发展水平。从西部各省份 2018 年协调度指数来看，重庆、陕西、四川、贵州、广西和云南协调度指数值超过 0.7，达到最高发展水平等级。宁夏、甘肃、青海、新疆和内蒙古协调度指数超过 0.6。11 个省份 2018 年协调度指数均在 0.6 和 0.8 之间，均为较高协调发展水平。从西部各省份 2000—2018 年的提升程度来看，房地产内部协调指数水平增加值最大的是广西，考察期内增加值达到 0.6，提升程度最大。青海和新疆增加值介于 0.3 和 0.4 之间，协调发展水平提升程度较小。从西部各省份 2000—2018 年指数均值来看，重庆、宁夏和四川指数均值超过 0.5，协调发展水平达到中高协调等级。其他 8 个省份综合指数均在 0.4 和 0.5 之间，均为中低协调发展水平。

表 7 -7　西部房地产内部协调指数

年份	重庆	内蒙古	广西	四川	贵州	云南	陕西	甘肃	青海	宁夏	新疆	西部
2000	0.32	0.17	0.13	0.29	0.17	0.30	0.23	0.18	0.29	0.27	0.31	0.24
2001	0.34	0.23	0.23	0.36	0.22	0.27	0.27	0.22	0.25	0.31	0.38	0.28
2002	0.39	0.20	0.26	0.37	0.22	0.29	0.29	0.25	0.32	0.35	0.39	0.30
2003	0.39	0.24	0.29	0.36	0.26	0.30	0.30	0.26	0.28	0.39	0.36	0.31
2004	0.39	0.29	0.35	0.33	0.27	0.31	0.29	0.31	0.33	0.41	0.31	0.33
2005	0.46	0.35	0.38	0.38	0.30	0.37	0.35	0.31	0.34	0.41	0.30	0.36
2006	0.47	0.43	0.38	0.44	0.35	0.40	0.36	0.32	0.32	0.41	0.35	0.38
2007	0.51	0.51	0.44	0.48	0.37	0.41	0.39	0.38	0.38	0.42	0.39	0.43
2008	0.51	0.58	0.46	0.50	0.40	0.45	0.47	0.42	0.44	0.44	0.43	0.46
2009	0.56	0.60	0.51	0.53	0.44	0.49	0.48	0.45	0.48	0.58	0.44	0.51
2010	0.62	0.65	0.55	0.58	0.52	0.49	0.52	0.46	0.47	0.65	0.49	0.54
2011	0.67	0.71	0.56	0.57	0.56	0.57	0.57	0.49	0.56	0.68	0.59	0.59
2012	0.70	0.65	0.55	0.61	0.60	0.60	0.59	0.56	0.61	0.69	0.60	0.62
2013	0.70	0.66	0.56	0.64	0.67	0.65	0.60	0.61	0.59	0.73	0.67	0.64
2014	0.71	0.64	0.58	0.65	0.67	0.63	0.62	0.64	0.63	0.71	0.70	0.65
2015	0.69	0.60	0.59	0.64	0.64	0.61	0.61	0.61	0.62	0.68	0.67	0.63

续表

年份	重庆	内蒙古	广西	四川	贵州	云南	陕西	甘肃	青海	宁夏	新疆	西部
2016	0.66	0.61	0.65	0.67	0.61	0.60	0.61	0.62	0.67	0.69	0.62	0.64
2017	0.68	0.57	0.66	0.67	0.62	0.62	0.67	0.65	0.61	0.67	0.62	0.64
2018	0.77	0.62	0.72	0.73	0.73	0.71	0.75	0.68	0.63	0.69	0.68	0.70
增量	0.45	0.44	0.60	0.44	0.56	0.40	0.52	0.50	0.34	0.41	0.38	0.46
均值	0.55	0.49	0.47	0.52	0.45	0.48	0.47	0.44	0.46	0.54	0.49	0.49

7.3.5 小结

全国房地产市场协调水平从较低等级提升到较高协调等级，东部协调水平高于中西部，中部和西部协调水平相当。全国房地产市场协调指数从0.27上升到0.72，从较低协调水平提升到较高协调发展水平：东部房地产市场协调指数从0.40上升到0.75，从中低协调水平等级提升到较高协调等级；中部房地产市场协调指数从0.16上升到0.70，从最低协调发展水平等级提升到较高协调发展等级；西部房地产市场协调指数从0.24上升到0.70，从较低协调发展水平等级提升到较高发展等级。

东部房地产市场协调发展水平从较低等级提升到较高等级，辽宁协调水平相对落后，其他10省均达到较高等级。从东部各省份2018年协调度指数来看，处于高度协调水平的是浙江和海南，协调度指数超过0.8，达到高度协调发展水平。辽宁协调度指数为0.59，是协调度唯一低于0.6的省份，处于中高协调发展水平。其他8个省份协调度指数介于0.6和0.8之间，处于较高协调发展水平。

中部房地产市场协调指数从最低协调等级提升到较高协调等级，黑龙江为中高协调等级，其他7省为较高协调等级。从中部各省2018年协调度指数来看，安徽、湖北、湖南、河南、吉林协调度指数介于0.7和0.8之间，江西和山西指数值介于0.6和0.7之间，以上7省协调发展水平处于较高发展等级。只有黑龙江协调度指数为0.58，低于0.6，处于中高协调发展水平。

西部房地产市场协调指数从较低等级提升到较高等级，11个省份协调水平较为均衡，均达到较高协调等级。从西部各省份2018年协调度指数来看，重庆、陕西、四川、贵州、广西和云南协调度指数值超过0.7，达到较高发展水平等级。宁夏、甘肃、青海、新疆和内蒙古协调度指数超过0.6。11个省份2018年协调度指数均在0.6和0.8之间，均为较高协调发展水平。

2000—2018年全国和东中西部房地产市场协调发展水平不断提升，房地产市场内部五个子系统协调指数在2018年达到了0.72，处于较高协调发展水平。房地产市场协调发展水平的提升很大程度上说明，在房地产供给、需求、价格、土地和房地产金融均不断提升的支撑作用下，各系统之间的协调发展水平也在不断提升，房地产市场政策调控也促进了子系统之间协调发展水平的提升。虽然全国房地产市场协调水平不断提升，但是各省份之间发展不均衡。不均衡主要体现在两方面：一方面，东中西部三大区域之间的不平衡。东部协调发展水平超过中西部地区，中西部相对于东部发展水平滞后。另一方面，三大区域内部各省份之前协调发展差距也较为悬殊。东部地区绝大多数省份房地产协调发展水平达到较高协调发展水平，但是辽宁相对滞后。中部地区7个省份达到较高协调发展水平，但黑龙江仅为中高协调发展水平，发展相对滞后。西部相对于东部和中部协调发展水平较为均衡，2018年达到较高协调发展水平状态。

7.4 新型城镇化与房地产市场协调发展水平

7.4.1 全国新型城镇化与房地产市场协调发展水平

2000年全国新型城镇化与房地产市场系统间内部协调发展水平较低（见图7-5左），大多数省份新型城镇化与房地产市场系统间内部协调度在0.2和0.4之间的较低协调发展状态。其中，北京和上海新型城镇化与房地产市场系统间内部协调度均为0.69，处于较高协调发展等级。其次是天津和广东，协调度指数分别为0.56和0.52，处于中高协调等级。浙江、福建、辽宁、江苏、重庆、新疆、四川和山东协调度介于0.4和0.5之间，处于中低协调发展水平。其他18个省份协调水平最低，处于0.2和0.4之间的较低协调等级。经过多年的发展，全国新型城镇化与房地产市场系统间内部协调水平得到全面提升，2018年全国30个省份新型城镇化与房地产市场系统间内部协调指数均提升到 0.6 以上的较高协调发展水平（见图 7－5 右）。其中，北京、上海、浙江、江苏、海南、天津、广东、福建和重庆协调度指数超过 0.8，处于最高协调发展水平，发展等级达到第Ⅵ级；辽宁协调度指数为 0.69，协调度最低；其他 20 个省份协调度均介于 0.7 和 0.8 之间。以上 21 个省份处于较高协调发展水平，发展等级达到第Ⅴ级。

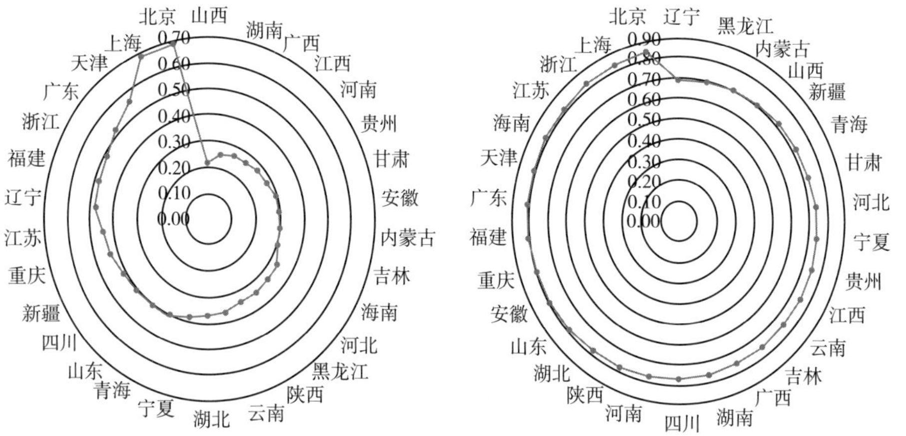

图 7－5　全国 2000 年（左）和 2018 年（右）系统间协调度分布图

从 2000—2018 年全国新型城镇化与房地产市场系统间协调指数来看（见图 7－6 左），全国新型城镇化与房地产市场系统间内部协调指数从 0.38 上升到 0.77，从较低协调水平提高到较高协调发展水平。考察期增加值为 0.39，提升幅度较大。考察期均值为 0.58，全国新型城镇化与房地产市场系统间内部协调发展水平处于中高协调发展水平。从 2000—2018 年东中西部新型城镇化与房地产市场系统间内部协调指数来看（见图 7－6 右），东部指数从 0.49 上升到 0.80，从中低协调水平等级提升到最高协调等级。考察期增加值为 0.31，提升幅度在三大区域中最小。考察期均值为 0.65，协调水平平均处于较高协调水平，高于中部和西部协调发展水平。中部协调指数从 0.29 上升到 0.75，从较低协调发展水平等级提升到较高协调发展等级。考察期增加值为 0.54，增加值在三大区域居中，高于东部增加值，低于西部增加值。考察期均值为 0.54，低于东部和西部指数均值，在三大区域指数均值最低。西部指数从 0.35 上升到 0.75，从较低协调发展水平等级提升到较高发展等级。考察期增加值为 0.39，高于东部增加值，低于中部增加值，新型城镇化与房地产市场系统间内部协调水平提升程度居中。考察期均值为0.55，低于东部指数均值，高于中部指数均值，新型城镇化与房地产市场系统间内部协调发展水平平均值在三大区域居中。

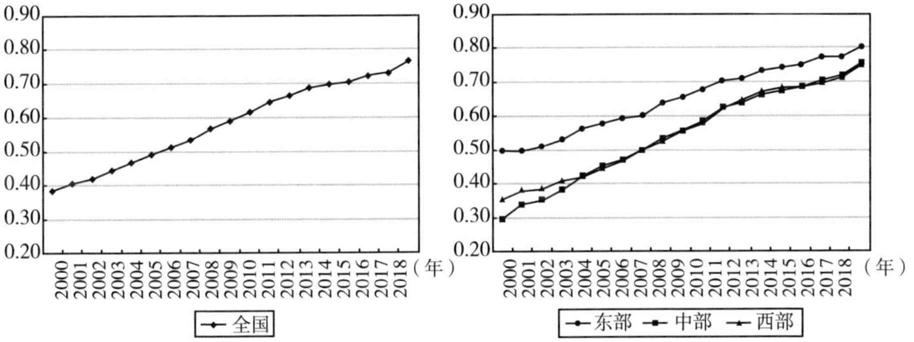

图7-6　2000—2018年全国（左）和东中西部（右）系统间协调度趋势图

7.4.2　东部新型城镇化与房地产市场协调发展水平

从东部整体来看，2000—2018年东部新型城镇化与房地产市场系统间内部协调指数呈现出不断上升的趋势，指数均值从0.49提升到0.80，协调度指数增加0.31，新型城镇化与房地产市场系统间内部协调指数从中低协调发展水平提高到最高协调发展水平（见表7-8）。东部考察期新型城镇化与房地产市场系统间内部协调指数均值为0.65，考察期均值为较高协调发展水平。从东部各省份2018年协调度指数来看，北京、上海、浙江、江苏、海南、广东、天津和福建协调度指数超过0.8，达到最高协调发展水平。山东和河北协调度指数介于0.7和0.8之间。辽宁协调度指数为0.69，是唯一协调度低于0.7的省份。以上3个省份协调度处于较高协调发展水平。从东部各省份2000—2018年的提升程度来看，新型城镇化与房地产市场系统间内部协调指数水平增加值最大的是海南和河北，考察期内增加值超过0.4。北京和上海增加值低于0.3，提升程度最低。其他7个省份增加值介于0.2和0.4之间，协调发展水平提升程度较高。从东部各省份2000—2018年指数均值来看，北京和上海指数均值考分别为0.79和0.75，均值达到较高协调发展水平。天津、浙江、江苏、福建、广东、辽宁和海南指数均值超过0.6。以上9

个省份指数均值处于较高协调发展等级。山东和河北考察期协调度均值低于0.6，考察期平均水平最低，平均值处于中高协调发展水平。

表7-8　　东部新型城镇化与房地产市场系统间协调度指数

年份	北京	天津	上海	河北	辽宁	江苏	浙江	福建	山东	广东	海南	东部
2000	0.69	0.56	0.69	0.34	0.47	0.44	0.49	0.48	0.40	0.52	0.34	0.49
2001	0.73	0.55	0.68	0.32	0.46	0.43	0.49	0.44	0.39	0.52	0.42	0.49
2002	0.73	0.57	0.70	0.34	0.45	0.45	0.54	0.47	0.42	0.51	0.40	0.51
2003	0.73	0.60	0.74	0.37	0.47	0.48	0.56	0.49	0.47	0.51	0.40	0.53
2004	0.77	0.63	0.77	0.40	0.50	0.53	0.58	0.51	0.49	0.51	0.45	0.56
2005	0.77	0.66	0.75	0.40	0.54	0.55	0.60	0.55	0.50	0.53	0.46	0.57
2006	0.79	0.67	0.73	0.44	0.57	0.57	0.59	0.57	0.52	0.54	0.50	0.59
2007	0.78	0.65	0.72	0.48	0.59	0.59	0.61	0.58	0.52	0.56	0.48	0.60
2008	0.81	0.67	0.73	0.53	0.63	0.64	0.64	0.57	0.58	0.60	0.60	0.64
2009	0.83	0.68	0.77	0.56	0.65	0.64	0.66	0.60	0.59	0.59	0.59	0.65
2010	0.82	0.69	0.75	0.62	0.68	0.66	0.68	0.61	0.62	0.60	0.67	0.67
2011	0.81	0.72	0.74	0.66	0.72	0.69	0.69	0.66	0.66	0.63	0.69	0.70
2012	0.82	0.72	0.73	0.66	0.75	0.71	0.71	0.67	0.67	0.63	0.70	0.71
2013	0.83	0.74	0.77	0.67	0.75	0.74	0.74	0.72	0.69	0.67	0.73	0.73
2014	0.82	0.76	0.77	0.68	0.73	0.74	0.75	0.74	0.70	0.69	0.75	0.74
2015	0.83	0.77	0.80	0.70	0.67	0.74	0.76	0.75	0.72	0.72	0.77	0.75
2016	0.85	0.82	0.83	0.72	0.63	0.78	0.78	0.77	0.74	0.76	0.80	0.77
2017	0.83	0.80	0.81	0.72	0.65	0.78	0.79	0.78	0.74	0.77	0.81	0.77
2018	0.85	0.81	0.84	0.74	0.69	0.82	0.84	0.81	0.79	0.81	0.82	0.80
增量	0.15	0.26	0.15	0.40	0.22	0.38	0.35	0.33	0.39	0.29	0.48	0.31
均值	0.79	0.69	0.75	0.54	0.61	0.63	0.66	0.62	0.59	0.62	0.60	0.65

7.4.3　中部新型城镇化与房地产市场协调发展水平

从中部整体来看，2000—2018年中部新型城镇化与房地产市场系统间内部协调指数呈现出不断上升的趋势，8个省份指数均值从0.29提升到0.75，协调度指数增加0.46，新型城镇化与房地产市场系统间协调指数从较低协调发展水平提高到较高协调发展水平（见表7-9）。中部考察期新型城镇化与房地产市场系统间内部协调指数均值为0.54，为中高协调发展水平。从中部各省份2018年协调度指数来看，安徽协调度指数达到0.80，处于最高协调发展等级。其他7个省份协调度指数均介于0.7和0.8之间，处于较高协调发展水平。从中部各省2000—2018年的提升程度来看，新型城镇化与房地产市场系统间内部协调指数水平增加值最大的是湖南和安徽，考察期内增加值超过0.5。黑龙江增加值低于0.4，在8个省份中提升程度最小。其他5个省份增加值介于0.4和0.5之间，协调发展水平提升程度较大。从中部各省2000—2018年指数均值来看，8个省份指数均值均介于0.5和0.6之间，均值达到中高协调发展水平。

表7-9　中部新型城镇化与房地产市场系统间协调指数

年份	山西	吉林	黑龙江	安徽	江西	河南	湖北	湖南	中部
2000	0.22	0.31	0.34	0.30	0.27	0.28	0.37	0.25	0.29
2001	0.34	0.36	0.35	0.31	0.36	0.28	0.36	0.32	0.33
2002	0.35	0.35	0.33	0.33	0.40	0.28	0.39	0.36	0.35
2003	0.39	0.35	0.35	0.38	0.44	0.33	0.40	0.40	0.38
2004	0.42	0.40	0.39	0.42	0.47	0.37	0.43	0.44	0.42
2005	0.45	0.41	0.43	0.46	0.50	0.42	0.47	0.49	0.45
2006	0.46	0.46	0.44	0.48	0.49	0.43	0.49	0.51	0.47
2007	0.50	0.50	0.48	0.50	0.50	0.47	0.52	0.52	0.50
2008	0.54	0.54	0.52	0.54	0.54	0.51	0.53	0.55	0.53
2009	0.56	0.56	0.56	0.56	0.54	0.55	0.55	0.55	0.55
2010	0.59	0.60	0.61	0.60	0.55	0.57	0.56	0.58	0.58
2011	0.61	0.66	0.67	0.63	0.58	0.58	0.60	0.62	0.62
2012	0.64	0.67	0.67	0.65	0.60	0.60	0.62	0.63	0.64
2013	0.66	0.68	0.68	0.67	0.62	0.62	0.66	0.66	0.66
2014	0.67	0.68	0.67	0.70	0.64	0.63	0.69	0.68	0.67
2015	0.68	0.68	0.66	0.70	0.66	0.67	0.71	0.68	0.68
2016	0.69	0.70	0.67	0.73	0.68	0.72	0.73	0.72	0.70
2017	0.68	0.70	0.68	0.76	0.70	0.74	0.75	0.73	0.72
2018	0.71	0.75	0.70	0.80	0.75	0.77	0.78	0.77	0.75
增量	0.49	0.45	0.36	0.50	0.48	0.49	0.41	0.51	0.46
均值	0.54	0.54	0.54	0.55	0.54	0.52	0.56	0.55	0.54

7.4.4 西部新型城镇化与房地产市场协调发展水平

从西部整体来看，2000—2018 年西部新型城镇化与房地产市场系统间内部协调指数呈现出不断上升的趋势，指数均值从 0.35 提升到 0.75，协调度指数增加 0.39，新型城镇化与房地产市场系统间协调指数从较低协调发展水平提高到较高协调发展水平（见表 7－10）。西部考察期新型城镇化与房地产市场系统间内部协调指数均值为 0.55，均值为中高协调发展水平。从西部各省份 2018 年协调度指数来看，重庆协调度指数值超过 0.8，达到最高发展水平等级。其他 10 个省份协调度指数均介于 0.7 和 0.8 之间，均为较高协调发展水平。从西部各省份 2000—2018 年的提升程度来看，新型城镇化与房地产市场系统间内部协调指数水平增加值最大的是广西、贵州、陕西、甘肃和内蒙古，考察期内增加值超过 0.4。其他 6 个省份增加值介于 0.3 和 0.4 之间，协调发展水平提升程度较小。从西部各省份 2000—2018 年指数均值来看，11 个省份指数均值均介于 0.5 和 0.6 之间，协调发展水平达到中高协调等级。

表 7－10　　西部新型城镇化与房地产市场系统间协调指数

年份	重庆	内蒙古	广西	四川	贵州	云南	陕西	甘肃	青海	宁夏	新疆	西部
2000	0.43	0.30	0.27	0.41	0.29	0.36	0.34	0.30	0.40	0.38	0.41	0.35
2001	0.44	0.35	0.32	0.44	0.34	0.36	0.39	0.32	0.34	0.39	0.44	0.38
2002	0.45	0.31	0.34	0.46	0.32	0.36	0.39	0.33	0.42	0.40	0.43	0.38
2003	0.45	0.34	0.37	0.46	0.37	0.36	0.41	0.38	0.43	0.45	0.43	0.41
2004	0.45	0.38	0.42	0.44	0.38	0.37	0.39	0.41	0.44	0.49	0.43	0.42
2005	0.50	0.45	0.45	0.47	0.39	0.42	0.45	0.40	0.44	0.47	0.42	0.44
2006	0.52	0.50	0.47	0.52	0.40	0.47	0.46	0.40	0.44	0.48	0.47	0.47
2007	0.54	0.55	0.50	0.54	0.43	0.49	0.49	0.44	0.47	0.50	0.51	0.50
2008	0.56	0.61	0.50	0.56	0.46	0.51	0.54	0.49	0.52	0.51	0.52	0.53
2009	0.59	0.62	0.52	0.59	0.49	0.53	0.57	0.51	0.56	0.60	0.52	0.55
2010	0.63	0.65	0.54	0.62	0.55	0.53	0.60	0.51	0.57	0.64	0.56	0.58
2011	0.67	0.70	0.57	0.62	0.58	0.58	0.64	0.54	0.63	0.67	0.63	0.62
2012	0.70	0.67	0.58	0.66	0.61	0.61	0.65	0.60	0.67	0.68	0.64	0.64
2013	0.71	0.70	0.58	0.67	0.66	0.65	0.66	0.64	0.67	0.72	0.69	0.67

续表

年份	重庆	内蒙古	广西	四川	贵州	云南	陕西	甘肃	青海	宁夏	新疆	西部
2014	0.72	0.71	0.62	0.69	0.67	0.65	0.68	0.66	0.70	0.72	0.71	0.68
2015	0.72	0.69	0.65	0.69	0.67	0.66	0.69	0.67	0.69	0.71	0.69	0.68
2016	0.72	0.70	0.69	0.72	0.67	0.66	0.70	0.68	0.72	0.72	0.67	0.70
2017	0.75	0.68	0.71	0.73	0.69	0.69	0.73	0.70	0.71	0.73	0.69	0.71
2018	0.80	0.71	0.75	0.77	0.75	0.75	0.78	0.73	0.72	0.74	0.72	0.75
增量	0.37	0.40	0.48	0.36	0.46	0.39	0.43	0.43	0.33	0.36	0.31	0.39
均值	0.59	0.56	0.52	0.58	0.51	0.53	0.56	0.51	0.55	0.58	0.56	0.55

7.4.5 小结

全国新型城镇化与房地产市场之间协调指数从较低等级提升到较高等级，东部系统间协调水平高于中西部，中部和西部系统间协调水平相当。2000—2018 年全国新型城镇化与房地产市场系统间协调指数从 0.38 上升到 0.77，从较低协调水平提高到较高协调发展水平；东部系统间协调指数从 0.49 上升到 0.80，从中低协调水平等级提升到最高协调等级；中部系统间协调指数从 0.29 上升到 0.75，从较低协调发展水平等级提升到较高协调发展等级；西部系统间协调指数从 0.35 上升到 0.75，从较低协调发展水平等级提升到较高发展等级。

东部新型城镇化与房地产市场之间协调发展水平从中低等级提升到高度等级，各省份之间协调发展水平差距大。从东部各省份 2018 年新型城镇化与房地产市场之间协调度指数来看，北京、上海、浙江、江苏、海南、广东、天津和福建协调度指数超过 0.8，达到最高协调发展水平。山东和河北协调度指数介于 0.7 和 0.8 之间。辽宁协调度指数为 0.69，是唯一协调度低于 0.7 的省份。3 个省份协调度处于较高协调发展水平。

中部新型城镇化与房地产市场之间协调发展水平从较低等级提升到较高等级，安徽高度协调，其他 7 个省份较高协调。从中部各省份 2018 年新型城镇化与房地产市场之间协调度指数来看，安徽协调度指数达到 0.80，处于最高协调发展等级。其他 7 个省份协调度指数均介于 0.7 和 0.8 之间，处于较高协调发展水平。

西部新型城镇化与房地产市场之间协调发展水平从较低等级提升到较高等级，重庆高度协调，其他 10 个省份较高协调。从西部各省份 2018 年新型城镇化与房地产市场之间协调度指数来看，重庆协调度指数值超过 0.8，达到最高发展水平等级。其他 10 个省份协调度指数均介于 0.7 和 0.8 之间，均为较高协调发展水平。

2000—2018 年全国和东中西部新型城镇化与房地产市场之间协调发展水平不断提升，两系统之间的协调指数在 2018 年达到了 0.77，处于较高协调发展水平。新型城镇化与房地产市场之间协调发展水平的提升很大程度上说明，在新型城镇化内部人口、产业、空间、生活、资源环境和城乡一体城镇化协调发展水平不断提升，以及房地产市场内部供给、需求、价格、土地和金融五个子系统协调发展水平不断提升的支撑下，两系统之间的协调发展水平也在不断提升。虽然全国新型城镇化与房地产市场之间协调发展水平不断提升，但是各省市之间发展不均衡。不均衡主要体现在两方面：一方面，东中西部三大区域之间的不平衡。东部新型城镇化与房地产市场之间协调发展水平超过中西部地区，中西部相对于东部发展水平滞后。另一方面，三大区域内部各省份之间协调发展差距也较为悬殊。东部地区 8 个省份系统间达到高度协调水平。中部地区 7 个省份达到较高协调水平，仅安徽达到高度协调水平。西部 10 个省份系统间为较高协调水平，仅重庆达到高度协调水平。

8 政策建议

新型城镇化与房地产市场协调发展定量测度结果表明，2000—2018 年两系统间协调指数从 0. 38 上升到 0. 77，从较低协调水平提高到较高协调发展水平。两系统之间协调发展水平的提升对于经济社会的进步起了重要的促进作用，但是也要认识到当前系统间协调发展还存在以下问题：第一，虽然协调发展水平呈现出不断上升的趋势，但是 2018 年协调发展指数为 0. 77，还未达到高度协调发展水平状态。系统间协调发展水平的提高有待于新型城镇化与房地产市场各自发展水平的继续提升。第二，2018 年全国新型城镇化综合指数和房地产市场综合指数分别为 0. 65 和 0. 54，新型城镇化和房地产市场发展水平均未达到高度发展水平。房地产市场发展水平滞后于新型城镇化发展水平，严重影响居民的居住和生产生活。第三，地区之间协调发展不均衡。不均衡主要体现为东中西部三大区域之间的不平衡。东部新型城镇化与房地产市场之间协调发展水平超过中西部地区。三大区域内部各省之间协调发展差距也较为悬殊。东部地区的北京、上海、浙江、江苏、海南、广东、天津和福建系统间达到高度协调水平，山东、河北和辽宁相对滞后，为较高协调水平。中部地区仅安徽达到高度协调水平，其他 7 个省份相对滞后，为较高协调水平。西部仅重庆达到高度协调水平，其他 10 个省份相对滞后，为较高协调水平。针对当前新型城镇化与房地产市场协调发展中存在的问题，基于新型城镇化涵盖的六种分类城镇化和房地产市场涵盖的五个子系统，提出以下三大方面的政策建议：促进新型城镇化发展水平及其与房地产市场的协调发展，促进房地产市场发展水平及其与新型城镇化的协调发展，强化政府在促进协调发展中的作用。

8.1 提高新型城镇化发展水平及其与房地产市场的协调

新型城镇化是综合全面协调的城镇化系统，是由人口城镇化、产业城镇化、空间城镇化、生活城镇化、资源环境城镇化和城乡一体城镇化六种分类城镇化构成的互动协调统一体。基于对新型城镇化的内涵界定及理论基础总结，本书构建了包含六个子系统下属22个三级指标的新型城镇化综合指标体系，采用纵向和横向加权合成的标准化数据对2000—2018年的新型城镇化发展水平进行定量测度。研究结果表明：（1）2000—2018年全国新型城镇化综合指数从0.26上升到0.65，从较低发展水平等级提高到较高发展水平。虽然呈现出不断上升的趋势，但是2018年新型城镇化综合指数仅为0.65，全国整体新型城镇化发展水平有待提高。（2）新型城镇化综合发展水平的提高依赖于六种分类城镇化的全面提升。当前六种分类城镇化发展水平均未达到高度发展水平，且生活城镇化和空间城镇化严重滞后于城乡一体、资源环境、产业和人口城镇化水平。2018年城乡一体、资源环境、产业和人口城镇化发展水平分别达到0.71，0.69，0.67和0.66。相比之下，生活和空间城镇化指数值分别是0.64和0.60，低于新型城镇化0.65的综合指数值，空间优化水平和生活水平有待进一步提升。（3）2018年东部、中部和西部新型城镇化综合指数分别为0.71，0.64和0.62。新型城镇化水平区域之间有较大差距，东部显著高于中西部，中部略高于西部。针对新型城镇化发展中存在的以上诸多问题，本书认为应该着重通过促进各分类城镇化发展水平来进一步促进新型城镇化内部协调发展水平。新型城镇化是房地产市场发展的基础，为房地产市场发展提供需求动力、产业支撑，促进房地产空间结构优化，新型城镇化发展水平提高是促进其与房地产市场协调发展的重要方面。基于此，本节提出促进人口、产业、空间、生活、资源环境和城乡一体城镇化发展水平的对策建议，同时探讨六种分类城镇化与房地产市场协调发展的具体路径。

8.1.1 提高人口城镇化水平及其与房地产市场的协调

人口城镇化是新型城镇化发展水平的表现形式和重要衡量指标。长期以来我国户籍人口城镇化率低于常住人口城镇化率，流动人口城镇化率将在城市居住超过6个月以上的农村进城务工人员纳入城市人口范围。这部分流动人口虽然在城市中就业，但是其家庭成员及稳定住所仍然在农村，同时流动人口也享受不到与城市户籍人口相同的教育、医疗及社会保障等公共服务，不能算是真正的城镇人口。随着大量农村人口升学和进城务工，这些农村人口进入城镇并长期在城镇居住和生活。新型城镇化发展就是要让更多农村转移人口享受到与户籍人口同等的教育和医疗等公共服务待遇。新型城镇化强调以人为本，注重公共资源和公共服务的均等化及均衡配置。新型城镇化试点的重要内容和经验就是降低城市落户门槛，缩小户籍城镇化率和常住人口城镇化率的差距，促进人口居住就业与公共服务的融合协调发展。提高户籍人口城镇化率、缩小户籍人口城镇化率与常住人口城镇化率的差距应从两方面着手：一是强化户籍制度改革，提高户籍人口城镇化率。积极加快推广新型城镇化综合试点经验，包括持续降低大城市落户门槛、大学生在大城市零门槛落户、不同区域差异化落户及允许租赁房屋的常住人口在城市公共户口落户。当前新型城镇化第一批试点地区已经取得了成功的经验，通过推广经验，促进户籍人口城镇化率的提升。二是充分发挥财政补贴对户籍人口城镇化率提高的激励机制。中央和省级政府针对各城市农民工落户规模给予定向财政补贴，用于城市落户规模扩大所增加的基础设施、公共服务和保障性住房需求。

新型城镇化强调农业转移人口从半市民化向市民化的转变，重要体现是缩小户籍人口城镇化率与常住人口城镇化率之间的差距，是新型城镇化的重要内容。在新型城镇化背景下，农业转移人口市民化强调在城市不仅是乐业，还要能够安居，从而对房地产市场发展提出了新的要求。在保障性住房供应方面，要充分借鉴新型城镇化试点经验，将农民工逐步纳入住房保障范围。在商品房住房供应方面，对于购房支付能力较强的农民工，要通过住房公积金等相关政策保障农民工的住房需求。同时，要促进商品住房结构的合理化，增加普通商品住房的供给。土地供给结构需要和住房供给结构相协调，增加保障性住房和中小户型住房土地供给。

8.1.2 提高产业城镇化水平及其与房地产市场的协调

产业城镇化是人口城镇化的基础和支撑。促进新型城镇化协调发展，需要走产城融合的道路，避免城镇人口流失和空心化问题。传统城镇化中产业发展存在制造业低端化、农业基础薄弱及资源消耗偏高的问题。新时期原有产业发展模式面临新的国际国内新形式：国际上欧美国家提出制造业回归，对中国制造业造成了压力。随着国内要素成本的不断上升，低端制造业在诸多发展中国家的竞争中逐渐失去优势。在国际国内新形势下实现经济社会可持续发展，必须促进产业升级和结构调整，实现从传统制造业向以制造业、服务业和现代农业共同发展的方式转变，从以出口和投资为主向以内需为主导的内需、出口和投资共同拉动经济增长的方式转变。产业发展及产业升级转型以城镇为物质空间载体，传统城镇化过程中产业与人口、土地城镇化的不协调导致大量小城市特别是小城镇产业空心化，出现空城和鬼城现象。在产业升级过程中，要促进产业城镇化与人口空间城镇化的协调发展。首先，加强大中城市产业向小城镇和农村地区的转移。随着全国层面产业结构调整升级的持续，大中城市大量产业面临着向小城镇和农村地区的转移，给小城镇和农村经济发展带来了新的契机，也能有效推动农村人口的就地城镇化水平，促进城镇化水平的持续提升。促进产业和小城镇融合发展是新型城镇化的重要发展途径。随着大城市产业结构的调整升级，第三产业成为这些城市的主导产业，以工业生产为主的第二产业逐渐向大城市郊区和小城镇转移。大城市第三产业逐步升级，小城镇迎来承接第二产业转移的良好发展机会，对于促进户籍人口城镇化和产业城镇化与空间城镇化的协调发展具有重要的作用。其次，强化就业制度对农村转移人口就业的引导作用。制定鼓励农村人口在城镇就业的政策制度，对于限制农村劳动力转移的相关政策要不断消除。通过建立定期化长期化的就业培训制度，加强对农村转移人口的就业培训，提高其就业的能力水平。

产业城镇化水平的提高为房地产发展奠定了良好的产业基础。作为产业城镇化重要内容的房地产业在产业升级和结构调整的宏观背景下，面临着从以住宅地产为主的开发模式向产业地产的模式转变。现有房地产发展中住宅地产占有比重偏高，导致房地产市场的资源利用效率较低。随着产业和空间城镇化水平的提高，房地产需要提高要素使用效率，重新配置土地要素资源。这就需要房地产与产业升级融合发展，促进房地产持续有效发展。近年来房地产投资持续快速增长导致社会资本在房地产领域快速集聚，资本的过度集中在引致房地产泡沫风险的同时也挤占实体产业资本，不利于产业结构调整和优化。因此在未来发展中：一方面，促进以住宅地产为主的模式向产业地产模式的转变，提高房地产资源利用效率，促进房地产综合功能的开发，通过房地产综合功能的开发促进房地产产业结构升级。另一方面，加强房地产对前向关联、后向关联以及环向关联产业的促进作用，防止资本过度向房地产业聚集而影响实体经济发展。通过宏观政策有效调控社会资本走向，促进产业结构不断优化。

8.1.3 提高空间城镇化水平及其与房地产市场的协调

空间城镇化是城镇化的实现载体，城镇空间载体如果没有相协调的产业支撑，会导致人口流失，出现“空城”和“鬼城”等问题，带来极大的资源浪费问题。当前我国土地集约空间优化水平较低，与人口城镇化发展不协调。未来发展中要提高空间城镇化水平，并促进空间城镇化与人口、产业城镇化水平的协调发展。第一，促进空间城镇化水平提高，应该减缓当前新城“摊大饼”式的蔓延和扩张。通过旧城改造，提高城市土地利用率和城市容量，实现土地利用集约化。第二，政府对城市规划和土地供应计划的引导是促进空间城镇化和人口、产业城镇化协调发展的重要举措。在土地国有的状况下，政府作为一级市场土地出让主体，往往通过变动土地出让方式及调整土地出让计划对土地供应进行调节，以达到空间城镇化和人口、产业城镇化协调发展的目的。通过土地的集约利用和统筹规划合理开发，促进城市空间结构优化。土地空间集约利用，通过宏观调控城市土地开发利用，提高单位面积建成区土地面积的利用效率和效益，促进空间城镇化与人口和产业城镇化的协调统一。

土地是住房市场的源头，由于土地供给的有限性及房地产市场地理区位的重要性等综合因素影响，城市规划及土体供应计划对空间城镇化与房地产市场的协调发展至关重要。土地供应计划及城市规划不仅决定了空间城镇化的集约利用程度和产业的集聚分布，也决定了房地产市场的供给结构和供给数量，对房地产市场的竞争激烈程度产生重要影响，进一步影响房地产市场体系格局。当前房地产开发与土地集约利用存在不协调的问题，空间城镇化发展水平较低，土地集约利用程度不够，房地产投资开发的“空城”和“鬼城”问题在有的地区较为突出。房地产的过度投资开发，又会带来空间城镇化发展水平的降低。未来在促进空间城镇化与房地产市场协调发展方面，应从以下几个方面着手：其一，加强土地供应的宏观调控。加强土地利用规划与城市总体规划的统筹协调，加强城镇建设用地总规模控制，合理引导城市空间结构的集约用地和集中布局。针对当前建设用地增长过快的问题，要逐渐降低新增建设用地的增长速度，注重盘活现有建设用地存量，提高利用效率。其二，发展房地产市场，要促进城市综合体功能的开发，促进产城融合的同时推动产业集聚、人口集中和土地的集约利用。严控房地产土地利用状况，对于购置土地长期未开发利用等问题，要通过土地利用动态巡查制度的全面落实来提高房地产开发土地的利用效率，加大对违规用地的查处力度。其三，提高房地产开发技术水平，促进城市地上和地下空间开发，提高城市人口和产业空间布局密度，促进城市人口密度的增加、产业布局的集聚及土地空间的集约利用。

8.1.4 提高生活城镇化水平及其与房地产市场的协调

随着人口城镇化率的提高，大量人口在城镇聚集。生活城镇化是新型城镇化的核心，是大量农村人口转移到城镇的动力。人口城镇化水平的持续提升，关键在于扩大城镇就业机会，通过产城融合发展为城镇就业提供保障。同时要通过居民收入增长政策制度，保障居民收入的稳定增长，促进生活城镇化水平的提高。此外，要不断提升与城镇居民生活息息相关的教育、医疗和交通等基础设施和公共服务水平，在做好城镇基础设施和公共服务需求调查的基础上，扩大基础设施和公共服务投入，提高城镇居民生活的便利度，提升城镇居民生活幸福感。应通过以下措施促进生活城镇化水平的提升：首先，提高居民收入在国民收入分配中的体重，提高居民的收入水平。通过对政府、企业和个人流转环节及保有环节的课税对象、数额及税率等进行科学合理的规定，达到促进新型城镇化与房地产市场协调发展的目的。财税机制一直以来都是国家调节政府、企业和居民间利益关系的重要手段和方法，同时也是政府宏观调控新型城镇化与房地产市场协调性的重要方式。对流转环节和保有环节税收的合理征收，能有效对政府、企业和居民行为产生合理激励及引导作用，以达到财税政策调控目标。其次，通过财税制度改革提升地方政府财政收入，确保地方政府提供基础设施和公共服务的能力。当前地方政府推进城镇化建设，金融支持能力不足的一大重要原因是受到中央与地方财权与事权不相匹配的财税政策制约，未来城镇基础设施建设和公共服务水平的提升需要地方政府金融支持能力水平的提升，需要构建财权与事权相匹配的中央与地方合理的财税分权机制，提升地方政府金融支持城镇化建设的能力水平，同时加大中央对财政转移支付和预算内基本建设投资的力度。理顺省以下财政体制是改革现行政府间财政体制的重点工作，通过增强基层政府财政能力缓解基层政府财政压力，从而提高其支持城镇化建设的能力。当前急需培育地方政府相对稳定的税源，可以扩大房产税试点区域，逐步在全国范围内开征房产税，也可以对增值土地征收土地增值税，还可以尝试将营业税范围内的增值税改为地方税，从而扩大地方政府税源，促进金融支持基础设施和公共服务的能力。通过扩大地方政府财税能力，增强政府基础设施建设和农民工市民化的财政支持力度，促进生活城镇化水平的提高。最后，强化社会保障制度的引导作用。加强社会保障制度对农村转移人口的政策倾斜，促进农村转移人口与户籍人口社保的均等化发展。

新型城镇化是以生活城镇化为目标的城镇化，生活城镇化水平的提高包括收入水平、基础设施和公共服务水平的提高。各地区生活城镇化水平的提高，会有效增强该地区的吸引力，推动城镇化水平的进一步提升。生活城镇化水平的提升，会带动更多的房地产市场刚性需求、改善性需求和投资投机性需求。在生活城镇化水平提升的背景下，房地产市场发展要满足生活城镇化提升所增加的住房需求，同时提高住房供给水平，优化住房供给结构，保障住房价格的稳定健康发展，提高居民购房支付能力，防止房价过高和过快上涨阻碍城镇化的进一步推进。

8.1.5 提高资源环境城镇化水平及其与房地产市场的协调

传统城镇化重速度轻质量的发展模式带来了资源紧张和环境恶化的问题，新型城镇化强调资源集约和环境优化的发展路径。新型城镇化下的资源环境城镇化要做到：第一，通过技术创新和产业升级调整，降低单位 GDP 能源消耗总量。新型城镇化时代技术创新将对产业发展发挥更大的作用，随着技术创新和产业升级换代，同样的产值将消耗更少的资源，从而投入更少的资源产生更多的价值。第二，增强对污染废弃物的集中处理。通过设立产业工业园区，扩大产业之间的规模经济效益，集中处理生产过程中产生的污染废弃物，带来经济效益的同时降低对环境的污染。第三，增加城市公园绿地建设。城市公园绿地是优化城市环境和提高生态自我净化能力的重要途径，应该加大城市公园绿地的建设力度，提高城市人均公园绿地面积，促进资源环境城镇化水平的提高。第四，通过财税体制的调控作用，增强对不同类型企业的引导，对具有正向外部效应的企业减少税收，对具有负向外部效应的企业增加税收，将环境的外部成本内部化，促进资源环境城镇化水平的提高。

随着中国传统城镇化向新型城镇化的转型，智慧城市成为"集约、智能、绿色、低碳"新型城镇化道路的一种探索道路和必然模式，资源集约环境优化的可持续发展城镇化是新型城镇化的重要内容。房地产是新型城镇化的先导型基础性产业，是资源环境城镇化的重要组成部分，也是资源环境城镇化的外在体现和重要衡量标准。资源环境城镇化离不开房地产的参与，房地产是资源环境城镇化得以运行发展的物质载体和实现形态。一是要加快推进房地产节能认定，制定绿色节能建筑认定标准，提高房地产开发企业和购房者的绿色节能理念。二是要扩大省地节能房地产项目的土地供给比重，对于节能项目给予政策上的支持。三是增加我国房地产建筑使用年限。我国建筑平均寿命仅为 30 年左右，与西方发达国家比起来使用年限过短，降低了资源环境城镇化水平。未来要从城市总体规划着手，提高建筑使用寿命，降低建筑耗能，提高资源环境城镇化水平。四是促进房地产与智能信息的进一步深度融合。互联网和物联网在城镇居民家庭中的普及率将进一步提升，智慧房地产对于房地产的转型升级和资源集约环境的优化具有重要的促进作用。

8.1.6 提高城乡一体城镇化水平及其与房地产市场的协调

城乡一体城镇化是新型城镇化的目标，要不断提高城乡一体城镇化水平，保障新型城镇化的顺利推进。提高城乡一体化水平，具体应做到：一是强化城乡一体土地制度改革的引导作用。政策制度上逐步打破城乡二元结构，将城乡作为一个整体来提高城乡经济及城乡居民的发展水平。当前城乡二元的土地制度导致城市土地资源紧张。农村大量农民外出务工成为城市流动人口，农村宅基地和住房闲置问题突出，导致这一现象出现的一个重要原因就是城乡二元土地制度。通过农村土地所有权国有化建立城乡一体土地制度，建立城乡一体的自由竞争土地市场，增强农村转移人口的资金支持，缓解城镇土地资源紧张及房地产市场过热的现状，促进城乡一体城镇化与房地产市场的协调发展。二是加快促进城乡基础设施和公共服务的一体化发展。我国当前城镇化率已经接近60%，是“城市病”集中爆发的阶段。国外发达国家城乡一体化的基础设施和公共服务水平提升了农村吸引力，大量城市人口愿意居住于农村，从而出现了“逆城市化”现象。城乡基础设施和公共服务的一体化有利于缓解城市人口集中和资源环境紧张的状况，是新型城镇化的重要内容。政府通过加强对小城镇和农村地区基础设施和公共服务的财政税收倾斜，加大小城镇和农村地区对人口的吸引力，增强就地城镇化水平，缓解人口过度向大中城市集中导致的大中城市房地产市场过热而小城镇和农村住房闲置严重的状况，促进城乡一体城镇化与房地产市场的协调发展。

城乡一体城镇化是新型城镇化实现的重要途径，也是新型城镇化的最终目标。随着城乡一体城镇化的发展，房地产市场需要通过发展规划实施城乡之间的统筹协调和布局。未来房地产开发经营要逐步改变当前以城市为主的发展路径，逐步向城郊甚至向农村进行延伸和发展。随着城镇化的快速推进，大量人口聚集于城市，造成了住房及土地的稀缺，城市房地产价格快速上涨。而农村住房则出现了大量的空置，但是由于农村住房缺乏流通性，无法成为有效的市场供给。城乡二元制度导致城市和农村住房被分割为两块独立的住房体系（城市住房体系和农村住房体系），形成了两极现状：城市房地产供不应求，房价和地价过高和过快上涨；农村土地和房屋流转困难，大量农业转移人口成为城市流动人口后，农村住房处于闲置及低效利用状态。随着城乡一体化的逐步融合发展，城乡住房市场及土地市场的融合发展也成为一种新的发展需求。一方面，城市居民对小城镇及农村住房市场需求不断扩大；另一方面，农村大量流动人口对城市住房的需求越来越大，可以通过城乡土地等要素的流转及小城镇房地产开发力度的加大，促进城乡房地产市场的融合发展，为城乡一体化的顺利推进提供物质载体保障。

8.2 提高房地产市场发展水平及其与新型城镇化的协调

房地产市场是综合全面协调的复杂系统，是由房地产供给、需求、价格、土地和房地产金融五个子系统构成的互动协调统一体。基于对房地产市场的内涵界定及理论基础总结，本书构建了包含五个子系统下属 10 个三级指标的房地产市场综合指标体系，采用纵向和横向加权合成的标准化数据对 2000—2018 年的房地产市场发展水平进行了定量测度。研究结果表明：（1）2000—2018 年全国房地产综合指数从 0.11 上升到 0.54，全国房地产市场综合发展水平呈现不断上升的趋势，但 2018 年房地产综合指数仅为 0.54，处于中高发展水平，房地产市场发展水平有待提高。（2）房地产市场综合发展水平的提高依赖于五个子系统的全面提升，但是房地产供给水平和土地市场水平严重滞后于房地产需求、房地产金融和房价发展水平。2018 年房地产需求、金融和价格指数分别为 0.63，0.61 和 0.57；相比之下，房地产供给指数和土地市场指数 2018 年分别只有 0.48 和 0.39，远低于需求侧指数和价格指数。供给侧发展水平滞后是近年来房价快速上涨的重要原因。（3）2018 年全国新型城镇化综合指数和房地产市场综合指数分别为 0.65 和 0.54，房地产市场发展水平滞后于新型城镇化发展水平。房地产市场发展水平的滞后不能有效保障新型城镇化过程中人口居住和产业生产的物质载体需求，制约了新型城镇化的进一步发展。房地产市场发展存在的以上诸多问题制约了房地产市场内部协调发展水平的进一步提高，也不利于其与新型城镇化之间协调发展水平的提高。针对存在的问题，笔者提出以下对策建议。

8.2.1 提高房地产供给水平及其与新型城镇化的协调

8.2.1.1 提高商品房供给水平及其与新型城镇化的协调

（1）保障商品房供给数量。1998 年以来，房地产的全面市场化大大促进了商品住房市场的发展。商品住房开发建设数量及供给规模不断扩大，成为我国房地产市场供给的主体，承担着满足城镇居民家庭住房基本需求、改善住房质量、提高生活水平的重要任务。但是一直以来，我国商品住房市场供求偏紧的状态一直存在。前文定量分析结果显示房地产供给指数和土地市场指数远低于房地产需求指数，居民住房需求受到过高和过快上涨的住房价格的遏制作用明显。随着新型城镇化的推进，人口城镇化和户籍城镇化率还将持续提升，加之生活城镇化水平不断提高，这些因素将共同促进房地产市场保持较高需求。由此可见，房地产市场需求在新型城镇化的促进作用下将持续保持在高位运行，房地产市场依然面临着需求持续增加带来的较大考验。政府要通过土地市场供给等政策制度的完善，引导房地产开发企业提高房地产供给水平，以满足新型城镇化催生的住房需求的增加。

政府应通过加强城市及土地利用规划增加房地产供给数量，通过土地供给数量及供给结构的优化提高房地产供给水平。通过政策制度引导房地产开发企业加大对中小户型商品住房的供给，满足在保障性住房范围之外中低收入阶层及农村转移人口的住房需求。随着房地产市场形势及市场需求的改变，政府对房地产的定位也在逐步变化。2010 年之前房地产往往作为调控经济发展的政策工具，未形成房地产市场长效机制。2010 年之后政府调控房地产的基调逐渐明朗，促进房价和房地产市场稳定健康发展，突出房地产的居住属性而非投资属性，短期调控政策向长期调控机制转变过程中难免会有一个较长期的政策试错过程，开发企业在政策变化过程中面临的风险将加大。在政策环境和市场环境均改变的背景下，房地产通过简单规模化扩张获得丰厚利润的模式将难以持续。未来房地产开发企业要充分考虑新型城镇化发展过程中住房需求的新趋势新变化，提高房地产开发质量和水平，根据不同需求层次开发多元化的住房供给模式。

（2）优化商品房供给结构。传统城镇化发展模式下，大量人口从农村地区转移到城市，为城镇房地产市场提供了大量的住房需求。随着人口城镇化和生活城镇化水平的提升，旺盛的房地产需求和政府相对宽松的政策环境促使房地产开发企业获得可观的利润。在利润最大化的驱使下，房地产开发商更倾向于供给大户型住房和高档公寓及别墅，而普通居民家庭需求旺盛的中低价位和中小户型的房地产供给相对不足，供给结构的不合理导致房地产市场供求矛盾突出。新型城镇化强调人的城镇化，强调农村转移人口从半市民化向真正市民化的转变，住房是市民化的重要条件和保障，农业转移人口的持续增加将持续加大对中小户型和中低价位住房的需求。因此新型城镇化背景下，政府要通过政策引导，对于普通居民家庭及新转移人口具有大量需求的商品住房类型要给予财政税收和金融信贷利率优惠，通过政策引导房地产开发商调整房地产市场供给结构。

8.2.1.2 提高保障房供给水平及其与新型城镇化的协调

传统城镇化发展过程伴随着人口城镇化的快速提升，房地产市场需求的不断增加促进了商品住房价格快速上涨。房价上涨的背景下，大量中低收入等级人群购房支付能力不足。随着传统城镇化向新型城镇化转型，更多农村转移人口进入城市落户，需要政府保障其住房需求。为此，要促进保障性住房供给水平与新型城镇化的协调发展。

（1）促进保障性住房融资主体和融资模式的多元化。2010 年之前我国以经济适用房为主的保障性住房严重供给不足，中低收入等级人群住房得不到保障，生活城镇化水平低。2011 年之后政府加大了保障性住房的供给力度，保障性住房供给首先需要解决的就是资金支持问题，传统保障性住房供给的资金主要依靠住房公积金增值收益、土地出让净收益和一般预算安排等渠道得以保障。随着新型城镇化对保障性住房需求的进一步加大，政府进行保障性住房供给的资金压力将进一步加大。政府要通过保障性住房融资主体和融资模式的多元化，扩大保障性住房资金支持规模和水平。

一方面，促进融资主体多元化。保障性住房具有公益性和营利性低的属性，因此社会机构和个人资本在市场机制的作用下难以进入该领域获得收益。政府要充分考虑保障性住房的特征，明确保障性住房对融资主体多元化的需求，通过商业配套设施租售收入及财政兜底等方式制定优惠政策，增强市场主体的盈利预期，扩大保障性住房的融资主体，积极吸纳民间资本和社会机构资本进入保障性住房领域。

另一方面，促进融资模式多元化。保障性住房较为传统的融资模式主要是土地出让净收益提取、政府财政补贴、保险资金、企业中长期债券、房地产信托投资基金和信托资金等。未来可以通过开拓融资模式，促进多元化发展，扩大保障性住房资金供给规模。可以考虑制定优惠政策，如政府担保性质的保障房理财资金融资模式，以及优惠政策支持金融机构对保障房开发建设管理主体按揭贷款的融资模式等。

（2）完善保障性住房的进入退出机制。通过保障性住房融资主体和融资模式多元化促进保障性住房供给规模逐步扩大，有助于保障新型城镇化人口、生活和城乡一体城镇化不断提升产生的保障性住房需求。在扩大保障性住房供给的同时，要通过完善保障性住房的进入退出机制，促进保障性住房的有效利用，有效保障中低收入和农村转移人口的住房需求，通过动态调整和管理机制优化保障性住房的管理。

首先，完善保障性住房进入退出机制。其一，建立健全保障性住房的进入机制。在制定保障标准范围和界定保障对象时要考虑地区和时间阶段双重标准，进行动态调整，通过由窄到宽、由低到高的原则确定保障范围，对保障对象的界定要在完善居民收入档案信息系统的基础上建立城镇居民家庭收入监管制度。收入监管制度的建立健全需要政府、企业和银行多部门联合。其二，建立健全保障性住房的退出机制。城镇居民家庭收入具有动态变化的特征，随着居民收入的变化，其购房支付能力也发生变化。要建立保障性住房家庭收入的动态监测系统，完善相关法律规章制度，对相关人群进行清退，使保障性住房的供给对象为中低收入家庭。

其次，配备保障性住房专业管理人员并设立城市保障性住房管理机构。一方面，地方基层城镇缺乏保障性住房相关的政策执行、资金管理和监管的统一机构，主要依靠其他部门之间的多头管理，带来管理效率低下、居民申请程序复杂等诸多问题。未来需要设立专门的保障性住房管理机构，对保障性住房相关运营管理事务进行统一管理。另一方面，现阶段地方保障性住房缺乏统一的管理服务机构，相关管理人员主要是其他部门的兼职人员。未来可以通过公务员系统选拔或者从其他部门正式调入的方式增加保障性住房管理人员数量，通过专门管理人员的配备和培训提高其专业水平。

（3）注重区分保障房供给的区域差异。房地产市场具有典型的区域性特征，不同地区的房地产市场具有不同的特征。从前文对房地产市场发展水平的测度可知，发达地区房地产市场发展水平远高于其他地区房地产市场发展水平。虽然各地区之间房地产市场发展水平差距较大，但是中低收入等级人群之间的收入差距并不大。东部发达地区相对于中西部地区吸纳了更多的农村转移人口，承担了更大的人口转移压力。因此在保障性住房供给时要充分注重区域特征，扩大东部地区保障性住房供给力度。此外，要考虑当前城镇化发展过程中户籍人口城镇化率与常住人口城镇化率还有较大的差异。未来保障性住房要考虑在城镇就业但是没有城镇户籍的人群，新型城镇化发展背景下将保障性住房的范围扩大到非户籍人口也是外来保障性住房需要重点发展的方向。

8.2.2　提高房地产需求水平及其与新型城镇化的协调

新型城镇化是房地产市场需求的动力和基础，房地产市场需求通过促进房地产业发展及通过非常强的产业关联推动产业城镇化发展水平的提高。二者之间互动关联性强，在新型城镇化发展过程中，要注意区分房地产需求的不同类别，促进不同类别的需求与新型城镇化的协调发展。

8.2.2.1　促进刚性和改善性需求优惠政策的长期化制度化

房地产市场刚性需求和改善性需求是住房作为耐用消费品的基本属性，是居民主要的消费产品，也是城镇居民消费结构升级的重要方面。随着我国经济发展动力从投资为主导向消费为主导的转变，保障房地产市场消费需求是促进经济发展和新型城镇化顺利推进的重要环节，也是促进新型城镇化与房地产市场协调发展的重要举措。随着新型城镇化中生活城镇化水平的提升及农业转移人口户籍人口城镇化率的提升，未来相当长的时期城镇化仍将推动房地产市场消费需求的持续增长。政府需要有效区分刚性需求、改善性需求与投资投机性需求，充分保障居民对住房的刚性需求和改善性需求。相关决策部门需要细致甄别不同的住房需求，对中小户型和改善性需求住房（非高档公寓和别墅）予以利率和金融支持优惠。通过推进土地供给和差异化的信贷金融支持政策的长期化制度化，保障生活城镇化水平提高背景下居民对住房的刚性需求和改善性需求。

8.2.2.2　坚决抑制投资投机性需求

投资投机性需求造成房价的过度上涨，挤占了刚性和改善性需求空间，容易带来房地产市场泡沫风险，同时对金融安全和宏观经济稳定增长带来风险。因此要坚决抑制投资投机性需求，对投资投机性需求的抑制主要从经济手段和行政手段两方面着手。金融和财税政策是经济手段的主要方式。金融手段主要包括银行信贷和利率政策，要通过信贷和利率的调控有效抑制投资投机性需求。对于投资投机性需求，通过收缩性信贷及利率提高的方式缩小投资投机者的收益空间，提高其购房成本，遏制其购房的投资投机动机。财税政策也是抑制投资投机性需求的重要经济手段。通过加大住房持有环节的税收和管理，促进房产税试点范围的扩大并逐步在全国范围内扩展，通过持有环节成本的上升提高投资投机者持有成本并减少其出租出售收益。我们要充分吸取发达国家住房持有环节税收政策的成功经验，有效发挥税收政策对金融政策的补充，共同抑制投资投机性需求。除了经济手段，对房地产市场投资投机性需求最直接最快速的调控方式是行政性手段，2010 年和 2016 年两轮严厉的房地产宏观调控都伴随着行政手段的严厉实施，主要包括限购和限贷政策。前文的房地产宏观调控政策效应的实证分析充分证明了限购和限贷政策的有效性，其对不同类型城市房价均具有显著的负向影响作用。在投资投机严重的一二线城市，有必要推动这些政策的长期化制度化，稳定房地产市场主体预期，促进房地产市场稳定健康发展。

8.2.2.3 保障中等收入“夹心层”的住房需求

商品住房市场的稳定发展保障了收入较高等级人群的住房需求，保障性住房供给数量的增加对中低收入等级人群住房需求具有重要作用。中等收入人群在商品住房市场中具备一定的购房支付能力，但是商品住房支付能力偏低。同时其收入水平不满足保障性住房的要求，被排除在保障性住房的保障对象范围之外。商品住房支付能力偏低的中低收入居民家庭并不满足保障性住房的保障对象条件，一般通过商品住房市场进行抵押贷款购房。在收入有限和房贷过重的双重作用下，中等收入家庭住房消费支出与家庭总收入之间的比值过大，从而制约了中等收入家庭消费能力，影响社会总消费能力的有效提升，影响消费对国民经济社会发展的拉动作用。除了影响经济可持续发展，中等收入家庭的住房问题还可能会影响社会稳定和社会和谐发展，容易导致这部分人群对社会的不满。随着新型城镇化的发展，将有越来越多的城镇人口步入中等收入人群等级，中等收入人群的住房问题将更为突出。政府要采取合理的政策予以调控，高度重视“夹心层”的住房需求问题。

结合发达国家对中等收入“夹心层”住房需求保障的相关经验，本研究认为在新型城镇化背景下对中等收入“夹心层”住房需求的保障应主要从金融财税政策和住房补贴两方面着手。一方面，对于中等收入的住房需求要给予优惠的金融和财税政策保障。对于中等收入家庭的刚性需求和改善性需求，要在房地产金融信贷额度及利率折扣方面给予优惠支持。另一方面，给予购房和租房补贴。购房和租房补贴是发达国家支持中等收入居民家庭住房需求的主要途径。我国有条件的地区，可以通过先试点的方式对中等收入家庭购房和租房给予人头补贴。在试点的基础上，逐步向其他地区推广试点经验，扩大对中等收入的补贴区域范围和保障对象范围。

8.2.2.4 引导住房需求观念的改变

城镇化过程中大量农村人口向城市地区迁转，产生了对住房持续增长的需求，住房价格也持续高涨。房地产市场商品住房和保障性住房的供给也在持续增加，但是相对于住房需求仍然呈现出发展水平滞后的特征。新型城镇化的发展必然产生更多的住房需求，政府面临更严峻的住房保障问题。解决城镇居民的住房需求，除了保障好各层次的住房需求之外，还要引导我国居民住房需求观念的改变。我国居民传统家庭观念严重，普遍认为成家立业必须以购房为基础，从而推动了房价的上涨。而租房市场相对于买卖市场发展相对滞后，究其原因还是观念老旧。新型城镇化发展背景下，政府保障性住房供给压力和人口城镇化与生活城镇化的金融支持压力逐步加大，如果都靠购房方式保障居民住房需求，这与我国当前的经济发展阶段并不匹配。我国现在仍然为发展中国家，人均国内生产总值并不高，对于大量购房需求的保障水平有限。因此要引导居民改变传统观念，城镇家庭户户购房并不现实，在现阶段也不可能实现。要合理区分购房需求与住房需求的差别，住房需求可以通过购房和租房来实现，而购房需求只能通过购房来实现。要不断完善房地产租赁市场与买卖市场的协调发展，通过发放租房补贴等租赁优惠政策鼓励中低收入家庭通过租房方式解决住房问题。对于安家立业必须购房的传统观念，要重点引导婚龄人群，防止25—35岁年龄段的青年承受过重的房贷负担，引起严重的经济社会问题。通过租房市场与买卖市场的共同发展，提高房地产市场解决新型城镇中日益增加的住房需求问题的能力。

8.2.3 构建稳定房价形成机制及其与新型城镇化的协调

8.2.3.1 构建长期稳定的房价形成机制

房地产市场较为特殊的价格形成机制主要在于房产具有居住和投资双重属性。居住特性是房产具有居住功能的商品属性，因为人们对住房的必然需求导致其具有生活必需品属性，房地产市场刚性需求旺盛。满足人们居住需求的住房的价格主要由市场的供给和需求决定：当需求小于供给的时候，房价呈现出下降的趋势；当需求大于供给的时候，房价呈现出上升的趋势。此外，住房还具有投资属性，与一般商品的供求价格形成机制不同，住房除受到供求状况的影响，还受到市场主体价格预期的影响。市场主体预期价格下降，将会引起住房需求和住房价格下降。市场主体预期价格上升，将会引起住房需求和住房价格上升。2003 年房地产价格快速上涨以来，供给因素及预期因素对房地产市场均产生了重要的影响，供给偏紧及预期价格上升是近年来房价持续上涨的主要因素。

从西方发达国家房地产市场发展过程来看，很多国家都经过了房价大涨大跌的发展过程，导致房地产市场不稳定增长的主要原因是投资投机性需求影响了房产作为一般商品的属性，房地产供给和需求机制没有在房地产市场中发挥应有的作用。我国全面市场化以来虽然经历了较长时间的快速上涨过程，但是没有出现西方房地产市场中经历的大涨大跌阶段，根本原因在于房地产市场价格的主要决定因素是供给和需求，预期对房价的影响有限。本书前文中就新型城镇化对房地产市场的影响作用及影响程度大小进行了实证检验，引入房价预期的同时考察了预期对房价的影响。结果显示相对于其他考察的解释变量，房价预期对房价的影响作用相对最小。城镇化发展过程中的人口、产业和生活城镇化水平快速提升为房地产市场提供了大量的刚性和改善性需求，全面市场化以前的房地产市场需求在短时期内集中释放。未来虽然不会再像先前阶段出现集中释放的状况，但是房地产需求在新型城镇化的推动下会持续发展。因此在刚性需求和改善性需求持续稳定增长的情况下，需要形成稳定的价格形成机制，防止投资性需求对房地产市场的冲击。

长期稳定的房地产价格形成机制要做到以下几个方面：其一，坚持对投资投机性需求的严厉宏观调控。政府通过行政手段和经济手段对房地产市场的宏观调控起了很好地抑制投资投机性需求的作用。有必要在房价过高且上涨过快的地区促进宏观调控政策的长期化制度化，稳定市场预期，防止调控的短期性影响市场预期的稳定。其二，坚持对投资投机性房地产供给的严厉宏观调控。投资投机不仅是购房者的行为，房地产开发企业也有投资投机性行为。在房价过快上涨的形势下，房地产市场的高利润促使原有房地产企业迅速扩大房地产规模以及新的企业进入房地产市场投资，大量资本进入房地产市场导致房地产的快速发展。政府对房地产开发企业供给的调控主要体现在土地供给结构的源头控制及城市规划指导促进房地产供给规模和供给结构的合理化，保障普通居民家庭的住房需求。同时可借鉴西方发达国家经验，采用专业的技术手段合理制定房地产指导价格，房地产开发商供给价格要在指导价格合理区间内波动，对超过合理范围的房地产开发企业要通过法律政策制度进行制裁，有效避免房地产开发商在供求偏紧的市场状况下为了获得更高利润而制定过高的房地产价格。其三，抑制房地产价格过快上涨的同时要防范房地产价格过度下降的风险。虽然刚性需求和改善性需求是导致我国房地产价格快速上涨的最重要原因，但是房价预期对房地产价格依然发挥了一定的作用。由于房地产具有区域性特征，不同地区的房地产市场具有不同的供求状况和预期特征。在未来促进新型城镇化与房地产市场协调发展的过程中，要加强对房地产市场的监测并加强金融监管，对于房价大涨大跌要加以防范监管，各地有必要建立健全专门的房地产市场风险监管机构，防范房地产市场风险。

8.2.3.2 促进收入增长及收入分配公平

新型城镇化背景下生活城镇化水平的不断提升，加大了房地产市场的需求，促进新型城镇化特别是生活城镇化与房地产市场的协调发展。而生活城镇化水平的提升最重要的是依赖于居民收入水平的上升，居民收入水平上升要通过收入增长和收入分配公平来实现。

长期以来，我国在促进房地产价格健康发展方面往往忽视房地产价格与生活城镇化的关联性，重视房地产价格调控而忽略生活城镇化水平的提升。国民经济稳定发展是城镇居民家庭生活城镇化水平提升的必要条件，但是如果缺乏科学的初次分配及再分配制度，国民经济发展并不必然成为城镇居民家庭生活城镇化水平提升的充分条件。国民经济实现了较长期的快速稳定发展，但是城镇居民收入与国民经济增长相比发展速度较为缓慢，未来要促进国民经济增长与生活城镇化提升的协调发展。

收入差距也是导致居民购房支付能力不足的重要原因。笔者前期对房价收入比的研究显示：中等收入、中低收入和低等收入居民家庭购房支付能力均不足，中高收入和高等收入居民家庭具备较高的购房支付能力。也就是说城镇居民家庭60%的家庭均具有购房支付能力不足的问题，主要原因在于高等收入等级人群收入增速高于中低收入等级人群收入增速，不同收入等级人群之间的收入差距不断扩大。因此，促进生活城镇化与房地产市场的协调发展，除了提高居民收入占国民收入的比重之外，还要完善收入分配制度，通过收入的首次分配特别是再分配，促进中低收入等级人群的收入。一方面，通过初次分配提高居民收入比重。我国城乡居民收入占国民收入的比重一直以来偏低，近几年还有一定的下降趋势。因此要提高居民的生活城镇化水平，就要提高居民收入占国民收入的比重，提高城镇居民的生活城镇化水平。另一方面，通过税收调节机制及社会保障制度加强对中低收入家庭的支持力度。通过财税机制调节居民各收入等级之间的收入分配，增加对中低收入家庭收入的增长支持机制，加大对中高和高收入等级人群的税收调节。通过初次和再次分配，提高中低收入居民家庭生活城镇化水平，从而提高城镇居民家庭生活城镇化与房地产市场的协调发展。

8.2.4 促进土地市场稳定持续发展及其与新型城镇化的协调

8.2.4.1 提高土地市场居住用地供给比例

土地是房地产市场源头，其供应量和供给结构直接决定了房地产市场的土地供应量和土地价格。政府作为土地供应主体，应该深入考察房地产市场需求，根据需求把握好土地供应量及供给结构，通过土地供应促进房地产市场稳定健康发展。政府实施土地供应量和供给结构的有效调控，要深入研究房地产市场需求，加强对土地规划管理和供给计划的制定，通过平衡土地市场供求促进土地市场的稳定发展，为房地产市场的稳定健康发展奠定基础。其一，基于现阶段房地产居住用地比例偏低的问题，未来要增加居住用地的供给比重。逐步提高城市建设用地中居住用地的供给比例，适当降低工矿用地的供给量。其二，随着新型城镇化的持续推进，户籍人口和市民化人口越来越多，在土地供应中要考虑新转移人口特别是工资收入水平低的农民工的住房需求，适当增加针对这部分人群的政策性住房土地供应，保障新转移人口的住房需求。

8.2.4.2 减少地方政府的土地财政依赖

当前我国城市特别是大城市由于土地的稀缺性及土地供给结构的不合理，土地价格呈现出不断上涨的趋势，土地出让收入占地方政府财政收入的比重超过60%，地方政府对土地财政过度依赖带来地方债务风险和房地产市场风险。减少地方政府对土地财政的依赖应该从两方面进行：一方面，建立中央与地方间财权与事权相匹配的财政体制。当前地方政府土地财政依赖的最重要原因是地方政府财政收入有限，中央与地方财权与事权不相匹配的财政机制是地方政府财政收入不足的主要因素。地方债务不断增加，债务风险不断累积。改变当前土地财政的关键在于建立财权与事权相匹配的财政体制，通过规范的财政转移支付制度实现财权与事权相匹配，增加地方政府财力。另一方面，扩大地方政府财源。营业税、企业所得税和个人所得税是地方税体系中起主导作用的三个税种。随着营业税被增值税代替，而企业所得税和个人所得税也将纳入改革轨道，地方政府税收将无法得到保障。未来需要进一步扩大地方政府财政税收来源，缓解地方政府财政压力。一方面，通过扩大财产税征收范围及减少财政税税收优惠提高财产税税收；另一方面，按照遗产总额采用累进税税率征收遗产税，实现社会财富再分配，促进社会稳定公平发展。

8.2.4.3 宏观调控政策的持续性

控制房价和地价的过快上涨，市场的作用固然重要，政府的宏观调控作用更为快速和显著。地价对房价具有重要的影响作用，第6章实证检验新型城镇化对房价影响作用的分析中，笔者将土地价格作为重要控制变量，分析了新型城镇化重要指标和土地价格对房价的影响。实证结果显示土地价格对房价具有显著的正向影响作用，在所有的影响因素中，土地价格对房价的贡献率达到19.08%，仅次于新型城镇化中的生活城镇化指标城镇居民人均可支配收入对房价的影响，在所有对房价的影响因素中排名第二。国内很多其他学者也证明了房价对地价具有重要的推动作用。在房价与地价的互动影响下，地价与房价呈现螺旋上涨的趋势。现阶段，政府的宏观调控抑制了投资和投机性住房需求，打击了开发商囤地、捂地等行为。调控效果能否持续的关键在于严厉的调控政策能否持续。未来要促进宏观调控政策特别是热点城市的调控政策长期化、制度化，降低土地市场热度，进而促进房价的稳定健康发展。

8.2.5 促进房地产金融稳定健康发展及其与新型城镇化的协调

8.2.5.1 健全多层次的金融支持体系

我国当前房地产需求和房地产供给的主要贷款来源是银行贷款，银行信贷向房地产市场聚集的程度也很高。在银行持有大量房地产作为抵押资产时，房价上涨将会改善银行盈利状况和资本充足率，扩大银行资产规模。银行资本规模的扩大又能进一步扩大对房地产领域的资金供给，反过来又会促进房价的进一步上涨。大量学者的研究表明银行贷款利率与房价具有显著的负相关关系，房贷利率下降致使银行信贷迅速扩张和金融创新发展。但是当实体经济发展无法支撑过快增长的银行信贷资金时，大量资金流入资本市场导致资金价格过高且过快上涨，容易导致金融风险和金融危机。为了预防房地产导致的金融风险，有必要健全完善金融市场，建立各层次的房地产金融支持体系。建立银行以外的银行替代金融机构，提高其在金融市场中的金融资产占比，有效防范金融风险。

8.2.5.2 提高政府金融支持能力

提高政府金融支持能力可以从以下三方面着手：其一，增加地方政府财政收入，提高其财政支出能力。地方政府是城市基础设施和公共服务的供给主体，对房地产市场及新型城镇化的发展具有极其重要的作用。2016 年 5 月 1 日“营改增”在全国全面实施，中央与地方增值税分成比例由原来的 3∶1 调整为 1∶1。地方政府虽然增值税收入有所增加，但是营业税税源消失，增值税税收增加额难以弥补营业税税收减少额，地方政府财政压力进一步加大。在“营改增”背景下，需要多方面着手扩大地方财政来源：通过提高土地税税率增加土地税财政收入，提高城镇空间集约利用水平；通过征收房产税增加财产税收入，同时促进房地产市场稳定健康发展；提高中央对地方一般转移支付，进而优化转移支付结构，促进地方政府根据实际公共服务需求因地制宜统筹安排财政支出。其二，完善政绩考核标准。当前对政府的考核标准主要是 GDP 和财政收入标准，这也是传统城镇化和传统经济发展模式重速度轻质量的必然结果。随着经济发展方式和城镇化发展模式的转型，以人为本以及实现人的全面发展成为经济社会和城镇化发展的新目标。在新发展目标下要完善现有考核标准，将原有唯 GDP 和财政收入至上的考核标准改变为经济增速、居民收入增速、产业发展及创新、土地集约利用强度、资源消耗强度、城乡一体化程度及资源优化程度等多指标的综合考量体系。其三，建立多元化的公共融资体制。当前地方政府是城市基础设施和公共服务的主要提供者，城镇基础设施和公共服务特性决定了地方政府必然为主要投资者。可以通过融资方式的多元化促进多元化融资主体的构建，改变当前地方政府城镇化建设主导者的功能定位，将主导者改变为引导者，通过多元化融资主体模式的构建促进城镇建设资金的多样化和多元化，降低地方政府城镇化融资的压力。

8.2.5.3 完善风险的防范控制

银行信贷是当前房地产金融支持的主要资金来源，对于房地产市场健康稳定发展具有重要影响。由于房地产金融资金来源过于单一，房地产市场与金融市场相互作用的过程中容易引致金融风险，需要加大对风险的防范控制。具体应做到如下几点。

其一，建立健全金融监控体系。要加强对房地产金融的风险防范工作，建立健全金融监控体系。加强对房地产开发企业和购房者抵押贷款方面的风险防范。在应对房地产开发企业信贷风险方面，要加强信贷政策的完善并加强对房地产开发企业经营及信用状况的考察，综合研究制定动态调整的房地产企业信贷规模和标准。在应对购房者信贷风险方面，要不断完善购房者抵押贷款风险管理政策制度，建立健全购房者抵押贷款的风险防范机制。在有效防范企业和消费者信贷风险的基础上，通过法律制度加强对金融体系的保障和引导，不断完善信息披露制度和金融法律政策制度。此外还要通过促进金融体系的改革，健全金融监控体系，主要措施包括降低金融行业准入门槛和推进利率汇率市场化改革等。

其二，建立健全房地产金融风险监测预警体系。一方面，银行金融机构应该健全全面和及时的房地产市场预警预测指标体系，实时掌握房地产市场发展现状及未来变动趋势；另一方面，应该加强房地产金融指数的预警指标及预警指数的长期监测监管，构建房地产信贷及利率监测预警指标体系，防范房地产金融市场风险。

8.3 强化政府在促进协调发展中的作用

8.3.1 明确政府的引导作用

新型城镇化强调以人为本和注重人的全面发展，同时房地产问题具有民生性的特征，政府要发挥对新型城镇化与房地产市场协调的引导作用。前文定量测度结果表明当前房地产市场发展水平明显低于新型城镇化发展水平，对新型城镇化以人为本实现住有所居带来了挑战。在市场机制无法促进两系统有机协调发展的前提下，政府需要加强对房地产市场的引导管理，提高房地产市场供给侧的房地产供给和土地市场发展水平，同时加强保障性住房的积极作用。长期以来地方政府热衷于促进房地产市场的发展，忽视了住房的民生性质。由于居住权属于居民家庭的基本权利，土地及住房具有稀缺性，房地产开发商有逐利性，新型城镇化建设中六种分类城镇化的发展均对房地产市场发展提出了新需求，房地产完全市场化无法解决所有收入等级居民家庭特别是中低收入居民家庭的住房需求问题，满足不了新型城镇化发展的需求。新型城镇化发展离不开房地产市场发展的有效支撑，房地产市场发展也离不开新型城镇化提供的新的发展动力。新型城镇化与房地产市场协调发展是关系农村转移人口安居乐业及新型城镇化以人为本核心能否实现的重大问题，所以中央及地方各级政府都要高度重视新型城镇化与房地产市场发展的相匹配相协调。

新型城镇化与房地产市场发展水平不匹配的现实也要求政府发挥引导作用。从前文定量分析结果可以看到，我国新型城镇化综合发展水平 2018 年仅为 0.65，且各分类城镇化之间发展不均衡，生活城镇化和空间城镇化水平低于其他类型城镇化，为新型城镇化发展水平的持续提升带来了挑战。房地产市场综合发展水平 2018 年仅为 0.54，且各分类房地产之间发展不均衡，供给侧的房地产市场发展水平低于需求侧的房地产市场发展水平，是近年来房价过高且过快上涨的重要原因。从新型城镇化与房地产市场之间的协调发展水平来看，2018 年新型城镇化内部协调度在近年来新型城镇化政策的大力推动下达到 0.80，但是这也只是弱基础型的高度协调，因为各分类城镇化未达到高度发展水平。房地产市场内部的协调度仅为 0.72，新型城镇化与房地产市场之间的协调度也仅为 0.77，都没有达到高度协调的水平。鉴于新型城镇化与房地产市场存在的问题，未来促进二者进一步协调发展需要政府积极发挥引导作用；同时又要防止政府在以市场机制为主的过程中过度干预而阻碍市场发挥作用。应主要从两方面把握好政府的引导作用：一是找准政府引导的着力点，二是完善政策制度软环境。

8.3.2 找准政府引导的着力点

政府在促进新型城镇化与房地产市场协调发展的过程中，应着重从以下几个方面着手：第一，强化财政与政策性融资的作用；第二，支持基础设施和公共服务建设；第三，支持农业转移人口的生活城镇化；第四，支持非农产业和农业现代化的发展，提高城乡一体城镇化发展水平。

8.3.2.1 加强财政与金融的支持引导作用

一直以来，在我国传统城镇化建设过程中财政及政策性金融发挥着主要的资金支持作用。随着新型城镇化的推进，综合全面协调的城镇化对资金的需求必然会进一步加大，市场化的多元化融资主体和融资渠道成为新的发展趋势。基础设施和公共服务的公共产品属性决定了在城镇化建设中，财政与政策性金融仍然会发挥重要的作用。在新型城镇化建设及其与房地产市场的协调发展过程中，财政和金融的支持引导作用主要体现在以下几方面：第一，增强政府投资力度，提高地方政府投资基础设施、公共服务和保障性住房的能力水平。提高新型城镇化尤其是生活城镇化的资金支持力度，同时提高房地产供给侧保障性住房的供给水平。第二，增加地方政府投资力度的同时扩大地方政府融资来源，保障财政和金融支持的供求平衡。银行信贷等间接融资方式是传统城镇化主要的融资渠道。随着新型城镇化及其与房地产市场协调发展对资金需求的加大，未来要通过合理发行城投债及积极引入民间资本的方式扩大融资渠道，积极发挥间接融资对直接融资的补充作用。第三，鼓励民间资本和商业性金融机构参与新型城镇化建设。通过税率、利率、税收减免和贴息等鼓励性政策加大民间资本和商业性金融机构资本对新型城镇化建设的支持力度。第四，加大政策性金融对新型城镇化建设的支持力度。政策性金融机构具有社会性、公益性和超前性的特征，在新型城镇化建设中的基础设施和公共服务建设领域，要积极发挥政策性金融的作用。第五，要加强人民银行和银监局等金融监管机构对信贷政策的引导和窗口作用。为了加强金融机构和企业参与新型城镇化建设的资本支持力度，可以帮助搭建政银企对接平台和融资服务平台，发挥政府的对接和服务引导功能，同时强化监督作用。在促进企业和民间资本加大新型城镇化建设引导作用的过程中，要积极引导各类资本对新转移人口生活城镇化以及农业现代化进行支持。

8.3.2.2 支持基础设施与公共服务建设

支持基础设施和公共服务建设一直以来都是政府城镇化建设中的重要工作，新型城镇化建设对基础设施和公共服务的需求更大，政府仍然需要发挥支持基础设施建设和公共服务的职能。

一方面，政府要加大基础设施建设，保障居民不断提高的生活需求。从基础设施的内涵来看，最重要的是城镇物质工程设施，涉及企业生产和居民的基本生活，主要涵盖能源物质工程设施、交通物质工程设施、邮政通信物质工程设施和环保物质工程设施，是保障城镇企业生产和居民基本生活的物质硬件。政府要通过能源设施的配套完善保障居民和企业生产生活的能源消费需求，通过配套完善道路交通工程设施保障居民和企业生产生活的交通便利性和通达性，通过邮政通信设施的配套完善保障居民和企业生产生活的通信需求，通过提高生态环境保护水平保障居民企业生产生活的质量。能源、交通、邮政通信和环保物质基础设施的建设完善均需要政府的积极支持和引导，新型城镇化建设中的基础设施建设是政府重点建设和支持的领域。

另一方面，政府要建立健全公共服务体系，提高居民生活城镇化水平。公共服务是政府为居民提供的具有共同消费性质的物品和服务，包括社会保障、就业、教育和医疗等方面。公共服务水平是反映城市经济发展综合水平的总标志，是人口决定居住生活区域的重要考察因素。新型城镇化强调人的城镇化，强调促进人的全面发展，公共服务水平是保障全面发展的重要基础，是保障居民基本生活需求和生活质量的基础条件。传统城镇化中城镇数量和规模迅速扩大，但是优质公共服务资源主要集中在城市中心地区及大城市，出现城市之间及城市内部的不均衡发展问题。在新型城镇化推进过程中，要避免传统城镇化中的不均衡，促进中小城镇、城市外围地区和农村地区的公共服务发展，以此推进各区域之间的公共服务均等化和城乡之间的公共服务均等化，真正体现新型城镇化协调发展要义。

8.3.2.3 支持农业转移人口的生活城镇化

生活城镇化是新型城镇化的核心，是我国城镇化发展的意义所在。生活城镇化的发展，离不开政府的大力支持。提高新型城镇化发展水平需要从以下几个方面着手：其一，加大对农业转移人口的住房支持力度。住房是农村人口向城市转移需要首先解决的问题，是居民安家立业之本。政府需要针对农业转移人口特征，逐步加大保障性住房的保障范围，在新型城镇化试点的基础上推广有效经验，促进农业转移人口的住房得到有效解决。除了保障性住房，商品住房也是解决农业转移人口住房问题的重要途径。政府需要针对不同住房需求等级人群制定差别化住房信贷政策，在严厉打击投资投机性需求的同时保障转移人口对首套房和中小户型住房的刚性需求，保障刚性需求者的住房需求，在信贷规模及利率方面给予刚性需求者特别是农业转移人口优惠政策。其二，强化对农业转移人口就业与创业的支持力度。产业是城镇化的基础，是吸纳人口就业的支撑。政府要加大对中小企业的金融支持力度，促进中小企业发展，增强其就业吸纳能力。同时通过多种政策鼓励有创业意愿的人口进行创业，扩展就业面和就业渠道。其三，要加大对农业转移人口社会保障、教育和医疗等公共服务的支撑和金融支持力度。政府要通过政策制度提高农业转移人口的社会保障水平，在城市落户、社会保障及子女入学等方面出台相关政策保障农业转移人口的公共服务需求。同时加大对农业转移人口落户和社会保障的财政支持力度，将农村转移人口落户和社会保障人数作为财政支持的重要考核指标。

8.3.2.4 提高非农产业和农业现代化发展水平

产业城镇化是新型城镇化的基础，非农产业发展是新型城镇化顺利进行的重要支撑。同时新型城镇化以城乡一体城镇化为目标，促进城镇产业发展的同时，也要通过农业现代化促进农村经济的发展，实现城乡一体城镇化的目标。

一方面，促进非农产业发展，在国际国内形势的作用下积极促进产业结构调整升级。随着经济社会发展，工业化和城镇化均进入中后期发展阶段，传统城镇化过程中的传统产业逐渐向新型城镇化中的技术和知识密集型产业转变，创新驱动替代简单加工和技术模仿，东部发达地区劳动密集型产业逐渐向中西部地区转移。要充分发挥小城镇的优势，承接国内发达区域的产业转移，通过小城镇的产业融合带动城乡一体城镇化发展。在促进产业城镇化与房地产市场协调发展方面，房地产业的转型升级是产业城镇化的关键内容，房地产业在多年粗放型增长后面临刚性需求疲弱和人们对房地产需求层次提高的状况，也面临着从满足居民基本居住需求向更高层次更多元化需求的转变。

另一方面，发展农业现代化，通过农业现代化缩小农村与城市差距。传统城镇化发展过程中大量青壮年劳动人口向城市转移，促进了城市经济快速发展，同时也造成了农村经济发展的滞后。新型城镇化以缩小城乡差距和城乡一体化为发展目标，必然需要促进农业现代化的发展，缩小农村经济和城市经济之间的差距。由于农业现代化具有金融依赖性强的特征，所以政府促进城乡一体化就必须发挥其对农业现代化的金融支持力度。第一，完善农村金融体系为农业提供全面服务。农村金融对农村经济发展和农业现代化发展具有重要的资金支持保障的作用，要建立完善的多种形式的农村金融机构和农村金融支持制度，保障农业现代化发展的资金需求。第二，完善基层财政和金融对农业现代化的支持力度。农业现代化的金融支持具有短期盈利水平低的特征，政府要加强对金融支持的引导，通过完善相关政策制度，引导优化财政和金融对传统农业转型为现代农业的资金支持规模和结构。第三，针对农业发展风险性较大的特征，要通过政府完善农业保险制度，有效化解农业易受天气影响的问题。易受自然因素影响的特征决定了农业具有高风险，农业现代化的发展需要政府引导，进行风险转移和分散，使农业保险在农业现代化转型中发挥积极作用。

8.3.3 完善政策制度软环境

从上述分析中我们知道政府需要在基础设施和公共服务、生活城镇化、城乡一体城镇化方面发挥积极引导作用。政府引导作用发挥的途径主要是通过完善相关政策制度来推动重点引导领域的发展，政府政策制度软环境的改善是新型城镇化和房地产市场协调发展的重要保障。

8.3.3.1 财权与事权相匹配的财税体制

当前城镇化建设和房地产市场发展受中央与地方财权与事权不相匹配的财税政策制度的限制，资金支持不足。未来要促进新型城镇化与房地产市场的发展，需要建立中央与地方合理分权的财税体制。首先，最重要的是要建立中央与地方合理的财权与事权相匹配的财税机制，在财权方面扩大地方政府税源，在事权方面适当增加中央政府事权，减少地方政府负担，通过中央与地方财税机制的调整提高地方政府金融支持城镇化建设和房地产市场的能力。其次，扩大地方政府税源。可以通过提高和增设土地税率完善土地相关税制，提高土地税率可以针对土地占用税和土地增值税实施。增设土地税税率可以针对空地税实施。通过土地税税率的完善，有效增加地方政府财政收入，集约利用土地，促进空间城镇化优化发展，提高金融支持水平与空间城镇化协调发展水平。未来应逐步完善地方政府税收体系，通过扩大房产税试点范围积累经验，积极稳妥推进房产税改革。扩大地方政府财源的同时有效调控房地产市场，严控投资投机性需求，提高普通城镇居民购房支付能力。

8.3.3.2 构建城乡一体的土地市场制度

传统城镇化过程中城乡二元的土地市场制度阻碍了城乡一体城镇化的发展，也阻碍了城乡一体房地产市场的发展。建立城乡一体的土地市场制度能够有效降低城镇化建设费用，保障城镇化中企业和转移人口的权益，对于促进城乡一体城镇化和城乡一体的房地产市场发展具有重要作用。构建城乡一体土地制度要遵循集体土地和国有土地同权同价的原则，通过土地规划的指导，政府要改革现有土地制度，允许农村非农用地灵活进入土地市场交易，保障农民获得土地增值收益和土地红利。同时通过非农用地的市场化，推动农村住宅有效进入市场，促进城乡房地产市场的对接与协调发展。城乡一体土地制度的建立，不是盲目放宽农村集体用地的市场化，需要建立健全相关政策制度，确保农村土地的合理合规利用。要完善农村土地产权的管理制度，加强对农村流转土地用途的严格管制。基于土地红利共享目标，建立城乡一体的自由竞争土地市场，从而增强农村转移人口的资金支持，缓解城镇土地资源紧张及房地产市场过热的现状，促进城乡一体城镇化与房地产市场的协调发展。

8.3.3.3 改革政绩考核机制

当前对政府的考核标准主要是 GDP 和财政收入标准，这也是传统城镇化和传统经济发展模式重速度轻质量的必然结果。必须加快政府职能转变，确保公共基础设施建设得到最大的财力保障，将有限的公共资源用于社会公益性和基础性领域事业的发展。要实现这一目标，在新发展目标下要完善现有考核标准，将原有唯 GDP 和财政收入至上的考核标准改变为经济增速、居民收入增速、产业发展及创新、土地集约利用强度、资源消耗强度、城乡一体化程度及资源优化程度等多指标的综合考量体系。随着地方政府官员政绩考核机制向民生和社会的转变，其对基础设施、公共服务和保障性住房建设的重视必然会增强，从而推动新型城镇化与房地产市场协调发展水平的提升。

9　结论与展望

本书通过“理论架构—实证分析—政策建议”的系统研究设计，采取定性与定量相结合、规范与实证相结合的方法系统全面研究了新型城镇化与房地产市场的协调发展关系。研究内容主要分为三部分：理论架构、实证分析、政策建议。首先，通过内涵特征界定、文献梳理述评及基础理论总结构建了本书研究的理论基础架构，分析了新型城镇化与房地产市场的互动影响。其次，在理论分析的基础上，通过四部分内容全面实证分析新型城镇化与房地产市场互动协调发展状况：一是定量测度新型城镇化发展水平并实证检验新型城镇化综合试点政策有效性；二是定量测度房地产市场发展水平并实证检验政府房地产宏观调控政策有效性；三是实证检验新型城镇化与房地产市场互动影响；四是定量测度新型城镇化与房地产市场协调发展水平。最后在理论与实证分析的基础上，基于协调发展视角提出促进新型城镇化与房地产市场协调发展的政策建议。研究结果表明：

（1）在传统城镇化不协调及不可持续的反思中提出的新型城镇化，更加注重协调性与可持续性。协调性不仅强调新型城镇化内部的协调，也强调新型城镇化与外部系统的协调。在外部系统中，房地产市场与新型城镇化发展具有紧密关联性，两系统之间相互影响相互作用。对新型城镇化与房地产市场协调发展状况的系统研究具有重要理论与实践意义。

（2）新型城镇化与房地产市场协调发展包含三个方面：新型城镇化内部协调发展，房地产市场内部协调发展、新型城镇化与房地产市场之间协调发展。第一，新型城镇化是由人口、产业、空间、生活、资源环境和城乡一体六种分类城镇化构成的综合系统，新型城镇化内部协调是六个子系统之间的协调发展；第二，房地产市场是由房地产供给、需求、价格、土地和房地产金融构成的综合系统，房地产市场内部协调是五个子系统之间的协调发展；第三，新型城镇化与房地产市场之间协调发展是两系统之间发展相匹配、相协调，通过新型城镇化与房地产市场的相互作用而形成的系统间良性循环态势。

（3）新型城镇化综合发展水平和分类城镇化水平均在不断上升，但是还未达到高度发展水平。2000—2018 年全国新型城镇化综合指数从 0.26 上升到 0.65，新型城镇化水平不断提升，但是距离高度发展水平还有较大差距。各分类城镇化发展水平有较大差距，2018 年城乡一体、资源环境、产业和人口城镇化发展水平分别达到 0.71，0.69，0.67 和 0.66。相比之下，生活和空间城镇化指数值分别是 0.64 和 0.60，空间优化水平和生活水平有待进一步提升。

（4）房地产市场综合发展水平和分类发展水平均在不断上升，但是远未达到高度发展水平。2000—2018 年全国房地产综合指数从 0.11 上升到 0.54，全国房地产市场综合发展水平呈现不断上升的趋势，但 2018 年房地产综合指数仅为 0.54，处于中高发展水平，房地产市场发展水平有待提高。房地产市场综合发展水平的提高依赖于五个子系统的全面提升，但是房地产供给水平和土地市场水平严重滞后于房地产需求、房地产金融和房价发展水平。2018 年房地产需求、金融和价格指数分别为 0.63，0.61 和 0.57；相比之下，房地产供给指数和土地市场指数 2018 年分别只有 0.48 和 0.39，远低于需求侧指数和价格指数。供给侧发展水平滞后是近年来房价快速上涨的重要原因。

（5）新型城镇化和房地产市场政策对于促进协调发展具有重要作用。笔者引入新近几年开始使用的政策评价方法——合成控制法，实证检验了新型城镇化综合试点政策对试点地区户籍人口城镇化率的影响。研究结果表明新型城镇化综合试点显著提高了试点地区的户籍人口城镇化率。采用合成控制法对 2016 年和 2017 年新一轮房地产宏观调控政策进行了实证检验，检验结果表明房地产宏观调控政策对不同类型城市房价均有显著的负向影响作用，但是对不同类型城市的影响程度不同：一二线城市房价下降幅度大于三四线城市，政策有效期也长于三四线城市。实证结果表明政府政策的实施对新型城镇化水平的提高和房地产市场的健康发展具有显著作用，因此要发挥政府在促进新型城镇化和房地产市场发展中的引导作用。

（6）理论和实证检验表明新型城镇化与房地产市场相互作用相互影响。在理论分析两系统之间互动关系的基础上，本书引入一种全新的方法——基于 R^2 的相对重要性分解。R^2 分解方法不仅可以实证检验自变量对因变量影响的显著性，还可以检验各自变量对因变量影响程度的大小。本书分别实证检验了新型城镇化对房地产市场的影响及影响程度的大小，以及房地产市场对新型城镇化的影响及影响程度的大小。实证结果表明新型城镇化对房地产市场具有显著的正向影响作用，房地产市场对新型城镇化也具有显著的正向影响作用。这充分说明了两系统之间的互动影响作用，为定量测度两系统之间的协调发展奠定了实证基础。

（7）在新型城镇化内部协调度及房地产市场内部协调度不断上升的支撑下，新型城镇化与房地产市场之间的协调发展水平不断提升。2000—2018 年两系统间协调指数从 0.38 上升到 0.77，从较低协调水平提升到较高协调发展水平。两系统之间协调发展水平的提升对于经济社会的进步起了重要的促进作用，但是也要认识到当前系统间的协调发展还存在以下问题：第一，虽然协调发展水平呈现出不断上升的趋势，但是 2018 年协调发展指数为 0.77，还未达到高度协调发展水平状态。系统间协调发展水平的提高有待于新型城镇化与房地产市场各自发展水平的继续提升。第二，2018 年全国新型城镇化综合指数和房地产市场综合指数分别为 0.65 和 0.54，新型城镇化和房地产市场发展水平都未达到高度发展水平，且房地产市场发展水平滞后于新型城镇化发展水平，严重影响居民的居住和生产生活。因此，要进一步提升新型城镇化与房地产市场发展水平，促进两系统之间的协调发展。

（8）促进新型城镇化与房地产市场协调发展应从三方面着手：第一，促进新型城镇化发展水平及其与房地产市场的协调发展。提出促进人口、产业、空间、生活、资源环境及城乡一体城镇化发展水平及其与房地产市场协调发展的政策建议。第二，提出促进房地产市场供给、需求、价格、土地和房地产金融发展水平及其与新型城镇化协调发展的政策建议。第三，强化政府在协调发展中的引导作用。明确政府的引导作用，找准政府引导作用的着力点，完善相关政策制度软环境。

本书在文献梳理及理论总结的基础上，构建了新型城镇化与房地产市场的综合指标体系，在三级指标的选取和量化上还属于探索和尝试阶段，仍有进一步完善的空间。限于数据的可获得性，对新型城镇化和房地产市场协调发展水平的考察主要针对全国 30 个省级层面的数据，尚不能反映不同层级地区两系统的协调发展水平。针对以上不足，后续研究可以从以下方面进行改进：改进度量新型城镇化和房地产市场衡量指标体系并扩大样本范围，以深入了解不同层级地区新型城镇化与房地产市场协调发展状况。

参考文献

1. 王小鲁. 城市化与经济增长 [J]. 经济社会体制比较，2002 (1)：23 -32.

2. 李金昌，程开明. 中国城市化与经济增长的动态计量分析 [J]. 财经研究，2006 (9)：20 -31.

3. 沈凌，田国强. 贫富差别、城市化与经济增长：一个基于需求因素的经济学分析 [J]. 经济研究，2009 (1)：17 -29.

4. 蔺雪芹，王岱，任旺兵. 中国城镇化对经济发展的作用机制 [J]. 地理研究 2013 (4)：101 -110.

5. 王婷. 中国城镇化对经济增长的影响及其时空分化 [J]. 人口研究 2013 (5)：55 -69.

6. 程莉，周宗社. 人口城镇化与经济城镇化的协调与互动关系研究 [J]. 理论月刊，2014 (1)：119 -122.

7. 杨浩昌. 中国城镇化对经济增长的影响及其区域差异：基于省级面板数据的分析 [J]. 城市问题，2016 (1)：60 -65，93.

8. 祝培甜，李树枝. 我国城市人均建设用地和人均居住用地研究 [J]. 国土资源情报，2018，213 (9)：49 -52.

9. 张庆丰，罗伯特. 克鲁克斯. 迈向环境可持续的未来：中华人民共和国国家环境分析 [M]. 北京：中国财政经济出版社，2013.

10. 赫茨勒. 世界人口的危机 [M]. 何新译，北京：商务印书馆，1963.

11. 沃纳. 赫希. 城市经济学 [M]. 刘世庆，等，译，北京：中国社会科学出版社，1990.

12. 山鹿城次. 城市地理学 [M]. 武汉：湖北教育出版社，1986.

13. 仇保兴. 新型城镇化：从概念到行动 [J]. 理论参考，2013 (5)：13 -15，26.

14. 张占斌. 新型城镇化的战略意义和改革难题［J］. 国家行政学院学报，2013（1）：50－56.

15. 倪鹏飞. 新型城镇化的基本模式、具体路径与推进对策［J］. 江海学刊，2013（1）：88－95.

16. 杨慧，倪鹏飞. 金融支持新型城镇化研究：基于协调发展的视角［J］. 山西财经大学学报，2015，37（1）：1－12.

17. 刘静玉，刘玉振，邵宁宁. 河南省新型城镇化的空间格局演变研究［J］. 地域研究与开发，2012，31（5）：143－147.

18. 张引，杨庆媛，李闯. 重庆市新型城镇化发展质量评价与比较分析［J］. 经济地理，2015（7）：81－88.

19. 王新越，宋飏，宋斐红. 山东省新型城镇化的测度与空间分异研究［J］. 地理科学，2016，34（9）：1069－1076.

20. 刘翔. 河南省新型城镇化与美丽乡村建设耦合研究［J］. 中国农业资源与区划，2019，40（1）：79－83.

21. 曾志伟，汤放华，易纯，等. 新型城镇化新型度评价研究：以环长株潭城市群为例［J］. 城市发展研究，2012（3）：131－134.

22. 杨剩富，胡守庚，叶菁，等. 中部地区新型城镇化发展协调度时空变化及形成机制［J］. 经济地理，2014，34（11）：23－29.

23. 陈文胜，陆福兴，王文强. 以体制机制改革创新推进新型城镇化：关于“国家新型城镇化综合试点县市”湖南省资兴市的调研报告［J］. 经济论坛，2016，30（1）：109－111.

24. 黄静晗，郑传芳. 新生中小城市农业转移人口市民化公共成本测算：基于福建省首批新型城镇化综合试点的实证［J］. 福建论坛（人文社会科学版），2015（12）：168－174.

25. 薛选登，张一方. 新型城镇化进程中“逆城镇化”的新态势与路径探讨［J］. 经济纵横，2017（1）：42－45.

26. 谢传会，程业炳. 安徽省新型城镇化发展进程中的问题与对策研究［J］. 呼伦贝尔学院学报，2018，26（6）：88－92，97.

27. 谭博文，宋伟，陈百明，等. 基于空间核密度的新型城镇化实验区农村居民点变化研究：以天津市蓟州区为例［J］. 中国农业资源与区划，2018，39（5）：188－197.

28. 郭晨，张卫东．产业结构升级背景下新型城镇化建设对区域经济发展质量的影响：基于 PSM－DID 经验证据［J］．产业经济研究，2018，96（5）：82－92.

29. 况伟大，马一鸣．物业税、供求弹性与房价［J］．中国软科学，2010，25（12）：27－35.

30. 丁杰，李仲飞．开发商行为、土地管制与住房供给的动态调整［J］．当代财经，2014，35（9）：18－27.

31. 刘学良．中国城市的住房供给弹性、影响因素和房价表现［J］．财贸经济，2014，35（4）：125－136.

32. 邹至庄，牛霖琳．中国城镇居民住房的需求与供给［J］．金融研究，2010，53（1）：1－11.

33. 张所地，范新英．基于面板分位数回归模型的收入、利率对房价的影响关系研究［J］．数理统计与管理，2015，34（6）：1057－1065.

34. 鞠方，雷雨亮，周建军．房价波动、收入水平对住房消费的影响：基于 SYS－GMM 估计方法的区域差异分析［J］．管理科学学报，2017，20（2）：32－41.

35. 任荣荣，郑思齐，龙奋杰．预期对房价的作用机制：对 35 个大中城市的实证研究［J］．经济问题探索，2008，28（1）：145－148.

36. 况伟大．预期、投机与中国城市房价波动［J］．经济研究，2010，55（9）：67－78.

37. 孙伟增，郑思齐．居民对房价的预期如何影响房价变动［J］．统计研究，2016，33（5）：51－59.

38. 刘琳，刘洪玉．地价与房价关系的经济学分析［J］．数量经济技术经济研究，2003，19（7）：27－30.

39. 宋勃，高波．房价与地价关系的因果检验：1998—2006［J］．当代经济科学，2007，29（1）：72－77.

40. 王岳龙．地价对房价影响程度区域差异的实证分析：来自国土资源部楼盘调查数据的证据［J］．南方经济，2011，29（3）：29－42.

41. 梁云芳，高铁梅．我国商品住宅销售价格波动成因的实证分析［J］．管理世界，2006，35（8）：76－82.

42. 胡宗义，刘亦文，戴钰．基于 MTV 模型的中国房价与股价动态关系研究［J］．统计与信息论坛，2009，24（6）：77－82.

43. 余元全，康庄．房价与股价的互动关系研究：基于重庆市的实证分析［J］．价格理论与实践，2009，29（7）：66－67.

44. 郭祎达，张洪．我国股票市场与房地产市场相关性研究［J］．东北财经大学学报，2009，11（2）：8－12.

45. 叶欣，王婕．宏观经济环境下我国银行贷款和房价动态影响关系：基于SVAR模型的实证分析［J］．管理评论，2013，25（9）：62－71.

46. 孟庆斌，荣晨．宏观经济因素对房地产价格的长短期影响［J］．统计研究，2014，31（6）：25－32.

47. 张红，李林峻，李维娜．房价与宏观经济关系的实证检验［J］．统计与决策，2017，33（22）：155－158.

48. 彭本红，郭小群．我国房地产业发展水平差异分析及政策建议［J］．华东经济管理，2008，22（10）：65－67.

49. 王雪青，陈媛，刘炳胜．中国区域房地产经济发展水平空间统计分析：全局Moran's I、Moran散点图与LISA集聚图的组合研究［J］．数理统计与管理，2014，33（1）：59－71.

50. 程前昌．中国房地产业发展水平的区域差异分解［J］．地理与地理信息科学，2014，30（4）：63－67.

51. 苏艳艳，史新宇，梁朋朋，等．河南省房地产经济发展水平空间格局研究［J］．资源开发与市场，2015，31（3）：279－282.

52. 贾生华，孟桢超．房地产限购政策的效果及其可持续性：基于北京商品住宅市场量价波动关系的实证研究［J］．中国经济问题，2012（5）：83－89.

53. 张建同，方陈承，何芳．上海市房地产限购限贷政策评估：基于断点回归设计的研究［J］．科学决策，2015（7）：6－28.

54. 郑世林，韩高峰，石光．房地产限购对公司违约风险的影响［J］．世界经济，2016（10）：150－173.

55. 刘树德，李贞．新一轮房地产限购政策效果研究［J］．金融与经济，2017（8）：35－41.

56. 方兴．中国房地产限购政策能够有效抑制房价上涨吗：基于70个大中城市的实证研究［J］．财经科学，2018（1）：41－53.

57. 黄昕，董兴，平新乔．地方政府房地产限购限贷限售政策的效应评估［J］．改革，2018，291（5）：109－120.

58. 陈石清，黄蔚．中国房地产价格与城市化水平实证分析［J］．财经理论与实践，2007，28（2）：109－112.

59. 谢福泉，黄俊晖．城镇化与房地产市场供需：基于中国数据的检验［J］．上海经济研究，2013（8）：115－123.

60. 张延，张静．城镇化对房价的影响：理论与实证分析［J］．财政研究，2016（6）：95－102.

61. 王鹤，周少君．城镇化影响房地产价格的“直接效应”与“间接效应”分析：基于我国地级市动态空间杜宾模型［J］．南开经济研究，2017（2）：5－24.

62. 刘志强，白雪飞，卢崇煜．法律制度环境、城镇化水平对房价的影响研究［J］．当代经济科学，2018（5）：62－69.

63. 刘嘉毅，陶婷芳，夏鑫．产业结构变迁与住房价格关系实证研究：来自中国内地的经验分析［J］．财经研究，2014（3）：74－85.

64. 田申．城镇化与房价变动的空间计量：基于省级面板数据分析［J］．地域研究与开发，2017（2）：12－16.

65. 范新英，张所地．产业结构对城市房价影响的空间溢出效应研究［J］．软科学，2018（4）：44－48.

66. 范剑勇，莫家伟，张吉鹏．居住模式与中国城镇化：基于土地供给视角的经验研究［J］．中国社会科学，2015（4）：44－63.

67. 吴士炜，汪小勤．房价、土地财政与城镇化协调发展关系：基于空间经济学视角［J］．经济理论与经济管理，2017（8）：27－35.

68. 朱高立，王雪琪，李发志，等．房地产经济对人口城镇化与土地城镇化协调发展的作用机理：基于中国30个省会城市面板数据的经验分析［J］．经济地理，2018，38（5）：68－77，116.

69. 邹至庄，牛霖琳．中国城镇居民住房的需求与供给［J］．金融研究，2010，53（1）：1－11.

70. 张所地，范新英．基于面板分位数回归模型的收入、利率对房价的影响关系研究［J］．数理统计与管理，2015，34（6）：1057－1065.

71. 谭燕．环境在成都商品住房销售中的作用［J］．四川师范大学学报：

自然科学版，1998（5）：587－592.

72. 温海珍，李旭宁，张凌．城市景观对住房价格的影响：以杭州市为例［J］．地理研究，2012，31（10）：1806－1814.

73. 王艳聪．环境污染与城市房价［J］．现代管理科学，2017（12）：50－52.

74. 胡晓．收入差距与中国房地产价格：理论与实证：兼论当前房地产调控的有效性［J］．财经科学，2010（12）：83－90.

75. 李勇刚，余永虎，何宾宾．城市化、收入差距与房价波动：基于动态面板模型的研究［J］．南京审计大学学报，2013，10（4）：9－17.

76. 徐舒，陈珣．收入差距会推高住房价格吗？［J］．经济学：季刊，2016，15（2）：549－570.

77. 谢鹏，孙群力．房价与城乡收入差距的交互影响及空间溢出效应：基于277个城市面板数据的经验分析［J］．湘潭大学学报（哲学社会科学版），2018，42（4）：89－93.

78. 李传健，邓良．新型城镇化与中国房地产业可持续发展［J］．经济问题，2015（1）：119－123.

79. 庄海燕．基于熵权TOPSIS法的房地产业对新型城镇化通径分析：以海南省五指山市为例［J］．地域研究与开发，2017（4）：78－82，104.

80. 朱高立，王雪琪，邹伟，等．不同类型房价上涨对长江经济带城镇化协调度影响的实证分析［J］．统计与决策，2019，35（16）：129－134.

81. 李艳琴．房地产价格对人口迁移的影响［D］．南昌大学，2016.

82. 谷卿德，石薇，王洪卫．房地产价格上涨对产业结构升级的影响探析：基于中国257个城市的实证研究［J］．现代管理科学，2015（2）：27－29.

83. 郝姝婕．房地产建设与城市化发展的协调性分析［J］．经济与管理，2008（7）：92－96.

84. 郭晓男．我国城市化与房地产业的协调发展研究［J］．学习与探索，2010（7）：169－170.

85. 刘颖春．城市化过程中人口变动趋势对我国房地产开发的影响［J］．人口学刊，2004（6）：45－48.

86. 赵朋．房地产投资波动与城市化关联性研究［J］．华东经济管理，

2006（10）：37－40.

87. 陈石清，朱玉林．中国城市化水平与房地产价格的实证分析［J］. 经济问题，2008（1）：57－49.

88. 郑钦龙，城市化与房地产之间关系的实证分析：以浙江省为例［D］. 浙江：浙江工商大学，2010.

89. 陈淑云，付振奇．城市化、房地产投资与经济增长的关系分析：以湖北省1990～2009年时间序列数据为例［J］. 经济体制改革，2012（3）：30－35.

90. 任木荣，刘波．房价与城市化的关系：基于省际面板数据的实证分析［J］. 南方经济，2009（2）：41－49.

91. 汤腊梅，孙倩．湖南新型城镇化水平与房地产价格互动的实证分析［J］. 城市学刊，2015，36（1）：6－11.

92. 蔡雪雄，林南艳．新型城镇化与房地产业耦合协调分析：以福建省为例［J］. 经济问题，2016（9）：116－119.

93. 袁帅，马明，孙媛．新型城镇化与房地产业耦合协调发展研究：以天津市为例［J］. 中国房地产，2017（3）：10－17.

94. 罗福周，李娜．西北地区房地产业与新型城镇化发展关系的动态计量研究［J］. 西安建筑科技大学学报（自然科学版），2018，50（6）：906－912.

95. 吴玉鸣，柏玲．广西城市化与环境系统的耦合协调测度与互动分析［J］. 地理科学，2011，31（12）：1474－1479.

96. 张乐勤，陈素平，陈保平，等．城镇化与土地集约利用耦合协调度测度：以安徽省为例［J］. 城市问题，2014（2）：75－82.

97. 黄祥芳，陈建成，周伟．江西省11市“四化”耦合协调发展水平测度［J］. 城市问题，2015（3）：67－74.

98. 贺三维，邵玺．京津冀地区人口－土地－经济城镇化空间集聚及耦合协调发展研究［J］. 经济地理，2018（1）：95－102.

99. Chen M，Zhang H，Liu W，et al. The global pattern of urbanization and economic growth：Evidence from the last three decades. Plos one，2014，9.

100. Friedmann J. China’s urban tronsition［M］. Minneapolis：University of Minnesota Press，2005.

101. Louis W. Urbanism as a Way of Life [J]. American Journal of Sociology, 1938, 44 (1): 1 -24.

102. DeVries P, Boelhouwer P. Local house price developments and housing supply [J]. Property Management, 2005, 23 (2): 80 -96.

103. Glaeser E L, Gyourko J, Saiz A. Housing supply and housing bubbles [J]. Journal of Urban Economics, 2008, 64 (2): 198 -217.

104. Grimes A, Aitken A. Housing Supply, Land Costs and Price Adjustment [J]. Real Estate Economics, 2010, 38 (2): 325 -353.

105. Fortura P, Kushner J. Canadian Inter - City House Price Differentials [J]. Real Estate Economics, 1986, 14 (4): 525 -536.

106. Barot B, Yang Z. House Prices and Housing Investment in Sweden and the United Kingdom: Econometric Analysis for the Period 1970 - 1998 [J]. Review of Urban & Regional Development Studies, 2002, 14 (2): 189 -216.

107. Chow G C, Niu L. Housing Prices in Urban China as Determined by Demand and Supply [J]. Pacific Economic Review, 2015, 20 (1): 1 -16.

108. Case K E, Shiller R J. Prices of Single Family Homes Since 1970: New Indexes for Four Cities [J]. Cowles oundation Discussion Papers, 1987, 5 (9): 45 -56.

109. Clayton, J. Rational Expectations, Market Fundamentals and Housing Price Volatility [J]. Real Estate Economics, 1996, 24 (4): 441 -470.

110. Taltavull P, Mcgreal S. Measuring price expectations [J]. Journal of European Real Estate Research, 2009, 2 (2): 186 -209.

111. Zhang H, Wu J, Kong P. Granger causality test - based on inter - relationship between housing price and land price [J]. Tongji Daxue Xuebao/Journal of Tongji University, 2008, 36 (8): 1148 -1152.

112. Grimes A, Aitken A. Housing Supply, Land Costs and Price Adjustment [J]. Real Estate Economics, 2010, 38 (2): 325 -353.

113. Du H, Ma Y, An Y. The impact of land policy on the relation between housing and land prices: Evidence from China [J]. Quarterly Review of Economics & Finance, 2011, 51 (1): 19 -27.

114. Geoff K. Modelling the demand and supply sides of the housing market:

evidence from Ireland [J]. 1999, 16 (3): 389 - 409.

115. Gerlach S, Peng W. Bank lending and property prices in Hong Kong [J]. Journal of Banking & Finance, 2005, 29 (2): 461 - 481.

116. Goodhart C, Hofmann B. House prices, money, credit, and the macroeconomy [R]. Oxford Review of Economic Policy, 2008, 24 (1): 180 - 205.

117. Ian D, Burundian A. Three Cycles: Housing, Credit, and Real Activity [R]. IMF Working Paper, 2009.

118. Assenmacherwesche K, Gerlach S. Monetary policy, asset prices and macroeconomic conditions: a panel - VAR study [R]. Working Paper Research, 2010.

119. Adam K, Kuang P, Marcet A. House Price Booms and the Current Account [R]. NBER Macroeconomics Annual, 2011, 26 (1): 77 - 122.

120. Lean H H, Smyth R. Dynamic interaction between house prices and stock prices in Malaysia [J]. International Journal of Strategic Property Management, 2014, 18 (2): 163 - 177.

121. Du Z, Lin Z. Home - purchase restriction, property tax and housing price in China: A counterfactualanalysis [J]. Journal of Econometrics, 2015, 188 (2): 558 - 568.

122. Jia S, Wang Y, Fan G Z. Home - Purchase Limits and Housing Prices: Evidence from China [J]. The Journal of Real Estate Finance and Economics, 2017.

123. Sun W, Zheng S, David M, Wang R. The Housing Market Effects Of Local Home Purchase Restrictions: Evidence From Beijing [J]. The Journal of Real Estate Finance and Economics, 2017.

124. Cao X, Huang B, Lai R N. The Impact of Exogenous Demand Shock on the Housing Market: Evidence from the Home Purchase Restriction Policy in the People's Republic of China [J]. Adbi Working Papers, 2018.

125. Wang X R, Hui C M, Sun J X. Population migration, urbanization and housing prices: Evidence from the cities in China [J]. Habitat International, 2017 (66): 49 - 56.

126. Garriga C, Tang Y, Wang P. Rural - Urban Migration, Structural Trans-

formation, and Housing Markets in China [J]. Working Papers, 2017 (No. 2014 - 028).

127. Zhang H, Wang X. The impact of structural adjustment on housing prices in China [J]. Asian - Pacific Economic Literature, 2018, 32 (5): 108 - 119.

128. Wang Y R, Tu Y. Urbanland Supply Policy, Urban Growth and Housing Prices in China [C]. The 48th American Real Estate and Urban Economics Association (AREUEA) Aunual Conference, San Diego, California, US, January, 2013.

129. Kholodilin K A, Menz J O, Siliverstovs B. What Drives Housing Prices Down? Evidence from an International Panel [J]. Jahrbücher für National? konomie und Statistik, 2010, 230 (1): 59.

130. Wang Y, Wang S, Li G, et al. Identifying the determinants of housing prices in China using spatial regression and the geographical detector technique [J]. Applied Geography, 2017, 79 (2): 26 - 36.

131. Huang H, Yin L. Creating sustainable urban built environments: An application of hedonic house price models in Wuhan, China [J]. Journal of Housing and the Built Environment, 2015, 30 (2): 219 - 235.

132. Flaherty B. An Economic Theory of Homelessness and Housing [J]. Journal of Housing Economics, 1995, 4 (1): 13 - 49.

133. Quigley J M, Raphael S, Smolensky E. Homeless in America, Homeless in California [J]. Berkeley Program on Housing & Urban Policy Working Paper, 2002, 83 (1): 37 - 51.

134. Moretti E. Real Wage Inequality [J]. American Economic Journal Applied Economics, 2013, 5 (1): 65 - 103.

135. Favara G, Song Z. House price dynamics with dispersed information [J]. Journal of Economic Theory, 2014 (149): 350 - 382.

136. Zhang C. The Endogeneity and Interactive Relationship between Housing Price and Income Distribution [J]. Statistical Research, 2014, 31 (1): 63 - 69.

137. Bo - sin Tang, Chung Yim Yiu. Space and scale: A study of development intensity and housing price in Hong Kong [J]. Landscape and Urban Planning, 2010 (96): 172 - 182.

138. Harvey D. The Urbanization of Capital: Studies in the History and Theory of Capitalist Urbanization [M]. Baltimore: The John Hopkins University Press, 1985.

139. Kuanets S. Quantitative Aspects of the Economic Growth of Nations, Economic Development and Cultural Change [J], 1963, 11 (2): 1-80.

140. Myrdal G. Economic Theory and Under-Developed Regions [M]. London: Duckworth, 1957.

141. Stuart A. G., Joe P. M., and WilliamL. Waseher. House Price Differentials and Dynamics: Evidence from the Los Angeles and San Francisco Metropolitan Areas [J]. FRBSF Eeonomic Review, 1999 (1): 3-22.

142. Judith Y. Housing implications of social, special and structural change [J]. Housing Studies, 2002, 17 (4): 581-618.

143. Chien M. S. Structural Breaks and the Convergence of Regional House Prices. Journal of Real Estate Financial Economics [J]. The Journal of Real Estate Finance and Economics, 2010, 40 (1): 77-88.

144. Abadie A, Gardeazabal J. The Economic Costs of Conflict: A Case-Control Study for the Basque Country [J]. Social Science Electronic Publishing.

145. Abadie A, Diamond A, Hainmueller J. Synthetic Control Methods for Comparative Case Studies: Estimating the Effect of California's Tobacco Control Program [J]. Social Science Electronic Publishing.

146. Budescu, D. V. Dominance analysis: a new approach to the problem of relative importance of predictors in multiple regression [J]. Psychological Bulletin, 1993, 114 (3): 542-551.

147. Azen R, Budescu D V. The dominance analysis approach for comparing predictors in multiple regression [J]. Psychological Methods, 2003, 8 (2): 129-148.

148. Tonidandel S, Lebreton J M. Relative Importance Analysis: A Useful Supplement to Regression Analysis [J]. Journal of Business & Psychology, 2011, 26 (1): 1-9.